U0827358

严凤英的艺术人生

Yan Fengying
De Yishu Rensheng

安庆市黄梅戏剧院 编

ARCTIME 时代出版
时代出版传媒股份有限公司
安徽文艺出版社

图书在版编目（CIP）数据

严凤英的艺术人生/安庆市黄梅戏剧院编. —合肥：安徽文艺出版社，2018.1

ISBN 978-7-5396-5987-9

Ⅰ. ①严… Ⅱ. ①安… Ⅲ. ①严凤英（1930-1968）—生平事迹—文集 Ⅳ. ①K825.78-53

中国版本图书馆CIP数据核字(2017)第003869号

出 版 人：朱寒冬
责任编辑：宋潇婧　周　康　王婧婧
装帧设计：丁　明　褚　琦

出版发行：时代出版传媒股份有限公司　www.press-mart.com
　　　　　安徽文艺出版社　www.awpub.com
地　　址：合肥市翡翠路1118号　邮政编码：230071
营 销 部：(0551)63533889
印　　制：安徽新华印刷股份有限公司　(0551)65859551

开本：710×1010　1/16　印张：34　字数：600千字
版次：2018年1月第1版　2018年1月第1次印刷　印数：1～20000
定价：198.00元(精装)

(如发现印装质量问题，影响阅读，请与出版社联系调换)

版权所有，侵权必究

《严凤英的艺术人生》编辑委员会

主　　任：何新华　刘春旺

副 主 任：潘功喜　唐文兵　方　玲　李大进　樊泽政

编　　委：（按姓氏笔画排序）

王　勇　王秋贵　田地山　何成结　张会成

陈兆舜　陈中元　韩笑龙

《严凤英的艺术人生》编辑部

主　　任：陈兆舜

副 主 任：张会成　田地山

责任编辑：何成结　土秋贵

编　　辑：（按姓氏笔画排序）

王张平　王建文　王　杨　方　军　邓新生

邢济霖　吴功敏　罗建设　洪中为　潘　英

版面设计：王　倩　程　岗

前　言

安庆，作为古皖之都的起源之地，素有“千年古城、百年省会、文化之都、戏曲之乡”之美誉，自古名人辈出，灿若星河。黄梅戏杰出的表演艺术大师——严凤英，就生长在这座文化底蕴极其深厚的美丽城市。

严凤英是深受人民群众爱戴的人民艺术家，是新中国黄梅戏“梅开一度”的领军人物，是为黄梅戏由草台小戏发展成为享誉海内外的知名剧种做出了历史性重大贡献的最显赫的功臣。

严凤英祖籍桐城县罗岭乡（今安庆市宜秀区罗岭镇），1930 年 4 月 13 日（农历三月十五）出生于安庆城区龙门口街下的余家祠堂。她自小历经苦难，命运多舛，承受了母亲出走、妹妹被卖、回乡放牛、贩米、挖菜等诸多生活磨难。幼小的严凤英不仅没有被严酷的生存环境所击倒，反而逐渐铸就了敢于抗争、乐观向上的良好品质，她汲取了故乡山水中大自然的芬芳灵气，接受了安庆地区特有的人文素养的熏陶，她学识字、唱山歌，度过了苦难而又幸福的童年。12 岁的时候，在一次背米贩卖的途中，她第一次看到黄梅戏的草台演出，立刻被这种优美的乡音乡韵所吸引和陶醉，从此开始了她与黄梅戏天作之合的不解之缘。

黄梅戏在旧中国是被官府和上流社会所歧视和打压的。严凤英 12 岁拜师学艺，13 岁在练潭镇初次登台，但为家族宗长所不容，14 岁的严凤英在即将遭到沉塘严惩之前，逃出了家门，只身闯荡江湖，正式搭班唱戏。自此，一代黄梅戏巨星冉冉升起。

严凤英在旧中国的从艺之路是十分险恶和辛酸的，以至于她为了摆脱恶势力的迫害不得不离开安庆，远走南京避祸，直至新中国成立后的 1951 年才重返安庆市的黄梅戏舞台，从此开始了她与黄梅戏同生共荣的美好时代。1952 年，安徽省组织地方戏赴上海演出，严凤英主演的《打猪草》《柳树井》《蓝桥会》等小戏轰动了大上海，使黄梅戏一举成名天下知。1953 年，严凤英荣调进入新组建的安徽省黄梅戏剧团工作。1954 年，她在华东戏曲观摩演出大会上主演《天仙配》《打猪草》《砂子岗》三剧，成功塑造了性格各异的三位女性形象，荣获演员一等奖。黄梅戏凭借精彩的剧目、优美的声腔和精良的演员阵容在大上海引起了更大的关注，正式跨入全国知名剧种行列。1956年，电影《天仙配》发行放映，更使黄梅戏唱响九州，蜚声海外。

自1952年至1966年的14年间，严凤英先后主演、参演了70多出大小剧目，塑造了众多真实生动、性格鲜明的艺术形象。她创唱的唱段声腔，流传至今，常听常新。她主演的《天仙配》《夫妻观灯》《女驸马》《牛郎织女》先后搬上银幕，发行海内外，赢得了亿万观众的认同与喜爱。从此，黄梅戏跨入了一个崭新的发展阶段，奠定了它在中华戏曲艺术圣殿的显著地位。就这样，在党的关怀和新政府的扶持下，严凤英和她的团队同仁们通过智慧创造与艰辛地劳动，催发了“梅开一度”的华丽绽放。

严凤英是早期黄梅戏演员中学艺于旧社会、成熟于新中国的杰出代表。她在艺术上尊重传统，勇于创新，善于把戏曲、说唱、民歌中的演唱技巧与现代科学发声方法融为一体，创造出黄梅戏唱腔的全新风格。她在表演中力求全身心地投入，善于通过细致的表演来刻画人物的内心世界，形神俱备，真实感人。她尊师重义，诚待观众，对业内业外的同行前辈，谦恭有加，始终执弟子之礼，对广大观众的批评建议，她视若珍宝，反复琢磨，力争改进。正是这些优良品质和崇高艺德造就了黄梅戏的一代大师。

安庆是严凤英的故乡，这里有她终生眷念的亲友，有敬她爱她的广大观众。许多老人至今尚能清楚地记得当年严凤英回安庆演出的盛况：看到张贴的戏报，大街小巷的人们立刻奔走相告，喜气洋洋，仿佛节日来临般兴奋。有时还能看到乐呵呵的严凤英穿行在她熟悉的街巷之中探亲访友，仿佛女儿回娘家般亲切自然，那么温馨、那么美好。然而这样一位深受人民爱戴的杰出艺术家，未能逃脱十年动乱的摧残，于1968年4月8日含冤去世，年仅38岁。

1986年，安庆市政府在风景如画的菱湖公园正东方向，斥资建造了严凤英艺术纪念馆，并约请我国著名雕塑家谢茄声先生为严凤英塑像。同年5月，这座高2.3米的汉白玉雕像完成安放。1987年3月13日，严凤英的骨灰从合肥迁至安庆，在安庆有关方面负责同志的陪同下，由其丈夫和子、媳等人，安置在塑像下的大理石基座之中。从此，名园埋凤骨，碧草伴芳魂。严凤英回到了生她养她的故乡安庆，回到了与她相亲相爱的安庆人民怀抱之中。

2012年，安庆市政府又拨专款对严凤英纪念馆及周边园区进行了维护与拓建，使这座端处公园中心的独立园林更显清丽雅秀。据不完全统计，自 1987 年建成至今，已有近百万中外游客来此参观游览，瞻仰缅怀严凤英大师的艺术人生。严凤英纪念馆已名符其实地成为安庆市黄梅戏文化的一处特色景点。

新时期以来，安庆市党和政府更加关注和支持黄梅戏艺术事业的继承与发展，敬重和珍视严凤英大师的人品艺德与突出贡献。在已经举办的中国黄梅戏艺术节第二、三、四、六届节庆活动时，都同时召开了全国范围内知名专家学者参与的“严凤英艺术研讨会”。安庆市黄梅戏剧院作为学术研究机构，从 20 世纪 90 年代至今连续三次召开“纪念严凤英诞辰暨艺术研讨会”。并数十年如一日，约请严凤英大师生前的领导、老师、同事、朋友、弟子和亲人撰写文章，从各个角度、各个层面探讨、剖析严凤英的表演与声腔艺术，这些研讨会和组稿约稿所收到的学术论文已达数十万字之多，为严凤英传承和创新黄梅戏艺术的经历与贡献获取了第一手的、权威的历史与学术资料。

2013 年，在中共安庆市委宣传部、安庆市文广新局领导的扶持下，安庆市黄梅戏剧院组织了一批资深的黄梅戏研究学者，整理、遴选了自 1981 年以来收集的珍贵文稿，结集成一部学术专论。这其中有五六十年代严凤英的自述文章，也有当时的评论专访，还有大量专家、学者、师友、弟子和亲人撰写的分析探究、亲历亲闻，透过这些当事人第一手的珍贵文稿，可较为全面地看到严凤英大师和她的同仁们创造性劳动的方法与成果，为黄梅戏学术研究和后辈子孙奉献了极其宝贵的文化财富。期盼安庆市黄梅戏剧院再接再厉，充分利用和发挥安庆市在黄梅戏艺术事业上的地域优势、人才优势，系统地发掘、整理、编辑出版黄梅戏艺术发展史等方面的资料专著，为加快追赶跨越、建设文化强市提供有效的服务。

陈兆舜

二〇一七年十月

目录

前　言　001

黄梅戏一代宗师——严凤英

再识严凤英——写在严凤英诞辰八十周年之际　柏龙驹 003
严凤英，黄梅戏的骄傲　时白林 009
严凤英的艺术生命——兼论“梅开一度”的标志　金　芝 012
再寄深情——纪念严凤英　王冠亚 020
严凤英与黄梅戏　杨　杰 031
四十三年前访凤英　完艺舟 047
严凤英永远和黄梅戏同在——纪念严凤英诞辰七十周年　郑立松 050
纪念母亲严凤英先生诞辰八十周年　王小亚 054

严凤英的生活经历

两天　严凤英 059
严凤英的生活经历　陆洪非 063
老友凤英的多姿人生　丁紫臣 077
“牛背”歌手　张光亚 081
忆少年时的严凤英　琚诗贵 087
忆严凤英二三事　张亚非 091
严凤英在怀宁“娘家”　张　亭 094
忆严凤英　邵慕水 097
严凤英在大通　桂椿柏　口述　王福元　整理 099
深切怀念严凤英　潘璟琍 101

严凤英在南京的日子 尹晓华 103
严凤英年谱 张光亚 105

严凤英的表演艺术

我演七仙女 严凤英 121
拍摄《女驸马》中所学到的 严凤英 128
迎红线女　赞朱帘秀 严凤英 135
演出人物性格来——谈黄梅戏青年演员许自友的表演 严凤英 138
演赵五婶　学赵五婶 严凤英 142
好懂、美、要顺嘴 严凤英 145
黄梅戏演员严凤英访问记 完艺舟 148
严凤英的角色创造 陆洪非 152
严凤英的艺术青春永驻 时白林 163
《天仙配》排演中的严凤英 乔志良 167
四十七年前的往事 李力平 173
双眸熠熠　顾盼有神——谈严凤英演七仙女的"眼神"运用 王晓东 182
留与后人细琢磨——严凤英给我们的启迪 徐　进 186
严凤英苦媳妇形象系列 张光亚 191
她是用心来演戏——我为严凤英司鼓 方起凤　口述　徐启仁　整理 203
严凤英反串的两出小戏 李桂兰　口述　邓新生　整理 207
师傅教我演戏 田玉莲 217
往事历历在眼前 张　萍 224
拜师严凤英 王凤枝 230
生命中最珍贵的精神珍藏 陈月环　撰稿　吴功敏　整理 239
三个独特女人形象 张光亚 241

严凤英的声腔艺术

我的亲身感受(在戏曲音乐工作座谈会上的发言) 严凤英 259
谈《天仙配》的演唱 严凤英　口述　王冠亚　王小亚　整理 263

严凤英演招弟——《柳树井》排演始末 王兆乾 276
严凤英演《三堂会审》 王兆乾 282
严凤英唱腔艺术特点初探 王小亚 287
严凤英与黄梅戏 时白林 294
严凤英演唱艺术特色 方绍墀 298
介绍严凤英演唱的“董郎前面匆匆走” 潘璟琍 301
严凤英唱腔初探 申非伊 303
浅谈严凤英对黄梅戏声腔艺术的卓越贡献 周 理 321
余音绕梁忆当年——纪实点滴 潘汉明 331

严凤英的人品艺德

我们的榜样——纪念梅兰芳同志逝世一周年 严凤英 337
严凤英复观众来信 严凤英 340
母亲，严凤英 王小英 342
忆凤英 秦 怡 347
公祭勿忘告乃翁 张瑞芳 349
张瑞芳写给王冠亚的信 张瑞芳 351
忆严凤英 范瑞娟 353
我与严凤英 戚雅仙 356
我和严凤英 新凤霞 359
凤英，你这刚直、泼辣的好人…… 新凤霞 363
永恒的纪念——严凤英同志十年祭 菡 子 366
光点 鲁彦周 370
流落南京时的严凤英 甘律之 口述 董宁宁 整理 379
从严凤英的个性说起 朱玉白 383
回忆严凤英大师生前二三事 方起凤 389
怀念严凤英同志——在拍摄《牛郎织女》的日子里 潘 奔 391
刻骨铭心的回忆 许自友 396
她爱她心中的艺术 江明安 400
怀念凤英老师 张 萍 405

言传身教的良师 符广美 409
怀念凤英 王亚梅 413
怀念恩师严凤英 江明安 415
忆严凤英老师 张艳兰 口述 李柏芳 林志宏 整理 419
严凤英为办学义演 章志贤 422
与严凤英共事的日子 李济民 424
我和凤英大姐 吴春生 427
人品艺德话凤英 王文龙 口述 石天明 整理 431
拍摄《牛郎织女》二三事 黄宗毅 436
严凤英同志二三事 刘炳生 438
“七仙女”挑水 赵家瑶 441
严凤英省亲 金美林 443
严凤英轶事（三则） 张 亭 444
永恒的星座——回眸严凤英仙逝三十载 朱志恒 447

严凤英饰演的舞台形象选粹 秦 之 469

一、《送香茶》；二、《二龙山》；三、《小辞店》；四、《西楼会》；五、《游春》；
六、《蓝桥会》；七、《打猪草》；八、《柳树井》；九、《江汉渔歌》；
十、《夫妻观灯》；十一、《天仙配》；十二、《春香传》；十三、《砂子岗》；
十四、《打金枝》；十五、《王定保借当》；十六、《借罗衣》；十七、《宝英传》；
十八、《牛郎织女笑开颜》；十九、《女驸马》；二十、《党的女儿》；
二十一、《闹金阶》；二十二、《刘三姐》；二十三、《香罗帕》；
二十四、《三里湾》；二十五、《牛郎织女》；二十六、《红色宣传员》；
二十七、《丰收之后》；二十八、《江姐》；二十九、《碧玉簪》；三十、《桃花扇》

纪念严凤英诗书画作品选 489

后 记 529

黄梅戏一代宗师——严凤英

Huangmeixi Yidai Zongshi——Yan Fengying

再识严凤英

——写在严凤英诞辰八十周年之际

柏龙驹

严凤英是值得纪念的。对于应该纪念的历史人物和历史事件，我一向认为纪念事小，研究事大。因为纪念好办，研究就不那么好办了。以史为鉴，首先要忠实于历史，其次要敢于为鉴。

严凤英在这个世界上只活了三十八年，于1968年4月8日在“文革”期间被迫害致死。作为一个艺术家，她的艺术生命早在“文革”开始的1966年就被扼杀了。在她短暂的人生旅途中，饱经沧桑，可圈可叹可赞，给人们留下了许多美好的记忆，也给人们留下了无穷的沉思。她本是一个普通的农村女孩，既没有读过多少书，也没有进过什么科班，更没有见过什么大世面，只是为生活所迫，偶然地踏上了艺术征途。十几岁在安庆黄梅戏流行地区就小有名气，二十几岁即从安徽走向全国，成为深受广大观众爱戴的优秀表演艺术家。她的成名之早，享誉之广，成就之高，影响之大，在戏曲界是少有的，即使在今天，二十几岁就把一个地方小戏唱响九州，也是很少见的。如今提到严凤英就会联想到《天仙配》，提到《天仙配》就会联想到黄梅戏，反之，提到黄梅戏就会想到《天仙配》，提到《天仙配》就会想到严凤英。这种“三位一体”的艺术现象很值得我们认真研究。

有人说严凤英是一个谜，我们就是要通过纪念她、研究她，解开这个谜，更好地了解严凤英的艺术人生，更好地认识严凤英的艺术成就，更好地继承和发扬严凤英留下的艺术遗产！

我是1953年到安庆了解黄梅戏情况时和严凤英相识的。看她演出的第一个戏就是《柳树井》，真是感人肺腑，至今难忘。1956年又相聚合肥同住一院，1961年又同住一楼，1968年又是所谓的“攻击样板戏，反对江青”的同案犯，“四

严凤英

凶”覆灭，1978 年我从“五七”干校回肥，接受的第一个任务，就是参与筹办严凤英追悼会，负责起草悼词和宣传报道工作。我与她素有交往，对她的为人，特别是对她的艺术，钦佩有加，但了解不深。过去也写过几篇有关她的文章，如今看来皆不得要领。经再三考虑，有再识之必要。对于她的艺术人生，简单地说可以归纳为六个字：环境，天赋，奋斗。

先谈环境。

生存环境对一个人的成长至关重要。严凤英生在安庆，童年生活在桐城、怀宁一带农村。这一地区是黄梅戏的发源地，特别是在农村集镇，黄梅戏极为风行。“一方水土养一方人”，耳濡目染的渗透力是不可估量的，从小，严凤英心灵里就埋下了黄梅戏的种子。少年时代的严凤英为了生存，就是在黄梅戏台前幕后摸爬滚打度过的。严凤英家境贫寒，可以说她是喝着黄梅戏的乳汁长大的。四处流荡，历尽苦难，终于在黄梅戏流行地区打造了属于自己的小天地。

1949 年，安庆地区解放了。民间艺术得到重视，民间艺人得到尊重。严凤英作为文艺界的代表应邀参加了各种会议和活动，她心情舒畅，精神焕发，从此迈步进入了一个新环境。在“百花齐放、推陈出新”的感召下，她全身心地投入自己的艺术世界里，安庆市的胜利剧场有一批黄梅戏老艺人，她一边学戏一边演出，进一步展示了她的才华。也就在 1953 年，安徽省委和安徽省人民政府决定组建安徽省黄梅戏剧团，她又理所当然地被吸收到设在合肥的安徽省黄梅戏剧团。这是个省一级的国家剧团，集中了当时黄梅戏的顶尖人物——一批最有名望的老艺人，一批最受欢迎的名演员，一批最有实力的文武场，一批最有潜力的好苗子，同时，还为他们配备了编剧、导演、作曲、舞美和行政管理等优秀人才。“海阔凭鱼跃，天高任鸟飞”，从农村到安庆再到合肥，依托这样的大环境，特别是省黄梅戏剧团这个平台，领导的呵护、观众的爱戴、集体的合力，尤其是她和另一位黄梅戏表演艺术家王少舫由过去的竞争对手变为如今的黄金搭档。这一切都使得严凤英如鱼得水，一鸣惊人。黄梅戏表演艺术家的桂冠可谓水到渠成，势在必得了！

再谈天赋。

不承认天赋是不科学的。哲学家们说：“外因是条件，内因是依据，外因要通过内因才能起作用。”外因包括环境等条件，内因就含有天赋的元素。严凤英生长在黄梅戏之乡，从小就熟悉热爱黄梅戏，这只是有利条件。长得伶俐，扮相俊美，嗓音又亮又甜，而且聪明过人，特别是悟性高，接受能力和吸收能力强，这就是天赋。什么民歌小调一学就会，什么大戏小戏一点就通，许多黄梅戏老艺人都说她是一个演唱黄梅戏的好苗子。一方愿意教，而且是倾箱倒箧；一方愿意学，而且是多多益善。新中国成立前后的黄梅戏著名老艺人严云高、丁永泉、程积善、胡玉庭、查文艳、潘泽海、胡遐龄、丁翠霞等，都喜欢这个好苗子，从各方面给予教导提携，她则是执弟子之礼，对他们一律尊称为“师傅”。我当时兼职《安徽戏剧》的工作，请一位编辑去采访严凤英，她总是说，有那么多老艺人，都是我的师傅，而且都有绝活，还是去写写他们吧。最后请她的丈夫，也在编辑部工作的王冠亚出马，经过再三“动员”，她才为我们写了一篇短文。真是一幅生动的“尊师爱徒”的画面。“名师出高徒”，环境加天赋，严凤英很快脱颖而出。她明里学，暗里也学。有许多戏就是“偷”着学会的。黄梅戏传统剧目的代表作《小辞店》，是一出很吃功夫的戏，要求唱做俱佳，这出戏她就是站在后台“偷”学来的。有一次演女主人公柳凤英的演员生病，为了“救场”，她自告奋勇应急上场，居然一唱而红。她原名鸿六，因此而改名严凤英。仅此一例即可说明严凤英的悟性确有超人之处。

她是一个有心人，非常善于学习，从不放过任何学习机会。她把观摩、交流、开会、访友、上山下乡等社会活动都当作学习的好机会，观察人、研究人、揣摩人的心理和形态，而且能够“看在眼里，记在心里，用在戏里”。向师傅学，向徒弟学，向圈内人学，向圈外人学，特别注重观众的反映和意见，成名之后，她抱病仍然报名赴川学习川剧，并且把学来的“东西”化为自己的“东西”，始终“立足严凤英，立足黄梅戏”，保持自己的风格，保持黄梅戏的“原汁原味”。这就是严凤英的天赋，严凤英的悟性，严凤英的灵气，严凤英的艺术魅力！有天赋而不知开发

利用是非常可惜的。严凤英的这种学习精神正是我们需要提倡、继承、发扬的。

再谈奋斗。

严凤英最终之所以成为黄梅戏大家，除了环境和天赋，最关键的就在于奋斗。严凤英生性倔强，不畏艰苦，不畏强暴，一生都处于奋斗之中。她离家出走是为了奋斗，她学艺唱戏也是为了奋斗。有人说她是因为喜爱黄梅戏而献身于黄梅戏事业的。这话只说对了一半，而且是一小半。促使她投身于黄梅戏，最重要的原因是迫于生计。在那个时代以她的家境，不学戏不唱戏，而且不唱好戏，是没人管饭的，要吃饭就得唱，就得好好唱。这是动力也是压力。背着简单的行装，游走在农村集镇，一天赶两场赶三场是家常便饭，这也是那个时代农村集镇草根班社艺人们的真实写照。

这种演艺生活从一个侧面磨炼了严凤英的意志，丰富了她的艺术实践。严凤英为人随和但从艺执着，她非常重视艺术实践。她经常讲：一个演员一旦离开舞台也就完了。严格地讲，严凤英就是在这样的实践中成长起来的，是实践使她懂得了黄梅戏，掌握了黄梅戏，懂得了吸收，懂得了继承，懂得了发扬。正是这样的实践使她成熟起来了，丰富起来了，挥洒自如起来了。

严凤英在《打猪草》剧中饰陶金花

严凤英是一个有鲜明性格的人，为人透明，敢爱敢恨，是非分明，喜怒哀乐都挂在脸上，不会作假，不会作秀，不摆名演员的架子。但是，她也是一个极普通的人，脾气是有的，任性也是有的，有时甚至喜欢恶作剧。但是，一旦进了排演场，一旦上了舞台，她能够把戏外之事，包括纠纷争执统统抛到九霄云外。她深知观众是来看戏看演员的，对于后台之事、台下之事是不关心的，她把对戏负责和对观众负责当作自己的最高职责。这就是她的戏德，也是她深受同行喜爱和观众热爱的原因所在。她的敬业精神是有口皆碑的。无论是演大戏还是演小戏，她都是全力以赴，全身心地投入。《碧玉簪》是一出悲剧，每次演完，她总是出不了戏，要在化妆室静坐半个小时才能卸妆。省文化局领导得知这一情况，深知演这个戏有伤元气，就和剧团领导商定，每月限定演出这出戏的场次，保证她的健康。有人说她演戏既是“享受”又是“玩命”，真是一语中的。

就在她步入中年的同时，她对许多所谓的“新”事物越来越疑惑了。新中国成立初期，她喜获翻身，心花怒放，从内心深处唱出了“解放区的天是明朗的天”。她热爱新社会，拥护共产党，对人民政府的号召无不响应，参加政治学习，投身戏曲改革，上山下乡，奔波江淮，远涉边防，为工农兵演出，从不落后；她争取入团、入党，积极参加各项社会公益活动，不遗余力。她和黄梅戏另一位领军人物王少舫以及他们的团队精诚合作，为了挖掘黄梅戏艺术遗产，吸取兄弟剧种精华，丰富上演剧目和表演艺术，在实践中不断提高自己，甚至借助电影艺术，连续拍了二部大戏和一部小戏集锦。作为宣传、传播、唱响黄梅戏的开拓者，他们为黄梅戏“梅开一度”立下了汗马功劳，奠定了黄梅戏在众多地方戏曲之中的地位。

严凤英在《红色宣传员》剧中饰李善子

但是，她对经年不断的政治运动由不理解到不知所措再到反感。开始，她强迫自己相信这些政治运动对反帝反封建是必要的，她为了追求进步，跟上形势，也积极参与，甚至也说过一些过头的话。但是，随着各项政治运动的开展，许多她所尊敬、信赖、正直、为人民利益无私奋斗的亲朋好友纷纷中箭落马，被划入“另册”，尝尽劳教劳改之苦，她困惑了，不知所措了。她曾找过组织反映她的疑虑，也曾和一些知心好友谈过她的不安，却没有得到合理的答案，那个时候也不可能有什么合理的答案。她只能排好戏演好戏，坚守自己的底线：不整人，不害人。1964 年夏天，我们一道到北京观摩全国京剧现代戏会演，她听说京剧名家赵燕侠为了排演《沙家浜》而下连队当兵体验生活，又听说京剧名家高玉倩为了扮演《红灯记》的大娘由青衣花旦改唱老旦，她震惊了！她在震惊之余还是认为这是“革命化”的要求，她还是想紧跟如前。回到合肥，她即征求我的意见，向剧团领导提出两项要求：第一要求降薪；第二要求演出现代戏。她是一个说到做到的人。不久，从未演过话剧的她就和王少舫等人在合肥剧场（现已拆了）演出了移植的方言话剧《丰收之后》。剧本内容不太好，演出却大为成功，特别是严凤英扮演的女主角——一位中老年的农村妇女，她演得尤其出色。她要证实自己是一个紧跟党走的革命文艺战士。

但谁也没有想到，在北京观摩京剧《智取威虎山》幕间休息时间，我们只是议论了两个演员不大像解放军，竟然惹来泼天大祸。

一切努力都晚了。“文革”一来，风云突变。一向把自己当作“革命动力”的她竟然变成了“革命对象”，先是“三名三高”，再是“反动权威”，又是“放毒能手”，最后又是“攻击革命样板戏，反对江青同志”，被定为“现行反革命分子”。无休止的批判、斗争、检查、交代，受尽屈辱，斯文扫地，没有自由，没有人格，没有尊严，找不到一处讲理、申诉、辩解的地方。她要保持自己的尊严，只能以死相抗，留给自己一个清白！

就在严凤英以死抗争的前一个星期，她还对大院中的老人们说：“我舍不得我热爱的家庭，我舍不得我敬重的同志，我舍不得喜爱我的观众，我更舍不得我为之奋斗的黄梅戏，但是，我没有办法，我已经筋疲力尽了！”这就是严凤英最后的心声。“文革”结束，组织上为她平反昭雪。黄梅戏剧团小排演场内外，挤得满满的，许多观众闻风而来，哭声一片。当时，我们曾无限感叹地认为，昭雪应该，平反则不需要，因为党的组织和广大群众，根本就不承认那些强加在她头上的种种“罪责”，相反，党的组织和广大群众始终没有忘怀严凤英。严凤英是在新社会、是在党组织培育下成长起来的人民艺术家，广大群众则把严凤英当作自己心目中的偶像、美的化身，无论是在“文革”前、“文革”中，还是在“文革”后，她都是黄梅戏的一座丰碑，永远活在人们心底的黄梅戏优秀表演艺术家！我们不仅要永远纪念她，更重要的是要认真研究她，以便更正确更健康地发展黄梅戏艺术！

（选自 2010 年《黄梅戏艺术》第 2 期）

严凤英，黄梅戏的骄傲

时白林

一个剧种的存在与繁荣，条件是多方面的，但最重要的一点，是它必须有几位或一批为人民群众所喜爱的、艺术造诣较高的代表性演员。在新中国成立后，最为人民所尊敬爱戴和永志难忘的黄梅戏演员就是严凤英同志了。虽然她已离开我们三十二年了，但人们一提到黄梅戏，马上就会联想到严凤英。

凤英同志在世只有三十八年，在她辉煌的艺术生涯中，塑造了近百个可歌可泣、惟妙惟肖的中外妇女形象和许多柔美动听、极富魅力的优秀唱段。她的事业之所以取得那么丰硕的成就，我觉得最突出的原因有两点：

一是崇尚事业，献身改革。严凤英出生在中国文化名县桐城的农村，那里既有丰富多彩的民歌，又有深受人们喜爱的黄梅调，凤英的童年受着它们的熏陶与哺育。她热爱这些民间艺术，不仅拜黄梅调艺人严云高先生为师学唱了黄梅调，16 岁那年又只身到安庆去找丁永泉一家学戏。崭露头角后，为了逃避地方恶棍的欺凌、迫害，她先后跑到芜湖、南京等城市，既是为了谋生，也是为了拜师学戏。其中，对她影响最大的是在南京向著名戏曲家甘贡三父子学唱昆曲和京戏。新中国成立后她又曾向著名昆曲演员白云生和方传芸两位先生学昆曲。后来她把所学到的技艺都用在《天仙配》和《牛郎织女》等戏的演唱和表演身段里了。

严凤英的艺术实践和高度的悟性，使她非常清楚地认识到：区分一个剧种主要标志之一的音乐唱腔，对黄梅戏来说有多么的重要！基于此，她对黄梅戏在新中国成立后的音乐改革事业上，态度一直是积极的。在安庆，黄梅戏的音乐改革起步较早的是由王兆乾、王文治等同志参加的《江汉渔歌》《柳树井》《白蛇传》

严凤英生活照

等戏。严凤英不仅大力支持，而且在排演经过整理的《打猪草》《蓝桥会》时，她自己对唱腔也做了些为大家所赞赏的改革与丰富。调进安徽省黄梅戏剧团之后，对重点剧目的音乐改革，她都热情地支持、参与。如在音乐表现形式方面，20 世纪 50 年代移植朝鲜歌剧《春香传》，剧团首次使用中西合璧的乐队，并删除了程式性的锣鼓，创作了女声二部合唱；拍电影《天仙配》时，有几段女声二部合唱，也有男女声二重唱；20 世纪 60 年代在现代戏《党的女儿》中，女声二重唱、三重唱以及《江姐》里的男女混声四部合唱(含领唱)等都是由她参加演唱的。至于作曲家们为了更深刻、更准确地揭示人物，使黄梅戏的音乐能不断地创新、前进而为她写的那些改革幅度较大、新意较强的唱段，经她运用娴熟的演唱技巧、浓郁的特色韵味、匠心独运的润腔手法和入木三分的感情深化等进行一系列的二度创作，让人徜徉在深层的艺术享受之中。正是由于严凤英对黄梅戏演唱艺术的痴心追求，具有敢为天下先的创新精神，才使她赢得了一代宗师的美誉。

二是追求进步，热爱人民。严凤英同志由于自身非凡的灵性和艰辛的求索，尚处在“小荷才露尖尖角”的豆蔻年华，就受到了地方恶势力的迫害与摧残，而且越来越严酷，有几次甚至让她痛不欲生。

正因为这样，她才倍感新中国成立后获得自由的可贵。中国共产党领导的新中国对她来说，“翻身感”特强，她深深地感到做一名新中国文艺工作者的荣耀，人格与职业的尊严受到了社会的双重尊重。所以当她参加国营剧团之后，到部队、去工厂、下农村演出，每次她都是那样的认真、卖力。大江南北，淮河两岸，从省内到省外，到处都留下了她那令人难以忘怀的黄梅歌声。她来自农村，知道并同情民间的疾苦，主动要求减薪，向社会捐献。她感谢党，感谢人民，一再向组织表示：她要申请加入共青团，加入共产党。她每次交纳的团费、党费和中国剧协、中国音协的会费都是最高的。她常说：“没有共产党，没有新中国，就没有黄梅戏的今天，也就没有我严凤英的今天！”她对共产党、对新中国充满了无限的爱。

史无前例的“文革”，对黄梅戏和严凤英进行了令人发指的残酷斗争、无情打击，她实在无法理解，不能忍受！为了表示她对那场灾难的愤懑，以及对党、对人民的无限忠贞，她饮恨含冤，以死抗争。她走了，勇敢地走了！她虽然已离开我们三十二年了，但是人们迄今还在真心地喜爱着她的不朽艺术，深情地怀念着她的人品艺德——因为她是人民的好女儿，她给人民留下了一份宝贵的精神财富。

（选自2000年4月14日《安徽日报》）

严凤英的艺术生命

——兼论“梅开一度”的标志

金　芝

我在拙文《试说“大黄梅观”》中写下这么一段话,我们对黄梅戏“在新中国走过的继承、改革、创造的经验缺少深入系统的总结,有众多的文章缅怀、悼念严凤英,然而还没有一篇深入总结严凤英艺术经验的佳作。王少舫亦然。就是说,黄梅戏有独特的艺术,还缺少独特的艺术总结和理论归纳”(拙著《惜花 育花 品花》第130页)。因此,我对这次活动的组织者,侧重于严凤英的艺术展示和学术研讨,是非常赞成的。不过,当我真的来参与其事,却又感到捉襟见肘,表演艺术的论文是最难写的,何况我又对此素无研究,且又与严凤英直接合作不多。但我忽地想起田汉的一句诗:“人生有限艺无限。”严凤英真是人生有限,仅仅活了38岁;但严凤英在短短的人生之旅中,却留下无限的艺术,她在无限的艺术生命中无限地活着。严凤英如何创造了她的无限艺术生命,又如何延续着她的艺术生命?她活在哪里?

严凤英活在一批戏中,一批艺术形象中。七仙女(《天仙配》)、冯素珍(《女驸马》)、春香(《春香传》)、织女(《牛郎织女》)、刘三姐(《刘三姐》)、江竹筠(《江姐》)、王妻(《夫妻观灯》)、陶金花(《打猪草》)……严凤英以有限的人生,创造了这些艺术形象的生命,这些永远活着的艺术形象把严凤英的艺术生命延至无限,严凤英就是这些形象,这些形象就是严凤英。从严凤英在艺术形象的创造中,似乎可以看到这样一些显著的特点:

其一,这些形象的鲜明个性与独特风采。无论这些人物是脱胎于传统剧目,移植于外国剧目,创立于现实剧目,严凤英都把她演活了,赋予她以新的生命。严凤英并不只是在演好一个戏,而是演活一个人。这就是只能把传统剧目演好

严凤英在《天仙配》剧中饰七仙女

的演员与必求赋予人物以新的艺术生命的表演艺术家的区别。

其二，这些形象是属于严凤英独有的形象。一部戏中的艺术形象的创造，始于作家，终于演员。这自然包含着全体合作者的艺术智慧，但最终要由演员体现出来，属于这一个演员创造的这一个独特的艺术形象。这又体现了只会演戏的演员和善于塑造形象的表演艺术家的区别。严凤英能创造各种不同性格的艺术形象的生命，她以自己的艺术生命融入这些人物形象之中，充分发挥她的艺术才能、潜力和优势，把她的艺术情思、智慧和表现力，泼洒在人物的生命泉流里。众所周知，严凤英有一副嘹亮、甜润，似无尽甘泉流淌着的金嗓子，她自然要充分发挥这一优势，把人物唱活；但她又不是只依靠一副好嗓子傻唱，而是深刻体验人物，字斟句酌，创腔润腔磨腔，并把善唱的优势与表演的精求结合起来，创造艺术形象的生命。因而，不论是创演新人物，还是别人演出过的人物，比如《小辞店》中的柳凤英，总能看出严凤英的独特风采表演。

其三，这些形象是属于黄梅戏的。尽管我们没有听严凤英这样说过，但她塑造的艺术形象却鲜明地呈现出这样的特点：她是以充分地、创造性地发挥黄梅戏的艺术优点来演活人物。以黄梅戏音乐的抒唱来展现人物的内心情感，以黄梅戏那富有民间色彩的艺术风采来为人物着色。因而，不仅是演民间的人物、农村的人物，总是散发着泥土的芳香；即使是演宫廷的、贵族的乃至外国的人物，也总是那样的平实、纯朴、甜美。不管她做了多少的吸收借鉴，也总是显示出黄梅戏那种富有田野风光的亮色和那种像晨曦朝霞的轻柔魅力。因而，她塑造活了艺术形象，也为丰富黄梅戏的表演艺术增添了积累。是只从剧种的艺术库藏里搬演成熟的形象，还是既从这艺术库藏里选取，又做丰富了内容，还创造了新的艺术形象，在剧种艺术库中添加积累，又是区别一个演员与表演艺术家的标志。一代戏曲艺术宗师，总是在一批剧目中创造一批鲜活的艺术形象，才能使自己无限地活在这些艺术形象中，也才能在某个艺术品类中划出一个阶段来。从黄梅戏说，如果真要分"度"，这就是"梅开一度"的标志之一，而不是开列一些忽隐忽现的剧目名单，就可以誉之为又开"一度"的。

严凤英活在艺术集体里，活在艺术传承中。我们尽可以说，严凤英是一位天才的演员、伟大的演员，是黄梅戏的一代宗师，但严凤英不能孤立地成为这样的严凤英。她是在集体艺术智慧的营养钵里开出的一朵红花，是集体的艺术力量铸成的一座雕像。不仅是黄梅戏这个历代艺术集体为她培育了丰富的土壤，同代的艺术家更是形成了助她成功的融融集体。我曾在《从京剧到黄梅戏——王少舫、黄新德现象的思考》一文中说过这样两句话："严凤英与王少舫正是天然双生的艺术上的比翼鸟；马兰与黄新德恰似联袂并出的艺术上的双飞蝶。"（拙著《惜花 育花 品花》第328 页）岂止是这样演对手戏的伙伴，一切在这个艺术集体中生存和创造着的人们，都是这样一种关系。严凤英带动了这个集体，这个集

严凤英在《女驸马》剧中饰冯素珍

体举起了严凤英。这是一个历史事实，也是一个历史经验。也许严凤英的天才与伟大，正表现在这里。她留下这样一些事迹：严凤英在自己并不宽裕的困难期，只要见到黄梅戏这个大集体中有人遇到更大的困难，总是解囊相助。在她自己倾心创造角色时，从不夺人之戏，强要突出自己，总是把自己放在艺术的整体中，戏活而人活。我们今天还能清晰地记起：她是那样本分、平实地坐在自己饰演的人物的座位上，把潜在的艺术之光尽情释放出来。她是镶嵌在一件精美首饰上的一颗晶莹宝石，而不是漂浮在一片水面上的一滴油珠。这既是艺德，又是艺术创作的经验。严凤英的聪明，不仅表现在把自己溶解在共生、共荣、共创的集体中，而且表现在极为关注这个集体的壮大与发展。她细心发现新的人才，精心培育新的人才。她究竟收了多少徒弟，还有多少旁学者，我没有精确了解，但她毫无保守，热情传艺，是大有名声的，何况，她所展现的艺术风采，又在无限地影响和滋养着新人。是否有“严派”我无力研究，但直至今天，说黄梅戏的旦行皆未脱严门，大约是事实。这是严凤英心中有艺术、心中有黄梅、心中有未来的生动体现。没有艺术的承传，就没有剧种的发展，也没有自己艺术的延续。正像黄梅戏在戏曲的大家族中，可以一枝独秀，但不可以一枝独发；在黄梅戏大集体里，可以一人独秀，但同样不可以一人独存。所以说，严凤英是活在艺术集体里，活在艺术传承中。

我们说起严凤英，总要念叨起王少舫等她的同辈人和她的弟子们。这是“梅开一度”显示的又一个标志：涌现了一批有代表性的人物，他们凝聚起一个个强健的艺术集体，展现出黄梅戏壮实的人才群和集体群，这才形成一种气候。如果只是散点式地出现一些零零星星的好演员，而不能形成人才群体、集体群族的优势，还很难说是又一度“梅开”。

严凤英活在新的艺术综合的整体里。我们说，严凤英的艺术成就主要是塑造了一批令人难忘的艺术形象，这当然是对的，但还没有说到位。因为，这些形象的塑造，正体现出黄梅戏艺术综合的追求，达到了一个新的水平、新的境界、新的成就。戏曲是一种大综合的艺术，每个剧种的发展史，正是从艺术综合达到一个新的水平、出现一种新的面貌而显示出它的阶段性。

如果从黄梅戏的发展史来考察，“梅开一度”并不是严凤英这一代，而是黄梅调和以怀宁为中心的各种民间音乐相融合而形成黄梅戏，这种由“调”到“戏”的艺术综合的成熟期，最迟也是丁永泉那一代，他们把黄梅戏唱进了安庆，唱到了上海。而严凤英这一代，则是进入新中国，跨入新时代，把黄梅戏从一个民间

小剧种唱成了一个蜚声海内外的大剧种，完成了一次历史性的新的艺术综合。从这个角度说，严凤英是新中国“梅开一度”的代表人物，是一代宗师，当然是无可厚非的。

这一次新的艺术综合，其主要特点是：由小戏到大戏。黄梅戏的传统戏是“三十六大戏，七十二小戏”，而小戏是更为成熟与活跃的。1952年，正是严凤英他们带着《打猪草》等一批小戏，带着一股清新的泥土芳香，征服了大上海，使黄梅戏声名鹊起。但《打猪草》要当成大戏演，要上大舞台，则显出了它的不足。记得当时有一位歌剧界的知名人士叫边军，初看《天仙配》，说是总有一种感觉，像是小孩穿大人衣服。但就是从《天仙配》开始，黄梅戏表演艺术家们积极与新的舞台艺术相融合，不断进行新的艺术综合，使黄梅戏的大戏接连涌出，让人不再有那种感觉。

由土台到舞台。黄梅戏既带着土台上那种泥土芳香与生活气息，又迅速适应现代舞台，光色声美，尽情融合；既充分发挥它优美的唱，又重视表演艺术的提高，使之好听又好看。从单一到丰富，艺术综合要求黄梅戏在人才聚合和队伍建设上，由单一的演员组合到编、导、音、美，乃至理论人才的组合。于是在出现一批批优秀演员的同时，还涌现出一批批各类优秀创作人才，这才能使艺术由单一的重唱转为舞台艺术综合的整体优势；剧目从单一的继承转向新的创造。尤其反映在音乐上，由无弦乐到有弦乐，由无过门到有过门，由选调记谱到依据人物编曲创腔，日益丰富了黄梅戏的演唱艺术。

由本土到拓展。剧目从传统到移植、到创作，艺术从传统到改革、到创新，演出从本土到外埠、到海外……从一个剧种来说，也可能走弯路、走邪路，但严凤英那一代，却很好地把握住了根在本土，而又积极求拓展，黄梅之花越开越旺盛、越丰满，而不是别开一枝。一个好剧种的艺术综合，总蕴含着继承、改革、创造的艺术经验。那么，严凤英有什么突出的过人之处呢？她不保守，而求革新。一代艺术宗师，总是一代艺术的改革家。从程长庚到严凤英都是如此。我觉得严凤英确是一位勤思改革的艺术家，而且是主动的、活跃的，演传统剧目，都要经过必要的改编，乃至直接参与其事；演新的人物，总要赋予新的形象，并求尽早参与，如电影《牛郎织女》；有的艺术改革，她敢于支持，乐于实践，如那个时期的音乐改革，并非没有阻力，但她的态度与实践总是积极的。这才有了诸如“树上的鸟儿成双对”这样在黄梅戏乃至戏曲中首创的“二重唱”，得以成功和传播。

严凤英(左二)在电影《牛郎织女》中饰织女

她不自满,而求学习。作为一位演员,能在成名之后,不自满,反而更求学习,是难能可贵的。严凤英正是这样,她学昆曲、学川剧,学各种艺术,以丰富与提高自己。她在各方面的提高,又必然体现在她的艺术创造之中,她不断丰富与提高着黄梅戏的表演艺术水平。这种良性循环,体现出一代优秀演员与一代剧种发展的共同的关系和特点。她不孤傲,而求合作。一个成名的艺术家,尤其是演员,常常出现两种心态:一种是拉起架子,板起面孔,傲视一切,乃至把自己孤立封闭起来;一种是愈益谦逊,愈益热情,愈益求助合作,拓宽发展之路。严凤英属于后者。不仅如前所述,在她的艺术集体里愈求融洽合作,

严凤英在《刘三姐》剧中饰刘三姐

而且广交朋友，寻求更大范围的合作，如请鲁彦周为她写了《王金凤》。愈益拓宽实践领域，于是她演出了《韩宝英》中巾帼英雄韩宝英，演出了朝鲜戏《红色宣传员》中的李善子、《春香传》中的春香、方言话剧《丰收之后》中的赵五婶。她在广交朋友中，扩大合作范围；在广泛实践中，拓展表现领域，丰富艺术资源，从而使那一时代黄梅戏的艺术综合，呈现出广阔的气势、新颖的面貌和更高的成熟性。这当然是"梅开一度"的重要标志。所以，并不是出现一两个打响的获奖的戏，就可以称之为又一度"梅开"的。而是要看这一时期的艺术综合的整体面貌，是否达到了一个新的水平、新的成就，有了新的突破和飞跃，能否在历史上画出一条线来。严凤英这一代艺术家，正是在这样一个艺术综合的新整体里活着，让人们念叨她，学习她，总结她。

严凤英活在观众的心中。戏的生命活在舞台上，演员的艺术生命活在观众的心中，而这首先是要演员视观众为生命。以严凤英、王少舫为代表的新中国第一代演员的伟大功绩之一，就是吸引、培育、造就了一代黄梅戏观众。作为一代演员的直接观众是会断代的，但他们的艺术影响在观众中是会传代的。他们与观众结起的纽带，正像一条流淌的甘甜泉水，供后人饮之不尽。当然，严凤英这一代人，正逢新中国的诞生、民族艺术的复兴、戏曲改革的兴起，时机大好，观众与市场是得天独厚的。但那个时代，也并非所有戏曲剧种都是一律的、一样的发展和繁荣，分化现象亦已存在，艺术竞争亦已兴起。黄梅戏市场的打开和观众面的扩展，同样是经过这一代艺术家的勤奋努力而取得的，并体现出鲜明的特点和可贵的经验。

其一是重精美。一种艺术、一个剧种、一个演员，都要争取观众。在严凤英和她的艺术集体中，把每一场演出都当作一次诚待观众的盛宴。在严凤英和她的艺术集体中，我不敢说相互之间没有任何嫌隙，但在舞台上，他们是一棵菜，一个整体。我没有听说过什么你演我不演，你掣我的肘，我拉你的腿之类的传闻。你给观众以精美的艺术享受，观众回报你以永久的怀念。

其二是重在勤奋。演出是乐事，演出也是苦事。严凤英那个年代，总体来说，演出条件是艰苦的，但我也没有听说因艰苦而缺场之事。如果求乐辞苦，就会让身在苦地，但渴望黄梅戏的观众被冷落。能苦能乐，能上能下，能大能小，成为那个时代的演出特点，这方面有许多生动的事例。勤奋的演出迎来了喜爱的观众，创造了演出市场的春天。

其三是重在积累。市场要有充分的货源，要有品牌产品。严凤英从 1952 年唱红于上海，1953 年进入安徽省黄梅戏剧团，步入辉煌，到“文化大革命”中止艺术生命，总共也只有 15 年。而这 15 年中，她所创演的剧目，就有二十多个，绝大多数是经常上演的剧目。这其中有经过改革的传统剧目，有经过变革的移植剧目，有历史和现代题材的创作剧目。一批剧目，成为精品，不是在奖台上闪现出来，而是在演出中磨炼出来。既不挑三拣四，也不忽演忽丢。正是剧目的积累，造就一代观众，推出一代名优，培育一代黄梅。

四是重于开拓。不仅重视舞台市场的开拓，而是更敏锐地投入扩大观众面的流通渠道中，这也是严凤英这一代人具有开拓意义的功绩。主要就是及早地、热情地闯入音像市场。严凤英和她的艺友们，一连拍了三部黄梅戏电影(《天仙配》《女驸马》《牛郎织女》)，灌了大批唱片和盒带，黄梅戏在海外掀起阵阵热潮，正是起于这无形的翅膀；被誉为全国五大剧种之一，也是基于这方面的销售统计；扑入亿万人的心窗，也是这电波的冲击，这是黄梅戏舞台艺术的拓展，是严凤英艺术生命的延伸。这就是严凤英这一代人开辟的艺术繁荣之路、留给我们的经验和启示、显示出的一个标志：一代艺术家，创造了一代艺术，造就了一代观众。如果观众在流失，流通渠道在干枯，甚至自设障碍，堵塞渠道，割裂观众，那就不能说是又是一度“梅开”，这是一个至关重要而又极难攀登的标志。

（选自《黄梅戏艺术》2000 年第 4 期）

再寄深情

——纪念严凤英

王冠亚

我最怕写带研究性的东西，又加上写严凤英，自己评自己的爱人，更不知如何说起。我常说一句老话：“严凤英是大家的学生。”过了这么些年，我就再加几个字吧：“她不一定是个非常听话的好学生，她有些倔，有些犟。”学数学的我怎么会和土生土长的黄梅戏搅到一块，而且一搅竟搅了近六十年。严凤英也不知哪条筋出了毛病，竟和我成了夫妻。严凤英怎么会爱上我？连我自己也想不通。也许从这里能找个突破口，能找到严凤英一点内心深处的东西。

每年清明和冬至我都要回安庆，因为凤英和我的父母、妹妹都长眠在那里。今年春节，我和从大洋彼岸回来祭祖的弟弟、侄女和凤英的小儿子小英到安庆扫墓，恰巧那天是大儿子小亚的生日。当年生他的时候，凤英一定要到安庆找大二郎巷的陈产民医生接生，坐月子也住在陈医生家，全靠陈医生夫妻照应。凤英祖籍虽然是桐城罗家岭，但出生在安庆龙门口余家祠堂的一个小披间里，她祖父在龙门口开过一个联升客栈。

严凤英虽从小失去父母之爱，但在安庆却有许多比亲人还亲的朋友，在最困难的时候拉扯她，帮助她。陈医生夫妻就是其中之一。严凤英到安庆就住在他家。这位老人给人看病，济世救人，穷人基本不要钱，熟人也不好意思要钱。他们给凤英接生反要贴钱，因为他们爱看黄梅戏，也特别疼爱凤英，把她当作亲人。还有胡玉美的胡家也和黄梅戏有很大的缘分，胡子穆子侄辈的胡庆汉在上译当副厂长，与黄梅戏《天仙配》《女驸马》《牛郎织女》和省黄梅戏剧团同过欢乐，也共过浩劫。“文革”结束后，我们到上海演出，他们特为我们借译制厂放映这几部片子。胡庆汉同志在放映前，致了简单的欢迎词说：“这几部片子在‘文革’中被批判为‘反党反社会主义的大毒草’，现在就给大家看看，欢迎大家提出宝贵的意见，希望指出这几部片子的缺点错误来。”看完电影后，大家不约而同地感到迷惑，这样的片子怎么变成“大毒草”了？后来和芜湖市黄梅戏剧团合作黄梅戏电视剧《铁马红巾》，导演就是胡子穆的侄女和侄女婿。再后来和湖北省黄梅戏剧团合作黄梅戏电视剧《貂蝉》，演董卓的就是著名表演艺术家胡庆树，他也是胡子穆的侄辈。每当吃胡玉美蚕豆酱时，总是想到安庆的这些老朋友，想到他们为黄梅戏立过功，也挨过苦，想到他们当中有的已经仙逝了，不禁怆然，此情此谊剪不断理还乱。

严凤英一家人

严凤英在《牛郎织女》剧中饰织女

凤英怀第二个孩子时，到安庆找陈医生，在他家遇见了胡子穆的夫人舒德馨，此时正是反右派运动前夕，大家心有预感，紧张，但他们仍非常关心凤英，都欢迎她回安庆来生孩子，凤英就住在陈医生家。预产期很近了，他们准备药，熬汤，照顾凤英。因此凤英就没有和大家一起住集体宿舍过“打成一片的生活”，这些也成了后来被批判为“脱离群众”“和资产阶级打成一片”的罪证。那时我是糊里糊涂站在凤英一边的。我实在不懂怀孕的女同志应该如何按无产阶级的方法照顾，当时这方面的法律还没出台，或出台了也只是做样子，一时很难兑现。那时一切为了革命，挺着大肚子，还得上台唱近一个小时的《小辞店》。现在回想起来真不太相信，谁能行？若在今天，谁能行肯定会大大炒作一番，大大吹捧一番。但在那时是平常事，吃了人民的饭就该为人民服务。严凤英有强烈的妊娠反应，吃什么吐什么，有时唱着唱着跑到边幕去吐，吐了再上台接着唱。有个好朋友叫黎承先的，也很为她担心，主动找领导反映（黎承先是个英俊的小生，黄梅戏唱得很有老味道。后被打成右派，在“文化大革命”武斗的乱枪中被误伤致死），希望能允许她这几场戏不要接连演，隔一天演一场。但是这涉及如何对待革命观众的原则问题，所以严凤英就坚持一场一场接着演下去。那时我还不太懂戏班“救场如救火”的传统美德和不许“临场推诿”的传统班规，勉勉强强提心吊胆看着她挺着大肚子坚持上场演出。也就是在这一次，我认认真真怀着复杂的心情看了几场她演的《小辞店》，深深被她的艺术魅力感动。很奇怪，她只要一上台，马上就变得那么年轻，那么美丽，唱得那么迷人，她的病态就不见了！怪不得不少同志讲她是“装病”。也怪不得剧坛前辈田汉那么夸赞她演的《小辞店》。安庆的观众更是如痴如醉，只要一挂她《小辞店》的戏牌，准爆满。

安大的老学长，也是黄梅戏老专家班友书跟我说，他认为研究严凤英一般都以《天仙配》《女驸马》等几部电影为材料，其实她的艺术精华主要是舞台演出和唱腔。她常演的几出戏《小辞店》《柳树井》《游春》《送香茶》《蓝桥会》《打猪草》等等堪称绝活，可惜现在看不到了。一些老前辈的精彩演出，如丁老六的五个半陈氏和他的彩旦戏，程积善的旦角戏和老生戏，查文艳和潘泽海的青衣戏，刘正庭和吴来宝的丑角戏，相当于京剧高庆奎的老艺人邹胜奎的老生老旦唱腔，号称“隔壁听”的阮银芝的唱腔，还有当年的著名女角桂月娥、张胜英，等等。严凤英很尊重他们，特别是桂月娥、张胜英，她俩和严凤英在新中国成立前被观众誉为能挑梁领班的三姐妹（女演员）。严凤英虚心向他们学习，并暗暗学习他们的优点和长处，她的演唱中，就有他们的优点和长处。他们的演唱当年没有条件录制下来，现在很难听到看到了，所以造成黄梅戏家底薄的误解。原来黄梅戏有“两小戏”“三小戏”，其中都有小丑或彩旦。丁老六、严凤英、查瑞和合作的《游春》现在看不到了，丁老的王干妈是彩旦，道白斩钉截铁，表演通大路、不小气，人物有血有肉，真是珠联璧合。这三位艺术家都走了，把艺术也带走了，故而也不可能继承下来了。丑角、花脸这些行当也消失了。吴来宝有个徒弟左胜利，演的《瞎子算命》有几分乃师的风味，真应当作为一级文物重视起来。江苏的著名作家、电视剧《严凤英》的作者之一的江苏省作家协会主席顾尔镡先生就看过严

严凤英（前中）在《牛郎织女笑开颜》剧中饰织女

凤英的戏，生前对严凤英的演唱赞不绝口，讲严凤英演的《小辞店》堪称一绝，可惜也成绝唱了。不过，安庆还有她的弟子田玉莲、王凤枝能唱，与她同辈的老演员张胜英也能演这个戏。有次张大姐还和我谈到她演的《小辞店》中不为外人道的"私房"活。譬如，卖饭女唱"来来来，带住了客人的手，叙叙你我当初"是什么意思？为什么要唱那么多的"来"字？是不是结巴子？身段又该怎么做？她本想和凤英交流交流，可是，那时凤英成了名角，再加上《小辞店》又不能演了，所以就不找这个麻烦，让这些"活儿"都烂到肚子里去吧。我说，现在情况不同了，凤英

严凤英与丁永泉

虽然不能学不能演了，你还能演唱给我们看。为什么要唱那么多“来”字呢？原来他们是婚外恋，当时要被人唾骂耻笑的，所以他们不敢出大门走大路，偷偷从后门走。卖饭女先一步看看门外面，左边一看，没有人，就唱一个“来”字，再看看右边，也没有人，再唱一个“来”字，看清两边都没有人，这才放心了，唱“来来来……”，拉住蔡鸣凤的手出后门朝小路走去。这部分刻画出了卖饭女既担心又细心的复杂心情。我一听，浮想联翩，这个动作果然比凤英的又另有所长。一个人再出名，总有她的不足之处。艺海无涯，黄梅戏的传统不在口头上，不在殿堂里，不在书本上，而在许多知名和不知名的艺人、前辈的身上。即使今天出了名，也没有什么可吹的。所以叫我写严凤英，吹严凤英，不像现在炒作青年表演艺术家那样方便。譬如还有位号称“戏篓子”的旦角陈月环，黄梅戏的“三十六本大戏，七十二本小戏”都在她肚子里，不但没人炒作她，反而将她作为古董埋藏起来了。当年严凤英从罗家岭逃出后到了枞阳，举目无亲，就被陈月环的母亲收留，她母亲还给严凤英治病，照顾严凤英生活。最早的《天仙配》，严凤英演前半场的《路遇》，后面的武功重头戏版《分别》则由陈月环演。我看过两次她演的老《分别》，一次是 1956 年 9 月，在北京东安市场内的一个小剧场（吉祥戏院），为了专门给康生的批评做交代而恢复原样演的。七女包大头，扎甩发，系腰包，在舞台上和董永做“跌四门”的表演，在舞台的四角耍甩发接屁股坐子。动作火爆激烈，使人马上想起鲁迅笔下的社戏，又像老徽班火爆的武功，热烈感人，这又是一种风格——外国人想象不出的风格，年轻人也不可能看到了。传统就像是原始森林，在“以粮为纲”的革命口号下，被剃成光头。现在我们在防沙尘暴的科学措施下，奋力使它逐渐绿化起来。

郑立松这次又告诉我一个有趣的事：凤英在胜利剧院唱《小辞店》，长期合作的鼓师是方启凤，真个珠联璧合，一人打鼓胜过庞大的乐队。一次，唱得正起劲，观众突然鼓掌，叫“文场”停下，只让方启凤一人打鼓，严凤英一人唱。这种演出对演员真是一个大考验，让观众过了一次大瘾，欣赏了一次严凤英的真功夫、真味道！这出戏的唱腔也很有特点，全部是［平词］。而且是［平词］的上下句，翻过来倒过去，就是那两句。在那基础上做些小变动，黄梅戏班子里叫“倒粪”，却叫人百听不厌，而且越听越想听，一场戏听下来也就学会了，自己也能唱了。那时黄梅戏能传得那么快，“国中属而和者”那么多，跟这种“下里巴人”的音乐有很大关系。郑立松至今念念不忘，讲那又是“绝唱”。这种真功夫、真本事失传了，没有几个人会了——这又有些“厚古薄今”的味道。现在科学发达了，黄梅戏音乐发展到又高又雅，高雅到象牙之塔的塔尖上了。有了话筒还要你吊那么响亮的嗓子作甚？有了那么多人的管弦乐队，可以把演唱中的一切毛病都遮盖了。什么荒腔掉板，什么嗓音不美，全听不清了！还可以假唱，让演员偷偷歇口气，这就是“科学的威力”。估计将来有一部分中国戏曲完全欧化、完全美化、完全日化都有可能。或者是中外结合的“混血儿”，也会拥有一些青年观众，有时混血儿长得也确实蛮漂亮的。但是“调高和寡”，票价虽高，买票的人很少，送票的很多，钱是纳税人出，这也是我们的“优越性”。合肥原来是有城墙的，和南京一样，南京保存下一部分，合肥全拆了，建成宽阔的大马路。包公墓也是新建的，里面还有现代做的宋朝的金丝楠木大棺材，都是经过专家精心研究设计制造出来的“文物”，虽然不是真文物，却也展现了我们的专家制造文物的天才。黄梅戏将来如何制造？自有各方专家来决定。

我想，严凤英的《小辞店》是看不到了，何不看看张胜英、田玉莲、王凤枝的？还有麻彩楼，韩再芬的成长多亏她。当年韩再芬到安庆二团来，她在潜山剧团的母亲余用官同志专门拜托王凤枝好好照顾她，因为她们是老乡。还有一位万迪汉老师，他的《韩琪杀庙》，李玉茹同志夸他比京剧演得还好。这些老师把自己的功夫都倾到韩再芬身上了！（悲夫！今年清明后，万迪汉同志英年早逝了，黄梅戏又走了一位难得的德艺双馨的人才！）为什么不能找这些好老师、好同志好好学学？谈到安庆，我经常想到，这里有不少黄梅戏的好老师，有的还是严凤英的恩师。譬如现在高寿 93 岁的张慧聪老师，她的老伴是回族的京戏名票马龙海。张老师是著名京剧表演艺术家周信芳先生四位旦角搭档之一，也是他的养女。她擅长昆曲，身段讲究。严凤英初到安庆时是个农村来的穷伢子，没有自己的漂亮行头和头面。张慧聪夫妻常看严凤英的黄梅戏，发现她是个好苗子，看了她的戏，就给她提意见，或教她身段。后来渐渐熟了，有了接触。一天在照相馆，张慧聪在拍京剧的剧照，被凤英看到了。上海大码头做的“行头”，端的是大方好看，便向她借。张老师夫妇一来爱才，二来有“旧艺人”传统的艺德，就毫不犹豫地借给她，由此他们结成了很深的友谊。往后只要严凤英开口向她借行头或头面，她二话不说，打开衣箱任她挑。张老师不太谈自己对凤英的帮助和影响，可凤英到安庆第一位要拜望的就是这位好老师。1957 年她演的《天仙配》已拍成电影，在全国播放了，她也成为“名人”了，到安庆演《天仙配》时还要请张老师夫妻来看。张老师看七女在戏里经常要使用云帚，就指出《鹊桥》中的云帚还有可加工之处，就教了她整出昆曲的《思凡》，其中有整套的云帚舞，果然更大方好

看。那时凤英怀孕，行动困难，何况学舞？张老师还有套《霸王别姬》的剑舞，和梅先生的不同，是给盖叫天打下手的王老师（哑舅）在梅先生的基础上加工设计的，很有特点。张老师讲："只教了我们少数几个人。王老师现在很老了，除了我也很少有人会了，这要当作宝贵的传统继承下来，如果失传就太可惜了！"凤英讲："你教，我学！"张老师笑道："你这么大的肚子，以后再说吧！"凤英讲："不怕，我没有那么娇！"张老师很感动，就教严凤英。又怕她吃不消，叫我也学，并用笔记下来。张老师如今是 90 多高寿了，对此事记得还非常清楚，夸凤英见到别人只要有一点好功夫就不顾死活也要学下来的那股蛮劲。

很普遍的一种误会是黄梅戏没有自己的传统，就连它的代表人物严凤英都不练功。这又是一个误会，是只在艺校学了三四年分到剧团就再也不练功的青年演员，特别是"文革"后，在剧团听不到练声看不到练功的年轻朋友的误解。张老师的女儿张莉萍，是安庆戏校的老师，深得乃母的家传，教了不少好学生。她的大儿子韩军也是其中的佼佼者，调到省团来，和韩再芬合拍电视剧《小辞店》，后来在《半把剪刀》里演弟弟，那唱腔有深厚的黄梅戏韵味。我很欣赏韩再芬，她不是科班出身，完全是在舞台上跑龙套演丫鬟"生活"过来的，一些老艺术家手把手教出来的。当然，只教出韩再芬这一个，这叫"慧眼识英雄"，或按戏班传统的经验和说法叫"伯乐识千里马"。又说"千里马好得，伯乐不好得"，现代话叫"人才难得"。严凤英也不过是个"好得的千里马"，所以无论如何不应该忘了那些难得的"伯乐"，更不能"数典忘祖"！

五十多年前我在安庆读书的时候，喜欢郁达夫的文章，喜爱京戏和歌曲，不喜欢黄梅调（那时黄梅戏还叫黄梅调）。通往迎江寺的沿江小路（现在也建漂亮了）的地摊上到处有卖黄梅调唱本的。在如今步行街口，也有瞎子夫妻拉着胡琴唱黄梅调卖唱的，韵味很浓、很迷人，衣衫却破烂不堪，在夜风里向行人讨几个钱。虽然有黄梅调班子能在小戏馆演唱，那国民党伤兵专欺唱黄梅调的，我就不敢进这危险地带。我有个黄梅调迷的同学叫黄守中（"文革"前在枞阳某中学任过教，听说也不在人世了），常向我夸耀他桐城家乡的黄梅调，他能唱，唱得还很好听。可是他拉我看了真正草台班子的黄梅调，我就大倒胃口，在割完庄稼的田埂上搭个草台，道地的"三打七唱"。男人扮女人已不太好看了，却又穿着从农村大嫂大妈那里借来的娶媳妇拜堂穿的花布裙袄，委实寒碜得很。那时自恃是大学生，居高临下地看不起这来自泥土的民间小戏。当上解放军战士，学习了"百花齐放"，才懂得尊重学习继承民族遗产。后来看到苏联一部歌颂伟大音乐家莫索斯基的传记片，莫索斯基有句话给我印象很深，他谦虚地说，“我不是什么艺术家，我不过是俄罗斯民歌的记录者。”这句话给我极大的震撼。于是我也记录起淮北民间音乐，“李秀莲迈大步走进奴绣房”，“坠子”、“曲子”、“四句推子”等等，并把它们用到宣传革命的节目中。这在当时就我来说，确实是感情立场上一个很大的转变。每个人的思想都会打上时代和阶级的烙印，新中国成立前我脑子里杂货太多。我父亲是汉口的京剧名票，曾拜梅兰芳先生为师。我们巷子口有个小科班，教的都是小孩子，让我跟着他们大人的票房学习。我母亲是湖北花鼓戏迷（现叫楚剧），她有个侄儿在花鼓戏班唱小花旦，他们经常带我去看花鼓戏。后来，抗日战争爆发，上海南京等地的抗日人士一下云集到武汉，印象最深的是有位刚从法国留学回国的大音乐家冼星海先生，一点架子没有，亲自下到最底层，在老百姓中，甚至走到（不是坐小包车）我们小学生中教抗日的歌曲。后来我懂得一点爱国，懂得一点抗日，是和田汉和冼星海两位前辈的歌曲有关。我家楼上住着一位姓韩的孤老头，他爱看戏，还都要带我去同饱眼福。还有从京、津、沪跑来的老白玉霜唱的蹦蹦戏，厉家班演的京戏，也都带我去。所以，我的脑子又有了“手把个锄头锄野草”“卖报歌”“小小画家”等新歌舞和名角们的戏曲。我脑子里有了这些复杂的东西，所以叫我学传统，我毫不抵触。反过来，叫我欧化、美化、日化，也毫不费劲。啰啰唆唆扯了这些，无非是交代一下我

严凤英在《天仙配》剧中饰七仙女

脑袋里装了哪些货色，在和严凤英共同生活、艺术合作中给了严凤英哪些“毒害”和影响。反过来，严凤英也在旧社会摸爬滚打过，她会唱旧社会的流行歌曲，会唱京剧、昆剧。新中国成立后，她也穿“列宁装”，唱革命歌曲，学唱评剧、评弹、越剧、锡剧……而且学得很到位，并且常常自觉不自觉地吸收、充实到她的演唱中来。她认真学习传统，广泛自觉不自觉地把兄弟艺术甚至外国艺术的好东西吸收融化到自己的演唱中。是融合，不是焊接到她的艺术中，听来还是黄梅戏。但是，明眼人一听就能准确地抓住她的或是封建的，或是资产阶级的，或是修正主义的狐狸尾巴。所以她也是有时左右逢源，有时左右挨打。打得最厉害的一次就是“文化大革命”，这次真革了她的命永世不能翻身了！现在好像黄梅戏高唱革新最时髦、最保险，但是她无缘参加这次盛会了。

严凤英在《宝英传》剧中饰韩宝英

抗日战争爆发的那年，我们离别了家乡，溯沅水到了湘西苗家的泸溪。住在苗胞家里两个年头。我还记得房东叫杨良才。苗家男人不下田，女人下田、上山劳动。那时国共合作抗日，小小苗寨也挤满了要抗日不愿当亡国奴的热血青年。其中有位李先生，我至今忘不了他。他在这小小的苗寨办了个小小图书馆，展览着朱德、彭德怀、林彪等抗日将领的连环画和图书。并且组织这些流亡来的青年们演《放下你的鞭子》《卖梨膏糖》《马占山》等抗日的戏，唱流亡三部曲，画宣传抗战、反对投降的大幅宣传画，等等。小小山城顿时热火朝天。李先生那时不到三十岁，穿一身蓝布大褂，潇洒倜傥，意气风发。我们小孩也被组织起来，演根据童话故事改编的歌舞。一天，县城的国民党警察来到李先生的住处，要抓他。正好前屋住的国民党伤兵在推山峰牌九，警察先生扰了伤兵大爷的雅兴，打了起来。房东报信叫李先生赶紧从后门跑走，后来才知道李先生是共产党（以后在我排的现代戏中，出现地下党员的形象，不自觉地就出现李先生的影子。严凤英创造江姐的形象时，我们也谈到李先生等地下党员的情景）。共产党一直在我小小的脑海里保留着是好人、是英雄的印象。

黄梅戏艺人有个很自豪的历史，1938年贵池茅坦有位叫杜含芳的，编了一个控诉日本鬼子侵害中国人的小戏《难民自叹》，引得日伪大怒。那时丁翠霞被日寇宪兵队抓起来拷问，要她交代谁是作者。丁翠霞宁死不交代，表现了民族气节——不过后来，杜含芳还是没能逃出日寇的魔掌！这难道不是黄梅戏的传统吗？

后来我在山城霍山接触了庐剧，很喜欢。严凤英也非常喜欢庐剧，她甚至专门向庐剧表演艺术家丁玉兰学过，还排过丁玉兰的代表作《借罗衣》，杨璞是这个戏的导演，演得没有人家好，所以在北京演了几场就不演了。但是，由此也可看出她对庐剧的钟爱，真诚地向庐剧学习，特别是学习他们的生活气息。后来她在《袁天成革命》《三里湾》中演惹不起、能不够等农村妇女，那浓厚的生活气息，一方面来自她的生活积累，一方面也不得不承认和学习庐剧等兄弟剧种的宝贵经验有关。

严凤英与王冠亚、王少舫(右一)研讨剧作

楚汉相争，最后集中在今江苏的徐州和安徽的灵璧垓下。这一带流行泗州戏(或叫拉魂腔、柳琴戏)，特别是女唱腔能拉人魂魄。又流行凤阳花鼓，哀怨迷人，流传全国。“四面楚歌”唱的楚歌大概就是古楚国的民间音乐，乡土气息浓，清淳委婉，更能牵动游子的乡情。不像号称“慷慨悲歌之声”的燕赵音乐高亢雄壮，梆子、秦腔[西皮倒板]中大概可以找到“风萧萧兮易水寒”的基因。汉军叫部下唱的楚歌，大概就是现在楚剧、黄梅戏、湘鄂皖赣民间流行音乐的祖先。它的力量来自情，爱情、亲情、乡情、祖国之情，以情动人，以情迷人(屈原的《离骚》里，必定能找到湖南花鼓戏、湖北花鼓戏、安徽花鼓戏和巫曲音乐的原始基因)。这种来自人性的，可以迷人、可以拉魂的因素，可以摧枯拉朽，竟把“力拔山兮气盖世”的英雄项羽，吓得逃到安徽和县的乌江去抹脖子！

1963年7月25日，《安徽日报》登了一条新华社北京24日电，转发了一条台北的消息，说黄梅调从内地传到香港，又从香港传到了台北。那年的10月，台湾当局正在筹备两件大事，一是庆祝国民党的“双十节”，一是庆祝蒋介石的寿辰。结果香港有位著名演员凌波小姐学了我们电影中的黄梅戏（那时黄梅戏只有《天仙配》《女驸马》两部电影），到台湾就唱这种黄梅戏，一下把那两件“大事”冲得稀里哗啦好不惨然！台湾报纸就此事发表评论说：“台湾‘黄梅调到处流行’，使人有霸王困于垓下，四面楚歌之感！”他们倒是在四十一年前就把楚歌和黄梅戏连到一块了！只是在后来被批判为黄、软、嗲、慢等等，就越来越高亢，越来越雄壮了。我不知二黄慢板、西皮慢板等将来会不会都改成快板？反二黄会不会消灭？西方的小夜曲（Sonata）等抒情的音乐，会不会都改成雄壮的进行曲？“样板戏”好像还没来得及这样做，我却早已这样做了。那是“大跃进”的年代，我们要“赶英超美”，亩产十万斤的时节，我们要一天写出十个剧本，超过莎士比亚，超过梅兰芳，超过史坦尼斯拉夫斯基……在那个时候，这是很正常的。我受过前线歌舞团的严格教育，在艺术上、政治上使我终生受用无穷。问题是我生搬硬套，并且还影响了严凤英，譬如她在《万炮齐发轰瘟神》中扮演美国记者，我们就设计了一套紧身的性感服装，居然令观众大饱眼福。当然比不上现在袒胸露臂这样性感。记得我刚从前线调到黄梅戏剧团，开始叫我带大家练合唱，我就生搬硬套前线那一套。时白林一听说不行不行，戏曲的合唱和西洋的大合唱不一样。有一年，王兆乾写了一篇文章，针对当时这种戏曲改革中的“左”的现象，引发了对梅兰芳先生的“移步不变形”观点的研讨。当时我这个“老右”怎么突然“左”起来？对他进行反驳批判。实践检验，我是错的！应该向他赔礼道歉！当然黄梅戏的损失不是这样两句话能弥补的！这一晃就是四十多年了！我不希望再耗他四十年，那时我们这些人都不在了，黄梅戏又会变成什么样子呢？我的私心就是“左右”摇摆，“左”最容易右，右也最容易“左”。自己滑来滑去却害了黄梅戏！也许那时黄梅戏已成为红梅戏或绿梅戏了，也许那时我们国家繁荣昌盛，人人都住上大洋房，家家都能吃西餐，我们的戏曲呢？大投入，大制作，大舞台，大乐队，大阵容，天下大一统，统成西洋大歌剧化了，都只有共性没有个性了。十年河东转河西，我在大别山的大沙河里看到不少这种自然现象。上学时走的沙河南岸，放学时却走的沙河北岸，不以人的意志为转移的。有路就走，杞人忧天又何济于事？

（选自《严凤英、王少舫艺术历程》）

严凤英与黄梅戏

杨 杰

“四害”横行百卉殚，
凤英无计避摧残。
“黄梅”依旧人何去，
满座唏嘘泪暗弹。

这首诗，是原安徽省委书记、书法家、诗人张恺帆生前为严凤英被迫害致死不平而写的。恺老逝世后，我看到这首诗，不禁想起严凤英同志许多往事。

本来，我早就想给严凤英写一篇文章，特别是今年11月一天下午3时，中央电视台二套节目播放《女驸马》电影，我和老伴在电视机前，好像又和活着的严凤英见面了，她那动人的唱腔、一举一动的表演、多愁多情的眼神，使我想起了她的成长、她的苦难、她的成名、她的人品，促使我要拿起笔写严凤英。过去，我之所以未写严凤英，是因为写她的文章很多，还出版了严凤英的传记，直到15集电视剧《严凤英》问世，都把严凤英短暂的一生再现在文字和荧屏上，而且真实感人。电视剧《严凤英》的导演金继武同志告诉我，该剧播放时，全国将近三亿观众收看，同时在电视机前为严凤英苦难而闪光的人生流泪。在评奖委员会上，有的评委激动地流泪说：“此剧不得‘飞天’大奖，天不忍，地不忍，也对不起光彩夺目的严凤英！”结果，一致通过《严凤英》15集电视剧荣获广电部“飞天奖”一等奖。可见严凤英作为黄梅戏杰出的表演艺术家是名副其实的。她的人品、她的艺德、她的英年早逝，赢得了亿万人民的尊敬、同情和惋惜。当年周恩来总理得

20 世纪 60 年代，严凤英（一排右四）与田汉（一排右二）等艺术家的合影

知严凤英以死抗争“四人帮”的凶残迫害时，十分痛心，长时间默默不语，表达了他对江青之流把江淮大地上一枝独秀的艺坛新花活活绞死的愤慨！

我和严凤英曾是上下级直接领导关系，我既了解严凤英过去的一些情况，更了解她成名时的情况。因为：一是 1952 年，皖北皖南行署合并，成立安徽省人民政府，我是第一任安徽省文化局负责人，省黄梅戏剧团在我手中建立，二是 1954 年秋，华东五省一市戏剧会演在上海举行，安徽代表团是我带队的，我又是评奖委员会的成员。

当安徽在上海大舞台上演出《天仙配》时，文艺界专家吴强、孔罗荪等人坐在我身旁，他们竖起大拇指说：“你们安徽在上海放了一颗明星！”我当时向黄梅戏剧团全体同志一再说，此剧能获得诸多一等奖，应归功于省委的重视，归功于编剧、导演、作曲工作者的努力和创新，特别是严凤英和王少舫出色的表演和动人的唱腔，起了决定性的作用。现在看来，还应归功于培养和造就严凤英、王少舫成长的黄梅戏之乡安庆。其后，在准备拍电影时，导演石挥和我多次研究，探讨电影文学剧本和搬上银幕的问题，石挥和桑弧同志为此付出了大量心血。

《天仙配》舞台演出打响了！

《天仙配》电影打得更响！轰动了国内，也轰动了国外。从此，黄梅戏这枝花受到了国内外广大观众的喜爱，经久不衰。

令人遗憾的是十年动乱，严凤英被迫害致死。而后，王少舫、潘璟琍、张云风等黄梅戏的出色演员均先后离开人世。现在，黄梅戏之花已开遍省内外，新秀不断涌现出来，如省黄梅戏剧院和安庆市黄梅戏剧团，出现了马兰、黄新德、吴琼、韩再芬、陈晓芳、吴亚玲等人，他们可以说是严凤英等黄梅戏前辈的继承人。但是，现在的新秀，尽管他们的艺术各有特色、各有成就、各有所长，受到广大观众的喜爱，但尚无一人能赶上或超过严凤英。正如一位著名戏剧家向我说的："马兰的表演、吴琼的唱腔、韩再芬美好的形象，三人合在一起，可以和严凤英媲美。"此话虽不完全确切，但能说明一个问题，把她们三人之长，集中于一个人，那才是严凤英。可以说，严凤英和王少舫的黄梅戏表演艺术已达到了炉火纯青的地步。

1954 年华东戏曲会演《天仙配》舞台剧照，严凤英饰七仙女，王少舫饰董永

下面，我就说说严凤英与黄梅戏的一些故事。

一谈在艺训班的严凤英

1952 年夏季，我穿着军装，由军人转业到了文化战线，任安徽省文化局负责人，对我这个拿枪杆子的人来说，一切都要从头开始。当时，根据党中央和省委布置，对知识分子进行"思想改造"，训练教育。我和党组织研究，决定办艺人训练班，其主要内容有：政治教育，树立文艺为人民服务的观点；旧戏改造，去其糟粕，取其精华，推陈出新，百花齐放；进行忆苦思甜教育，树立人民演员主人翁观念。同时，对在旧社会染有恶习如吸毒等少数艺人，进行改造旧习、树立新风的道德教育。当时来参加学习班的演员、导演、剧团团长，都是从全省各地抽调来的骨干人员，有老、中年艺人，更多的是青年演员。剧种有京剧、庐剧（原名倒七戏）、黄梅戏（原名黄梅调）、泗州戏（原名拉魂腔）、梆子戏、花鼓戏、曲子戏、徽剧、越剧、扬剧等十多个剧种。从安庆来的黄梅戏主要演员有：严凤英、王少舫、

潘璟琍、张云风、丁老六(丁永泉)父子等数十名演员。当时的严凤英才22岁,风华正茂,她进艺训班学习,喜气洋洋,天真活泼,是学习最认真的一个。她为全国的解放而欢呼兴奋,为艺人的真正解放而欢欣鼓舞,正如她在学习小组发言中说的:“在旧社会,我只是一个唱戏的,虽出了名,可身边的恶狼天天围着我,他们要喝我的血,要吃我的肉。在黑暗的社会里,我们不算人而是鬼,是恶狼口中食。然而,我毕竟是人!就是在万恶的旧社会,我也要讲人格,要脸皮,虽然我受过迫害,但我还敢反抗……”严凤英说着,声泪俱下,她说,“我现在真正认识到,不是共产党解放了我们,我也许早成了冤鬼!成了一个可怜的女鬼!新旧社会两重天,我真的高兴极了,我现在成了人民的演员,不再是被人看不起的戏子!”说到此,她又激动地说,“我要树立新的人生观,改正自己的缺点,不贪钱,不贪名,做一个合格的人民演员。我一定加倍努力,争取早日加入共产党!”

严凤英的一席话,打动了许多演员的心,大家公认,严凤英经过几个月的学习,她的认识有了一个飞跃的转变和进步,树立了新的为人民服务的观点,积极拥护党对戏曲的改革。她曾说过:“如果把旧戏中的糟粕不加删除改造,捧给观众,就等于向人民输送鸦片烟,用枪打自己人!”

艺训班快结束时,我邀请华东文化局戏剧家屠岸等同志来合肥观看演出,他们一行看了严凤英演出的《打猪草》、潘璟琍和王少舫演出的《夫妻观灯》、李宝琴演出的泗州戏《拾棉花》后,感到特别高兴,大加赞扬,立即向我说:“邀请严凤英、王少舫、李宝琴到上海演出。”当时,我一口答应,并把此事转告严凤英等同志,他们也自豪地说:“昔日的草台班子,今日能进大上海,做梦也没想到!”紧接着我又安排一个晚上,邀请省委第一书记曾希圣、省长黄岩和省委书记桂林栖、陆学斌、苏毅然等同志观看严凤英、王少舫、潘璟琍、张云风主演的黄梅戏《天仙配》中《路遇》一折,还有严凤英反串小生的《西楼会》和《打猪草》《夫妻观灯》等节目,所有的省委负责同志均是第一次观看黄梅戏,安庆语音听得懂,演员表演出色,特别是黄梅戏唱腔优美动听,一致叫好。我向他们建议,为了发展黄梅戏,成立安徽省黄梅戏剧团,他们一致同意,无一人反对。这就是黄梅调走上黄梅戏,从地方小剧团走上省剧团迈出的第一步——通过了省委这道重要关口,曾希圣、黄岩,桂林栖、陆学斌同志更是最积极的支持者。

二谈省黄梅戏剧团建立时引起的风波。

1953年,当严凤英、王少舫、李宝琴在上海大舞台表演的《打猪草》《夫妻观灯》《拾棉花》等小戏一炮打响，轰动了上海后，各家报纸纷纷发表评论，对他们的表演艺术评价极高，说他们唱得好，表演得好，把安徽的乡土之花送到上海，使大上海的人耳目一新，感到新鲜可爱。

严凤英等人在上海演出成功，使安徽省委负责人格外高兴，他们都是有事业心的人，好胜之心，人皆有之。特别是曾希圣、桂林栖同志更是积极主张发展安徽教育、体育和文化事业。有一天，省委通知我去谈建立黄梅戏剧团的问题，要我提出方案。我当时说，成立省黄梅戏剧团，由于省委重视，要钱有钱，要干部有干部，要房子有房子，而且据我了解，严凤英等同志都拥护成立一个省黄梅戏剧团，他们都愿意来，但是最大的难题在于，抽调严凤英，怕地方不同意，观众不同意。曾希圣同志果断地决定："下级服从上级，调严凤英，就是我曾希圣定的。老桂（指桂林栖），你转告许少林（当时的安庆地委书记），小局服从大局，成立省黄梅戏剧团，是为了发展它，繁荣它，有什么不好呢？要打破地方保守主义。"曾希圣同志干事业，说到做到，要求你办得越快越好。

我回局里，向党组织传达，立即行动，成立一个小组，去安庆考察人员，抽调什么人，留什么人，具体研究落实。当消息一传开，安庆市观众得知要把严凤英调到省里，立即舆论哗然，引起了轩然大波，有的骂娘，有的坚决反对，有的要上访，更多的依依难舍。确实，新中国成立后，严凤英从南京回到安庆，又登上舞台，只要每晚海报上有"今晚是严凤英主演"，不问什么剧目，戏票就被抢购一空，要是挂上"严凤英主演《小辞店》"，坐票、站票不仅买不到，剧场外还围着许

安徽省黄梅戏剧团成立大会留影

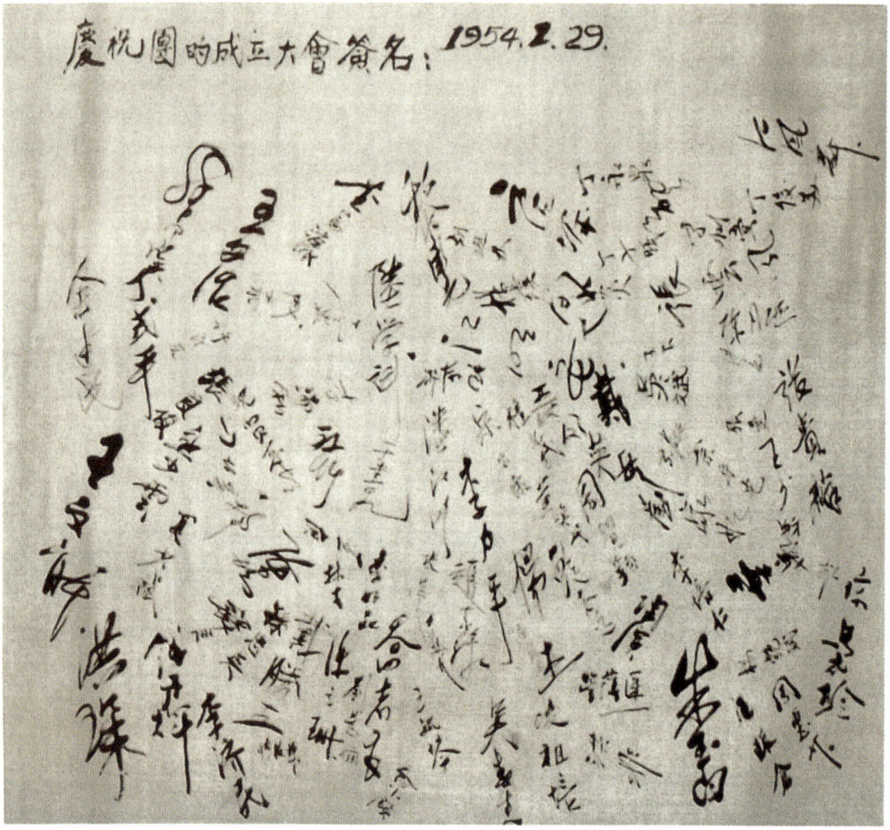

庆祝安徽省黄梅戏剧团成立大会演职员签名

多观众，能听到严凤英的唱腔也为之一快。显然，严凤英是属于安庆人民的，她的艺术和安庆广大观众密切联系在一起，观众爱她，需要她，而她也爱自己故乡的观众。正如有些热爱严凤英的观众说的那样："我们三天不吃饭可以，要我不看严凤英的戏，身上真没力气！"

严凤英受到安庆人民如此热爱，是她表演上的艺术魅力和动人的唱腔，抓住了人们的心。因此抽调严凤英来省，必然遭到安庆观众的反对。于是，真的有不少人上书"告状"，他们告的不是省委，也不是曾希圣，首当其冲的是我，告我这个省文化局长"居心不良"，说什么"省文化局长没有结婚，他想娶严凤英做老婆"，这些人民来信，有的告到中央，有的告到文化部，有的告到省委。这些信当然都转到曾希圣和桂林栖手里，他们看了既觉得是一个问题，又觉得杨杰为此事背了黑锅，于是也就一笑了之。有一天，桂林栖向我说："杨杰，成立省黄梅戏剧团，你背了黑锅了，省委知道你，你和严凤英没有任何关系。”我听罢，也只得哈哈一笑。

风波平息了，黄梅戏剧团顺利成立了，先派闵仁担任团长，很短时间便调离。为了物色一个政治强又懂业务的团长，我亲自到省军区找李世炎政委，指名将政治部文化科长吕波同志调给我们，李世炎将军满口答应，吕波同志担任黄梅戏剧团第二任团长。他年龄比我轻，可早已离开了人世，他为黄梅戏的发展、为帮助严凤英的进步，做了不少工作，使严凤英成为一名中国共产党党员。

三谈在上海戏曲会演时的严凤英。

1954年，华东文化局决定举办第一届华东六省（江苏、山东、安徽、福建、江西、浙江）一市（上海）的戏曲会演，这是新中国成立后全国戏剧界一次空前的盛会，各省和上海市都推出了最好的剧种、最好的戏、最好的演员参加。

1954年，华东戏曲会演全体参演人员和工作人员合影（局部），二排左二为王少舫，左三为严凤英

安徽是个地方戏曲丰富发达的地方，又是京剧鼻祖程长庚的故乡、徽剧发源之地。新中国成立后，毛泽东倡导的“百花齐放”“推陈出新”的方针，使许多流散在农村草台班的地方戏登上大雅之堂。如黄梅戏、庐剧、泗洲戏，过去被认为是“草台戏”“草台班子”，后来，他们进入省会合肥、安庆和蚌埠市，轰动一时，经久不衰，受到观众的热烈欢迎。1954年，安徽遭到大水灾，在这个困难的情况下，省委仍对这次会演极为重视，曾希圣同志多次找我和演员到省委会议室，研究拿什么戏到上海演出，当我汇报将黄梅戏《天仙配》作为重点戏时，他们完全支持。我回局与艺术科长余耘同志研究，确定演员，修改剧本，指定剧作家陆洪非执笔，把原《天仙配》中的糟粕部分去掉，改董永为劳动人民出身，把结尾“送子”去掉，到“分别”用悲剧结束，使此剧更为感人。经过几个月的努力，洪非同志编剧，王文治、方绍墀同志作曲，李力平、乔志良任导演的舞台剧《天仙配》终于彩排了，直

到去上海，有几段唱腔和表演动作，仍要严凤英、王少舫加以提高，不断磨炼，做到精益求精。严、王两同志在舞台上的表演一向严肃认真，每一句唱腔、每一个动作都反复演练几十次，直到进入“角色”的内心感情世界，他们自己满意、导演满意、观众满意才行。

安徽省

參加華東區第一次戲曲觀摩演出大會

選拔預演特刊

④ 黃梅戲

演出單位

省黃梅劇團

安慶專區代表團

安慶市代表團

演出地點：人民劇場　時間：一九五四年七月廿一日起

安徽省第一屆戲曲觀摩演出大會籌備委員會編

天仙配

劇情介紹

古代農民董永，父死無法安葬，只好賣與傅員外爲奴。天上玉帝的七個女兒在鵲橋遊玩，羨慕人間的山青水秀、男耕女織。其中最小的七女，毅然來到凡間，於槐蔭樹下和董永配爲夫婦，一同至傅家上工。財主要七女一夜織成十匹綾羅，將三年工期改爲百日；如織不成則將三年改爲六年。她在六個姐姐幫助之下，如期完成。百日期滿，董永偕七姐回家。正憧憬往以後愉快生活，忽然玉帝降下旨意，命七姐即刻上天，否則就要降災董永。七姐只得帶着沉痛和憤懣的心情，在槐蔭樹下和董永分別。分別的時候，仙女安慰董永說：「來年春暖花開日，槐蔭樹下把子交。」於是董永天天到槐蔭樹下盼望仙女。一天，董永在幻夢中，果然看到七仙女抱子下凡來了。

「天仙配」改編情況

「天仙配」原本是以宣揚孝道爲主，敍述董永孝心感動天地，玉帝命七女下凡相配的故事。改編時研究了「董永遇仙傳」等記載及關於故事產生的時代背景，明確了「天仙配」所表現的是「封建社會，農民得不到自由，把希望寄托於美麗的想像。」主要改動的有如下幾點：

一、將七女受命下凡，改爲私自下凡。

二、將董永與傅員外的關係對立起來。

三、保留了「百日緣」，削除宿命論的因素。

四、保留了「仙女送子」，改爲董永從夢幻中與仙女會面。

團體：省黃梅戲劇團、安慶專區、市代表團合演

劇本整理：安徽省黃梅戲劇團集體

執筆：陸洪非

導演組：喬志良　鄭立松　李力平　嚴鳳英　王少舫　王文治　陸洪非

執行導演：喬志良・李力平

配曲：王文治・方紹墀

演員

董永……王少舫

七女……嚴鳳英

大姐……王少梅

傅小姐……丁俊美

— 5 —

1954 年，安徽省参加华东区第一次戏曲观摩演出大会选拔预演特刊

在会演开幕的第三天晚上，安徽省黄梅戏剧团演出《天仙配》，长达 3 个小时，观看的尽是专家、导演和各省的演员，场内座无虚席。和我坐在一起的有上海文化局长于伶、上海电影厂负责人叶以群、文学家孔罗荪以及评奖委员会的同志。演出结束时，台下掌声不停，连续谢幕多次。在一片叫好声和掌声中，行家议论开了：“我是第一次听黄梅戏，真是美妙动听！”

“严凤英把七仙女演活了，悲伤处令人流泪，欢快处令人捧腹。我看，她是黄梅戏里的梅兰芳！”

孔罗荪和评奖委员们更是握住我的手说：“你们安徽拿了最好的戏送到上海！”

在评奖会上，一致通过《天仙配》获演出一等奖、剧本一等奖，严凤英、王少舫各获个人表演一等奖，这是在评奖会上最没争议的一个戏。当会演快结束时，

电影《天仙配》剧照

上海电影制片厂负责人向我发出“请帖”，邀请黄梅戏剧团到电影厂内舞台上演出。当时全厂专家、演员和职工都看了演出。我陪叶以群和石挥等同志看戏，边看边谈，最后叶以群同志拍板：“《天仙配》我们决定拍舞台艺术片，由石挥同志执导，著名电影家桑弧同志写电影文学剧本。”这样，拍电影《天仙配》就这样定下来了。

严凤英的名字又一次在上海、华东六省以及全国打响了。她红极了！此时，我开始提醒她：“不能自满，更不能骄傲！”

会演结束时，著名剧作家田汉同志来上海，他要看严凤英的戏，并问我：“严凤英的拿手戏是什么？”我说：“《小辞店》。”田汉问《小辞店》的内容是什么，我介绍说，故事发生在巢湖边三河镇，说的是开饭店的小老板娘柳凤英，她多情美貌，泼辣大胆，因为父母包办婚姻，把她嫁给一个秃头男人，这个男人好吃懒做，赌博成性，夫妻没有感情。有个湖北黄州商人蔡鸣凤，长期住在店里，渐渐与柳凤英有了感情，直到同居，引起街谈巷议。柳凤英毫不示弱，她沿街骂那些非议她的女人，当蔡鸣凤思念家乡，准备辞别柳凤英时，柳凤英含着眼泪留，留不住，又含着眼泪送，送他出店辞别。痴情的爱，倾心的情，严凤英把每个细节，通过大段情深意长的动人唱腔，将柳凤英这个痴心多情女人表演得淋漓尽致，感人至深，是更具特色的长诗般的安徽《走西口》和《信天游》！

田汉看了《小辞店》后，对我说："我一生看了很多优美的戏剧，而你们的严凤英，一折《小辞店》，征服了我田汉，严凤英是个天才的演员！"

的确，严凤英作为一个演员，不仅表演出色，唱腔动人，形象和眼神处处出戏，令人叫绝，喜、怒、哀、乐的感情，虽是台上做戏，却做得真实、自然。石挥曾向我说："严凤英在上海电影棚表演《天仙配》中《分别》一场戏，摄影师把镜头对准她，大段分别唱词，不用点眼药水，严凤英每唱必流泪，边唱边写血书，感动得摄影师也流泪。"这就是艺术的力量！

有人说，严凤英不管扮演什么角色，一出台，一张嘴，一动眼神，立即就会把台下乱哄哄的观众抓住，能使场内鸦雀无声，把精力全集中在她一个人身上，这可以说是严凤英的艺术魅力使然。

四谈中央领导同志及梅兰芳评严凤英。

1953 年，安徽省黄梅戏剧团成立，从那时起，首先来安徽视察的是朱德元帅和夫人康克清同志，其后是周恩来总理、李克农将军、张治中将军。1958 年，毛泽东主席在张治中将军和罗瑞卿同志陪同下，首次来安徽视察，两次看黄梅戏演出。随后，彭德怀元帅、叶剑英元帅、贺龙元帅、聂荣臻元帅、邓小平总书记、彭真书记等中央领导先后来安徽视察，他们都看过严凤英演出的黄梅戏《天仙配》《打金枝》《打猪草》《夫妻观灯》，还有严凤英个人表演的折子戏《小辞店》《西楼会》等。

在"大跃进"年代里，毛泽东主席第一次来安徽，对安徽人民来说是件大喜事，对省委来说是个极大的鼓舞和支持。当时，毛主席身体健壮，情绪极高。他作为中国人民的伟大领袖，杰出的政治家、思想家和军事家，省委安排我向他汇报近 20 分钟关于除"四害"的工作，他大笑了多次，非常满意。他说："老鼠比人还狡猾，苍蝇、蚊子危害极大。"晚上，曾希圣、桂林栖陪毛泽东主席、张治中将军看黄梅戏《打金枝》，我坐在主席身后一排，他看了严凤英饰皇帝女儿金枝的表演。他看到唐朝名将郭子仪儿子一身傲气，闯入宫中，打碎"禁灯"，又打金枝玉叶，闯下杀身之祸，急得郭子仪捆绑了自己和儿子，赴皇帝面前请罪，要求斩他和儿子的头。皇帝不仅没将郭氏父子问罪，反而十分宽容，还批评自己的女儿，又批评皇后对女儿的偏心。此时，毛泽东主席先评戏："历代开国皇帝，从不杀有

朱德接见严凤英

功之臣。”紧接着他问曾希圣，“湖北有个黄梅县，为什么黄梅戏出在安徽？”我向主席说：“黄梅县与安徽宿松县交界，旧社会可能黄梅县灾民逃荒到安徽，他们既唱黄梅调，又吸收了安庆地方民歌，形成了现在的风格，成为黄梅调。”主席又问：“严凤英祖籍是湖北人吗？”我回答说：“她是安庆桐城县人。”接着，主席高度评价严凤英和地方戏曲，他说：“我喜欢家乡湖南花鼓戏，黄梅戏更好听，严凤英是个出色的演员，她演的七仙女成了全国人人皆知的故事。你们要知道，全国老百姓谁不知道梅兰芳？！”主席离开安徽后，不久，彭德怀元帅来安徽视察，由省委书记处书记张恺帆陪同，他到各地看“大办钢铁”和“公共食堂”。有一天晚上，张恺帆约我陪彭总在稻香楼礼堂，看严凤英、王少舫、潘璟琍演的《路遇》《打猪草》《夫妻观灯》。不知彭总看了“大跃进”的场面心情不悦，还是他军人严肃的个性，从演出开始到结束，他一言不语，也不笑，到最后闭幕时，彭总对我说：“部长（此时我任省委宣传部副部长）同志，请你上台，代我向演员问好，他们演得很好，特别是严凤英的表演，使我这个不爱看戏的人，也觉得她演得出色，为安徽人民争了光！”

早在 1953 年初冬，朱德元帅和夫人康克清同志来安徽，当时合肥还是旧城市面貌，江淮大戏院尚未建立，只好在黄梅剧团住址彩排舞台（是草棚盖的）演出。曾希圣、桂林栖、黄岩、陆学斌等省委负责同志陪朱总看黄梅戏《天仙配》，我和朱总坐在一起，向他介绍了黄梅戏的来历。他看完《天仙配》，不时赞扬说："严凤英演得好，唱得好听，这个演员很有前途，你们要注意政策，教育他们，使他们懂得现在是舞台的主人，不再是旧社会恶霸老板压迫下的戏子，要他们敢于创新，改革旧戏中有毒之处。"

张治中、李克农将军，均系安徽巢县人，他俩既是庐剧迷，又是黄梅戏迷。李克农于1955年来安徽，张治中数次来安徽，李克农来安徽时，省委派我陪他回故乡巢县（我也是巢县人）和去芜湖看看。张治中于1958年和1964年两次来安徽，均由我和张恺帆同志陪。他和我谈了一些政治、经济和安徽历史名人，还谈到小时候他们看过的"倒七戏"和《蔡鸣凤辞店》《秦雪梅吊孝》等戏。之后，他们除看了严凤英的拿手戏外，还看了《小辞店》。庐剧丁玉兰的《小辞店》，也是令人叫绝叫好的。他俩一再向我提出："黄梅戏和庐剧要到北京演出。"真的，之后黄梅戏、庐剧和泗州戏都进了北京，而且被安排在怀仁堂演出，毛泽东、刘少奇、周恩来、朱德、陈云、邓小平等中央领导同志都看了黄梅戏和庐剧的演出。严凤英、王少舫、丁玉兰都做了出色的表演，获得一致好评，中央领导都上台看望他们，张治中将军还设家宴款待他们。

董必武接见严凤英

有一次，我在北京和京剧大师梅兰芳先生见面，他谈了严凤英的表演和唱腔，评价极高。他说："严凤英的表演和唱腔，贵在具有真实的感情，她的唱腔、眼神、身段、脸上的表情，举手抬步，一举一动，一声一腔，充满人物的真实感情，正是因为有情，才能感人，才能抓住观众。她表演悲痛时，自己流泪，观众也流泪；表演快乐时，自己喜气洋洋，观众也跟着欢乐。一个演员，如果只知在舞台上做戏，干巴巴地表演和唱，是抓不住观众的；反之，像严凤英这样的演员，既有基本功，又有充满的激情，演任何一个角色，既能出戏，又能出情，才能算上一个受观众欢迎的演员！”

梅兰芳毕竟是戏剧大师，他的一席话，对严凤英表演艺术的评价，像田汉同志一样，算是最权威的评价。而从观众来说，《天仙配》的票房价值，可以说超出国内所有舞台艺术片。当年夏衍同志曾向我说：“最遗憾的，《天仙配》没有用彩色拷贝，否则效果更好，它和越剧《梁山伯与祝英台》，是两部卖座率最高的舞台艺术片。”不是吗，直到现在，《天仙配》中许多唱段仍然受到广大观众的喜爱，像“树上的鸟儿成双对……夫妻双双把家还……”已是全国各地群众爱唱的流行歌曲了。

严凤英生活照

五谈严凤英的人品和她的爱情生活。

在上海华东地区会演，严凤英出名了，特别是1955年，电影《天仙配》和全国观众见面，严凤英、王少舫名扬全国，而后又名扬海外，成了国内外家喻户晓的人物，这时，追求严凤英的人很多。可是，新中国成立后的严凤英，经过党的培养和教育，十分珍惜党和人民给她的荣誉。她经常说，在旧社会，男人玩弄我、欺侮我，我没遇到一个真正尊重妇女的好男人。现在我追求的，第一，我要做一个为人民服务的演员，不能满足于现在的成就，要不断提高。第二，我要做一个合格的共产党员，处处以身作则，团结群众，带好青年演员，希望有更多更好的青年演员赶上和超过我。第三，我个人问题上，追求的，一不爱钱，二不爱高位，我爱人才，我爱人品。这三点，是1955年春节，她到我家拜年时向我的表态。她以后的经历证明了她的人生价值观确是如此，她不追求名利，追求的只是为人民做奉献。

旧社会，严凤英出生在安庆桐城县一个下中农家，自小爱唱民歌，有同情穷人之心。后来她成了一个黄梅调名演员，所走的道路对她来说，是十分曲折悲惨的。有时，她能挣点钱，也是帮助穷兄弟穷姐妹们。当她在南京“落难”时，南京有个姓甘的男人，挺身而出，解救她于苦海，于是她和姓甘的有过一段爱情关系。这个男人，心眼好，会唱京戏，是有名的“票友”，论人品、人才和长相，都是一个好男子汉。那天，曾希圣又找我谈话，要我为严凤英物色一位政治上强，而严凤英又爱的人。这件事，确实让我很为难，我也无能为力。

有一天，我和严凤英谈话，谈及她个人问题时，我问：“你对南京甘××怎样？”她说：“从内心讲，我俩有感情，从我现在选择对象的标准讲，我不爱‘小开’（甘某当时是‘小开’），我要找个有才有德的人。”我想了下，对她说：“《安徽日报》文艺组长×××不错，既有文才，人品又好，是党员。”严凤英同意和他见面。过了几天，我们约好了到严凤英家，她亲手做了几个菜，请我和他吃饭，他们谈得也很投机。可是不到半个月，严凤英向我反馈“信息”，说他太胖，从此，他们也就不来往了。我这个人一生没做过媒，此次是奉命做媒，虽没成功，但严凤英感到上级领导对她的关怀是真诚的，是在关心和帮助她，希望她幸福。后来，王冠亚从部队转业到文化局，分配到黄梅戏剧团，他的事业心很强，热爱黄梅戏，很有才气，会导演，也能写剧本，为人忠厚，有点书呆子气。他们结合后，夫妻恩爱，互相帮助，这使严凤英在成名后有了一个真正爱她的丈夫。

严凤英被迫害致死，已离开人世二十多年了，年过花甲的王冠亚仍是孤身一人，默默地在为黄梅戏的繁荣做奉献。他为了怀念妻子（当然，他没有旧社会封建守节思想，女为男守寡，他为女守寡，而支配他可贵思想的，是他要把自己有限之年贡献给黄梅戏，以告慰九泉之下的妻子），写了长达 50 万言的《严凤英传》（湖北人民出版社出版），后来又与别人合作，写出 15 集电视剧《严凤英》（江苏音像出版社和南京电视台拍摄），把严凤英的一生及其表演艺术，特别是严凤英主演的电影《天仙配》《女驸马》《牛郎织女》《夫妻观灯》等艺术成就写在了黄梅戏史册上，写在我国戏剧艺术史册上，也写在了我国名人史册上。作为严凤英的丈夫，他已对得起妻子，如果严凤英真有在天之灵，她会含笑于九泉。

严凤英离开人世二十多年了，当年，她在黑云压城城欲摧的日子里，给组织写了这样的遗书："……我活着是共产党的人，死是共产党的鬼……"这份遗书足以说明她热爱党，坚信共产主义。1974 年，我"官"复原职，看了她的亲笔遗言，几乎流下泪来，我在潘璟琍面前不断地说："她不该死呀！不该死呀！"当时，严凤英的徒弟张萍说："老局长，那时压力太大了！"我说："人已死了，无可挽回，你们把严凤英留下的担子挑起来吧！"

这事也已过去 18 年了，潘璟琍也已因病去世，而严凤英四个徒弟——田玉

严凤英（左一）在《女驸马》剧中饰冯素珍，田玉莲饰春红

莲(安庆市黄梅戏剧院副院长,《女驸马》中饰丫鬟)、江明安(《天仙配》电影中饰五姐)、张萍(《天仙配》电影中饰六姐)和许自友,都已年过半百,艺术的青春已如夕阳晚霞。现在所希望的是黄梅戏新秀不断涌现,如此才能使黄梅戏这朵花永远盛开,永远叫人喜爱!为此,除了党和政府重视,各方还要支持,更希望剧作家们多创作出新的剧本来,创作出能超过《天仙配》《女驸马》的好戏来。有好剧本才能出好戏,有好演员才能演出好戏。

凤英远去廿三载,
"黄梅"依旧花盛开。
马兰一代新秀出,
胜过"七姐"上台阶。

1991年12月29日
成稿于大雪后的严寒
(选自《黄梅戏艺术》1997年第1期)

四十三年前访凤英

完艺舟

严凤英同志离开我们快30年了,大家都还在怀念她。在她临走的当晚,我们曾有一次较短暂的交谈。

那时所谓《安徽红卫兵》小报,赫然登出一条耸人听闻的消息,说“严凤英反对江青”,是“现行反革命分子”。那时她很紧张,看得出,她很想得到知情者的支持和理解。

我问她有什么事,她说想找某同志谈谈,她很激动地说:“只有他能给我证明!我到北京去观摩京剧调演,《智取威虎山》已演出过了,我根本没看着,可有人却偏偏说我看过了,还说我评头论足,说它‘像碗白开水’,说这是反对旗手江青,是现行反革命分子!天啦!这不是冤枉死人着,叫我跳下黄河也洗不清了。”说着说着,她已潸然泪下了……当时,我也处在极其险恶的际遇之中,随时有进“牛棚”的可能,所以也没有过分重视她的神态和语气,只是说了一些老生常谈的话,什么“相信群众相信党呀”“要挺得住呀”“不要胡思乱想呀”,等等。其时,我看她很烦躁不安,很想找某同志交换意见,我便和她握手言别了。岂料,她回家便喝下大量的安眠药,这竟是永别……

近两年来,很有一些单位和个人,要写严凤英表演艺术(包括表演和唱腔),这当然是件大好事,是一件应当受到重视而亟须快办的大好事。但也存在一些问题,例如有的作者,严凤英生前与他并不相识,并不了解;对严凤英演出的舞台剧看得很少,或者可以说根本没有接触,对严凤英的成长和成就只是朦朦胧胧,并不了解,或者说了解并不深透等等。怎么办?记得在一次有关黄梅戏问题座谈会上,我曾为此而发了一通意见。大意是研究严凤英表演艺术(包括表演和唱腔），是一件刻不容缓、亟待要办的大事、好事。可是这件事已叫了多少年，尚未见专家和学者们写出过什么像样的东西，这不能不令人表示遗憾。现在好了，有的文艺单位，已把这份工作提到工作日程上来了，准备出有关专著。研究严凤英的表演艺术，是个严肃问题；由谁来写，更是一个该慎重而又严肃的问题。熟悉她的老艺术家、评论家，多属垂暮之年，他们虽有雄心和愿望，但廉颇老矣，他们是心有余而力不足了（当然，假使还有个别专家不服老，愿意领这个衔，那当然更好）。撰写的任务自然地便要落到一代中青年专家身上。当时我还说，不管谁来写，都是要有几个条件的：其一，撰写者必须充分搜求、挖掘、掌握有关严凤英的专著，如王冠亚的《严凤英》、王兆乾的《黄梅戏音乐》、陆洪非的《黄梅戏源流》、时白林的《黄梅戏概论》、王长安的《黄梅戏新论》及《黄梅戏曲调》等等；为严凤英导过戏的老同志，如乔志良、李力平等，也有潜力可挖。其二，收集为严凤英舞台表演艺术（包括唱腔）撰写的介绍、访问和评价文章（有部分老专家有丰富的收集——包括自己写的和别人写的）；专访当年曾与严凤英同台演过戏的老演员，请他们谈谈亲身的经历和感受。其三，由文化主管部门组织作家观摩严凤英拍过的电影片和舞台艺术纪录片，如《天仙配》《女驸马》《牛郎织女》等，并召开座谈会，敦请当年参与技导或导演的同志，如乔志良（他已将近 80 了，他身上的东西也该抢救了）和看过舞台演出的老专家、老观众、老戏迷等。其四，邀请终生献身于黄梅戏艺术事业，和严凤英同志打了一辈子交道的同志，如陆洪非、时白林、王兆乾、王冠亚等等做顾问，或参加润色和撰稿。总之，要想尽一切办法，搜求资料，掌握资料，对严凤英负责，对子孙后代负责。

最近翻捡旧稿，竟在土封尘闭的旧纸堆里，捡出一份我认为比较珍贵的文稿：《黄梅戏演员严凤英访问记》（原稿存我处），稿纸是直行，已经发黄了，别纸的大头针，业已完全锈蚀。记得这篇东西是在“华东戏曲观摩演出大会”期间发表的，那时我是《会刊》记者，采访了不少著名演员，其中就有严凤英同志。先发于《会刊》，后转载于上海《新闻日报》（访王少舫的一篇，发于《新民晚报》）。这篇访问写于四十三年之前（1954 年，我与老妻陈金凤结婚也是这一年，现在她已走了），文字水平虽然不高，但却是认真采访的。从对三个戏的认真交谈中（大部分是现场记录的原话），我深深地感到凤英同志认真、严肃和谦虚的态度以及她对表演艺术的热爱和追求。特别是在塑造人物方面，对角色的心理、性格和思想感情方面的分析、掌握和实践，真正是丝丝入扣，恰到好处，达到了相当高的水平。这一点我认为是特别难得的，之所以说难得，因为这是严凤英同志四十三年前真实思想水平和艺术水平的反映，所以说来也特不容易。

现在我把它奉献给《黄梅戏艺术》。理由有二：一、《黄梅戏艺术》并未忘记我，自创刊以来，期期有赠刊，可我多少年一篇小文章也未给他们写过，这一篇就算是还“债”吧。二、以此作为对凤英同志一点小小的纪念。

（选自《黄梅戏艺术》1997 年第 4 期）

严凤英永远和黄梅戏同在

——纪念严凤英诞辰七十周年

郑立松

严凤英同志离开我们已经三十二个春秋。

严凤英同志1968年4月8日饮恨辞世，1978年5月23日中共安徽省委为她平反昭雪。安庆人民一直认为严凤英是可以信赖的好人、好演员。虽然当时有两派，如果严凤英逃到安庆地区任何一个角落，两派的工人、农民、知识分子都会把她保护起来，免遭劫难。

二十多年来，报纸、杂志、电视、广播、小说乃至戏曲都不断地传颂严凤英同志的业绩，为表演艺术家树碑立传当然无可非议，但也有许多是道听途说，甚至是胡编乱造。如有篇小说写严凤英从小就向往革命等等。我认为严凤英同志应当有一本很好的传记，桐城严凤英展览室有这么两句话，一句是“黄梅戏抚育了严凤英”，一句是“严凤英发展了黄梅戏”。把这两句话加以系统论证，对发展黄梅戏是很有好处的。这指的是传记艺术部分，也是最主要部分，其他如她对人热情、不计较钱财、乐善好施，黄梅戏同行都喜欢与她共事，这一部分也不可缺少。再就是她的家庭、恋爱、婚姻，这虽然要涉及一些人，我认为严凤英心怀坦荡，对朋友无话不说，毫无保留，当然也就无隐私可言了。最后是关于她饮恨而死。“四人帮”迫害是主要的，是否还有什么其他的隐痛呢？总之，希望在几年之后将有一本严凤英的翔实的传记问世。

关于严凤英的艺术生涯，人们普遍都知道的，我就不去重复了，只说一些亲身感受。严凤英抗日战争胜利那年15岁，不顾家庭的反对离家出走，正式搭班唱黄梅戏，但会的戏不多，只能演演丫鬟，戏班子里叫作“捧托”。严凤英天资颖慧，只要唱一个丫鬟戏，其他丫鬟戏就用不着人指点了。1946年她到安庆市中心华清池对面群乐茶社（现工人文化宫）搭班，这里设备简陋，用竹架草顶搭了一个剧场，严凤英唱丫鬟，演小戏《小辞店》《游春》，饮誉安庆。她嗓音嘹亮，人们出家巷口（离剧场七八百米）就能听到她清脆悦耳的唱腔。我的高中同班同学黎承椿，每周六晚上、星期天下午必看严凤英的戏。一次严凤英到大通做短期演出，黎承椿周六早上逃课，天不亮搭小轮赶到大通（那时小轮要十多小时才能到达大通）去看严凤英的戏，星期天天不亮从大通搭小轮赶到学校上晚自修。同学们都叫他“严凤英迷”（黎承椿1952年安徽大学毕业，分配到福建搞林业工程。1982年我与刘永璜、洪谋、班友书到福建观摩戏曲会演时，与时任福州市林业局局长的黎承椿相会，他对严凤英的不幸遭遇，感到十分悲痛）。在黎承椿同学的影响下，1947年的一个周末，我到华林（后改为胜利剧场）去看了严凤英的《小辞店》，是日剧场爆满。严凤英扮演卖饭女柳凤英，查瑞和扮演蔡鸣凤，演到蔡鸣凤要回家乡探视妻室时，戏进入了高潮，柳凤英听说蔡郎家有妻室，满腔悲怨地唱：“听客人要回家珠泪洒洒，好似万把刀把我心挖……”紧接着追问蔡鸣凤是吃穿不好，还是公婆对他不礼貌，还是丈夫得罪他，还是跑堂的小德伢不听使唤，还是街邻说三道四。蔡鸣凤摇摇手，一言不发，柳凤英火了，接唱[快平词]：“我这里问十声一言不答，难道你突然间变成哑巴……”

严凤英在《小辞店》中饰卖饭女

台下观众一片掌声。有的在叫：“蔡鸣凤把话说清，不然不让他走！”这时蔡鸣凤婉言哀求店姐开恩，放雀出笼，好与妻室团聚，否则就要来店找人，到头来使店姐面子难堪。多情的柳凤英背着蔡鸣凤唱了段[平词]：“听客人这一言珠泪下掉，好一似烈火烧山反把油浇……”

这时熟悉剧情的观众要求不要锣鼓伴奏和二胡托腔，只要鼓佬击板，好静听严凤英和查瑞和唱的[平词对板]，当时，连加开水抛手巾把子的服务都得停下来，台下鸦雀无声。

柳凤英难留蔡鸣凤，只好让他走，送给他银两包裹，劝他忌酒、色、财、气，劝他好好孝敬老人，安慰妻室，共有四百多句唱词，虽然都是[平词]，严凤英唱得起伏跌宕，最大限度地发挥了黄梅戏唱腔“平词不平”的功能，征服了所有观众。这一折戏别人只唱四五十分钟，她唱了八十多分钟，而且百演不衰。严凤英为了满足同行的经济收入，常常赶到城外大观剧场演出。所谓“男怕《访友》，女怕《辞店》”，严凤英却能一夜连演两场《辞店》。这是新中国成立前的事。由于走红，旧社会各类恶势力向她袭击，为了摆脱恶劣环境，她只得逃到“天堂”——南京，结识艺术界的朋友，学京戏、学跳舞。为了黄梅戏，1951 年 3 月，她与曾经搭救过她的人暂别，回到渴望已久的安庆黄梅戏舞台，排新戏，学传统戏，如饥似渴、孜孜不倦地投入政治学习和艺术实践。1952 年安徽省举办暑期艺人训练班，我被派到她那个队里当副队长，从此与她结识共事。在一个半月的时间里，我们共同学习中央戏改政策，她积极性很高。她在几百人的大会上控诉了旧社会对她的种种迫害。她感悟到自己各种不良的思想作风，是受剥削阶级的影响，决心加以根除，做人民的好演员。学习班结束，华东区文化部要调安徽黄梅戏和泗州戏到上海演出，我又奉调到安庆，与严凤英、王少舫一起选择和排练节目，严凤英主演的节目是《柳树井》(余健民导演)、《蓝桥会》、《打猪草》(郑立松执笔改编，王少舫导演并出演剧中魏魁元)。《柳树井》是现代戏，描写苦媳妇翻身，此前严凤英曾演出过《柳金妹翻身记》，写女工人翻身事，而《柳树井》写的是农村童养媳翻身事，请来在安庆军分区文工队的王兆乾同志作曲。王兆乾同志选用了黄梅戏“苦媳妇自叹调”为基础，把黄梅戏[平词][二行][三行][单哭介][双哭介][花腔]巧妙地融合在一起，经严凤英反复试唱、修改、再试唱，直到大家都满意时才定下来。如那段“我只说世界上无有人爱我”，严凤英唱得激动人心。她演《蓝桥会》蓝玉莲，在井台打水，空桶放下是轻松的，扯水上来，一把一把地拉出井口是沉重的，两桶水扯上来，双颊泛红，触额有汗，遂坐在井台唱：“来时未带依么郎当，凉风扇呀么郎当，解开衣襟嗨嗨依哟嗨嗨呀哟，扇风凉依么郎当……”她通过水袖摆动做摇扇的动作，结合眼神和面部表情，真的给人清风徐来的感觉。严凤英与王少舫去世后，这出小戏已是人亡艺绝，没有人把这出戏好端端学下来，传下去，虽然有录音资料，但配像就难了，因为这出戏表演有一定难度，没有扎实的功底是演不好的。《打猪草》是严凤英的杰作之一，舞蹈动作由王少舫编排，唱腔由王兆乾同志做了润色。再加上严凤英能歌善舞，使这出戏成为美丽的田园牧歌广为流传。剧的结尾，严凤英加上道白："小毛儿咪，我妈不在家，我打三个鸡蛋泡一碗炒米给你吃哟！"既符合农村姑娘的性格，又为这个戏画上一个完美句号。

严凤英从艺不过二十多年，演了现代大戏六个，历史与传统戏十一个，传统小戏和折子戏十一个，还多次看她与黄梅戏丑角王正昌演出过《三字经》。这个戏写的是一对夫妻重逢的情趣，唱腔中有"绕口令"，并将《三字经》与《论语》中部分词语嵌在快板对唱当中，这样的对唱有四百二十多句，要唱到哪里做到哪里，节奏相当快，演员十分吃力，而严凤英就是有坚韧精神把这个戏学下来加以传唱。

严凤英的一生，是为黄梅戏奋斗的一生。除了早期女演员胡普伢之外，在她同时代的女演员丁翠霞、阮银芝、桂月娥、张胜英、陈金香（在太湖、宿松一带很有名气）等艺人中，她是佼佼者。安徽黄梅戏不过一百三四十年的历史，严凤英无疑是这段历史上最璀璨的明珠。

（选自《黄梅戏艺术》2000年第4期）

纪念母亲严凤英先生诞辰八十周年

王小亚

今年是母亲严凤英先生的八十诞辰。首先我代表我个人以及我的家人感谢安徽省委宣传部、省文化厅、省广电局、省文联和省黄梅戏艺术发展基金会为此举办这样一个纪念性的座谈会。谢谢！

八十年前的四月十三日，我的母亲严凤英降生在桐城罗岭一个普通农户家。当时，可能谁也不会想到这位小丫头日后会成为著名的黄梅戏表演艺术家，更不会想到十二岁才开始跟师傅学戏的她仅在十年之后就与其他艺术家一起将黄梅调这样一个并不出名的地方小戏唱响了上海滩，唱红了全中国。在随后的几年时间，以严凤英、王少舫为代表的一批黄梅戏表演艺术家陆续推出的小戏《夫妻观灯》，电影《天仙配》《女驸马》更是一次又一次在全国掀起黄梅戏热潮，甚至长时间地影响着港台地区的演艺界。全国的观众喜爱她，并通过她喜爱上了黄梅戏。国内艺术界的大师梅兰芳、侯宝林、赵丹、秦怡、张瑞芳、袁雪芬、刘海粟、林散之等对她的表演艺术予以高度评价。尽管他们来自不同的艺术领域，但大师们对艺术的鉴赏水平和品味追求是相同的。

母亲是那么热爱黄梅戏，那么热爱事业，她把艺术看得比生命还重要。有人说她是为黄梅戏所生，有人说她是因黄梅戏而逝，有人认为她是一个难解的谜：在严凤英之前从未有人像她那样唱黄梅戏，黄梅戏到了她这里忽然被提升到一个前所未有的高新艺术领域，好像有一种无师自通的超强能力帮助她完成了这种无法理解的飞跃。她以不满三十八年的短暂一生创造了一个又一个艺术奇迹，只是她走得太快、太突然而未能来得及将破译这些奇迹的密码留给后人。但有一点是可以肯定的，严派的声腔艺术和表演艺术绝不是平地而起的空中楼阁，她是完全掌握和继承了传统之后逐渐地形成了自己的艺术风格；她的声腔超凡却不脱俗，她的感情真挚但不缺戏感，她的表情丰富而不丢程式，她保留了戏曲艺术中最珍贵的舞台表现手法。

曾经有一位记者问我：“像你母亲那一代艺术家为什么会出现那么多大师级的人物？而且好戏连连。现在各方面的条件都好了，反而没有当年那么辉煌了？”回答这样一个问题并不是难事，因为我是看着母亲的演出，听着母亲的戏长大的。在前辈们心目中演员的最大愿望就是“我要演戏”，他们遵循的原则就是“戏比天大”。这个“戏”字的分量如此之重，是因为它包含着要为观众带来最大的享受与满足，它包含着演出团队的整体水平与荣誉，它也反映出演员个人的演艺技术与基本功的扎实与否。在戏中只有角色的大小而不分演员的高低，在戏中不管你是谁都不容台上出现丝毫差错。为了戏，名角可以上台跑龙套扮丫鬟；为了戏，大师可以把自己的保留剧目传给年轻一代去演；为了戏，家境富裕的年轻人可以抛弃一切而投入其中；为了戏，有人终身拼搏而孤独到老。正是在这种情况下，一出出精美绝伦的好戏产生了，虽无震憾之力却能永世流传；一位位杰出的大师诞生了，虽没有漂亮的容貌，但他们绚丽精湛的艺术却无人能比。现在虽然条件好了，但个别演员却在做着与大师们相反的事：他们以自我为中心，只想着名利。他们要求的不是“我要演戏”而是“戏要演我”。他们“人比戏大”。为了突出自我，戏必须根据演员自身的条件量身订做。他们强调客观因素，所谓一切外包装都可以花钱去改。他们唯独不想改的正是他们的并不怎么漂亮的“身材”。戏变成个人的附属物。现在人们不敢议论戏，因为你议论某戏可能就是在议论某一位演员了。在这些人的眼中，观众的需求算什么？只要我高兴，不论什么原因，不管花多少钱，搞出来的所谓精品哪怕只能演几场就被搁置一边我也不管。想一想，在这种状况下如何能出好戏？如何能出好演员？更不用谈出什么大师级的艺术家了！

（选自《黄梅戏艺术》2010 年第 2 期）

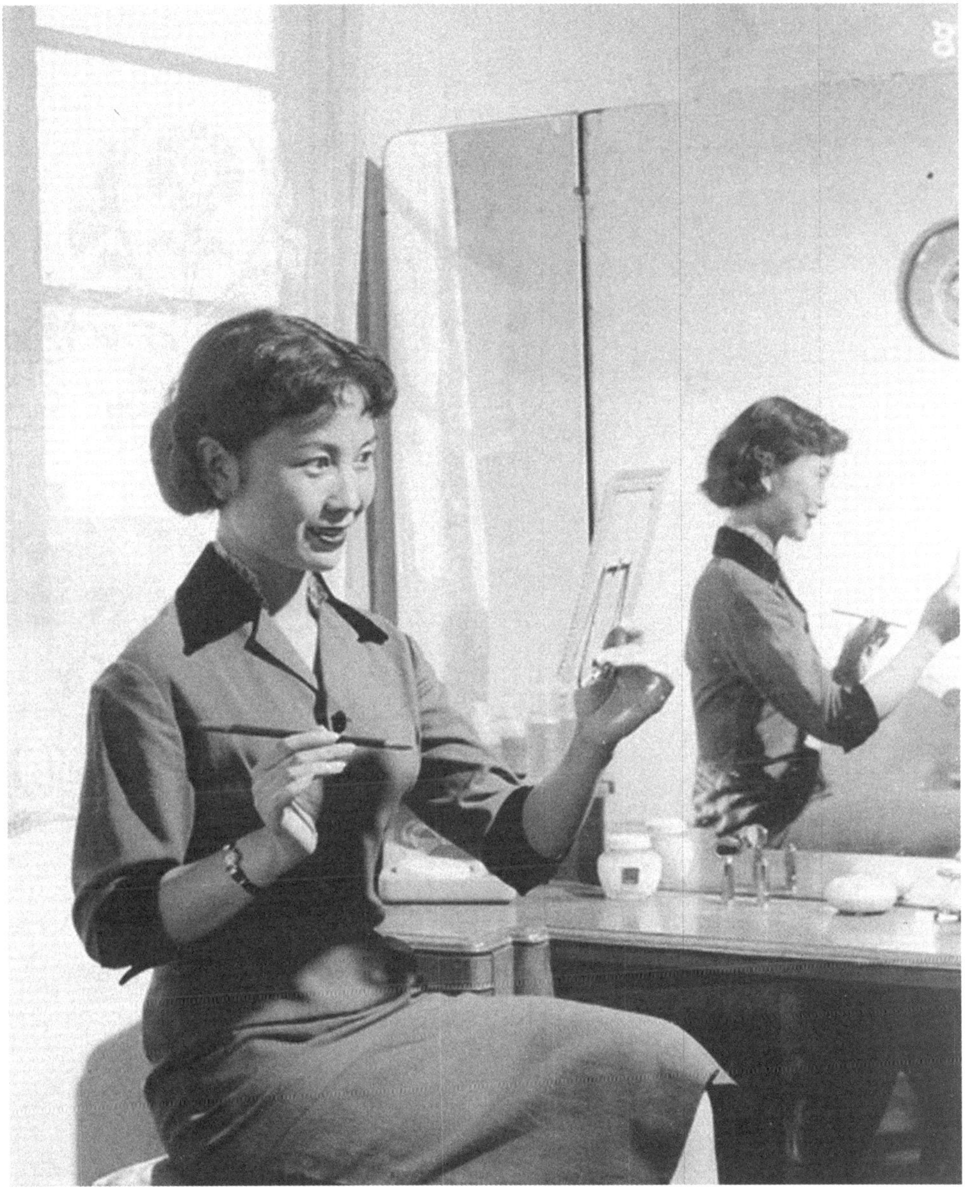

严凤英的生活经历

Yan Fengying De Shenghuo Jingli

两天

严凤英

我想讲这样两天：我生命中最痛苦的一天和最幸福的一天。

新中国成立前，我们艺人和全国一切被压迫、被剥削的人一样，过着牛马不如的生活，吃了上顿没有下顿，流浪江湖；女艺人还会受到恶霸、流氓和国民党反动派的侮辱欺凌，生命朝不保夕。要讲哪一天我最痛苦，新中国成立前，几乎天天都是最痛苦的，这里，我只讲其中普普通通的一天。

在旧社会里，我是个弱者。然而，并不因为我是个弱者，刽子手们就收起他们的屠刀。平心而论，我的要求并不高：只希望能留得一口气，让我活下去。然而，魔鬼们连一口气也不给我喘，他们一次又一次掐紧了我的脖子，几次逼得我死去活来。

1948年的冬天，反动派诬蔑黄梅戏是“花鼓淫戏”，不许我们在安庆演唱，这不啻从我手上抢走了饭碗。正在万般无奈、走投无路的时候，一名京戏演员向我伸出了同情的、援助的手，他要我搭他们的京戏班子。这真是绝路逢生，我决计改行唱京戏。但是，我光人一个，没有行头，怎么行？最后决定先到青阳去唱几个月，搞一点钱置行头。我搭上一个黄梅戏班子到青阳不久，反动派的魔爪又伸了过来：一个姓陈的恶霸撵走了我们的班子，派了四支枪把我扣了下来，硬逼着我做他的小老婆。我不答应，他就把我锁在镇上。班子里的人到安庆给那位京戏演员送信，这人到青阳来看我，也被这个恶霸扣了起来，说要把我们两个一起枪毙。这个魔鬼说得出就办得到。我只有先央求他把这位京戏演员放走。

恶霸把我押到他家里，那真是打入了十八层地狱。恶霸天天用子弹上膛的枪口对着我恫吓一番；恶霸的老婆是个出名的母老虎，也是天天拿着菜刀或匕

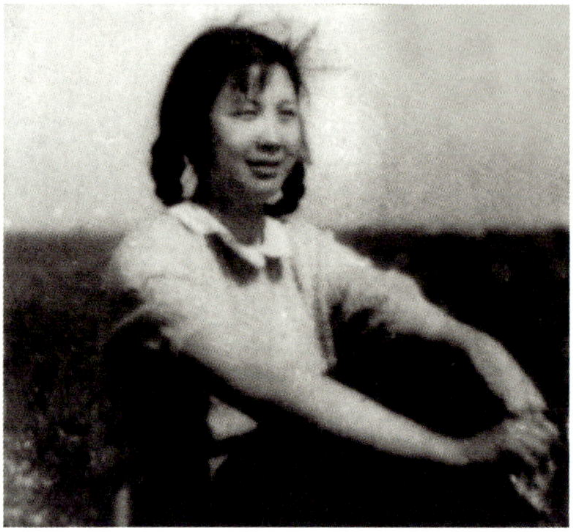

20世纪60年代，严凤英在农村体验生活

首，对我进行威胁。我被关在一个黑屋里，见不到天日。屋子里有门，也有窗户，但是我怕靠近门坐，怕靠近窗户坐，我总是把窗户关得紧紧的，把门顶得死死的，因为门里、窗子里，经常会伸进个枪筒，或扔进把匕首来。那时真是一天到晚在心惊肉跳、失魂落魄中过日子。

就在一个冬夜里，受过一次毒打以后，我拿起了金戒指，几次送到嘴边，又几次缩了回来，我想活呀！可是怎么能活得下去？我真想痛哭一场，可哭给谁听？世界上有谁同情我？我哭我的爹娘吗？他们同情我吗？我的爹是什么爹？就因为我小时候爱唱黄梅戏，就说我伤了严家的风，败了严家的俗，和我祖父两人把我关在屋子里毒打一顿，最后还要把我推到村口的藕塘里去淹死。就是这个爹，在我刚满15岁的时候，就丧尽天良地要把自己的亲生女儿出卖，任人侮辱。这个爹我哭他吗？不哭他！

我哭我的娘吗？我的娘是个什么娘？她在我才4岁的光景就丢下了我们姊妹，跟人跑了。十二年以后，我总算找到了她，心里想，到处没有活路，找到自己的亲生母亲，总该有救了吧？谁知，她为了钱，竟要自己的亲生女儿去给反动派的一个什么家伙做小老婆，我不肯，这个母亲居然脸一板就走了！那时我正在害伤寒，没有钱看病吃药，一个人躺在一间空屋的光门板上，若不是邻居们相救，我也早没命了。这样的娘我哭她作甚？不哭她！

我捏紧了金戒指，又气愤，又伤心，我真想大声呼喊，我犯了什么罪？为什么要受这样的折磨？这些反动的家伙为什么这样凶狠？我的爹娘为什么这样无人性？老天爷为什么一条活路都不给我留哇！……这一切，我都不明白，都不清楚。仇恨的火焰烧得我眼睛发炸，我用最恶毒的语言诅咒这吃人的世道，我盼它早日毁灭！

我再想讲一天——最幸福的一天。哪一天是我最高兴最快乐的一天呢？几乎从新中国成立那天起，我天天沉浸在幸福、愉快的生活中，这里，我讲的是其中对我有特殊意义的一天。

那是在党支部讨论吸收我入党的那天，我兴奋得几乎说不出话来。会还没有开，人还没坐定，热泪已在我眼眶里滚了。我从小就没受过亲人的温暖，党待我，真像慈母一般。当我想到新中国成立后，党对我的教育培养，同志们对我的亲切帮助那些热情熟悉的面孔，就一一浮现在我的面前，对我微笑，其中我特别想到我的救命恩人——中国人民伟大的领袖毛主席对我们的关怀爱护。

毛主席他老人家救了全中国受苦受难的人民，也救了我。要不是伟大的中国共产党和毛主席，今天哪里还有我这个人！毛主席救了我们，还教育我们，要我们好好为工农兵服务。新中国成立前我这个受侮辱受迫害的女戏子，今天成了光荣的党的文艺工作者，这一切都是党的教育、毛主席的教育和人民的培养呵！

我最最不能忘怀毛主席对我们黄梅戏的关怀。1958 年春天，我们在武汉演出。一天，听说毛主席要来看黄梅戏，我们激动得呀，在头一天就整整一夜没睡着觉。那天我们演的是《夫妻看灯》和《打金枝》。这两个戏我过去已经演了有几百遍了，这次演给毛主席看，我既兴奋，又紧张，在舞台上，腿子仍禁不住发抖。戏演完了，夜也深了，主席一点倦意都没有，站在座位上，好久没有离开，频频向我们招手！我们激动得不知如何是好，全台的同志，包括六十多岁的老艺人在内，都高兴得跳起来了！主席离开以后，我们几十个人，妆不卸、衣不脱，一同坐在后台，回想见到毛主席的情景，完全沉浸在幸福之中。我的脑子里像浪潮一样翻腾着，我想起了在旧社会我唱黄梅戏，受到家庭的反对、社会的歧视、反动政府的迫害和摧残，而在今天，我们伟大的领袖毛主席给我们黄梅戏鼓掌，给我们鼓劲！毛主席救了我们艺人的生命，毛主席的为工农兵服务、百花齐放、推陈出新的文艺方针，又救活了我们黄梅戏这个剧种。毛主席，您的恩情是千谢万谢也谢不完的哟！

1958 年秋天，毛主席来到合肥，我又一次幸福地见到了他老人家。我鼓足了勇气想跟毛主席讲讲我的心里话，可是，一站到毛主席面前，除了感到幸福、激动外，什么话也讲不出来了，愣了半天，最后只讲出一句："主席，您老人家好！"

毛主席立刻笑着回答："好！"

毛主席工作那么多，可是，他老人家还记得我们在武汉演出的情况。毛主席问我："今年四月间，你们在武汉演出吧？"主席讲的是湖南话，再加上当时我很紧张，"四月间"三个字我没听懂，主席又讲了一遍，我还是没听懂，主席看出了我的紧张，笑容满面地、一个字一个字地把这句话又讲了一遍，我才听懂。毛主

严凤英

席又问我们一年演多少场，问我们是不是每个人都有戏演，毛主席无微不至地关怀我们的黄梅戏，我一辈子也忘不了。当时，我就在心里向毛主席做了保证：一定把党和毛主席交给我们的任务好好完成，一定好好听毛主席的话，忠心耿耿地为工农兵服务。

在支部讨论吸收我入党的会上，我满脑子都是毛主席的伟大形象，我永远忘不了他老人家那样慈祥、和蔼、亲切的音容笑貌，永远忘不了他老人家对我们的教育和期望，永远忘不了他老人家的恩情……我越想越激动，在会上，向党陈述了我的誓言：党救了我，党给了我一切，我要把一切献给党，忠心耿耿地为党工作！

新中国成立后，我在党的哺育下度过了十二个幸福的年月。今年，是党的四十周年大庆，我要用最至诚、最美丽的话来赞美我们光荣、伟大的母亲——中国共产党，祝她松柏常青！并且发誓用自己的歌喉，以毕生的精力，歌颂我们伟大的党，歌颂我们伟大的领袖毛主席！

（原载1961年7月6日《安徽日报》）

严凤英的生活经历

陆洪非

严凤英是黄梅戏大发展中的杰出代表。她的原籍是安徽桐城罗家岭，1930年4月(农历三月十五日)出生在安庆市区韦家巷。严家的“谱序”，她是“鸿”字辈，出生的时候又逢她祖父六十寿辰，于是给她起的乳名叫鸿六。

严凤英的祖父严启纯出生在罗家岭附近的“严陈庄”，从小学木工手艺，是个心灵手巧的箍桶匠。20多岁时，他离开了结发妻子到安庆市区谋生。罗家岭与安庆市区虽分属桐城、怀宁两县，但两地相距不过六十华里。他初到安庆，走家串户修修盆桶，寄居在韦家巷一家很小的旅店里。这家旅店叫“荣升栈”，老板死了，留下一个年轻的寡妇忙里忙外。后来，严启纯与老板娘同居，不做箍桶

安庆罗家岭严凤英旧居

严凤英生活照

匠而经营旅店，并把“荣升栈”改成了“严升栈”。

严启纯 40 岁时收养了一个男孩，名曰严思明，这就是严凤英的生身之父。严思明 7 岁开始在安庆上学，只读了几年小学就练得一手好字。14 岁到一家刻字店学刻图章，后来又在安庆龙门口的“三江印刷所”（石印）当抄写生。这个年轻的小伙子，不仅聪明，又长得很漂亮，能拉会唱，成了很讨人欢喜的京剧票友。不到 20 岁，他就结了婚。严凤英的母亲是一个聪明、秀丽的姑娘，开始小夫妻的生活过得非常和美，令人羡慕。严凤英快到 3 岁的时候，他们又生下一个女孩，叫作鸿鸾。可惜这对年轻的夫妻不久闹翻了。严凤英 3 岁多母亲离开了，妹妹鸿鸾刚刚满月也被卖给了安庆宣家坡一个姓赵的人家，改名赵国珍。

严凤英在父母离异之后，有时在祖父身边，有时到罗家岭依祖母生活。罗家岭在长江北岸的大龙山下、山青水碧，是个风景秀丽的地方。但在那个时候，军阀混战，连绵不断，水旱灾害，年复一年，人民的生活十分艰难。严凤英跟乡下奶奶过的是贫困的日子。四五岁时就跟着村子里的姑姑、姐姐一起去挖野菜，稍大一点又去放牛，在挖野菜和牧牛中度过了她的童年，也吸取了艺术的滋养。严凤英生前，每当谈起童年在大龙山下、菜子湖边，寻找马兰、荠菜、小蒜的时候，仿佛沐浴在山花的芬芳之中，总是那样心身舒畅、喜形于色。当她回忆起，从小在山野里养成了天不怕、地不怕的性格，把欺侮她的男孩打翻在地，骑到人家背上，更是得意非常，手舞足蹈。使她终生不忘的，是在挖野菜和牧牛中，学会了许多民歌。

桐城的民歌，历史悠久，内容丰富，明代就流传外地被文人采集印行。当地民歌的形式，大体分为两种：一种是山歌，篇幅较短，常见的是“五句半”，如：“太阳起山往上翻，姐在房中绣牡丹。绣个兔子会吃草，绣个野鸡会上山。会上山，绣个小郎陪姐玩。”所谓“五句半”，就是先唱四句，“咬尾巴上”重唱第四句末尾三个字，再补唱一句。也有唱完四句，接唱三个虚声衬字，再补唱一句的。如：“小妹住在竹林窝，手扶竹竿望情哥。娘问女儿做么事，数数竹子几多棵。哎哟哟，哪敢说是望情哥。”严凤英小时候爱唱的“一阵(读在音)日头一阵阴，把郎晒得汗淋淋，小妹眦(看)了心不忍，送来一条抹汗巾。抹汗巾，给郎抹汗又遮阴”，就是属于“五句半”的桐城山歌。这种山歌在插秧田中或放牛场上唱得多；在放牛场上，往往采取对歌的形式，比赛着唱。也就是一群放牛的孩子按居住的自然村分开，或自由组合分为两个阵营，一方一首轮流对唱。可唱流行的山歌或即兴编唱，但不准重复。桐城民歌中，还有一种是小调，篇幅较长，有“四季调”“五更调”“十二月调”“手扶栏杆调”等。这种小调，多是女孩子在山湾湖边挖野菜或夏天在打谷场上纳凉时三三两两在一起歌唱。小调多数是反映男女互相爱悦的内容，有的描写很大胆。年岁很小的鸿六儿尽管还不懂得那些歌词的含意，但被那些明快活泼、优美动人的曲调吸引了。只要有人唱，她就跟着学。什么“手扶栏杆口叹一声，鸳鸯枕上劝劝有情的人”，什么“一更鼓儿咚，手拿银灯走进绣房中”，她都学会了。当时，旁的女孩有公婆和父母约束，不能随便唱那些谈情说爱的小调。严凤英在祖母身边比较自由，不论是上山放牛、到湖边找野菜或者回到家中，她总是曲不离口。在那苦难的岁月、荒僻的山村，鸿六儿的歌声给人们带来了喜悦。至今罗家岭周围一些上了年纪的人回想起当年严凤英在家乡唱山歌、小调的情景，还是赞不绝口。

严凤英在《送香茶》剧中饰陈月英

1937 年，抗日战争开始，这一年的年底国民党的安徽省政府，逃离安庆，人心惶惶，各找生路。严凤英的祖父在安庆韦家巷开设的“严升栈”也在这时候倒闭，回到罗家岭闲住。与他在安庆同居的老板娘同时来到乡下，严凤英和其他晚辈都称她为“小奶奶”。祖父怕女孩儿在外面“野”，有失体统，于是把鸿六儿送进私塾。塾师金东乙是一位饱读诗书的乡村知识分子。严凤英入学后，他很欢喜这个小姑娘。有一天，金东乙抚摩着鸿六儿的满头黑发，对着大龙山的峰峦沉吟了好一阵子，然后对她说：“鸿六儿，我给你取个学名叫黛峰吧！”当即用珠笔在一张毛边纸上写了“严黛峰”三个字。她不知“黛峰”是什么意思，也谈不上欢喜不欢喜，但她还是一笔一画记在心里。当时，除了金东乙喊她“严黛峰”，旁人仍然叫她“鸿六儿”。严凤英进了私塾，整天规规矩矩地坐在学堂描红、背书，就像鸟儿关在笼里那样不自由，每当听到姊妹们唱着小调去挖野菜，或放牛的伢子唱着山歌出村进村，她总是坐立不安。后来她慢慢习惯了描红、背书的生活，很快背熟了《三字经》《百家姓》《千家诗》，常常得到私塾先生的表扬。

严凤英在私塾读书的时候，她的父亲严思明也回到罗家岭。闲得无聊，感情无所寄托，或早或晚，就教女儿唱京戏。当她学会一些京剧流行剧目的片段，父亲就为她操琴。这是她3岁多离开父母后，初次尝到父亲的爱抚。后来严思明到离家较远的小学里找了一个临时教员的职务，又与女儿分开了。

严凤英在私塾里读了三年书，由于祖父从安庆带出来的财物已经花光，日食三餐都很困难，她不得不辍学去驮米贩卖。1940年，一撮日伪官兵曾窜到罗家岭烧、杀、抢、掠，粮荒十分严重，于是人们就从练潭驮米到罗家岭来卖。严凤英每次驮米一斗（重十四斤），脱手之后可赚五角钱（相当于一斤猪肉的价值），在那个灾难的年头，对一个困难的家庭也不无补益。一个十来岁的小姑娘，肩上扛着十多斤重的米袋，在乡间小路上，越驮越沉，还要防备日伪和国民党官兵找麻烦，真是提心吊胆，步步艰难。从练潭到罗家岭，中间隔一道河，又没有渡船，平时水浅，把米扛在肩上蹚来蹚去，雨后水涨，只好把米袋顶在头上，一步一挪。冬天，水冷刺骨，赤脚下河，真是寒透心窝。每次过河的时候，比她大几岁的小哥哥、小姐姐总是照顾她。她也在河中救过旁人，有一次她发现一个小伙伴的脚冻麻木了，在水中东倒西歪，严凤英跑去扶他，自己也爬不上岸。严凤英在驮米中结识了很多患难与共的兄弟姊妹。本来她知道有个亲妹妹卖给了人家，不知下落，非常羡慕人家有手足之亲，现在感到自己并不孤独。

严凤英是在罗家岭背米贩卖的时候，接触到黄梅戏的。

抗日战争以前，罗家岭一带群众见到的黄梅戏，是潜山、怀宁一带的流动班社，每年来这里演出一两次。严凤英在罗家岭听到的黄梅戏则是从江南贵池传过来的。传播者严云高，就是严凤英的启蒙老师。

严云高，光绪二十九年（1903年）出生，与严凤英同乡同族，按“谱序”比她还小一辈。他本来是个敲白铁制做油壶、茶叶筒子的手艺人，18岁在贵池跟曹大辫子学唱黄梅戏，后来加入了青阳人罗广兴带领的“大小班”。“大”指徽调，当地群众称为“高台大戏”；“小”指黄梅戏，被称为“草台小戏”。所谓“大小班”，即是徽调、黄梅戏合演的流动班社。罗广兴带的这个班子在贵池、青阳和徽州的祁门、黟县、休宁等地演唱多年。班上的黄梅戏演员，有太平人郑作龙、贵池人姚小牛、桐城人周双田（后在石埭落户）。严云高学的是旦角，但行行通。26岁时，曾在班上当过“排笔师”（又称掌笔师）。他在黄梅戏的老艺人中虽然不是什么有名的人物，但会的戏不少，肚子里有货。抗日战争初期，严云高从江南回桐城。为了谋生，在罗家岭开了一个敲白铁的小铺子。在这前后，也开过猪行、米行、跑脚行、饭铺和炸油条的小店。不论他干什么行业，都没有忘记黄梅戏，不仅自己唱，还教旁人唱。1942年，严凤英12岁的时候就从严云高的小铺子偷学了黄梅戏《何氏劝姑》的一些唱段。这以前，她已跟父亲学了京剧《卖油郎独占花魁》和《枪毙阎瑞生》中的片段。1944年，严云高利用工余时间收徒授艺，有琚诗雅、琚诗贵等六七个男孩。严凤英经过白铁铺时，听到里面教的教、学的学，敲锣打鼓，非常热闹，就找上门去投师学戏。当时女孩子学唱黄梅戏的很少，严云高有顾虑，没有马上应允收她做徒弟。严凤英不肯罢休，说自己会唱山歌小调和京剧，黄梅戏也学会了一点，一面说一面放开嗓子唱了起来。严云高觉得她机灵、大胆，又有一副好嗓子，是一棵难得的好苗子，就把她收下来了。当时立了“关书”，并向“老郎神位”和师傅磕了头。罗家岭是一个农村小镇，生意买卖都集中在上午，吃过午饭，街上冷冷清清，严云高就关起铺子来教戏。小戏是两三个角色一起教。本戏的主要角色分别教唱和动作，教完一本，再联合起来走场子。“场子”在江家茶馆。晚上茶客走后，把几张方桌拼成舞台，吊起两盏油灯，在这里“联排”，也是“实习”演出。江家有人（江继淮）跟严云高学戏，每次到这里来活动，都表现得很热情。提起严凤英小时学戏的表现，严云高至今还赞叹不已：“鸿六儿真聪明，一个下午就学会了《小放牛》，好像是前生学会的一样。”她从严云高那里学会了一些生活小戏，又学了《送香茶》《春香闹学》等本戏中的单折。由于当时严云高还要敲白铁或做其他买卖，教戏只能利用业余时间，而严凤英又惧怕被祖父和父亲发现，也只能偷偷摸摸地到罗家岭来学唱，时断时续，因此严云高没有教会严凤英一个大本戏主要角色的全部唱做。严凤英的艺术成就，主要是后来一面演唱，一面学习，博采众长而自成一家。但她对严云高这位启蒙老师还是很感激的。

严凤英第一次在广大观众面前登台演唱，是 1945 年春天在桐城练潭的张家祠堂，演出的剧目是《二龙山》，她扮演女寨主余素贞身边的丫鬟。这次演出，是严凤英的师兄琚诗雅联系的，事先大家都不知道，没有一点准备。练潭有一个姓张的乡绅做寿，要找一班唱戏的，琚诗雅找师傅一谈，严云高就答应下来了。确定剧目，分配角色时，安排严凤英扮演一个丫鬟。这一天，严凤英在湖边挖野菜，正准备拎着一篮马兰回家，忽然同科的琚诗贵跑着找她来了，说是师傅要她今晚到练潭去唱戏。严凤英听说要登台演出，非常高兴，但一想到祖父和父亲，又不敢答应。琚诗贵不管她答应不答应，夺下菜篮就跑。严凤英无可奈何，同意回家看看再说。她同琚诗贵回到家中，家里一个人没有。她炒一点饭吃了，拿上几件衣服就与师兄一起到了练潭。他们到练潭后，原先分配在《二龙山》里扮王道宗的演员家里有急事不能登台。临时找到了当地一位黄梅戏的业余爱好者张云风来演。张云风从小在家乡就接触过黄梅戏，后去上海当制毛笔的工人，正碰上从安庆去的黄梅戏在上海演出，他就一面看一面学。1937 年，上海沦陷前夕，他从上海回到桐城老家，又积极参加黄梅戏的业余活动。他这次扮演的王道宗戏虽不多，但受到观众欢迎。他从此正式搭班，成为黄梅戏的职业演员，也是严凤英的长期合作者。

严凤英在《二龙山》剧中饰余素贞，查瑞和饰李志珍

严凤英在练潭演唱黄梅戏的消息传到她祖父耳朵里，

严凤英在《小辞店》剧中饰柳凤英，查瑞和饰蔡鸣凤

他认为有辱门风，非常生气。一面找到严云高大吵大闹，同时又叫人把他的孙女儿捆了起来，准备推进村边的水塘里活活淹死。后来还是村里的乡亲为严凤英说情才饶她不死。

严云高师徒和张云凤等业余爱好者组成的黄梅戏班子，从 1945 年春天开始，经常在练潭和罗家岭一带演唱。严凤英虽然遭到祖父反对，还是坚持随班活动，以演戏维持生活。因为家中生活困难，精神上也得不到温暖。祖父很严厉，整天板着面孔；父亲心事重重，对她不闻不问；相依为命的祖母，也由于城里的“小奶奶”到来而心绪烦乱，有时也在鸿六儿头上出气。严凤英下了决心，宁可死在外边，也不愿待在这样的家中。她 15 岁就离开家过着流浪的艺人生活。开始是跟着师傅严云高玩班子。师傅有个比严凤英小两岁的女儿叫兰儿，也在班上学戏，为了照顾两个女孩子，请了一位严姓的中年妇女陪伴她们，鸿六儿和兰儿都喊她做二姑。抗战胜利前后，国民党安徽政府主席李品仙所属的“新桂系”部队在安徽各地胡作非为，搜刮财物，奸淫妇女，桐城也遭到他们的蹂躏。严凤英这个 15 岁的秀丽姑娘，一登舞台，就引起他们的注目。练潭一带的驻军头目常常把严凤英找去清唱。有时是连部派人来请，营长又派人来催，碰上这种事，班上所有的人都替她担心，幸好二姑与她形影不离，去过几次兵营都安全地回来了。但那些家伙并不就此罢休。有一天晚上，严凤英他们在练潭的广场上演出《送香茶》，张宝童已经上场，严凤英化好妆在后台等着。有人发现找过鸿六儿清唱的军官带着枪在台前东张西望。严云高怕出事，请班上烧饭的江兴和把严凤英背起跑了。江兴和人称江大脚，是一位能扛动两百多斤粮包的大力士。这天晚上，他背着严凤英离开戏场，被抢兵发现，跟在后面追赶，他机智地跑进一家茶馆，抢兵追进茶馆，他又背着严凤英从后门跑到夜幕笼罩的野外，一气跑了十五里，到双河埠才歇下来喘一口气。

严凤英所在的黄梅戏班，后来从练潭、罗家岭唱到了怀宁县境内，以及当时还属于桐城县的汤家沟、枞阳等地，并一度与怀宁张光有、贵池程积善带的戏班合并成为一个阵营很强的班子。这给严凤英带来更多的学戏机会。后来成为她的拿手戏的《小辞店》就是这时候向桐城著名黄梅戏演员汤怀仁的儿子汤纯志学的。

严凤英15岁之前，大家都是叫她做鸿六儿(严黛峰这个学名很少人知道)，严凤英这个艺名是1945年的秋天，唱到枞阳时取的。枞阳在长江北岸，水上交通比较便利，现在是枞阳县委所在地，当时是桐城南乡一个较为繁荣的大镇。他们的班子来到枞阳镇上，找了个固定的场所，卖票演出(这以前在农村或小镇演出，是包场，即一本戏给多少戏金)，事先要出“海报”，做点宣传。第一次写“海报”，写到鸿六儿的时候，有人认为不像演员的名字，要给她取个艺名。当时张云风建议她叫“严凤英”。

严凤英从1945年春天登台到1946年秋冬之间到安庆，经历了一年多的从艺生活。这一年多，她除了偶尔演一下《送香茶》等小戏，主要是在本戏里扮丫鬟。本来当时唱戏的人收入不多，而扮丫鬟的严凤英所得就更少。但知道她身世的人都同情这个被父母遗忘了的姑娘，有什么困难也有人帮助。1945年冬天她在枞阳害病，就是班上另一个小姑娘陈月环将她接到家中，请母亲帮她调养好的。

严凤英是1945年秋末冬初到安庆的。杨友林说是他到桐城去把严凤英找到安庆华清池对面的草屋来唱戏的。这个从小就在农村山野里长大的姑娘，以前只在练潭、枞阳这些乡镇唱过，保持着乡土本色。当时，她拖着一条大辫子，穿一身破旧的裤褂，带着浓重的乡音。但一进省城，就被送到理发馆剪掉辫子烫了发，又被带到成衣铺换上了旗袍，脚上的布鞋也变成皮鞋。眨眼之间，一个土里土气的乡下丫头，变成了城市里的时髦姑娘。她感到像初学演戏一样，全凭人家替她化妆穿戴。

抗日战争胜利后，安庆市区集中了许多黄梅戏的好演员。严凤英初到安庆，会的戏虽不很多，但这个16岁的姑娘，嗓子好、扮相好，聪明伶俐，善于模仿，很快就引起了观众的注意。她说："我到安庆想把戏演好，就努力学习。那时学表演，主要靠观摩，看老前辈在台上一举一动怎么做，我就一点一滴记在心里，然后照葫芦画瓢搬上舞台。因为我是女性，演旦角戏的动作要细腻些，像是那么回事，观众看得很有味，反映说严凤英的'小做'很好。"因为她在演唱方面有特殊的天赋，又能虚心向前辈艺人学习，进步很快。只要有她上场，不问大小角色都能在观众中引起反响。

严凤英在《牛郎织女笑开颜》剧中饰织女，王少舫饰牛郎

严凤英第一次在练潭登台是扮演《二龙山》中的丫鬟，在安庆引起轰动的角色也是在《二龙山》中扮演的丫鬟。老艺人谈到，由于严凤英把《二龙山》的丫鬟演红了，从而改变了这个戏的剧名。《二龙山》中的女主角，是贯穿全剧、唱做分量都重的女寨主余素贞。严凤英扮演的丫鬟只是她身边一个下传上报的亲兵，唱的地方很少，表演的机会也不多。但严凤英抓住了戏里这样一个情节，表现出特有的演唱才能。剧中余素贞想下山去找她的夫婿，又丢不开山寨，左右为难，在那里唉声叹气。剧本是这样写的：

余素贞：(叹气)唉！可叹哪可叹！

丫　鬟：姑娘，叹些什么？

余素贞：我心想上京，找你姑爷回来，可叹山寨无人看守。

丫　鬟：有我看守。

余素贞：有此胆量？

丫　鬟：有此胆量！

余素贞：如此，看印拜过。

丫鬟接过大印，等余素贞下山之后，即发号施令："……手捧大印进寨口，大小喽啰听从头，山寨粮草般般有，不许喽啰私下山头。倘若有人违令走，宝剑出鞘定斩不留……"严凤英扮演的丫鬟，几句道白，对答如流，铿锵有力，唱得清脆圆润，刚柔相济，表演也很生动，表现装腔作势的地方，使人感到可笑而又可爱。她说："我扮演的这个人物，眨眼之间，从一个小小的丫鬟变成了代理寨主，怕大小喽啰不服，她就要特地抖一抖威风。"她还谈到，自己从小胆子大，在乡下放牛的时候，在草场上与童年的伙伴在一起做游戏，也当过发号施令的头头。有人不服，就设法把他摔倒，然后骑在他背上抡皮拳。她把丫鬟接印以后的一段戏演得很有气势。观众反映："严凤英演的丫鬟，真像个女元帅。"《二龙山》本来只有一个别名，叫《三宝记》。自从严凤英扮演的丫鬟出了名，出《海报》时，就把《二龙山》改成了《丫鬟挂帅》。"严凤英会的戏虽不多，但一到安庆就唱红了。"这是老艺人丁永泉说过的话。一时，她成了安庆最受观众欢迎的黄梅戏演员。几乎每天晚上，安庆市区三个演出黄梅戏的场所都有她的戏。常常是在西门刚唱完一出《送香茶》，就坐上人力车到"草屋"赶唱《路遇》，然后再到钱牌楼去唱《游春》。

1945 年冬，天气特别寒冷。降到严凤英头上的无情冰霜却不是来自自然界。日本侵略者投降之后，窜到安庆来"摘桃子"的反动派中有一个特别凶恶的家伙，就是伪怀宁县的自卫大队长。这个家伙将魔爪伸向了严凤英这个刚刚满 15 周岁的小姑娘。当时她的生身之父也在安庆，他不但没有出来保护女儿，反而用亲骨肉去换买鸦片烟的钱。这使严凤英非常伤心，非常痛苦。以后她气愤地说："就是这个爹，在我刚满 15 周岁的时候，就丧尽天良地把自己的女儿出卖，任人侮辱。"严凤英在魔窟里被剥夺了自由，不准出门，不准唱戏，不准同过去班上的人接触，简直就是一个关在监牢中的囚犯。她受不了折磨和迫害，只好像戏曲中见过的某些女子那样装疯装傻，头不梳、脸不洗，把床上的被单和身上的衣服撕碎，有时号啕大哭，有时又哈哈大笑。那个家伙以为她真疯了，就放她走了。1946 年春末夏初，严凤英逃出魔窟，举目四望，天地虽宽，却没有她的容身之所。好不容易找到了生身母亲，以为可以得到母爱，享受到人世的温暖，可是，母亲不但不帮助女儿摆脱困境，反而想把她再往火坑里推。她说："我的娘是个什么娘？她在我才4岁的光景，就丢下了我们姊妹，跟人跑了。十二年以后，我总算找到了她。心里想，到处没有活路，找到了自己的生身母亲，总该有救了吧？谁知，她为了钱，竟要自己的亲生女儿去给反动派的一个什么家伙做小老婆，我不肯，这个母亲居然脸一板就走了。那时我正在害伤寒，没有钱看病吃药，一个人躺在一间空屋的光门板上，若不是邻居们相救，我也早没命了。”

严凤英病好之后，进了琚光华的黄梅戏班子，班上的老生有程积善、严松柏，小生有王玉坤、杨友林，正旦有丁永泉、潘泽海，花旦有丁翠霞，小丑有何文龙、谷友元。这时潘璟琍也开始学戏，在班上当“捧托”（丫鬟）。并有原在“大戏”班上演红生的张桂三教武功。1947年的端午节前，严凤英所在的黄梅戏班到了长江南岸的大通镇（属铜陵县）。当时停靠招商局的大轮，是一个较为繁华的水码头。镇上有一个“复兴剧场”，他们在这里连续演出了两个月。在此期间，严凤英向丁翠霞学了《游春》。这出戏，她以前学过，但经丁翠霞指点，在唱腔和表演上又有很大提高。后来，《游春》成了严凤英经常演的一出拿手戏，老艺人丁永泉给她配演王干妈。她在大通过端阳节那天，班主为扩大影响，招揽观客，搞了一只“彩船”夹在当地竞渡的龙船中。船上陈设着《白蛇传》中《端阳》的场面，由严凤英扮白素贞，杨友林扮许仙。其余划船的、敲锣打鼓的也都化了妆。结果看龙船比赛的观众全被戏班上的“彩船”吸引了。严凤英在大通舞台和船上的演唱，引起了人们的注意和赞赏，又一次给她带来了灾难。当地驻军和乡绅都对她存心不良。她不得不在一个雾蒙蒙的夜间，乘一只小轮逃离大通，到芜湖去了。

严凤英来到芜湖，开始住在同乡同族的严玉卿家（一开饭馆的老板）。后来为了糊口，去“大花园”的“小娱乐”（游艺场）卖唱，唱一些当时流行的小调和抒情歌曲。她在芜湖，同样受到歧视和迫害。她到芜湖不久，就被警察抓去，罪名是日本女间谍。根据是她穿了一双拖鞋，脚趾岔开像常穿木屐的日本妇女。在芜湖期间，为了生存，她不得不冒充“无冕之王”（记者），从报社通讯社弄几枚徽章挂在胸前。芜湖“小娱乐”附近有个“大娱乐”（剧场），经常演出京剧。严凤英从小就爱好京剧，经常出入这个剧场，结识了京剧武生演员胡金涛。胡金涛是北京一所戏曲学校培养出来的，带着学生气。他的弟弟胡永芳、弟妇王艳梅唱青衣、花旦。母亲本来也是演员，但这时年老体弱已不登台演唱。还有一个小妹妹叫红线，比严凤英小两三岁，两眉之间有一颗红痣。这一家人知道严凤英是一个被迫流浪、无家可归的女孩子，都很同情她。他们带她一起练功，还教她唱京剧。

胡永芳教过她《红娘》,王艳梅教过她《女起解》。后来成为黄梅戏演员的王少舫,当时与胡家同班,在"大娱乐"唱京剧。严凤英在这里开始与他认识。王少舫说:"1947 年冬天,在'大娱乐'唱京戏时,严凤英白天和我们一起练功、练唱,晚上就坐在乐队里看我们演出。"1948 年春天,胡金涛一家离开芜湖来到安庆,严凤英也跟他们返回旧地。严凤英与胡家相处一段时间之后,表示愿意与胡金涛结合。但胡对她提出以下要求:1. 不唱黄梅戏,而唱京剧;2. 不要穿华丽时髦的衣服,而要穿他母亲朴素的旧衣;3. 不要到大街上去抛头露面。这些条件,严凤英全部答应了。到安庆之初,他们住在大南门的"乐乐旅社",后来在一条偏僻的小街上租了一间楼房作为安身避祸之所。胡家小妹红线本在安庆上小学,有一天被同学打骂回家来了,人家骂她是"戏子"家的臭丫头,不配上学堂。于是她就同严凤英一起向二哥、二嫂学青衣、花旦戏。这时严凤英又学会了《贺后骂殿》和《金殿装疯》等京剧单出。她是下定决心做京剧演员,并计划离开安庆到下一个码头,就登台试唱,困难是没有钱添置"行头"。一个新角登台,没有几件像样的"行头"怎么行呢?为了"行头",她受骗到青阳去了。青阳有个家伙想把严凤英弄去,占为己有。当时在青阳的黄梅戏班社(青城剧社)中有些演员与严凤英同台演唱过。那个家伙打听到严凤英在安庆,就叫"青城剧社"一个小生演员带了几百担米前去活动。来人在安庆住了很长时间,找到了严凤英的住处。向她提出:"到青城剧社去唱黄梅戏,每天戏金七石大米,可预付一个月的'包银'。"严凤英为了弄一笔钱添置"行头"就跟到青阳去了。严凤英到了青阳,又受到侮辱与损害。她说:"1948 年……正在万般无奈,走投无路的时候,一个京剧演员向我伸出了同情的手,他邀我搭他们的京剧班子。这真是绝处逢生,我决计改行唱京剧。但是,我光人一个,没有'行头'怎么办?最后决定先到青阳去唱几个月,搞一点钱置'行头'。我搭上一个黄梅戏班子到青阳不久,反动派的魔爪又伸了过来:一个姓陈的恶霸撵走了我们的班子,派了四支枪把我扣了下来,硬逼我做他的小老婆。我不答应,他就把我锁在镇上。班子里的人到安庆给那位京剧演员送信,他到青阳来看我,也被这个恶魔扣了起来,说要把我们两人一起枪毙。这个恶魔说得出就办得到。我只有央求他把这位京戏演员先放走。恶霸把我押到他家里,那真是打入了十八层地狱,恶霸天天用子弹上膛的枪口对着我恫吓一番;恶霸的老婆是个出名的母老虎,也是天天用菜刀或匕首,对我进行威胁。我被关在一个黑屋里,见不到天日。屋子里有门,也有窗户,但是我怕靠近门坐,也怕靠近窗子坐。我总是把窗户关得紧紧的,把门顶得死死的。因为门里、窗子里经常会伸进枪筒，或扔进匕首来。那时，真是一天到晚在心惊肉跳、失魂落魄中过日子。就在一个夜里，受过一次毒打以后，我拿起了金戒指，几次送到嘴边，又几次缩了回来，我想活呀！可是怎么能活得下去呢？我真想痛哭一场，可哭给谁听呢？世界上有谁同情我？……”（此处引文和前面严凤英对其父母的看法，均见1961年7月6日《安徽日报》载严凤英《两天》）

16岁的严凤英

1948年秋天，她经过挣扎，离开了青阳，但无家可归，有班难投，又被迫奔波于芜湖、南京、桐城等地，最后流落在铜陵县的和悦州。1949年4月胜利渡过长江的解放军，发现了这个衣服破旧、身无半文的青年女子，经过一番了解，知道她在旧社会受尽迫害，身世可怜，动员她参加革命工作。一位姓苏的同志亲切地问她有没有家，她说没有家。问她愿不愿做医务工作，她说从小就唱黄梅戏。老苏同志尊重她的志愿，劝她回安庆去找黄梅戏班子，重登舞台，为新生活歌唱。

新中国成立前，她对黄梅戏和自己在安庆的悲惨遭遇记忆犹新，而新中国成立后翻天覆地的变化，她一时还不怎么了解。因此，严凤英离开和悦州之后，没有回安庆去找黄梅戏班子，而是经芜湖到了南京。1950年的春节期间，她开始在南京的“米高梅”舞厅（一说为“龙门酒家”）卖唱、伴舞。同时她在南京参加了一个“友艺集”的业余京剧团体，演过《玉堂春》《梅龙镇》等京剧传统剧目。

1950年年底，安庆演唱黄梅戏的“群乐剧场”派了一个姓陈的到苏州添置行头，路过南京时，遇见了严凤英。经过交谈，使她了解到党和人民政府对黄梅戏的重视以及旧时伙伴归队后的情况，她产生了思乡之感。陈某回到安庆，把见到严凤英的消息传出，在同行和观众中引起了很大反响。原来人们不知她流落何方，甚至不知她是死是活。现在知道她的下落，当然很高兴，都盼望她能快点回到安庆来唱黄梅戏。1951 年年初，群乐剧场派人到南京把她接回来了。这年的 3 月 17 日，严凤英在群乐剧场登台演出。这是她新中国成立后第一次与安庆的观众见面。

1951 年，严凤英从南京回到安庆，尤其经过 1952 年的安徽省暑期艺人训练班的学习，人生道路发生了巨大的转折，开始了新的历程。后来她加入了中国共产党，成了全国政协委员、全国文联委员、中国戏剧家协会理事；安徽省人民代表，安徽省文联、妇联、青联委员；受到毛主席、周总理等老一辈革命家的亲切关怀。她生前多次谈到：“旧社会把我当成草，新社会把我当作宝。”生活上，她建立了自己满意的家庭。她的爱人王冠亚原在部队做文艺工作，1956 年转业到安徽省黄梅戏剧团。他们在这以前就同台演过戏。王冠亚说：“1953 年，那时我还是一个部队的文艺工作者，和她同台演出黄梅戏。我演的是现代戏《父子民兵》，她演的是《游春》。我认为这是她演的最美的一个戏。少女赵翠花爱上了青年吴三宝。爱的是那么火热，竟卧床不起。……在我的印象中，严凤英简直把这个女孩子演得像玉兰花那样圣洁，像水晶石那样透明无瑕。在东方少女的艺术形象中，是罕见的几个最美的形象之一了。”后在排演现代戏《凤凰之歌》时，彼此有了进一步了解，结成了夫妻。接着发生在严凤英生活中的又一件喜事，是找到失散二十多年的妹妹——鸿鸾。严凤英记得有个妹妹被卖掉了，但下落不明。鸿鸾小时候从赵家逃出，辗转流落在苏州，成了评弹演员。她只晓得自己出生在安庆，乡下还有个大三岁的姐姐。由于组织的关怀和好心人的协助，这一对历尽艰辛的姊妹，终于在 1960 年会面了。这一切，都有利于她的艺术创造，使她在舞台和银幕上充分发挥出她那特有演唱技能，成为国内外广大观众所喜爱的黄梅戏演员。

1968 年 4 月，“文化大革命”夺去了严凤英的生命。

她留下两个男孩——小亚、小英。小亚做黄梅戏的音乐工作，小英从事美术创作。

（选自《黄梅戏源流》）

老友凤英的多姿人生

丁紫臣

我清楚地记得，1945 年抗日战争胜利后，我父亲丁永泉（弟兄六人他排行第六，所以观众都亲切地叫他丁老六），带领安庆市黄梅戏班社在桐城各地流动演出。巡回到练潭演出时，当地农村有个小姑娘每场戏必看，她的名字叫鸿六。一天她到后台来玩，她身穿一套破旧的衣衫，一条长长的辫子，一双会说话的大眼睛很可爱，说起话来是桐城和安庆郊区的口音。她那激动的目光好奇地看着每一个演员，她很想找人讲话，那时班子里女演员很少，我们班里只有我姐姐丁翠霞一人。这个小姑娘就主动上前找我姐姐说话，她说："你们这个班子戏唱得真好，服装也好看，还有胡琴，我从来没有看过这么好看的戏，你们是哪里的班子？"我姐姐说："我们是安庆的。"她又问："你住在安庆哪条街？"我姐姐说："我们家住在后围墙。"当时大家都忙着收拾东西，要转到下个点演出，所以也没有时间和这个小姑娘多讲。可是她仍在不停地讲："我从来没看过这么好的班子，这么好看的戏。"是啊，她说的是实话，因为我们这个黄梅调班子在剧目、表演、服装、化装、舞台、音乐、唱腔、道白等方面都和其他的黄梅调班子不一样，总体演出水平要高一些。这个小姑娘就是严凤英，后来她对我们讲："自从看了你们的戏，总也忘不掉。做梦都在看你们的戏，多少次被自己唱醒了。从此我决心一定要找到你们，跟你们学戏，在好班子里唱戏，我要好好地唱，唱红。"

我们回到安庆后不到一个月，桐城的那个小姑娘就找到了我家，她说："我家住在桐城罗家岭，我姓严，名叫鸿六。我在罗家岭严云高的班子里学过几出戏（罗家岭班子是业余班社），我在农村也演出过。在练潭看了你们的演出后，心情非常激动，今天找到你家来就是想跟你们边学戏、边演戏，求求你们把我收下

严凤英（右一）在《砂子岗》剧中饰杨四伢

吧。”当时我父亲觉得这个农村的小女孩很不一般，既聪明又有胆量，就问她：“你会哪些戏呢？”她说：“我学过《小辞店》《送香茶》《蓝桥会》《西楼会》《游春》和《戏牡丹》。”我父亲讲：“你把六个戏都唱给我听听，演给我看看。”于是她既高兴又认真地把六个戏的片断都表演了一遍。我父亲看完后说：“有些路子和我们安庆的不一样，这没什么关系。”他叫我姐姐帮忙整理一下，提高一点，再去找班子里老板。两天后，我父亲带着鸿六去社会剧场（新中国成立改名群乐剧场）见老板王启发（又名王老九）。鸿六唱了两段给老板听，老板听完后很满意，又是我父亲推荐的，就同意接收她加入我们剧社。

新中国成立前，旦角所用的头面、服装等物都是私人自备的，那时鸿六才出道没有钱买这些东西，我姐姐就把她带在一起，除教她学戏外，还把自己的行头借给她演出时用，所以她跟我们家感情一直很好。在这一时期，凤英会的戏虽然还不多，但她学习很用功，如《小辞店》《游春》这两出戏，有些词和动作她会得不全，经过我姐姐的指点，加上她自己的揣摩，很多方面都有了创造性的提高。她跟我姐姐学的最后一个戏是《丑怀胎》，这个戏表现一个未婚先孕女子的痛苦，当时观众很喜欢看这出戏，凤英当时才 16 岁，可她却大胆地学了、演了。演出中观众常常报以热烈的掌声，笑声不断。她所会的几出戏经常上演，在观众中有了一定的影响，大家更希望能看到她的新戏。但凤英刚到班社不久，每天都要演两场戏，因此也来不及学大戏。《二龙山》是黄梅戏经常演出的传统剧目，剧中女主角余素珍，唱、念、做、打都很重，凤英还不能立即胜任。但凤英演的余素珍贴身丫鬟戏不多，只有几句唱词。为了招揽观众，王剑峰先生把剧名《二龙山》改为《丫鬟挂帅》，并挂牌严凤英主演，这样一来果然赢得更多的观众。这么个小角色凤英也是认真地学好、演好，赋予她鲜明的性格。当演到丫鬟接过山寨大印到寨口传令时，她学着主人的模样，有点得意，想抖抖威风，不时又露出小丫鬟的神态，把一个小丫鬟演得活灵活现，妙趣横生，成为当时黄梅戏界的一个比较轰动的趣谈。

严凤英对待黄梅戏传统艺术的学习是非常认真的。她认为不论是什么演员，只要有一点长处我就要向你学，学了就用。例如：《渔网会母》中，黄氏的唱腔中有一段是由[平词][二行][三行]等板式构成的成套唱腔，她认真向我父亲学会了气息的运用、气口的安排、偷气技巧和怎样清楚灵活的吐字等。后来在《女驸马·洞房》冯素珍的综合板式的大段唱腔中，运用得炉火纯青，感人至深，令人叫绝。学习老艺人蔡天赐的《苦媳妇自叹》的唱腔，后来她将这段唱腔用在《柳树井》一剧中的招弟唱段上，收到了意想不到的效果。她学习老艺人周华国先生的[男平词]唱腔，后来与作曲者合作，用在了《女驸马》“手提羊毫”一段唱腔中，是那么贴切和优美，使人百听不厌。

严凤英同志对待老艺人的尊敬与关心也值得我们学习。记得一次安徽省黄梅戏剧团到铜陵市演出，当她知道她的启蒙师傅严云高在铜陵市黄梅戏剧团做门卫工作时，多次去县团（两团相隔十几里路程）看望老师，并向市领导请求把她的老师调动工作，并希望生活上给予一些照顾。她称我姐姐为“大姑”，对我父亲尊为“爹爹”，经常到我家看望老人，每逢她彩排新戏，总把爹爹请到排练场看她的彩排或演出，之后，她一定要征求爹爹的意见。我父亲身体不好，有时也出来走动走动，她只要看到了就会马上去搀扶着，问寒问暖，我们全家非常感动。我还记得，中国戏剧家协会第一次在安徽省发展会员时，有关方面没有推荐老艺人胡遐龄，严凤英很不满。她当时激动地说：“像胡老这样的老艺人都不能参加戏剧家协会，我也不参加了。”她对前辈真诚的尊敬和爱戴是值得今天的青年演员学习。

严凤英同志的良好艺德也是值得称赞的，在她眼里演配角也应该是全身心地投入。如《砂子岗》这出戏，剧中主角是恶婆婆杜氏，由老艺人胡遐龄扮演，苦媳妇杨四伢是配角，由严凤英扮演。由于她认真地刻画人物，演唱时从行腔到吐字，她都能以优美的唱腔恰到好处地表现苦媳妇的悲惨生活，给观众留下了难忘的印象。在传统戏《何氏劝姑》里，何氏为主角，严凤英扮演的小姑子张兰英是个配角，但她赋予了兰英一个大胆、好强、敢同兄嫂抗争的性格，把这个人物演得有声有色，很受观众欢迎。整本《春香闹学》前半场戏春香是主角，后半场戏“瞎子算命”则瞎子是主角，春香成了配角。在黄梅戏的舞台上，曾经有过演春香的演员后半场就不演了，派个小学员来演，而凤英却不这样做，她不但把戏演到底，而且很认真地配合瞎子把后半场戏演得很生动，使剧场效果更好。

严凤英同志把毕生的精力都奉献给了黄梅戏，使黄梅戏事业有了大的发展和质的飞跃，她为黄梅戏做出了不可磨灭的贡献，我觉得怎么评价她的功绩也不为过。严凤英，她那优美如歌、感人肺腑的唱腔以及她在舞台上、银幕上创造出的众多栩栩如生的艺术形象，将永远留在人们的心里。

（选自《严凤英、王少舫艺术历程》）

“牛背”歌手

张光亚

赤脚上沾着泥，衣服上打补丁。翘翘八角辫，明亮的大眼睛。

那时候，她是一个普通的乡下丫头，也是一个天才的小歌手。

她的名字叫鸿六（后来艺名叫严凤英），是故乡民歌充沛的乳汁哺育了她。

离滚滚滔滔长江不远，有一个历史悠久的县叫桐城，就是她的故乡。这块平坦地方，枕着青青龙眠山，依着弯弯龙眠河。或许是龙的灵气吧，桐城人创造了让世人惊叹的“天下文章其在桐城乎”的桐城文派。这个小县城因此在历史时空中一直闪烁自己的灿烂。恐怕就因为这龙眠之地特别养文吧，桐城民歌也十分发达、著名。就像大龙山的花草一样，特别繁茂、动人。明代文学家冯梦龙曾对“桐城时兴歌”（即当时的桐城民歌）做过专门记载。清代桐城民歌也远近名噪一时，当时诗人姚兴泉赞扬桐城山歌“调最高而音最响，抑扬疾徐，自然合节”“语音含蓄，乐而不淫，颇近风人之旨”。并著词赞道：“桐城好，樵子出岩阿，担去松桠偿酒债，踏残苔登唱山歌，归路明月多。”

桐城民歌有山歌、民谣、小调三大类，又分樵歌、渔歌、茶歌、牛歌、农歌、田歌、儿歌、情歌、上梁砌（盖房歌）、婚嫁歌、丧歌等多种。每个歌种都相当丰富，比如婚嫁歌，可以从接新娘一直唱到入洞房。桐城民歌不仅曲调好听，文辞也很优美，是好音乐，也是好文学。如“我和小郎情意投，哪怕爷娘不甘休，打也受来骂也受，宁死不把小郎丢。拉到公堂有妹讲，扯到官府有妹求，任你官家再发怒，出门还要手拉手”，一个勇敢追求真爱自由的年轻女子的美好形象，就活生生地站到了你的面前。又如“会唱山歌音要拖，想撩乖姐歌要多，山歌拖音才好听，歌多打动姐心窝，姐心窝，无郎无姐不成歌”，好个“无郎无姐不成歌”！没有男人和女人的生活与追求,哪会有歌呢?人性光辉,人道魅力,深蕴其中。又如“天上浮云占四方,地下财主占三江,皇爷占着金銮殿,官家占着权财粮,菩萨占着庵庙堂,族长占着大祠堂。平民百姓无处占,年年占个磨心桩”,还有《长工叹》《抓壮丁》《嫁女谣》等反映社会不平与苦难的民歌,也常为桐城人民所传唱。桐城民歌腔调,受山水滋润语言影响,具有自己特色。比如它的[慢赶牛],曲调比较婉转,旋律性比较强,与山歌味较浓的大别山[慢赶牛]就不一样。

20 世纪 60 年代,严凤英到农村体验生活

桐城民歌最盛之处是城南罗家岭几个乡。严凤英家就在罗家岭严家陈庄,离桐城市区约有五十公里。这里三面环山,一面临水,大小龙山、花山、白虎山相依相偎,拥碧叠翠。菜子湖烟波浩渺,渔船荡漾,田畈平整,沟坡纵横。秧如织、水连云、峰如画,青翠、平和、浑朴,是一个令人赞美的鱼米乡。这里也是民歌汇合处。别处有山,唱山歌;有水,唱渔歌;有田,唱农歌。这里有山、有水、有田,什么民歌都唱。他们驾牛犁田,扬起鞭儿唱田歌;上山打柴,挥动斧子唱樵歌;下湖捕鱼,荡起船儿唱渔歌。从民歌里,可以听到当地风俗与时事,听到劳动技术的传播,听到人民的心声。无论田歌,樵歌和渔歌,还是山歌、民谣与小调,都是一种文化传承,一种历史回音,一种精神果实,一种美的结晶。新中国成立之前,没有报纸、广播和电视,民歌就是罗家岭人民的文化,就是罗家岭人民的精神文明。民歌如同家乡的山、水、鱼、米一样,是他们生活中不可或缺的东西。罗家岭人特

别喜爱对歌，他们叫“对广谜子”。通过对歌，人们自由自在地进行精神交往。在问答对唱之中，俚音乡调悠扬悦耳，妙语如珠诙谐成趣，无论是在岭、在湖、在田、在路，只要有人引吭一唱，立刻就会有歌相和相应，此起彼伏远近回荡。这种原始古朴的人间天籁，令人神往！

1937年，日本侵略战火已经烧到安庆。鸿六随爷爷严启纯、小奶奶和爸爸严思明风尘仆仆经由桐城逃难回到老家罗家岭。谁知罗家岭也在抓壮丁，严思明只好抛别老父老母与小鸿六，惶然脱逃。小鸿六虽然才7岁，但她幼嫩的心却已数遭痛创。3岁多时，妈妈突然撇下她和刚满月的妹妹离家出走。5岁时，因家道艰难又受重男轻女思想影响，妹妹被迫卖给人家。如今，能教自己唱歌、唱戏，跷起腿儿拉胡琴为自己伴奏的爸爸也不见了，她小小年纪就懂得了悲哀的沉重。一想起爸爸、妈妈和妹妹，她那双天真而澄澈的大眼睛里就盈满了泪水。好在爷爷奶奶非常疼爱她，严家陈庄的老老少少乡亲们也都喜欢她。她很快适应了环境，爱上这美丽的故乡。很快学会了力所能及的各种劳动，如放牛、挖菜、耙草、摸鱼、采莲、摘藕……

她是挥着牛鞭、牵着牛绳跑进民歌海洋的。是山乡野伢子的劳动生活和民歌的欢波热浪，深深吸引并包容了她。起初，她不会唱民歌，更怕对歌，为此，曾在放牛伢子堆中红过脸、受过气、流过泪。要知道，放牛伢子们的民歌既飞扬着纯朴，也冲荡着野气。他们经常用对歌方式玩耍逗乐、刁难对手、结交朋友、智力竞赛，甚至暗传爱情、吵嘴骂架。

乖乖乖乖真乖乖，
我打广谜子给儿猜，
猜到广谜子跟儿走，
猜不到广谜子快滚开！
哟嗬来嗬，
小儿子猜一猜！

几个放牛伢山大王般地拦路一站，不要买路钱，但要买路歌！你怎么办？对歌是有规矩的，问一首答一首轮流对唱。可以唱流行山歌民谣，也可以即兴编创，但不许重复。倔强好胜的小鸿六，被为难一两回后，也就有了主意。学嘛，不怕学不会。她喜欢民歌更喜欢对歌，从心底里羡慕那些对歌能手。有了这个心，又兼之聪明伶俐，不管在湖中、山间、路上、田中、家里、稻场，只要一听见大人小孩唱歌，她就用心听默默记，不央人教只是悄悄偷学，居然一句句、一段段、一首首，很快就学了不少。这种本领，她在以后的艺术奋斗中越练越精，对于她艺术才能的丰富与提高很有帮助。她天生好嗓子、好乐感、好记性，又受到一点京剧、黄梅调熏陶，加之每天在放牛伢子堆里摸爬滚打唱山歌，不仅性格越来越野、越来越豪放，打起架来男伢也怕她；而且山歌也越唱越好，人人爱听，渐渐闻名。山乡民歌是一本靠心传口授的无字大书。通过唱民歌可以学到知识。“什么不捶自然扁？什么不挖自然空？什么不洗自然白？什么不染自然红？//韭菜不捶自然扁，大葱不挖自然空，萝卜不洗自然白，大椒不染自然红”一首民歌就传授了这么多知识，好多首呢？可想而知。通过唱民歌可以丰富情思。不仅世上风雨，人间不平，年岁很小的鸿六已有所感受，民歌还使她懵懵懂懂懂得了人间的爱恨，什么“一场汗水一场空”“断肠人送断肠人”，什么“小小鲤鱼红喉鳃，练潭游到花山来。上游吃的湖边草，下游吃的冷青苔。冲破多少金丝网，绕过多少钓鱼台，不为妹子我不来”。她虽然不大理解词义，但喜欢那优美动人的曲调和情绪，别人唱她就跟着学。据说她小时候爱唱：

一阵（读“在”音）日头一阵阴，
把郎晒得汗淋淋，
小妹眦（看）了心不忍，
送来一条抹汗巾。
抹汗巾，
给郎抹汗又遮阴。

这是一首质朴的情歌，典型的五句半样式，小鸿六并不懂得什么男女之情，但她似乎深喜“小妹”那善良、体贴、纯真的心，好像与自己的心相通一样。通过唱民歌可以增长智慧。放牛伢子对歌都想赢，往往会出一些刁钻古怪的难题。

马里马里马来，
花里花里花来，
索里索里索来……
打个哑谜子你就猜猜……

清水塘里有个癞蛤蟆，
张着嘴来龇之龇之牙来，
捉又不敢捉来，拿又不敢拿来，
此花叫啊叫作什么花？

回答这种问题可得要好好动动脑筋啦。这种智力游戏，使小鸿六的聪明脑瓜更加灵活了。通过唱民歌可以锻炼歌喉，再好的嗓子不经常唱经常练也成不了气候。不论什么民歌都有辙有韵，有腔有调。要想唱好民歌，不但要合辙押韵，还要会唱不能瞎唱。要歌声嘹亮但不能让嗓子疲劳发哑，要让嗓子尽可能发出好听的声音。罗家岭的优秀民歌手们，各有各的说不清楚的方法和门道。虽然小鸿六不懂什么技巧也无人去教她，但民歌学得多了，唱得多了，在模仿中，在实践中，也就逐渐积累了一些感性经验，熟能生巧。通过唱民歌，小鸿六还学会了一点编创本领，民歌手们的即兴创作，无非是老祖宗《诗经》那一套质朴的赋、比、兴手法。小鸿六耳濡目染，居然也能搞一点自编自唱。据她启蒙师傅严云高回忆，她 12 岁求师学艺时，老师问她会唱什么？她放声唱道：

天上打鼓四门开，
我到严家来投胎。
一岁两岁吃娘奶，
三岁四岁离娘怀。
五六七岁想娘转，
八九十岁放牛来。
家里日子不好过，
口唱山歌乌云开。
……

曲调是从她熟悉的民歌那里婉转套来，词是她自己编的。这首歌现在抄挂在桐城严凤英纪念馆展览厅里。看见了这首歌，想起严凤英的悲剧人生和美妙艺术，大家都觉得心里酸酸的。

特别聪明，特别好学，使小鸿六从民歌的潜移默化中多有吸收又多有萌发。小鸿六到底当时学了多少民歌？她的民歌当时到底唱得如何之好？现在很难找到非常确切的第一手资料了。有关严凤英的电视剧和传记文学，根据她幼时伙伴的回忆，做了一些经过艺术加工的生动描述。在背米赶集的夜路上，山风呼呼狼嗥阵阵，小鸿六唱民歌给乡亲们壮胆；在阎王渡的渡船里，小鸿六唱民歌给乡亲们鼓劲；在米市上，小鸿六唱民歌帮自己和乡亲卖米……不论在哪里，小鸿六总是曲不离口。她的歌声里，自然而然地带着泥土的质朴、田野的清秀。她的歌声，给苦难而落后的山乡带来了一点欣慰、欢乐和骄傲。一些年纪大的乡亲，提起鸿六儿唱民歌小调的事，总是赞不绝口。

十几年后，人们热情赞美严凤英的演唱艺术"散发着山花的芬芳"，那山花植根的土壤便是民歌。因为它处处显示出民歌的丰厚营养，沁润着民歌的天然风韵。一方面，黄梅戏来源、发展于民歌，"黄梅戏传统戏里的一百多首花腔曲调中，很多都和安徽安庆地区的民间歌曲保持着非常密切的内在联系"；另一方面，"人民群众是喜爱自己的富有乡土色彩的艺术的"；还有一方面，严凤英演唱艺术之根在民歌。这几样合在一起，再加上天氤地氲，山乡人情风俗的熏陶，从艺术上看，这样深深扎根于劳动群众审美需求的幼功与基质是十分难得的。同时民歌对严凤英幼年的人格也多有滋养。那毫无做作的质朴，那说来就来的爽朗，那丰盈充沛的激情，那热爱生活、热爱劳动、热爱创造、热爱人民的善良……哪一样不鼓荡着民歌之魂、民歌之魄呢？牛背歌手，乃严凤英艺术质朴风格孕育之始。

严凤英生前，每当回忆起在青山绿水间与小伙伴们一道放牛、挖菜、打柴、耙草、放开嗓子高唱民歌的情景，心情总是十分舒畅，特别在回忆到或是对歌赢了对手，或是"打架把欺负她的男孩掀翻在地，骑到人家背上"时，更是得意非常，手舞足蹈，情不自禁笑出声来。她是很想回罗家岭看看的，可因为太忙，机会很少。1962 年她随剧团到桐城演出《碧玉簪》等戏，其间特地抽时间回罗家岭看望。乡亲们扶老携幼迎出来，围着她频频呼唤她的小名鸿六儿，叫得严凤英热泪盈眶。她也一一亲热地呼喊儿时伙伴的小名，那情景十分动人。这是她生前最后一次回罗家岭。

赤脚上沾着泥，衣服上打补丁，翘翘八角辫，纯净的大眼睛……

她怎能忘，罗家岭那热心暖肺的乡土！

（选自《黄梅戏艺术》2002 年第 1 期）

忆少年时的严凤英

琚诗贵

1944年,国民党军队175师526团驻扎在桐城县练潭镇。秋后一天,军队要邀个班子唱戏,说是为了庆祝“双十节”。地方上管事的回答,练潭没有大戏班子,只有几个人能唱黄梅调。军队的人说,不管什么戏,只要能唱就行。当时,便由琚诗雅等牵头,邀请附近的玩友应付。罗家岭有:吴益寿(小生)、江三裁缝(老旦)、徐恒旺(花旦)、徐子义(小生);练潭镇的有:琚诗雅(司鼓)、陈方朝、陈小怀(老生)、琚诗国(丑)等,我当时只有14岁,跟哥哥学打大锣。有人说,罗家岭上街头江家茶馆门口前不多时唱黄梅调,有个小女伢,号小鸿六,是严云高的小姑,何不叫她也来演一角(严凤英的名字是1946年我们在枞阳陈家祠堂演出时,张云风出海报,嫌鸿六的名字不响,给她改的,从那以后我才叫她凤英姐)。听说鸿六,我连忙说我认得她。那时,日本鬼子占据安庆,小鸿六随爷爷逃到乡下。他家原本在安庆北门开客栈,父亲自小娇生惯养,虽然写得一手好字,京胡也拉得不错,但游手好闲,又沾染上抽大烟的恶习。她家搬来乡下,没有劳力,家境自然比较清苦,很多家务都落到小鸿六的身上。一次,我从练潭背米来到杨桥,她也从罗家岭背米到杨桥。当时,日本人封锁,杨桥是个关卡,乡下人只好背米去杨桥换日用品。鸿六和我只能背二十来斤米,换些火柴、蛤蜊油、雪花膏之类的东西。两个小孩走在一起,很快就熟了,所以我认识她家。

来到严家陈庄的老屋里,只有她大奶奶在家,说鸿六到吴家嘴湖汊里挖“苇安子”去了。我赶到湖汊,老远就见她正专心地在那里挖野菜。我悄悄地走过去,轻轻叫了一声:“鸿六儿!”她猛抬头,看见是我,十分惊喜,问道:“你怎么晓得我在这里?”我告诉她已经去过她家,这次来,是想要她到练潭镇唱戏。她眨着大眼睛说："真的呀?"比她小一岁的我，更带有几分稚气，为了证实事实，脱口而出："小狗才骗你。"她不假思索地立刻回答："好吵，走！"我帮她扛起锄头，拎着半腰篮"苇安子"，向她家走去。可是，快到家时，她的步子却放慢了。她先轻声地要我停下来，然后接过腰篮和锄头，蹑手蹑脚地从后门进屋。显然，她是怕她爷爷。她爷爷个子不高，老是拄着一根棍子，骂起人来，棍子在地上跺得笃笃价响。我曾见过他骂我师傅严云高，云高虽然年纪不小，论辈分是他远房的孙子，要喊严鸿六小姑。当时，思想封建，唱戏被视为下贱的职业。像鸿六这样的人家，原来生活在城里，不是躲日本鬼子反，也不会搬到罗家岭老家来。自然，她爷爷因为辈分高，年龄大，又是见过世面的人，维护宗族规矩的责任便落到他的头上。旧社会的宗族反对族人唱戏，所谓"倡优隶卒"，被视为"下贱"的职业，何况，鸿六又是自己的亲孙女，才只15岁呢！女孩子唱戏，更是祖先所不容。

严凤英在《游春》剧中饰赵翠花

小鸿六当时哪知道这些呢?她只知道爷爷非常严厉，从内心里怕他。

她从后门进屋，爷爷不在家，她高兴地招手让我进去，后门内是灶间，她问我吃饭了没有，我摇摇头。她跑到灶门口，烧着火，炒了一碗饭给我。她悄声地说："你先吃饭，我就来。"说毕，进房去了。过了一会儿，她从内房拿了个洋铁箱出来，递到我面前说："你先走，在布谷岭那棵大枫树下等我，莫要人看见。"我明白，她是瞒着大人的，也就小心翼翼地溜出门，一路东张西望，生怕有人揭穿这个秘密。

我坐在布谷岭的大枫树下好久好久，总不见她来，看着她交给我的洋铁箱发呆。这个箱子是用美孚牌煤油桶改制的，把煤油桶从三分之一处拦腰剖开，再安上铰链、箱牌和两边的铁丝拉环。过去，乡间多用它来装锅巴、麦芽糖之类怕潮湿的东西，也可以装其他杂物。鸿六的这只箱子没有上锁，只用根竹签插在铁皮箱牌的搭扣上。我等得无聊，又怀着好奇，心想，里头装的是么东西？便信手将箱子打开。鸿六这伢子真有心计，除了上面几件她的洗换衣以外，底下是红红绿绿的几件古式女衣，大袖口，宽绲边，样子全像今日舞台上的彩旦衣。另外两条百褶裙，一条红色，一条白色。这肯定是她大奶奶置办的寿衣，不知怎么让她给装出来了。我心里暗暗地想：鸿六这伢子人小鬼大，为了唱戏，竟然连戏衣也想到了，简直是个大角儿的派头！也就是她的这种执着，从此她便走上了演员的道路。

到了练潭街，来到张家祠堂。前两天，都没有安排她上台。当时我年纪小，也没有问是为什么。可她却有点沉不住气了。第二天她问我："贵子，你找我来做么事？""唱戏呀！""那怎么不叫我登台呀？"我也心怀不平地问我哥哥。哥哥说，鸿六儿是漂学（初学），只学过两围（出）戏，叫她唱么戏好呢？问到鸿六，她说学过《何氏嫂劝姑》中的小姑。于是便安排当时桐城最有名的旦角徐恒旺唱嫂嫂。这个戏是以嫂嫂为主的，小姑唱腔不多，也不需要什么身段，但对于初次登台的乡村孩子来说，确是件不容易的事。闹台锣鼓打过，戏开始了，先是何氏嫂出台。当徐恒旺唱过了三次［落板］，鸿六儿还没有出台，这可把后台的人急坏了，我哥哥打鼓，只好再起板，给台上的徐恒旺留有余地，免得冷场。这时，我也急了，手拎大锣，跑到上场门，把门帘一掀，一把将鸿六推出后台。真没料到，她丁是丁，卯是卯，还真唱得有板有眼。一出戏唱罢，鸿六就再也不得歇手了。当时，旦角都是由男演员扮的，徐恒旺虽说是位"好佬"，有雄厚的观众基础，但毕竟当时女演员是十分稀罕的。这下子练潭街轰动了，都说罗家岭出了个小坤角儿，要求鸿六儿加戏。唱什么呢？她想了一下说，来个《小放牛》吧。原来，她的记性好，在家听父亲拉京胡，跟着哼，学会了京戏《小放牛》。于是戏报打出了，是我堂兄琚诗国（丑行）扮牧童，她扮村姑。当时，没有行头，我哥哥找了顶旧草帽，卷了卷边，用彩色纸剪些穗子贴在帽檐，套在她头上，两条小辫露在草帽外面，衣服就穿她自己身上的花布褂子，扮起来全像个农村的小姑娘。戏演过后，她的兴致未减，和我堂兄在练潭的照相馆里拍了一张戏照。这张照片我一直珍藏着，可惜，"文化大革命"中被作为"三黄四旧"抄走了。

今年 3 月，我陪兆乾兄采风来到练潭，住在与鸿六最早合演《小放牛》的琚诗国家。我这位堂兄已经是 76 岁高龄了。可不是吗？光阴荏苒，一晃半个多世纪过去了，如果凤英还活着，也该是 68 岁了吧。我在练潭小街、张家祠堂旧址前和布谷岭上久久流连徘徊，回忆着当年的情景。那条小街仍然保持着旧貌。张家祠堂，严凤英初次登台的地方，那古老、富有东方美的建筑不知为什么被过早地拆除，改成了极其普通的楼房。布谷岭上的大枫树，也已经度过无数的风风雨雨，枯死无存了，唯独当年严凤英从罗家岭瞒着爷爷跑出来所走过的小路，还有一段可以依稀辨识，当年的景物已经难以追寻。可是，在练潭镇，在罗家岭，在黄梅戏传唱的地方，人们还时常思念着严凤英，在他们中间，我才真正发现，严凤英是那样有声有色地活在人们心中。我也仿佛看见，当年的鸿六姐，梳两根"巴巴角"，背着小腰篮，在宽广的湖滩上，一面挖着"苇安子"，一面唱着《打猪草》。

（选自 1988 年《黄梅戏艺术》第 3 期）

忆严凤英二三事

张亚非

1950 年 5 月，我到安庆地区中心文化馆工作。剧团、剧场的管理（此时剧团、剧场是合一的），戏曲改革，是这个馆的重点工作之一。当时安庆有两个由前台班主私营的黄梅戏剧团，一个叫民众剧团，先在现孝肃路市教委所在地的某会馆营业，后迁至现吴越街人民商场所在地的剧场演出，主要演员有丁老六（丁永泉）、丁紫臣、丁翠霞、潘泽海、王少舫、王少梅等，阵容较为齐整。另一个剧团，原在现人民路市总工会所在地的群乐剧场演出，就叫群乐剧场，后迁到西门外大观亭剧场演出，改名大观剧团。主要演员有桂月娥、桂椿柏、刘俊云、余芸凤、程积善、陈丙炎等。

1950 年秋冬之际，桂月娥夫妇离开剧团，剧团缺主要花旦，陈丙炎、詹伯华（前台老板）等人知道严凤英当时流落在南京，住在甘某家中，不时在舞场演唱谋生，提出要去邀请她来安庆搭班演出。经文化馆请示，安庆地委宣传部长赵瑾山同志同意，即派出文化馆戏改干部邹洪泉（现在东至某中学离休），偕同詹伯华，携带介绍信到南京，找到了严凤英同志，并经当时南京军管会分管文教的陈其五（当时名刘毓珩）、赖少其两同志批准与具体支持，还由詹伯华借款资助，严得以于 1950 年底或 1951 年初成行来安庆。

严来安庆后，首先在群乐剧场演出，剧目有《送香茶》等。不久即迁至大观剧场演出。这是我亲见亲知她来安庆的经过情况。

严凤英同志在新中国成立前所走过的生活道路是十分坎坷的，身心都备受兵痞、流氓的凌辱，受世俗偏见的歧视。由于她心灵上较长时间的受压抑、被腐蚀，不可避免地留下一些旧社会的烙痕，比如生活上的放纵、沉沦，这是无须为贤

严凤英在《天仙配》剧中饰七仙女

者讳，也不应对之苛求的。好在她到安庆之后，先后得到各级党政领导赵瑾山、李子恒、杨杏珍、孙德乾、刘芳松、班友书等同志的关怀爱护，他们都殷殷予她以鼓励和帮助。可贵的是，她自己在直接接受党的教育的同时，能够正确认识自我，努力振奋向上，洗涤旧社会给予的不幸、污染。从下述的几件事中可以窥见一斑。

在旧社会时黄梅戏为求得生存，在戏文中、表演上都免不了有一些“抓哏”“放水”和满足某些观众感官刺激的动作。严凤英初来安庆上演的剧目，也或多或少地有类似情况。但一经文化馆派去剧团的戏改干部的帮助，她总是乐于合作，去糟粕而留精华，更能运用自己的实际经验，在声腔、表演上都有所创新。一些当年的老观众，是可以从她先后演唱过的《打猪草》《送香茶》《游春》《小辞店》等等剧目中，看出她表演艺术前后的改进之处的。

1950 年底到 1951 年初，王少舫所在的民众剧团，在一些新文艺工作者的帮助下，为配合当时的政治运动，先后演出了现代戏《打灶王》《新事新办》《血海深仇》等大小剧目，开黄梅戏演出现代戏之先河。严凤英到大观剧场后，也积极要求上演现代戏。终于由文化馆戏改干部帮助，刘本初导演，她本人主演的《江汉渔歌》《木兰从军》等新剧目也先后上演，说明她是具有不甘人后的进取心的。

自严凤英等同志迁到西门外大观剧场后，原群乐剧场由文化馆改为文化剧场，除不定期由当时的原野剧团演出话剧外，每周末演出一台晚会。为满足市中心区观众对严演出的欣赏要求，曾多次邀请她和王少舫同志同台演出由新文艺工作者整理过的黄梅戏传统折子戏。这项演出是义务戏，而且又是周末剧场正卖座之时。但严凤英、王少舫两同志，从未推辞过，每次都是赶在自己演出之后，匆匆赶来文化剧场演出压轴的剧目，回宿舍时多已在午夜时分。

由于过惯了夜生活，严凤英同志初到安庆之际，对清晨早起不大习惯。1951年夏天，市文化馆办了一期艺人讲习会，她就曾经多次迟到。她自己也深深为此感到歉疚。到1951年秋冬时，据驻大观剧团的戏改干部说，她已基本上克服了这一缺点，不但能起早，而且向市京剧团的同志们和市里一些京剧票友学习了不少身段、技法，经常和她自己所在团的陈丙炎同志等在一起练功、喊嗓。这种生活习惯上的改变，看似小事，但没有一定的毅力，是难以办到和坚持下去的。

1951年，《毛泽东选集》第一卷出版后不久，在安庆新华书店首次公开发行，数量不多，一般干部还不能够人手一册。严凤英同志却设法购得一本，默默地进行自我学习，直到讲习会期间才被人知道。这在当时各剧团众多演员中是绝无仅有的，是她那受过创伤的心灵已经复苏，渴望得到新思想滋润而表露出来的行动。也正是因此，促使她到安徽省黄梅戏剧团后，能接受多位高层领导同志的教诲，终于在政治上、艺术上都日趋成熟。

我和严凤英同志的接触时间仅仅一年，所知不多，仅就她在共产党领导下成长过程中的点滴真实情况记述如上，或可为给她编写一部信史的同志们提供一点材料。

（原文题为《忆严凤英、王少舫二三事》，选自《安庆文史资料》第21辑《安庆徽剧黄梅戏史料专辑》（上册），收入本书时有删节）

严凤英在怀宁“娘家”

张　亭

严凤英跟随戏班，在怀宁农村串乡演唱黄梅调（黄梅戏）。由于她天性聪颖，在舞台上一崭露头角，便深受群众的喜爱。可是在旧社会，演员位居人下，严凤英被迫离开舞台，羁縻于石牌。这还是抗战时期的事。

当时，严凤英住在石牌镇下街姜家网，于极其狭小的天地里，过着度日如年的生活。她常常独自伤心落泪，怀念着她所热衷的舞台生涯。在她身陷困境时，石牌镇的一些戏曲爱好者，不时去看望她，她自己有时也走门串户，同几位要好的姐妹一起清唱黄梅调，以排遣心中的愁闷。

在这期间，严凤英结识了一位好大姐，名叫陈爱珠。据陈介绍说，有一次，鸿六（严凤英的小名）来她家（当时陈家住在皮匠街，就是现在的新民街），看见茶柜上放着五香六谷（玉米），抓起一把就往嘴里塞，边吃边称好。很快，近半升的五香六谷就被她吃光了，她却还要吃，陈被她缠得无奈，只好到邻家讨来五香六谷给她解馋。她见陈手里端着五香六谷，学着戏台上小生的腔调，顽皮地说：“大姐，小生这厢有礼了。”陈假装生气地嗔骂道：“谁稀罕你这一套，我要你唱一段给我听听。”她连忙点头答应了。于是她便唱起《游春》来了。她自个儿一会儿唱吴三宝，一会儿唱赵翠花，当唱到赵翠花与王干妈对唱对做时，她那神头鬼脸的俏皮样子，把陈笑得伸不直腰。小鸿六的演唱简直把陈给迷住了。唱完后，她说：“你开心了吧？我这是唱戏谢六谷。”

抗战期间，“无石不成班”的石牌镇，“大戏”（石牌人称“徽调”“京戏”为“大戏”）班社云集，名伶荟萃，整个石牌镇上下街几乎都有演唱活动。此时，严凤英与姐妹们常去看京戏，有时连饭也顾不上吃，就在台下买零食充饥。她每天

严凤英在《天仙配》剧中饰七仙女，王少舫饰董永，丁永泉饰土地公

看京戏都留心学艺，心默口仿，她不仅会张光仙的拿手戏《拾玉镯》中的孙玉姣，赵翠英的戏《玉堂春》《起解》《会审》里的苏三，还会唱老生戏《徐策跑城》中的徐策。陈爱珠说："我们是看热闹，凤英是看门道，她用心学'大戏'，学什么像什么，所以，她后来戏路了很宽。"

又有一次，严凤英来到后街陈爱珠家杂货店，想邀陈大姐到上街笤箕山去看京戏，不巧陈大姐外出未归。这时，左邻右舍的店老板、伙计都来到张家店堂，饶有兴趣地请凤英唱几段。凤英见大家太客气了，就说献丑唱几段。有人喊道："来几段'大戏'吧。"顿时又是一阵欢迎的掌声。她谦虚地说了句"我唱不好"，接着，便唱起了《六月雪》里窦娥的一段二黄慢板，唱词是"未开言不由奴泪如雨降，尊一声禁大娘细听端详。实可恨张驴儿良心昧丧，买羊肚要害婆婆一命身亡。老天爷岂容那贼子妄想，他的母吃羊肚命丧无常。狗奸贼仗男子说话强壮，反把我老婆婆扭到公堂。不招认实难受无情的棍棒，无情棍棒，因此上替婆婆认罪承当"。一些听者被感动得流下了热泪。随后，她又唱《徐策跑城》中的徐策，只见她一人独唱独做，真可称得上是唱做俱佳。尤其是那一段拨子调唱得特别精彩，引起了观者不停地鼓掌道好。

抗战胜利后，严凤英挣脱魔窟，回到安庆，再次搭进张家班（张光友的班子），重新开始了她的艺术生涯。1960 年的一个夏天，严凤英随安徽省黄梅戏剧团来怀宁石牌演出。其间，她拜访陈爱珠大姐，畅述了别后之情。她说：“怀宁是我的娘家，我出生在怀宁，艺成在怀宁。所以这次来娘家演出，我感到特别高兴、亲切。”她又向师兄刘圣杨说，“我是回娘家来学习的，请老师们多多指教。”此时的鸿六显得更加成熟，更加技艺精湛了。

（选自《黄梅戏艺术》1986 年第 1 期）

忆严凤英

邵慕水

偶翻影集，从中落下张长方形剪报，翻过面来一看，原来是严凤英同志的遗照——这是在她逝世十周年时，我从一张登有为她“平反”报道的报纸上剪下来的。这张照片印得有些模糊，而她留在我心扉上的音容笑貌、一举一动，却要清楚得多。让我用笔把它记下来，作为对这个风靡了国内外的七仙女扮演者的由衷的纪念吧！

我和严凤英第一次认识，是在 1952 年黄梅戏第一次来沪观摩演出的时候。那时我隶属于华东戏曲研究院，有义务对华东各省的地方戏曲予以关心。当时组织上派了洪谟、徐进和我去辅导严凤英演出的一个中型现代戏《柳树井》。这个戏写的是在新中国成立后，作为童养媳的招弟，如何挣断封建买卖婚姻锁链的故事。戏中有两句很朴素自然的唱词：“自从来了共产党，招弟我好比推开乌云见了太阳。”严凤英的演唱，至今我未能忘却。这两句唱腔，她是从前一段低沉压抑的曲调中，一下子翻到一个激越高亢的节奏中去的。由于她成功的演唱，我感到黄梅戏的唱腔不仅好听，而且富于变化，不像有些剧种那么死板硬套。当然，这与严凤英运腔吐字，根据剧情需要加以发挥，使词能完全达意，不为唱腔所制约分不开的。她在该剧的整个排演过程中，一气呵成，没有矫揉造作。即使我们有些小修小改的意见，只要略一点拨，她很快就能领悟过来。无怪洪谟在回来的路上有感而发地说：“这是个好演员，是个绝顶聪明的人才啊！”

1954 年华东戏曲会演前，我受领导委托前往安庆选拔剧目。安徽省文艺领导和我们看法是一致的，都认为黄梅戏《天仙配》应该当选。严凤英塑造的七仙女性格有所发展，她逐渐扬弃了七仙女外在的媚和美，发掘出了七仙女对忠厚善

严凤英生活照

良的董永的深深同情和挚爱的内在感情。当然，这个性格的确定是与剧本进一步修改提高分不开的。后来，果然在华东区会演的舞台上赢得了各方面的好评，并拍成了电影。

之后，由于地隔千里，往来不多，我对严凤英的情况也就不甚了解了。不过有件小事还须一提。大概是在1956年上半年吧，有一天金采风告诉我关于严凤英自杀的消息。我说，传来之言岂能当真？金采风要我写信去问问。过不了几天，我收到了严凤英的回信，信上第一句就是："现在死人来信答复你了，你不感到奇怪吗？……"信中说她刚从佛子岭水库慰问回来，她的工作与生活充实极了，让我不要轻信流言蜚语，等等。谁知道一语成谶，她的最终结局竟然还是被逼自杀身亡，这叫人怎么能想得到呢?!

我和严凤英的另一次通信，是在"文化大革命"开始后不久，由此亦可看出严的为人是多么正直厚道！

我是在1957年那次"运动"中被遣送到安徽的，1962年后在巢湖水泥厂当工人。工人师傅鼓励我重新拿起笔杆来，当时领导上也给我安排了比较清闲的工作。在这样的条件下，我写了个历史题材的戏曲剧本寄给严凤英。以后，文艺界"阶级斗争"的弦一日比一日绷紧，这个剧本当然得不到什么回音了。想不到在"史无前例"的运动展开不久，我突然收到一卷东西，寄自安徽省黄梅戏剧团。拆开一看，原来就是我前几年寄出的那个剧本。我明白，当时像她这样"三名三高"的人物，日子并不好过。然而她却还能恪守信义，镇静自若地使剧本物归原主，这在当时那种特定环境下，是需要勇气去冒这种风险的。她竟然这样做了，使我深为感动。

（选自《黄梅戏艺术》1984年第1期）

严凤英在大通

桂椿柏 口述　　王福元 整理

土生土长的铜陵人，直到今天还经常谈论当年严凤英在大通唱戏的盛况。

1947 年秋天，一场场秋雨，一阵阵秋风，使大通镇变得更加凄凉阴森。镇北的天主教堂里驻扎着荷枪实弹的国民党军队；镇西和悦洲上的三青团“小妖”们为非作歹；江面上的兵舰耀武扬威。镇上的老百姓忍气吞声，暗中咬牙切齿。

一艘安庆至芜湖的班轮停靠在码头。满面春风的戏院老板余士华、殷金水踏过跳板跨上岸，与恭候多时的几位大通商号老板见面了。他们被人簇拥上岸，人流缓缓出了码头，走在大通街的石板路上。“戏班子接到了！”“三大坤角严凤英、桂月娥、丁翠霞都到了……”两边摆小摊的、开小铺的和来往行人，一齐向他们投去惊异的目光。严凤英来大通演戏的消息不胫而走，很快传到几十里以外的山村、江洲……

丁永泉父子、桂椿柏、吴来保、潘泽海父女等四十多位黄梅戏艺人，也先后赶来镇上，名流荟萃，规模空前，大通镇沸腾了！

这三大坤角各有拿手戏，各显唱做功。尤以严凤英主演的《戏牡丹》《送香茶》《余老四拜年》《玉蜻蜓》《山伯访友》等更为精彩，观众掌声不绝，赞声不断，场场满座。

大通镇商号老板的这一着，招来了成千上万的农民上镇看戏，他们的生意兴隆了。严凤英的精彩表演也吸引了人们，他们捧着匾额和彩礼，一路鞭炮，来到戏院，送到台上……

刚刚演出一个月，三青团“小妖”和国民党军队见此盛况，岂肯“袖手旁观”？他们一面向商店大老板们加紧敲竹杠，一面企图对女演员施加凌辱。老百姓听

严凤英(左)在《天仙配》剧中饰七仙女，王少梅饰大姐

此消息，连忙悄悄向戏班送信，同时暗中保护着这些艺人。班头王老九当机立断，将班里人马分成几路，离开大通。严凤英被人暗送至青阳后，埋名隐姓，这是后话了。

(选自《严凤英、王少舫的艺术历程》)

深切怀念严凤英

潘璟琍

我和凤英姐是少年游伴。记得初次和她见面是在1945年。那时她只有十五岁，我才九岁。当时，我随父亲潘泽海在丁永泉组建的黄梅戏班里，那年凤英也来搭这个班。我们一见如故，每天一道演戏，一起玩耍，形影不离。我比她小，她叫我妹妹，待我也真像亲姐妹一样。她不管买什么东西总是买两份：她自己一份，给我一份。她性格非常可爱、天真、活泼，还带几分调皮。记得有一次她带我上街买香蕉吃，她天真无邪地把吃剩下的一瓣一瓣的香蕉皮当毽子踢起来了。后来，她离开了安庆。我一直很想念她。大约在1948年，我们在大通又相会了，同在一起演戏。新中国成立后，我和她先后调到安徽省黄梅戏剧团，此后十多年就没有分开过，演戏在一起，拍电影在一起。回想起来，这些事如在眼前。我们这一对在旧社会里受歧视的"舞台姐妹"，新中国成立后是真正翻身了。万没有想到凤英姐在十年动乱中被迫害致死，使我失去了一位同经患难、共尝甘苦的好友。只要一想起她来，我总不由自主地心酸落泪。

凤英姐生就一副又甜又亮的好嗓子。她开始搭班时，扮个丫鬟出台唱四句，因为嗓子好，扮相又美，总是被观众啧啧称赞。凤英姐很有艺术天赋，但从不靠天生的本钱。她学戏很刻苦，也很虚心。我记得她开始排练《天仙配》时，有些场次的身段、步法还让我教她，弄得我怪不好意思的。她对待在某一方面有特长的同行从不嫉妒，而且能很坦率地讲自己不及人家。有一次，她看了安庆黄梅戏演员张砚芳演出的《二龙山》后说："这个戏我演不出来。"她在艺术创作上总是刻苦钻研，一丝不苟。在排演《天仙配》时，《分别》一场中有一句唱词"左难右难难坏了我"，在"我"字上有一个下滑装饰音，她为了把这个字的感情唱出来，一天到晚翻来复去地哼，非要练到这个字一唱出口来就能打动观众的心为止。杜甫有一句诗："语不惊人死不休"。凤英姐对待唱腔、吐字的处理也是"歌不动人死不休"。她几乎对待每出戏、每个重要唱段都是如此。

她善于学习、吸收其他艺术的精华。她会唱京剧、越剧、评剧、粤剧、锡剧、昆曲、评弹以及山歌小调，而且唱什么像什么。有人听她唱了几段越剧以后，开玩笑说："我看你改行唱越剧也会唱红的。"她学其他剧种的目的是为了从中借鉴有用的东西来丰富黄梅戏的唱腔。如《女驸马·绣楼》一场里，冯素珍有一句唱"继母娘宠亲生恨我兄妹"，她为了把"恨"字强调出来，反复琢磨。结果，她借用了唱评弹的发音方法，利用胸腔和鼻腔共鸣，把"恨"字咬得很深沉、浑厚，唱出来就很有分量。

她对待传统唱腔，既能继承，刻画人物时又能根据剧情的需要加以丰富、充实。凤英姐对黄梅戏唱腔的发展有很大的贡献。现在，黄梅戏老干劲拔，新芽茁壮。我想，凤英姐这位为亿万观众所喜爱的"七仙女"在天上一定会转悲为喜，含情脉脉地俯视着黄梅戏在百花园里争芳竞艳的绚丽景色！

（选自《黄梅戏艺林》）

严凤英在南京的日子

尹晓华

新中国成立前夕，十八九岁的严凤英因逃避地头蛇的侮辱，1950年初流落到了南京。身无分文的她，在下关码头一带，用她清脆的歌喉，唱几段乡间黄梅调换来一点温饱度日。一位好心的木匠告诉严凤英，南京城南夫子庙一带有不少歌舞厅，凭她的条件可以生活得好些。

聪明的严凤英来到夫子庙，当时的流行歌曲她一听便会，很快就被城南较有名气的地处上乘庵的米高梅歌舞厅老板录用。严凤英天生丽质，不仅身材好、扮相好，歌喉更好。经过包装的严凤英很快唱红了舞厅。

当时戏曲音乐票界常常借米高梅舞厅场子演出，而甘氏家族又是戏曲音乐世家。严凤英目睹了甘氏家族的风采，非常希望能接触这个家族，好多学些东西。

1948年春天，甘氏族人甘律之的原配夫人不幸煤气中毒身亡，甘律之万分郁闷。这天，甘律之走进米高梅歌厅，听严凤英唱歌。对于音乐有着敏锐反应的甘律之，第一次注意到这位常常被人提及的歌女，心灵产生了极大震撼。歌毕，身着黑丝绒服饰的严凤英走近甘律之。作为“甘家票社”的骨干，甘律之精湛的演出技艺早为严凤英所熟悉、仰慕，而且演艺圈内不少好心人告知严凤英，要想在艺术上有所建树，一定要走进甘家大宅。所以接触甘氏家人一直是严凤英心仪已久的事。严凤英走近郁闷的甘律之，端庄地默默伫立着，甘律之略为迟疑了一会儿，应邀与严凤英一起走进了舞池，淹没在人群之中。

如此一来二往，二人居然很投缘。甘律之将此事禀报了父亲甘贡三老先生，当即遭到了族人强烈反对。在传统观念很深的族人看来，一名歌女进入书香世家是不可思议的事。开明的甘贡三先生没有在乎族人意见，而是要求甘律之

严凤英在《天仙配》剧中饰七仙女

将严凤英带进门来让她跟着他学两段昆曲，试试她的才华再做决定。谁知严凤英悟性特好，一学就会，使热衷祖国戏曲、爱才如命的甘老先生十分喜爱，严凤英从此步入正规学艺轨道。

甘家上下百余口，吹、拉、弹、唱样样精通，舞台上男女老少齐上阵，连4岁的男孩也能在台上担任角色，其中规中矩的唱腔获得票友齐声叫好！严凤英如鱼得水，在此学京剧、学昆曲、学话剧，一年之中她就学会了《游园惊梦》《春香闹学》《大登殿》《御碑亭》等剧目的全部唱腔与身段，与甘家名票联袂演出后，蜚声金陵。1950年她反串《芦花荡》里的张飞，严凤英将勇猛无比、粗中有细的猛张飞演得丝丝入扣，活灵活现，演艺界无不为之欢呼，甘家上下高兴地说："我们甘家又多了一员虎将。"

新中国成立后，严凤英家乡胜利剧团来宁郑重请严凤英重返黄梅戏舞台。此时严凤英的心情十分矛盾：一边是她喜爱的家乡黄梅戏，能在家乡把黄梅戏搬上舞台是她终生的理想，另一边是深造她的可亲的甘氏家庭。开朗的甘贡三先生鼓励她回去发展黄梅戏剧种。初来甘宅，甘老先生曾请严凤英来一段黄梅戏，看过之后建议：黄梅小调很淳朴，很有特色，表演艺术还有待提高。如能把京、昆剧尤其是昆剧的身段、手法与唱腔巧妙运用在黄梅戏中，必定会使其向前大踏一步而登上艺术殿堂成为一朵奇葩，在行动上则要求甘律之与之切磋、研讨。甘律之与严凤英常常为此费心琢磨提炼，为黄梅戏的发展尽心尽力。甘律之听从父亲旨意，表示理解并愿意为此做出牺牲，与严凤英分手。她走了，她清楚，甘律之的事业与舞台在南京，他的不能相随有如她的离去，都是同一个道理：为艺术而献身！

严凤英在新中国成立前后短暂的南京之行，有幸接触甘家，受益匪浅。这段历史在严凤英的艺术历程中是不能忽略的！

（选自《严凤英、王少舫的艺术历程》）

严凤英年谱

张光亚

1930 年 4 月 13 日（农历三月十五日）出生

严凤英祖籍桐城，1930 年 4 月 13 日诞生在安庆龙门口韦家巷一条小岔巷的简陋住房里，取名鸿六。父严思明，18 岁，在龙门口“三江印刷所”（石印）当抄写生，字写得不错。母名不知，有人曾听别人喊她靓妹，当年 19 岁。祖父严启纯，65 岁，祖母小奶奶，61 岁。严启纯一家在倒扒狮拐角处开一个简陋小饭店“联升客栈”，艰难度日。

1931 年 1 岁

5 月，怀宁县行政会议决定禁演黄梅调。中共安徽省委书记王步文等八位革命者在集贤门外就义。7 月，广济圩破圩。安庆周围广大地区被淹。9 月，安庆反日援侨会要求商店不进日货。严家的小饭店联升客栈也贴上了抵制日货的标语。

严凤英的父亲严思明

1932 年 2 岁

5 月，邮电工人罢工。9 月，西门外一带发生传染性霍乱，死亡 20 余人。联升客栈生意清淡，日子更加艰难。

1933 年 3 岁

小饭店联升客栈倒闭。严启纯夫妇摆茶摊度日。母亲出走，撇下鸿六和刚满月的妹妹。父亲因此潦倒沉沦，难以自拔。

1934 年 4 岁

“安庆国剧研究社”在吴越街演出京剧《鸿鸾喜》。小鸿六随爷爷、爸爸第一次看戏。回家后即能模仿金玉奴走路、莫稽舔碗等表演动作。看戏后，妹妹被取名鸿鸾。严思明是个业余文艺爱好者，胡琴拉得很好，会唱一些京剧和黄梅调，经常拉拉唱唱，对鸿六颇有影响。

1935 年 5 岁

严家的日子一天不如一天，妹妹被迫卖给人家。据说，小鸿六已经会唱：“小白菜哟，地里黄哟，卖掉妹妹，没了娘哟……”

1936 年 6 岁

因逃征丁，严思明去了桐城。继之严启纯夫妇也带领孙女鸿六来桐城谋生。他们经介绍到陈家祠堂与黄梅戏班子住在一起。这个黄梅戏班子当时在安庆周围一带乡镇很有名，能演不少受欢迎的戏，班主叫张光友。严思明帮他们写海报，小奶奶帮他们烧水煮饭，因此看戏很方便。小奶奶和小鸿六都爱上了黄梅调，小鸿六更是耳濡目染、无师自通学会了一些唱腔动作。这是严凤英（鸿六）第一次接受黄梅戏艺术熏陶与滋养。

1937 年 7 岁

因爷爷反对鸿六学唱黄梅戏，全家又风尘仆仆回老家罗家岭谋生。谁知罗家岭也在征丁，严思明只好抛别老父老母与小鸿六惶然出走。鸿六随即与放牛娃们一起劳动，扑向了罗家岭的山歌海洋。

1938 年 8 岁

安庆被日军占领。日军不时出城扫荡，日本飞机经常到处轰炸。出于爱也是出于无奈，祖父祖母把 8 岁小鸿六送给陈姓人家做童养媳，希望能被带到安全后方去。但战火很快烧到眼前，陈家公婆不幸被日本鬼子飞机炸死，鸿六与陈家儿子逃回严家陈庄。在送陈家儿子去找学校时，鸿六把自己仅有一副银耳丝送给了他。

1939 年 9 岁

鸿六在罗家岭遥观嘴私塾接受启蒙教育，以后又在白云乡小学读书，时间均不长，家人给她起名严桂芬。这期间，严思明曾回罗家岭，或早或晚，教鸿六学唱一些京戏片段。

1941—1942 年 11 岁至 12 岁

为了挣点钱养家糊口，鸿六开始与乡里妇女一道背米去练潭、南乡、宣家店等地卖。每天都要起早摸黑赶露水集，途中还要爬山道，过鬼子哨卡。就在这充满风险和艰难的背米路上，鸿六不仅学会更多的山歌、民歌和小调，而且凭自己的歌喉成了远近知名的小歌手。鸿六的才能被黄梅调艺人严云高发现。鸿六也发现严云高小铺子是学黄梅调的好地方，于是在劳动之余偷偷学起黄梅调来。

严凤英的师傅严云高

1943 年 13 岁

由于鸿六学唱黄梅调心情迫切、意志坚定，严云高又深爱其才，遂收鸿六为徒。鸿六极其聪明又好学不倦，不久即能公开演出。关于她的第一次演出，说法不一。有说是演《小放牛》，有说是《何氏劝姑》，有说是《二龙山》。鸿六正式登台后，艺名谐音小名就叫“红绿”。这个当时比较稀罕的小“坤角”（女演员），很快在乡里传了开来。

1944 年 14 岁

鸿六公开登台演唱黄梅调惊动了爷爷，爷爷大怒，认为鸿六不学好，要严厉惩罚她，扬言要把鸿六抓回去捆起来沉塘。鸿六只好逃走，投奔严云高师兄、黄梅调艺人程积善班子，边学习边演出。她从此走上搭班子跑码头的流浪卖艺之路。

1945—1946 年 15 岁至 16 岁

经过一段流动搭班演出，鸿六饱尝流浪卖艺的艰辛困苦。程积善、严松柏等老师不仅教她唱戏，也教她做人。鸿六天资奇高，过目不忘，入耳能唱，又善于学习，能戏渐多，名声渐响，艺名被改成“筱鸿禄”。日本投降后，鸿六第一次搭班进安庆城演出。这个班子叫“共和班”。张光友是戏箱（服装）老板，班主为王老九。鸿六与著名黄梅戏艺人丁老六、郑绍周、查文艳、王鑫泉、柯剑秋、马维喜、潘泽海、檀雪华、丁翠霞等朝夕相处，受到他们的影响与教益。特别是丁老六、郑绍周、查文艳、丁翠霞对她的艺术进步影响颇大。鸿六进安庆的首场演出是在华清池对面草屋连唱了三天"打炮戏",剧目为《送香茶》《劝姑讨嫁》《西楼会》《二龙山》等。这次演出一炮打响,很受欢迎。特别是在演出《小辞店》《游春》等剧目以后,鸿六以师兄张云风为她新改的艺名"严凤英"挂牌演出,更加轰动安庆。当时演出收入微薄,黄梅调艺人生活艰苦,经常揭不开锅。为了让大家吃饱饭,严凤英只好经常赶场演出,一晚上要赶演两三个场子。演戏出了名,迫害摧残也就随之而来。伤兵闹事、地痞调戏、流氓滋扰常有发生。一天,还是孩子的她被一个坏人——怀宁县自卫队大队长凌辱,连骗带掳带回家,用手枪逼她做小老婆。可怜哭叫父母父母无踪,嘶喊天地天地不应,她装疯反抗,愤而上吊。那个坏人宣布:放她走,但不准演戏,不准嫁人。严凤英不敢回戏班子,躲躲藏藏,找活打工,惶惶终日。

1946 年秋 16 岁

身患重病的严凤英托人找到出走十几年的母亲,母亲来看她,要她离开黄梅戏,嫁人做小老婆。严凤英坚决不同意,死也要唱黄梅戏。母亲脸一板就走了,以后再也没见严凤英。那时黄梅戏班子,时聚时散,流走不定。病好后,严凤英曾与程积善同班,到贵池、高坦、灌口、穿山、殷家汇等地演出。

严凤英 1945—1946 年从农村初进城市饰演的小花旦

1946 年冬—1947 年 16 岁至 17 岁

严凤英先后搭张光友班子在安庆大渡口,搭琚光华班子在大通等地跑码头演出。她在大通舞台与彩船上的精彩表演,受到广大观众欢迎赞赏。其间,大通小学建办资金困难,严凤英十分同情挺着大肚子四处求助的女校长,慷慨义演捐资相助。但反动派驻军与土豪劣绅却对她存心不良,她只好逃到芜湖,投奔同乡本族严玉卿并卖唱糊口。不久她结识了胡金涛一家,胡家同情她的遭遇,带她一起练功,教她唱京剧。当时王少舫也与胡家同班唱京剧。

1948 年 18 岁

严凤英随胡金涛一家到安庆。后为筹款被骗至青阳"青城剧社"演黄梅戏,随即被当地陈姓恶霸扣押,逼她做小老婆。胡金涛闻讯赶到青阳,也被扣了起来，说要一道枪毙。严凤英为救胡大哥，决心牺牲自己。她被押进恶霸家后，受尽恐吓、毒打和凌辱，愤而吞金自杀被救。事情闹大，时在新中国成立前夕，青阳学生风闻产生公愤。经某些开明绅士干预，严凤英终被放出。

严凤英在《女驸马》剧中饰冯素珍

1949 年 19 岁

严凤英被迫奔波流浪于芜湖、南京、桐城、铜陵等地。4 月，胜利渡江的解放军在铜陵和悦洲发现严凤英，经了解知道她在旧社会受尽迫害，动员她参加革命队伍做卫生员。严凤英说她从小爱唱黄梅戏，解放军尊重她的个人意愿，并告诉她现在是新社会了，再也不会受迫害了。

1950 年 20 岁

严凤英经芜湖到南京，在米高梅舞厅卖唱伴舞，这期间改名严黛峰。不久她认识了甘律之，并参加京剧票社“友艺集”活动。甘家为金陵氏族大家、京昆名票，经常举办京昆艺术演出和教学活动。严凤英因过人才华被甘家接纳后，在甘家向甘贡三、汪剑云等人学习了一批京昆剧目，受到京昆艺术浓郁熏陶。

1951 年 21 岁

毛泽东提出“百花齐放、推陈出新”的方针。周恩来签署《中央人民政府关于戏曲改革工作的指示》。安庆群乐剧场派人找到严凤英，要接她回安庆唱黄梅戏，甘律之买“行头”赠之。回到安庆，严凤英欣喜地看到在共产党领导下，一片新天地新气象，过去旧社会种种黑暗都一去不复返了。严凤英的艺术创造开始迸发出来。她先在群乐剧场演出，严凤英之名又在安庆盛传。不久，群乐剧场的部分人员与大观亭剧场的部分人员合并起来，改为胜利剧场（又名“钱牌楼剧场”），并与民众剧场打起擂台来。民众剧场实力雄厚，集中了王少舫、丁永泉、丁翠霞、潘泽海、王少梅、王文治等著名黄梅戏艺人。他们积极排演传统戏、移植戏与现代戏，配合形势争取观众。其中《仇深似海》《小女婿》《小二黑结婚》《白蛇传》《梁山伯与祝英台》等戏很受观众欢迎。胜利剧场比民众剧场实力和条件都弱得多，但自严凤英来后，艺术上却不甘示弱。除了排演深受观众欢迎的《小辞店》《送香茶》《戏牡丹》《蓝桥会》《游春》等传统戏外，也积极排演移植戏和现代戏，如《江汉渔歌》《柳金妹翻身》《两朵大红花》《木兰从军》《秦香莲》《坐楼杀惜》《玉堂春》等。两个剧场虽有竞争，后来根据形势需要，在有关部门推动下，也有合作。这年，经纪明哲、张老六介绍，田玉莲拜严凤英为师。这是严凤英收的第一个徒弟，她们师徒当时住在大观亭观音巷朱家大院。“民众”与“胜利”这两个剧场的竞争与合作，促进了新中国成立后黄梅戏的初步发展和繁荣。这时的黄梅戏，在人才培养、艺术改革、剧目生产、剧团建设等等方面，都开始迈出前所未有的新步伐。严凤英、王少舫等人自然而然成为这个前进队伍的代表与骨干。夏天，安徽省文化局与省电台来人为严凤英演唱的《蓝桥会》《游春》录音，带回合肥后受到热烈赞赏。

1952 年 22 岁

配合当时各项中心工作如土改、反霸、抗美援朝、宣传婚姻法以及各种节庆活动，严凤英和她的同事以高涨热情、充沛干劲，不断排练各种新剧目为观众演出。同时，她利用各种机会向斯子和、陈炳炎、丁桂龙、乔志良、刘慧娴、陈鹤昆、张慧聪、徐丽云、金鸿荣等人学习京剧身段和把子功，并在艺术实践中进行糅合运用。她培养人才，收秦启霞为徒。夏，她参加安徽省暑期艺人训练班，积极投入戏改工作。在艺训班，严凤英以对共产党、对新社会的无比热爱和对组织、对同志的无比信赖，把自己在旧社会所受到的一切苦难遭遇和凌辱迫害，以及自己在旧戏班子沾染上的某些不良习气如抽过大烟，毫无保留地说了出来。她的哭诉与揭发、她的坦诚与直率，在艺训班产生了影响，对大家提高觉悟和推动戏改工作，起了推动作用。组织上和同志们也充分给她温暖、尊重与鼓励。她以极大毅力和决心彻底摒弃旧的不良习气，以极大热情、极大干劲和非常之天才，积极参加黄梅戏艺术的整理、改编、创作、排练、演出、革新、普及与提高等各项工作。她主演的《打猪草》《蓝桥会》《柳树井》受到安庆观众热烈欢迎。接着这三个小戏代表黄梅戏剧种，首次应邀上海演出，获得成功，深受华东文艺界和上海观众欢迎喜爱。中国唱片社为严凤英、丁紫臣、王少舫录制了《蓝桥汲水》《柳树井》《打猪草》等唱片。从此，名不见经传的乡间小戏黄梅戏终于在全国闻名。不少著名艺术家来安庆学习、观摩、采风。其中有作曲家张锐、俞频、管荫深，作家周行、鲁山，舞蹈家戴爱莲等人。严凤英、王少舫与解放军文艺工作者合作排演了试验性剧目《江汉渔歌》（编剧周行，作曲张锐、俞频）。这期间，严凤英与王兆乾在戏改实践中产生感情，《柳树井》即为他们的合作结晶。

严凤英（前跪者）在《女驸马》剧中饰冯素珍

1953 年 23 岁

严凤英的耀眼才华备受各方重视。上海歌剧院、华东军区解放军剧院均动员她去工作。她经反复考虑，决定不离开黄梅戏、不离开乡土。她第一个报名参加正在筹备建立的安徽省黄梅戏剧团。她和丁永泉、胡遐龄、张云风、熊少云、查瑞和、陈月环、王文治，王文龙，沈贤志、丁俊美等人从安庆调到合肥。到省团后，4 月，严凤英在省团建团开场戏中演出了《春香闹学》。不久，朱德和康克清同志来省黄梅戏剧团排练场观看了严凤英等人演出的《天仙配》，给予热情鼓励。5

月，随团到佛子岭慰问演出，6 月，随团到南京为波兰玛佐夫舍歌舞团和江苏南京文艺界演出。严凤英、王兆乾感情决裂。

1954 年 24 岁

安徽省委、省政府曾希圣、桂林栖、陆学斌等领导同志对省黄梅戏剧团建设十分重视，调集优秀人才加强力量。王少舫、王少梅、潘泽海、潘璟琍、查文艳、程积善、丁紫臣、彭玉兰等陆续调至省团。搞京剧的乔志良，搞话剧的李力平，搞音乐的时白林、方绍墀、丁式平、潘汉明等也都调来了。一个实力雄厚的黄梅戏艺术创造群体逐渐壮大成熟。2 月，严凤英大儿子小亚在安庆出生。4 月，严凤英到南京与甘律之结婚。她在上海华东戏曲观摩会演中主演《天仙配》中的七仙女、《打猪草》中的陶金花、《砂子岗》中的四伢，成功创造了三个不同妇女艺术形象。她那朴质自然、优美迷人的黄梅戏表演、唱腔艺术，受到广大观众热烈欢迎与喜爱。她荣获演员一等奖，成为一颗迅速升起的熠熠灿亮的明星。汇演期间，她结交了很多师友，并拜白云生为师学习昆曲身段。年底，她为朱德委员长演出《天仙配》，受到接见与鼓励。

严凤英在《牛郎织女》剧中饰织女，黄宗毅饰牛郎

1955 年 25 岁

严凤英参加了中国新民主主义青年团。这年，她成功主演了移植戏《打金枝》《春香传》等剧目，艺术上多有创造。接着，她去上海拍摄电影《天仙配》。电影播放后，获得极大成功，黄梅戏影响遍及全国，远播海外。严凤英成为深受人民喜爱、家喻户晓的黄梅戏艺术家。

1956 年 26 岁

与南京甘律之协议离婚，甘律之朋友评之为“历史的误会”。6 月，严凤英被吸收为中国戏剧家协会会员。8 月，被吸收为中国音乐家协会会员。她与王冠亚在现代戏《王金凤》合作中真挚相爱。《王金凤》参加安徽省第一届戏曲观摩演出大会，她荣获演员一等奖。9 月，严凤英、王冠亚组成幸福家庭，蜜月之中即随团赴北京为党“八大”演出。在首都掀起一股黄梅戏热潮。国庆节，黄梅戏《天仙配》的彩车参加天安门检阅。中央新闻电影制片厂为严凤英、王少舫拍摄了电影《夫妻观灯》。接着严凤英又随团从北方到南方进行长途巡回演出。所到之处，天津、济南、广州、汕头、潮州、漳州、泉州、莆田、厦门等地军民均给予高度赞誉。这年，收张萍、江明安、许自友为徒。

1957 年 27 岁

黄梅戏艺术片《天仙配》获文化部颁发的 1949—1955 优秀影片奖。严凤英、王少舫均获金质奖章。春天，安庆观众要求严凤英演出传统戏《小辞店》。严凤英因有身孕难以负担。回合肥后，团里开始鸣放，有人批判严凤英在安庆“装病不演《小辞店》，不为工农兵服务”。紧接着“反右”，又有人批判她演《小辞店》“毒害工农兵”。有人说她“骄傲了”“忘本了”，听得严凤英心事重重。6 月，参加中国文化部在上海举办的第三届戏曲演员讲习会。8 月，与丁永泉、丁玉兰等人联名投书《安徽日报》拥护梅兰芳等人的倡议，不演丑、淫猥、恐怖等有害人民身心健康的戏。9 月，她小儿子小英出生，孩子刚满月她就从床上爬起来主动要求检查思想。孩子才百日，她就主动要求下农村为农民演出。她认真排演移植剧《碧玉簪》获得成功，其中“三盖衣”一段演唱尤为人所赞赏。

1958 年 28 岁

1 月 5 日在合肥江淮大戏院为周恩来总理演出《打金枝》，受到亲切接见与鼓励。4 月、7 月，随团为党的武昌会议演出《打金枝》《春香闹学》两台黄梅戏，受到毛泽东、周恩来等中央领导同志称赞。不久，王冠亚下放到华阳河劳动，严凤英把孩子托付给保姆，自己也要求下乡下矿演出。9 月 17 日，毛泽东视察安徽，在合肥观看黄梅戏演出后，与严凤英进行了亲切谈话。这年，严凤英为塑造《桃花扇》中的李香君、《宝英传》中的韩宝英、《三里湾》中的“惹不起”等艺术形象，付出了艰辛劳动。中国唱片社为她录制出版了《春香传》“狱中歌”、《碧玉簪》“三盖衣”的唱片。

1959 年 29 岁

4 月，安徽省黄梅戏剧团到上海为党的八届七中全会演出新排的《女驸马》，严凤英塑造的冯素珍形象，受到高度评价。不久，严凤英到北京参加全国政治协商会议，当选为全国政协委员。会议期间，为人大、政协会议演出《女驸马》《牛郎织女笑开颜》，并公演《女驸马》，深受观众欢迎喜爱。7 月，严凤英与王少舫、时白林、潘璟琍、张云风等人赴上海电影制片厂拍摄黄梅戏电影《女驸马》。影片上映后，在海内外又掀起一阵黄梅戏热潮。严凤英的演唱、表演艺术发展到一个新的高峰。中国唱片社为她录制出版了《女驸马》唱片。

严凤英在《牛郎织女》剧中饰织女

1960 年 30 岁

5 月，董必武在安徽观看了严凤英主演的《天仙配》，连声称赞。不久，严凤英因患卵巢囊肿赴上海华东医院手术治疗。住院期间，在组织和各方面的关怀帮助下，找到了幼小被卖离散 27 年的妹妹。6 月，赴京出席全国文教群英大会，被选入主席团，并被选为全国第三届文联委员和全国戏剧家协会理事。在省文代会上，她率先提出降薪。她积极参加了《宝英传》《刘三姐》《戏牡丹》《拜月记》《闹金阶》《打瓜园》等戏的演出。这年，她被选为省文联委员、省妇联常委。全国妇联授予她“三八红旗手”光荣称号。省文化局任命她为省黄梅戏剧团副团长。

1961 年 31 岁

10 月，严凤英被批准加入中国共产党。这年，她主演《刘三姐》，受到好评。三四月份赴山东济南、淄博、青岛等地演出。7 月，到哈尔滨、四平、吉林、沈阳、长春、鞍山以及湖北黄石等地巡回演出。这期间，叶剑英同志曾接见严凤英并观看她的演出。

1962 年 32 岁

在安庆地区城乡演出时，曾去潜山、桐城演出《碧玉簪》等戏。其间又特地回家乡罗岭看望，乡亲们扶老携幼、热情欢迎，频频呼唤她的小名鸿六，叫得严凤英热泪盈眶。这是她生前最后一次回老家。在安庆收王凤枝为徒。中国唱片社为她录制出版《天仙配》唱片。

1963 年 33 岁

4 月，严凤英到北京参加中国文联三届全委二次扩大会议，聆听周恩来总理《要做一个革命文艺工作者》的报告。应邀与袁雪芬、张瑞芳一同到周总理家做客，受到周总理夫妇俭朴生活和崇高品德的深刻感染、教育。周总理向她推荐现代戏《红色宣传员》，建议黄梅戏移植演出。陈毅市长指示要拍黄梅戏电影《牛郎织女》。夏秋之时，严凤英经过充分案头准备和体验生活，与创作集体共同努力，在上海顺利拍成《牛郎织女》，她塑造了一个不同于以往七仙女的新的感人艺术形象。中国唱片社为她录制《牛郎织女》唱片。同时，她还在黄梅戏电影《槐荫记》拍摄中担任艺术顾问，教董文霞演七仙女。回合肥后，她与剧团的同志们成功地排演了《红色宣传员》。

1964 年 34 岁

毛泽东主席严厉批评舞台充斥“帝王将相，才子佳人”，要求大演革命现代戏。严凤英积极提议并带动省黄梅戏剧团用安庆方言来排演话剧《丰收之后》，她主演赵五婶，获得成功。7 月，严凤英赴京观看全国京剧会演的部分剧目。回合肥后，出于革命化自律心理，又一次打报告要求减薪。这年，她还积极参加排练《党的女儿》《江姐》等现代戏，塑造了一批受到观众欢迎的艺术形象。年底，到广州为广交会演出，沿途在武汉、黄石、九江、铜陵、安庆等地进行了公演。中国唱片社为其录制了《牛郎织女》唱片出版。

1965—1966 年夏 35 岁至 36 岁

严凤英参加排演《打铜锣》《烘房飘香》《怎么谈不拢》等现代戏。一开春就冒着风沙到寿县农村演出,她与农民打成一片,结成深厚感情。5 月,严凤英等人去黄山为越南胡志明主席和陪同的董必武同志演唱《天仙配》片断,并陪胡志明主席、董必武同志观看黄梅戏电影《牛郎织女》,受到胡志明主席和董必武同志的称赞。配合当时"四清"运动,参加排演了《白毛女》等现代戏,从 10 月 20 日起,随蓝天等赴歙县农村为农民演出。

1966 年夏—1967 年 36 至 37 岁

正在旌德农村紧张演出的严凤英等人,接到通知赶回合肥参加"文化大革命"。一到家她就发现大字报铺天盖地,不但全面否定她,而且也全盘否定新中国成立以来的文艺工作、文艺路线。她很不理解,但她坚定不移地听党的话,听毛主席的话,正确对待群众,正确对待自己。但是,愈演愈烈的浩劫,却要置她于死地。凌辱、体罚、污蔑、诽谤、歪曲、诬陷……无止无休,层层加码。她很自尊很自爱,而那些号称革命的人却硬把她的伤心史篡改成丑恶史,还诬陷她反对毛主席反对共产党。她最听党的话,排演现代戏唯恐落于人后,而那些人却硬指证她恶毒攻击革

严凤英(中)在《党的女儿》剧中饰李玉梅

命样板戏。

1968 年 38 岁

4 月 5 日,《红安徽报》发表题为《向文艺界的阶级敌人发起猛烈进攻》的社论,点名说严凤英反对“伟大旗手江青”“围攻革命样板戏”,“是一起极其严重的反革命事件”,是“现行反革命”。4 月 6 日,造反派迫害升级,疯狂逼审严凤英一整天,不让她回家吃饭,强迫她交代认罪,否则“砸烂狗头”。4 月 7 日夜,严凤英伏在桌上,不停地写对那些诬陷的批驳,但写到第三页第五个问题时,她没有再往下写了……4 月 8 日凌晨,严凤英以死抗争,以死明志,以死示贞,服药弃世。时距她的 38 岁生日还差五天。

附录

1973 年 4 月 14 日

周恩来总理在人民大会堂接见以廖承志为团长的中日友协访日代表团全体成员。他对张瑞芳等人难过地提起严凤英的死,沉重地强调:“要关心人!”“要有人关心哪!”

1978 年

5 月 23 日,在全省文艺工作者代表大会上,安徽省副书记赵守一代表安徽省宣布为严凤英昭雪平反。8 月 31 日,安徽省文化局在合肥为严凤英举行隆重追悼大会。

1985 年

长江文艺出版社出版传记文学《严凤英》(王冠亚著),黄山书社出版传记专著《严凤英》(殷伟、王小英著),上海沪剧院以严凤英一生为素材编排的《黄梅戏女皇》(俞雍和编剧,茅善玉主演)公演。

1986 年 5 月

安庆市在市区菱湖公园举办黄梅戏卓越艺术家严凤英汉白玉雕像落成仪式。严凤英的骨灰就安葬在雕像下面。1987 年戏曲广播剧《严凤英》获全国广播节目评比特等奖。江苏省拍摄的电视剧《严凤英》在全国播放,产生强烈影响,获“中国电视剧飞天奖”一等奖。

1989 年 6 月

严凤英《天仙配》唱腔唱片荣获中国唱片公司首届中国金唱片奖(1949—1989),这是安徽唯一得奖的戏曲唱片。

1990 年

安庆市黄梅戏剧院举办纪念严凤英诞辰 60 周年、王少舫诞辰 70 周年纪念活动，同时举行严凤英、王少舫舞台艺术研讨会。

1998 年 5—9 月

安徽省文化厅与安徽省黄梅戏发展基金会举办首届青年演员“严凤英奖”大赛。

1999 年

《天仙配》《女驸马》被国家公布为新中国成立以来的精品剧目。

2000 年 5 月

安徽省文化厅、安徽省黄梅戏发展基金会、安徽省电视台联合举办纪念严凤英诞辰 70 周年系列纪念活动。其中有安徽卫视《相约花戏楼》栏目播放“纪念严凤英诞辰 70 周年特别节目”“严凤英摄影艺术展”“严凤英艺术研讨会”，开展“严凤英艺术专题科研”等内容。

中央电视台新闻频道《九州艺苑》栏目、国际频道都录制播放了纪念严凤英诞辰 70 周年的专题节目。

2002 年

桐城举行严凤英故居落成典礼。

2003 年

11 月，中国安庆第三届黄梅戏艺术节期间，召开严凤英表演艺术研讨会，国内外专家学者和有关领导及严凤英生前同事出席会议。

2004 年

6 月，中央电视台戏曲频道《锦绣梨园》栏目拍摄播映采访纪实节目《关于一个女人的记忆——严凤英的故事》。

（选自《严凤英、王少舫的艺术历程》）

严凤英的表演艺术

Yan Fengying De Biaoyan Yishu

我演七仙女

严凤英

《天仙配》是黄梅戏的传统剧目。我从小唱黄梅戏，一开始，我只是上台跑跑丫鬟，那时我就看到老一辈的演员唱《天仙配》了。后来自己也演这出戏。讲老实话，那时我懂得什么呢？师傅叫怎样唱就怎样唱。唱戏只是为了糊口，对七仙女这个“人物”谈不上爱，也谈不上讨厌。不管看人家演也好，自己演也好，我对这出戏是不大感兴趣的。

我喜欢演一些人情味很浓、唱词多的戏，像《小辞店》《西楼会》《蓝桥会》等。在安庆、桐城一带（黄梅戏就是在这里成长起来的），观众们（主要是农民）看黄梅戏也和北京的观众看京剧一样，主要是听唱。很多老艺人在唱腔上都有自己独特的风味，观众们则被这些独特的风味所吸引。

严凤英在黄梅戏电影《天仙配》中饰七仙女

老《天仙配》里，董永的戏重些。也可以说主要是董永的戏。它的主题思想和现在是大不相同的。主要是讲“二十四孝”中的董永卖身葬父，孝心感动玉帝，玉帝赐七仙女给他配百日姻缘。“槐荫分别”后，董永又和傅员外的女儿结了婚，并且中了进宝状元。在回家的路上，七女下凡送子给董永，董永就“多喜临门”。总之，董永的“孝”，得到了善报。

老《天仙配》也有《路遇》《分别》两场戏，这两场戏当中，七女的戏也是不轻的。但是，这两场戏的七女通常由两个演员来演。《路遇》多由“主角”演，《分别》通常由“二旦”（即挂二牌的花旦）演。两场戏我都演过，那大多是单演一场。很难讲对七女有什么完整的印象。

在黄梅戏《天仙配》剧中严凤英饰七仙女，王少舫饰董永

过去排戏是前辈们把故事和台词讲一讲。有时是一边化妆一边学台词；有时连台本甚至台词也没有，听完故事和主要情节临时上台去现场“自由发挥”台词。黄梅戏的艺人们叫它为“放水”。

这几种现象在今天讲起来应该是“对观众不负责”。当时我们一天要唱两场，甚至三场，并且每场都要接新戏。除了少数的几个有修养的老前辈以外，一般演员，尤其像我，当时年龄小，又没读过书，除了这样，再也找不到好的“窍门”了。

除了这以外，再就是“偷戏”。看到哪个演员演得好，或是唱得好，就站在旁边用心偷记下来。有时也能把整个的情节记下来。

日子长久了，我慢慢养成了一个习惯：拿到一个戏要搞清楚它说的是个什么故事，我扮的这个角色是个什么样的人，上台去干什么。上台以后，自己就要动，就要说话。

另外，我就在唱腔上下功夫。是唱高还是唱低，唱快还是唱慢，怎样才能表达这个角色的思想情感（假若唱词多，那我就能充分发挥一下了）。

演老《天仙配》时我很为难，《路遇》里唱腔不多，这还不在话下，到底这个七仙女下凡来是干什么的呢？当然，当时谈不上有什么分析能力，更不懂什么“历史观点”。我只想，七仙女是奉父命下凡的，并且百日之后，还得回转天庭。这样一来，当然谈不上对董永有什么真正的“爱情”。整个这场戏，至今回想起来，好像主要是想办法偷偷地在董永颈上插上一把扇子，又偷偷地把他的包袱雨伞拿走，让董永能带我走。当然，所有这些不一定正确的印象，是与我当时对这个角色理解的程度有关系的。

七女下凡后的身份也搞不清楚。董永在老戏里面是个秀才，七女的装扮就和一般的花旦差不多，说不清她是一位千金小姐还是一位村姑。她身穿裙袄，右手拿一把扇子，左手拿一条手绢，站的时候爱把左手撑着腰，形象说不上像农民。

没有布景。由一个“检场”的跟着七仙女在上场门或下场门放一张椅子，就算上大路和下大路的两个石块。七女是“坐”在这两个“石块”上挡住董永的去路的。

董永纯粹是“孝子”打扮，拖着甩发，头缠白色孝巾。这场戏中，他哭丧着脸的时候多，只在最后才笑几笑。

黄梅戏的传统节目里，大的舞蹈是很少的，主要是靠唱。

这出戏，七女唱得不多，上台干什么也不明确，为了糊口，我虽也唱，心里却不喜欢。

1954 年，为了参加华东区戏曲会演，领导又叫我演七仙女。这一次是演经过整理的本子。一开始，我还不很喜欢。后来，在排演过程当中，我才慢慢地改变了过去的看法。

据整理剧本的同志说，他们做了一番考证，董永是真有其人，并真有卖身葬父这回事。并且也真有一个能干的女子跟他，帮他一夜织成了比普通人多一些的布（不是十匹锦绢）。说董永是个农民，后来变为秀才是经过封建阶级篡改的。应该使董永恢复原来面貌（这次在北京上演，也有的同志主张还改回去）。

七女既然能织绢，她一定是爱“劳动”的，下凡后应变成村姑的模样。

另外，改动得更大的是把七女的下凡从被动改为主动，成为她不耐天宫的凄清岁月，羡慕人间的美满生活，偷偷下凡的。

这些改动却给我带来很多新的问题。我要演得像村姑，并且要演出这个村姑是热情、真诚地爱着董永的。

小时候，我是在家里放牛的，我有很多“村姑”的姊妹，也可以说我自己就是个“村姑”。提起农村生活，我马上想起了小时候我调皮地跟放牛娃在山坡上打架的情景。对她们的生活还是比较熟悉的。在舞台上我也演过一些不同的村姑：像《打猪草》里的陶金花、《砂子岗》中的杨四伢等。这个七仙女虽说也是村姑，但她是穿着长袖褶裙的古装，而且还要运用古典戏曲中的一些身段。这些都给我带来了困难。

七仙女是个神仙。按理也要从神仙的角度给她来分析一番、设计一番。神仙我没见过，也没法见到，但是我可以把她按照“人”的思想情况来处理的。

演《打猪草》的陶金花，我主要是抓住一个天真活泼的农村小姑娘。演《砂子岗》的杨四伢，主要是抓住一个挨打受气的苦媳妇。演《天仙配》的七仙女呢？我想她敢从天上跑到地上，又敢当面向一个陌生的男子主动提出婚姻大事，并且能想到一些巧妙的办法打动董永的心，难住刁恶的傅员外……那么，她一定是既大胆又聪明、既热情又能干的姑娘。

分析和认识还不是太难的事，就怕上台演出了。一开始排演就碰到这样的问题：导演嫌我“文”了，戏曲表演有一套传统的艺术程式，又要演得像，又要演得美，这就是我面临的两大任务。

为什么演得不像，不粗野？慢慢我想出来了。村姑和千金小姐对待同一个问题时，她们的感情流露、对人的态度是大不相同的。譬如《路遇》中七仙女唱：“我愿与你配成婚。”起先我是以一般的闺门旦的表演方法来表演的：两只手的食指对董永比作“配对”的样子，头则羞惭地低下来。这种表演不仅在这里可以用，我在其他的戏中也用过，可是放在七女身上就太“文”了。村姑要真爱上了一个青年，她会勇敢得多。我还记得小时候，村子里有一些老人骂自己的女孩“不知羞耻”的事。其实，她们都是一些很能干的好姊妹，不过没有按照老年人的规矩，而是按照自己的愿望选择了对象而已。我想七女也会是这样的人物。我要大胆地向董永吐露真情，要抓紧机会，不然他要走了（至于我还有“仙机妙法”，就想得不多了）。我要赶紧告诉他，我愿与他配成夫妻。这不是半夜三更，花前月下，林黛玉逢到贾宝玉，而是“青天白日”，在阳关大道上，一个投亲不遇的村姑遇见了卖身为奴的董永。他要不收留我，我就“无家可归”了。在这种心情下，我发急地干脆瞪着眼对他唱：“我愿与你——”可是哪能真像老年人骂的“不知羞耻”那样，到了唱“配成婚”时，我还是羞得低下头来。

电影《天仙配》剧照

这一段戏还是以神仙假装村姑的身份演的，是“戏中戏”。我是神仙，又是村姑，我要把这两种身份都演出来，把这场戏演像。何况我是真心爱着董永呢。

以后的戏，除了有些场面是以神仙的身份出现的以外，我都是以董永的好妻子的身份出现的。我打心眼里爱着他。

七仙女爱董永，做分析工作是很容易的，搬到舞台上要我真像对爱人一样地爱王少舫同志(他演董永)，却是有点为难。我们只是一般的同志，究竟还不是真的爱人，一开始排演，真是又别扭，又尴尬。

我们商量了一下，在台下就要培养这种“夫妻感情”，有一个时期，我们在一起玩，吃饭也在一起，搞得非常融洽。在台上演戏也互相照应，演起来也实在分不清我是爱董永还是在爱王少舫。

《路遇》中，我先上场，王少舫还没上台，在我的脑子里就看到他化妆后的形象了，我真是觉得他处处都可爱，有了这个爱，使我自然地变得有几分调皮起来。又一次在台上演出，我突然想到女孩子在爱人面前总显得小些，爱撒撒娇。于是我演了这一点。后来也保留了，并且也在其他的地方得到发挥。

在《分别》的前半场我想得非常美，我有了这样一个好丈夫，并且又怀了孕。我想到了我们今后的幸福生活，这些生活都像放电影似的在我脑中活动起来：丈夫董永耕着田，我在家里织着布，儿子在织机前玩耍，到了中午我就给丈夫去送饭……我又想到我是第一次生娃娃，娃娃生出来是个什么样子，丈夫会高兴得什么样子……这样一来，感情很容易就出来了。

这个“爱情”不但帮助我演了在幸福的心情中的戏，也帮助我演了“分别”中的生死离别的悲剧。

我真心地爱着董永，我有着极美好的幻想，突然要我和董永分离，这怎么行！我不愿离他上天！可是，我要不上天，董永的性命就难保，我自己将会怎样想的倒不多，我处处替董永设想，替他为难。我怎样告诉他才不使他感到突然，不至于过分伤心；我怎样才能使他知道我不忍抛别他的心意；等我刚上天，狂风巨雷把董永打倒在地上，我怎能不管！至于我上天后是不是也像大姐一样被“打入天牢”，我都不在乎；我要安慰董永，叫他勇敢地生活下去；来年春暖花开，我还要给他送儿子来。

我这一切行动，都是因为我有一颗真诚爱着他的心。这颗心，实在已紧紧地系在他身上了，离开他，真得用刀把这颗心割下来。没有了董永我怎么活得了！每逢演到这里，我总是止不住内心的悲痛，大哭起来，一直哭到卸完妆，还止不住热泪如泉。明知是演戏，就是从戏里出不来。我自己劝自己：“这是演戏啊！”但总是不行，老怕他会遇到什么不幸，老怕他离开我。

这样的“爱情”，使我强烈地追求董永，巧妙地反抗员外，细心地照料丈夫，不顾一切地保护他……总之，都是为了爱董永。我和王少舫同志的亲密合作，使得这种“爱情”具有强烈的真实感。

1955 年 10 月 22 日，电影《天仙配》摄制完成后合影

黄梅戏主要是靠唱，像《夫妻观灯》这样的歌、舞并重的戏还是新中国成立后吸收了一些京戏的舞蹈才出现的。黄梅戏后来也有些舞蹈，大都一手拿扇子，一手拿手绢，舞起来有点像现在的“花鼓灯”。我以前穿裙袄演戏的时候多些，这次穿的像越剧样的古装，又加上一些舞蹈场面，这也是个难题。准备参加华东会演的工作是在六七月进行的，正是大热天，排戏的时候就排戏，不排戏的时候我就穿着腰裙练身段。像这样练了两个月才稍微好些。起先，注意了身段就“文”起来了，想“粗野”一点，身段又不美了。在这段时期里，我就想到荀慧生先生演“红娘”时在身段上的一些创造，也想到其他的一些例子。到了华东以后，白云生老师又给我在身段上做了一番纠正和教导。这些都给我很大的帮助和启

发。当然我做的是不够要求的。

《天仙配》拍了电影，并且已和观众们见了面，我想同志们从银幕上更能发现我的缺点。诚恳地希望大家帮助我。

1956.11.14 于济南

（选自《中国电影》1956 年第 3 期）

拍摄《女驸马》中所学到的

严凤英

严凤英在《女驸马》剧中饰冯素珍，王少舫饰刘文举

《女驸马》是“大跃进”的产物。1958年年底，安徽省第二届戏曲会演中，安庆地区代表团演出此剧，受到大家的欢迎。这个戏是根据黄梅戏传统剧《双救主》整理改编的。这个戏从整理、演出到搬上银幕都是在党的深切关怀、领导下进行的。领导决定我在这个戏中扮演冯素珍。我非常兴奋，也有些胆怯，因为我从来没演过这种类型的角色，是党给了我力量和鼓舞。我抱着学习的态度来扮演这个角色，通过演出和拍电影，我又学到一些宝贵的东西。努力得还不够，学得还不好，零零星星记下这几点，请同志们指正。

细

电影导演刘琼同志要求我们在摄影机面前，戏要做得细，心里不要有一点空白。嘴里讲什么，心里想什么；别人讲什么，心里又想什么，面面都要考虑到。导演要求我们把潜台词准备得足足的，肚子里货一多，做起戏来自会得手应心。

我有一段和刘文举的戏是这样想的：

继母唆使我那嫌贫爱富的父亲，将我的未婚夫李兆廷诬良为盗，送官究办，并逼我改嫁给当朝宰相刘文举的儿子做老婆。为了躲避这个强迫的婚姻，为了救未婚夫，我女扮男装逃到京城，找我的舅父和哥哥。结果一个也没找到！真是上天无路，入地无门。听说京城正在开考，心想去试试，一来也好找哥哥，二来也许能得到一官半职，好回去救李郎。没料到真的考中，女孩子能考中状元，这个高兴啊真没法说，我和使女春红痛痛快快地高兴了一阵，正准备修书请假回家祭祖——实际上是“监牢救出李公子，我送他一个状元郎”！没想到正在这时门官报道“刘大人到”！

刘大人，就是刘文举，继母就是逼我改嫁给他的五公子。是他来了吗？我看了春红一眼。（以下括号内的小字都是我的思想活动）

春红：刘大人到！

（啊，我没有听错？）

我：怎么，刘大人到？

（春红，就是那个坏老头子来了吗？他来做啥？难道他看出我是女扮男装？怀疑我了吗？）

春红：是不是他来接你去跟他的五公子拜堂成亲？

（十有八九是的！大祸来了！好吧，看出来就看出来，既然来了，不请进来也不行，请他进来吧！）

我：这倒要仔细了，快快有请！

（我迎出门）

（这个老头子来了，怎么对付他呢？）

（刘文举迎面而来）

（呀！别让他看我的脸，争取主动！抢先一揖，以资掩饰。）

我：（抢先一揖！）呀！老大人！

（我把袖子遮住脸，你该看不清我了吧！）

刘文举：状元公！

（嗯，嗯，嗯，什么啊？啊，啊！）

我:不知恩师驾到,未曾远迎还望恕罪!

刘文举:老夫冒昧来访,状元公莫怪啊!

(他是真喊我状元公?还是故意讽刺我?他不会无缘无故来找我,他是来干什么的?)

我:请!

(刘文举仔细看我一眼)

(我脸背着他,莫让他看出破绽来!)

刘文举:哈哈……

(他为什么笑?春红?)

(我对春红望了一眼)

刘文举:哈哈……

(坏了,他一定看出来了!)

刘文举:(大笑)哈哈哈……

(笑什么?!你要是看出来,你就干脆讲好了,这样怪笑干什么?!)

我:老大人为何发笑?

刘文举:那日在科场之中初睹风采,见你容貌举止,与众不同,老夫我大吃一惊——

(坏了!坏了!一定看出我是个女的!)

今日仔细一看——

(不得了!不得了!今天一定要出事了!)

果然貌赛潘安哪!

(唉,我的天!还好,还好,原来他把我当成一个美男子!吓了我一身冷汗。你这个老头,原来还没有看出呢!好吧,恢复我们的“师生”关系吧。)

我:老大人过奖了!

刘文举:莫怪万岁龙心大喜,老夫我也高兴得很啊!

(夸奖!夸奖!)

我:老大人……

刘文举:状元公,你的大喜来了!

(好说!好说!——唉,我的丈夫还在坐牢,有什么大喜啊!)

(唱)恭喜你少年得志名扬天下,(好说!好说!)

状元及第谁不夸!

(夸奖!夸奖!)

如今是美满姻缘天作伐,

(坏了,又有什么新把戏了?这个老头怎么老是阴阳怪气的!什么?什么?)

这真是锦上又添花。

我:老大人,此话从何说起?

刘文举:万岁有意——

(什么?什么?)

招驸马!

(我的天!哪里来的一声炸雷!耳朵怎么听不见了?腿怎么软了?我在哪里啊?!我在哪里啊!)

(春红急扶我,推我一把。)

(啊!啊!不能露出女相来,我还是状元呢!)

放

戏想得再细,闷在肚子里不放出来,还是等于零。

拍《女驸马》时,导演老是叫我放。

我想,叫我放,绝不是要我乱放、过火、洒狗血。一定是因为看不到我的戏,或者做得不够,要我做明朗些、准确些。

《洞房》中有一段独唱——是把公主送去安睡后唱的,词是:

素珍这里心已碎,
公主深信鸾凤配,
你我都是闺中女,
怎效鸳鸯比翼飞,
我为救夫乔改扮,
无故累你守空帏!

原来这里没有身段,只是在“乔改扮”那里用右手作兰花指,手心朝内,以中指从左眉绕到右眉,表示一下“乔改扮”的意思。导演提出这样做太不够,我这

严凤英（左）在《女驸马》剧中饰冯素珍，潘璟琍饰公主

个女孩子被误招进宫中做驸马，事情一败露，马上就得杀头。公主已三番五次催我睡觉，谯楼也更鼓频催，情况十分紧张。现在，公主虽然被我哄去先睡了，假若我再不去，她当更会起疑心。在这样紧张的情况下，我要坐着不动地唱，从戏曲表演要求来看，是非常不够的了。所以，要我放！结果我就放了。我把原来"乔改扮"的兰花指的动作，改为一个全身的大动作，从走边中化过来一个身段，向前踩三步，然后蹲一个势，起身，左手撩袍，右手指乌纱，望着公主卧室唱"我为救夫乔改扮"，把"乔改扮"的范围从脸上扩大到乌纱、蟒袍。换了这个动作大的身段，我的焦急心情和深深为公主抱屈的心情比原来明朗多了。

放，在排演过程中有很大好处，可以检查我们内心想得是否正确。

刘文举宣读圣旨要招我为驸马，我已十分要命了。太监接着传旨宣我即刻进宫，真是火上加油。原来我的下场是左扬袖，"撕边"一锣，右扬袖，"撕边"一锣，然后端带撩袍，"崩登仓"，下场。边式倒蛮边式，就是与当时的心情不太符合，好像我这个女孩子被招进宫去做驸马，胸有成竹一点不怕似的。由于我放出来了，所以这个缺点看得很明显，导演立即给我指出了这个问题，得到了改正。

放，还可以督促演员做好充分的准备工作。准备工作做得不好，心里把握不大，是不敢放的。我是演旦角的，除了反串过《渔网会母》和《梁祝》中的身段不多的小生戏外，很少演过像这样重头活的袍带小生。小生的功底，我一点也没有，开始演这个戏时，我真不敢动，导演叫我放，我是一点也放不出来。感谢王少舫、乔志良等同志的帮助，我学生角的台步，学生角的纱帽翅，学撩袍端带，学生角的引子赋、念白……又学、又练，后来，叫我放，我就放得出来了。

放，也指夸张。夸张一定要适度，要合乎人物身份和心情。导演是最好的鉴定者之一。

唱

在中状元后，我和春红有一段戏，主仆二人为中状元欢欣。想到马上可以回去救李郎，我真乐得没法说。春红也好意地打趣："赶快救出李公子，好拜堂成亲！"我决定修本告假回家。有一句唱词是：

手提羊毫喜洋洋。

是按黄梅戏小生[平词]唱的。"喜"字有个很长的拖音，但每到最后一板，

严凤英（左）在《女驸马》剧中饰冯素珍，田玉莲饰春红

总要换气——这已是习惯了。刘琼同志要我一口气唱出来，试试，真的，“喜洋洋”的味道更喜洋洋了；又希望我在拖音中来一点花腔，试试，果然不错，更喜洋洋了！再把感情连贯起来，从头到尾唱一遍，真好像把我满腔的高兴一气倾泻出来似的，痛快极了。

第一场戏，我在绣楼中想李郎，极端愁闷，春红忽然告诉我李郎来了！我兴奋地回忆起儿时的乐事：我和李郎青梅竹马，两小无猜，同窗共砚，心心相印……我完全沉醉到十年前的天真、欢乐的童年中。唱这些词的时候，从感情到唱，几乎回到五六岁、七八岁的年龄。唱到最后才清醒过来。最后一句唱词是：

喜相逢，欲畅叙，羞人答答难下楼台！

作曲者时白林同志在这句上下了很大功夫，那“羞人答答”四字，真是欲断犹续，欲停犹诉，真帮助我表达那极端想去与久别的情人晤面的情窦初开的少女的羞涩心情。“羞人答答”四个字好似一道急流而来的泉水在心眼里打漩涡，“难下楼台”四个字则像漩涡旋破了围堤，迸然而泻了。

唱腔和唱要处理得细、好，真容易把感情带出来，也容易表达感情。

（选自《安徽戏剧》1959年第11期）

迎红线女　赞朱帘秀

严凤英

演员去看同行演戏，心情和口味与一般观众总有点不同，除了看戏以外，还想看看人家身段好在哪里，唱腔好在哪里，表情好在哪里，人家有哪些优点应该赶紧学下来。看红线女同志演戏更是这样。可是，总是不知不觉地，不知在什么时候，整个心被她所扮演的人物的命运全部抓过去了，不知不觉被那感人的表演吸引，带到戏里去了。记得1956年在广州看她的《搜书院》，在“柴房”判断的一场就被她的精彩表演迷住。开始还在欣赏她的唱，不知从哪句起，就忘了听唱，而在听翠莲的泣诉，被翠莲的悲惨遭遇感动，替她焦急，为她愤怒。这次看她扮演的朱帘秀更加深了我这种感觉：她不是用嘴在唱，而是用心在唱；不是红线女在那里唱，而是剧中人在那里讲话，在那里控诉和呼号！

红线女在粤剧《关汉卿》中饰朱帘秀，马师曾饰关汉卿

她的身段干净，大方，适合人物身份，但她的表演，绝不让观众感到仅仅是些优美的身段在舞台上活动，而是人物的思想在舞台上冲击，发出灿烂火花。一句话，她把人物的思想演出来了。我认为这是她最可贵的地方。

譬如朱帘秀这个人物，假若光想这是归青衣演，或者归花旦演，那是远远不够的。假若再进一步，想到如何把唱词唱得好听一点，如何把身段做得好看一点，也还远远不够。假若再进一步，想到朱帘秀的年龄、出身、职业、脾气等等，因而联想到她的习惯动作、外形特征等等，也还是不够。红线女硬是把朱帘秀的思想摸透了。这是我最佩服她的地方。她按照朱帘秀的思想去想，去行动，去待人接物。她把自己和朱帘秀化成一体。或者说，把自己暂时抛开，而集中自己的热情和力量，紧紧追随伟大的戏剧家关汉卿，唱出人民的苦难和愤怒，坐牢杀头，决不动摇，与元朝的黑暗统治做坚决的斗争。

我曾这样想过，假若不下功夫对这个人物进行全面分析研究，特别是分析她的思想，演起来就不一定对路。譬如，仅仅想到她是独步一时的杂剧名演员，处处想把她演得“美”一点，就会搞得装模作样。如果仅仅想到她是年近三十，流落风尘，就会把她搞成浪浪荡荡的半老徐娘，结果歪曲形象。但是，如果注意到朱帘秀的思想，就拿这一个例子来说吧：明明知道搞《窦娥冤》会杀头，但，关汉卿说敢写，她就表示敢演。从这一点就可看出这个人物是多么了不起！

我也曾这样想过，在玉仙楼正官厅，朱帘秀表演《窦娥冤》中“判斩”的一场，可说是“唱功戏”，红线女大大显示了她的演唱才能。但，假若光顾唱，而不注意人物的思想，也不会如此感人。正因为她这个“唱”已不是唱，而是人物在喊，在骂！蒙受不白之冤的窦娥，怨气冲天，她骂天，骂地，骂鬼，骂神，一直骂到山阳县，她喊出了当时人民心中的不平：“这都是官吏们无心正法，使百姓有口难言！”满腔怨恨，深深激动我们，使我们深切痛恨那野蛮的人吃人的剥削制度，因而更爱我们今天幸福、自由的新社会。窦娥这个坚强、勇敢、善良的古代妇女形象也跟着深深印进了我们的脑里。

我也曾这样想过，朱帘秀在狱中唱关汉卿送给她的《蝶双飞》，可以说是“载歌载舞”。假若不注意人物的思想，就是卖上劲歌舞一番又有什么意思呢？这是指不注意研究人物思想而言。注意了人物思想的研究，但，立场不对，观点不对，分析错了，演出来一定也不会对路。

譬如《蝶双飞》这段戏，就很可能演得像梁山伯祝英台在《楼台会》那样缠绵悱恻，而红线女在这场戏里既不叫人感到是单纯的表演歌舞，也不叫人感到凄凄惨惨切切。由于她深刻正确地理解了人物的思想，并且正确地体现了它，因此叫人看到的是和关汉卿那样富有正义感，和窦娥那样坚强勇敢，“竹可焚而不可毁其节”的响当当的性格！由于她正确地理解了人物的思想，因此，听到了死刑的消息，她并没有胆怯。即使在芦沟桥头被迫与关汉卿分手，也没流一滴眼泪，向封建统治者示弱，而是把眼泪往肚里咽，振作精神与关汉卿告别，叫人感到他们人虽分开了，然而心却永远不会分开，因为“将碧血，写忠烈，化厉鬼，除逆贼”的志愿把他们紧紧连在一起，即使死了，也会化作双飞蝶，“永相好，不言别”。人们从这里得到了鼓舞和力量。

我反复强调要注意人物的思想，并不是说歌唱、身段等等不重要。如果没有这些方面的熟练技巧和准确的外形塑造，很难想象能把人物的思想完整地体现出来。同样，如果光注意技巧和外形，而忽略人物的思想，那么，技巧就会是无生命的，外形也会是个空壳。画画讲究“以形写神”“神形兼备”，这些道理我们演戏也可以参考。“神”就是人物的思想、精神面貌。通过熟练的技巧、准确的外形塑造，把人物的思想揭示出来，“形具而神生”，我们的表演就能“传神”了。

要想“传神”，就得正确地、深刻地分析研究人物的思想，正确地、深刻地把它演出来。这就需要用马列主义毛泽东思想把我们的头脑武装起来，提高我们的思想水平和认识问题、分析问题的能力。这是我看过红线女同志表演后深深感到的。

（选自《安徽戏剧》1960 年第 8 期）

演出人物性格来

——谈黄梅戏青年演员许自友的表演

严凤英

要我谈青年演员，有些诚惶诚恐，因为我自己也是个青年演员。但，当我看到一些青年同志和我一起，受到党的亲切关怀和培养，迅速地成长起来时，非常兴奋，由不得要说几句。

许自友在黄梅戏《红楼梦》中饰晴雯

这里，我想着重谈谈许自友。

许自友是 1957 年演《荔枝缘》中的益春开始为观众熟悉的。益春是个丫鬟，并不是戏中的主角。以后，又连续演了几个丫鬟，譬如今年 7 月里，她和我一起演的《香罗帕》，她演兰香，就是个丫鬟，戏份也不多；这次在《红楼梦》中演晴雯，又是个丫鬟，戏份同样也不多。但，不管是益春也好，兰香也好，晴雯也好，不管戏份多也好，戏份少也好，许自友都能认真地钻研，都要花些工夫刻画出这些人物的性格来。因此，角色虽小，形象却非常鲜明，给人印象很深。许自友对这些“配角”的创造不马虎，可说是她的长处之一。

许自友另一个长处是用思想演戏。她接过一个角色来，总要把这个人物的思想、行动脉络理清楚，然后在台上按照剧中人的思想去思想，按照剧中人的行动去行动。我觉得她算是找到了演戏的诀窍。益春、兰香和晴雯这三个人物身份都是丫鬟，都归花旦这个行当来演。假若路子没摸对，很容易把这三个人演成一个人。这样的事情在我初学戏的时候有过。那时候我也经常演丫鬟，今天是《血掌记》中的丫鬟，唱“一支梅花靠墙栽”，明天是《罗帕记》中的丫鬟，也唱：“一支梅花靠墙栽”①。那时候演戏，真可说是两眼漆黑，摸不到门路，凭自己的嗓子和一点点舞台经验，就上台唱，结果《血掌记》中的丫鬟演得和《罗帕记》中的丫鬟没多大区别。

许自友的益春、兰香、晴雯就不是这样，各有各的鲜明性格和特色。益春对自己的小姐好，兰香对自己的小姐也好，她们同样都关心自己小姐的婚姻大事，许自友把这两个人物演得有鲜明的区别，她演的益春，办起事来是那样细致、稳重，而兰香是那样毛手毛脚；益春把一股热情放在心里，而兰香则洋溢于外。这两个人物给人完全不同的印象。晴雯呢，就更不好演。大观园中的丫鬟很多，演不好就容易和别的丫鬟混淆。当然，《红楼梦》原著中对晴雯的性格刻画是比较鲜明的，正如李希凡等同志分析的那样：“晴雯是刚强的，她的不满也不像紫鹃那样包含在冷语中，乃是脱口而出，声色俱厉，直接给迫害她的人以难堪。”晴雯在《红楼梦》剧中，戏并不多，许自友为了创造这个人物，翻阅了很多材料。她和周妈妈顶嘴的一场戏，一时讥讽，一时挖苦，一时又强硬地反击，很容易使人联想到原著第七十四回抄检大观园时，晴雯和王善保家的顶嘴的神态。许自友利用不多的台词和身段，创造了一个胸怀耿直、敢于反抗，并且还带有几分野性的少女形象。王夫人骂她，她虽没有还嘴，却忍住眼泪，扭头走了，表示了她的不满。何其芳同志在《论〈红楼梦〉》中分析晴雯的性格时，说了这样的话：“对王夫人那样一些高居在她头上，可以要她生，也可以要她死的‘主子’，她也并不畏惧和屈服。几乎可以说她是大观园中唯一的一个野性未驯，也即是人民粗犷气息还保留得最多的女孩子。”许自友是努力朝这方面创造的。因此，晴雯的戏份虽不多，却能赢得观众的喜爱。

许自友的嗓子好，这也是她的长处。《红楼梦》中，她只唱了两段，就这两段，也受到观众的赞扬。《荔枝缘》中，唱得多些，尤其是《游园》的一场，大大地

---

① 黄梅戏传统剧目中，很多丫鬟的唱词是通用的，名字有很多也一样，譬如很多丫鬟都叫“梅香”，初上场的唱词都是：“一支梅花靠墙栽，墙高花矮显不出花来，臣见君奴见主躬身下拜，小姐叫我所为何来？”

严凤英(右一)带领许自友(右二)、张萍(右三)、王毓琴(右四)等青年演员练功

发挥了一下她的所长。折子戏《西楼会》她唱得就更多,不但唱女腔,还反串唱男腔。她的唱一是味道足,二是嗓子好。她的嗓子比初进团时有了显著的进步,声音出来轻松、柔和,用气底子深、厚实,唱起来不紧张,却送得很远。说到这里,我联想到青年演员不仅要下苦功来练嗓子,而且要用科学的方法来练嗓子,使声音洪亮、优美、动听。许自友唱的味道足,这与她对学老戏、老唱腔比较重视分不开的。我想,这也可以算是一条好经验。许自友常在戏不多的演出中,给观众留下好印象,唱得好也是因素之一。

许自友还有个长处是敢于在表演上创新,做些大胆的尝试。领导曾派她到四川学过川剧舞蹈,在有些戏中,她就大胆地吸收一些川剧的舞蹈动作。譬如在《香罗帕》中,她就吸收了川剧的一些耍手绢的身段;这次到东北,她看到“二人转”的耍手绢动作好,学了下来,演晴雯也用上了。她在运用这些身段时,并不只是为了新奇,而是为了使人物性格更鲜明。譬如《香罗帕》中的兰香和小姐一同扑蝴蝶,她设计兰香这个人物比小姐更年轻、更活泼一些,所以她的扑蝶身段比小姐来得更跳跃,她有目的地吸收了一些比较跳跃的川剧舞蹈身段,使得兰香的性格跟小姐有鲜明的不同。

许自友初进团时并不很会演戏,嗓子、舞蹈基础都不是太好的。党花了很大功夫、时间和力量培养青年演员，她自己也很用功，现在有了很大的长进，在舞台上有了很可喜的表现。像许自友这样的青年演员我们剧团还有不少，这次在《红楼梦》中扮演宝玉的王毓琴、扮演黛玉的纪延龄、扮演紫鹃的张萍、扮演王熙凤的江明安、扮演傻丫头的孙怀仁等，都得到观众好评，真是件大喜事，我心里真高兴。希望这些同志戒骄戒躁，虚心学习，刻苦钻研，大踏步前进，为党为人民做出更好的成绩来。

（选自1961年10月22日《安徽日报》）

演赵五婶　学赵五婶

严凤英

我们省黄梅戏剧团这次演出的方言话剧《丰收之后》，是一个新的尝试，参加这个戏演出的全体同志都以剧团革命化、演员革命化的精神，投入这个艺术创作之中。

在剧中，我扮演赵五婶，这是个充满共产主义光辉的人物。她有一般农村妇女勤劳、朴实、爽朗的特点，但又不同于一般农村妇女。由于她受党二十多年的

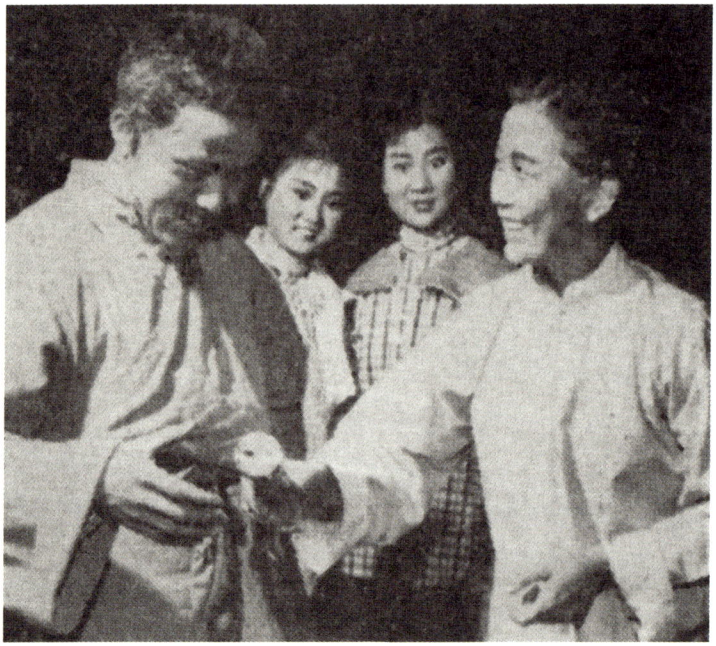

严凤英（右一）在《丰收之后》剧中饰赵五婶

教导，长期参加革命斗争的锻炼，因而具有共产党人的坚定果敢、胸襟开阔的高尚品质。

丰收了，赵五婶首先想到的是国家，动员群众把余粮卖给国家。有人说她这是不关心群众利益，可是她连顺路的汽车也不坐，把路费省下来，给年轻人买垫肩，给五保户王爷爷买布鞋，给看场子的徐大叔买手电筒……这是真正的关心群众利益，是最可贵的阶级感情。但是，谁要做了不利于社会主义事业的事，不论是远亲近邻，甚至是她二十多年的老战友、她的丈夫赵大川，她也要与之进行坚决的斗争。她对坏分子王学孔、王老四看得多么透，打击得多么准；对个人、集体、国家三者之间的位置摆得多么正确……当我在读诵赵五婶的台词，体验她的思想感情时，觉得浑身是劲，思想上也豁然开朗了，赵五婶的光辉思想和高尚品质，深深地感动了我。这感受是在演才子佳人、帝王将相的戏中永远得不到，也不可能得到的。

尽管思想上有感受，但要把这个人物演好却并不容易。就拿走路来说吧，赵五婶该走什么台步？传统的一套根本用不上，什么“凌波微步”啦，“罗袜生尘”啦，那种小脚女人扭扭摆摆的走法，和现实生活相距十万八千里，更何况是赵五婶这样的人物呢？祖辈没有给我们留下演社会主义新人物的经验，这个任务必然要我们这一辈担当起来。我想呵，想呵，想到我们前几年在怀宁、庐江农村，看到的大嫂子、老大娘，又想到在人民公社深入生活时，看到的妇女干部。我把她们的优点和特点，集中起来，能用得上的，就全用到人物的身上了。至于她们的内心情感，自己还是体验得很少。如有一段戏，赵五婶去打通老战友王宝山的思想时，谈到他们在旧社会的痛苦经历。我每次读到这段台词，总要放声痛哭。这样哭可以不可以呢？也可以，一般中年妇女在提到自己切身的苦处时，总是会痛哭失声的。可是，我觉得这不足以表现赵五婶这个人物当时的心情，怎么办呢？仍然得向生活讨教。最近，有个同事向我介绍了蒙城三义公社干部会上几位党员同志诉苦的情况，对我启发非常大。有几位大队书记同志，谈到在旧社会被地主逼得走投无路的时候，满腹辛酸、满腔怒火，他们谈着谈着，声调不是渐高反而是低沉下去，这才是“丈夫有泪不轻弹”，他们总是深深地吸着气，好像要把仇恨的眼泪渗进五脏六腑，把对阶级敌人的愤怒深深地刻在心坎上。在这个故事的启发之下，我终于把痛哭那场戏改了过来。

赵五婶这个角色，我还没有演好，也没有学像。我深切地体会到，光在排练场上、练功房里，是不能把新人物的思想、神态揣摩透的。重要的，还是要到火热的阶级斗争、生产斗争中去，到生活中去，去向先进人物学习，改造自己的思想。只有这样才能更真更美地塑造出英雄人物的鲜明性格来。

在这次演出中，我除了运用自己的生活积累以外，另外也请教了省话剧团的老大哥、老大姐们，连化妆、造型，甚至人物的性格的刻画，都得到了他们热情的帮助。这次演出了方言话剧，不是说今后我就改行了。为了充分运用艺术武器为社会主义事业服务，我不但仍要演好黄梅戏，还想学一些曲艺呢！我想能学几段曲艺，在下乡时为广大农民兄弟，来上一段说唱，宣传宣传新思想、新道德、新风尚该多好！

今年开春以来，我们剧团陆续上演了《年轻的一代》《红色宣传员》，这次又接着演《丰收之后》和《社长的女儿》，真是把我的思想窗户打开了。仅从艺术表演这个角度来看，演出现代戏，为我们演员的创作打开了广阔的天地啊！

这次演出有许多不足之处，在这里诚恳地期望广大观众和戏曲界的同志们，给予批评和指正。

（选自 1964 年 3 月 18 日《安徽日报》）

好懂、美、要顺嘴

严凤英

我想，戏曲的语言一要好懂，二要美。光好懂，不美，不好；光美，不好懂，也不好。我非常喜欢《牛郎织女笑开颜》中的词，像：

《牛郎织女笑开颜》剧照

牛：天河隔断好夫妻！
织：一在东来一在西！
牛：有手难帮妻织锦！
织：有手难替夫整衣！
合：只恨王母老狐狸！
　　害我夫妻泪湿衣！
织：头一回替郎擦汗不擦泪！
牛：头一回见妹泪颜换笑颜！
织：河水不断泪不断！
牛：天河水干泪也干！

这些词又美，又好懂，是学习新民歌得来的。我很希望戏曲剧作家多写些像这样的好台词。

黄梅戏传统剧目中，也有很多好台词。像《小辞店》中卖饭女看蔡鸣凤去心已定，感到自己即将堕入更痛苦的生活中，那段唱词就非常好。它没有用“你走了，你轻松了，留下我受苦”的简单话，而是用很多巧妙的比喻。她唱道：

你好比顺风船，扯篷就走！
我好比波浪中，无舵之舟！
你好比春三月发青的杨柳！
我好比路边草哪有日子出头！

她苦苦留蔡鸣凤，却留不住，唱道：

你好比弓上箭拉弓就走，
我好比弓上弦难把箭留！

她形容蔡鸣凤的寡情薄义是：

你好比屋檐水不得长久，天未干，水就断流！

她形容蔡鸣凤走后，自己的处境是：

哥去后，我好比，霜打的杨柳，
哥去后，我好比，残灯无油，
哥去后，我好比，风筝失手，
哥去后，我好比，雁落孤洲。

这些词的作者多么熟悉生活，又用得多么恰当、巧妙！这比干巴巴的对话好多了，容易引起演员的联想，一唱到这些语词，感情就来了。

像这样的台词，传统剧目中很多，除了好懂、美以外，还要顺嘴。《女驸马》中有段[三行]写得就很顺嘴。

误你终身不是我，
当今万岁你父亲，

不是君王传圣旨，
不是刘大人做媒人，
素贞纵有天大胆，
也不敢冒昧进宫门。
真情实话对你讲，
还望公主细思忖。
误了公主罪该死，
念我救夫一片心。
公主饶我夫妻命，
没齿不忘你的恩……

[三行]速度较快，前两字又是在后半拍起，假若词不顺嘴，就成问题了。这段词写得顺嘴，给演员带来了极大方便，我可以越唱越快来表现那种急切的心情。

（选自《安徽戏剧》1959年第8期）

黄梅戏演员严凤英访问记

完艺舟

严凤英生活照

在东亚旅馆(当时代表团部分演员住处)内,我见到了安徽省黄梅戏主要演员严凤英同志。因为我们是熟人,所以拉起来就很随便。我向她说明来意,希望她谈谈关于艺术创造上的一些经验和体会。她很客气地说:“我文化低,也没什么值得谈的,同时讲也讲不好,怕不能满足你的要求。”停了一会儿,她接着说,“别人都认为我严凤英怎么样,事实上,我自己感觉我自己还空得很哩……如果不是党和政府对我们地方戏曲的爱护,我现在还是一个家庭主妇,我的艺术生命早就死了!……”说到这里,她似乎很激动,因为往事在咀嚼她的心。在旧社会的反动政权下,她遭受过残酷的凌辱和迫害。18岁她被迫脱离了舞台生活,一直到21岁新中国成立之后,安庆市的同志们才把她找回来,让她重新走上舞台。

严凤英同志从小就爱好黄梅调,14岁那年,因为学唱(还没有登台),家里人就认为她唱小戏丢人,有辱门风,便把她从家里撵了出来。

离开家,她便和严云高等人正式组织了班子,在农村里登台演唱。那时安徽黄梅调女角登台,丁翠霞是第一个,她是第二个。

刚开始唱时,她虽然嗓子好,但因为资格浅,根基不深,演的总是配角,如丫鬟之类。16 岁回到安庆，因为群众喜爱，便开始演主角了，这是和她平时的努力分不开的。

“我很欢喜看戏。”严凤英同志接着说，“偷偷向别人学，回家来就对着镜子练，练过就当场用，请同志们看，他们说好的，我就保留下来；不好，就重来。”的确，看过严凤英同志戏的人，都会感觉到她对人物性格的掌握和刻画，总是那样细腻、逼真，毫不苟且。同样是被压迫的悲剧式人物，她能根据人物不同的出身、不同的性格和不同的时代环境，而赋予她们不同的生命色彩。

话题一转，我们又谈起角色创造方面的问题。我向她提出：“是否可以请你谈谈你扮演《柳树井》中的招弟和《砂子岗》中的四伢，还有在《天仙配》中塑造七仙女的经验？”

“经验不敢当，”她说，“如果说我今天在表演艺术上有一点点进步，这和党、政府对我的培养是分不开的。记得好多年前，我在农村也演过《天仙配》，那时既不知道什么叫体会角色的思想感情，也不知道什么叫创造人物性格。在我思想上只认为七仙女落凡，是天上安排好了的，我（指角色）下凡是奉命下来的，完全是被动的，因此，在《路遇》一场，对董永完全采取开玩笑的性质，根本谈不到什么感情。《分别》一场虽然有了一点感情，但也只是蹦蹦跌跌，那种感情是做作的，不是从心里发出的感情。现在，我对七仙女的认识就和过去完全不同了。过去我把七仙女演得很软弱、风流，那是不对头的。这次我演七仙女，通过导演对我的启发和我自己的钻研，我认识到七仙女不是那样一种人，她的表现是代表劳动人民追求幸福生活的愿望和理想，她勇敢、智慧、热情、大胆，性格上有很大程度的反抗性；对董郎绝不是轻佻、戏弄，而是强烈的同情、真挚的爱恋。在游鹊桥时，我的体会就和过去不同了，七仙女的性格比起其他六位姐姐更倔强，她敢作敢为，因此对天宫的生活，厌恶感特强，天宫的宫禁清规对她的压力更大，她的烦恼和厌恶情绪更深。因而落凡的意志也更坚决。

“‘路遇’时，她对董永的态度就和过去完全两样。她看见董永是那样一个忠厚老实的人，从心眼里就产生了一种同情和爱恋的感情。董郎的身世她是知道的，因此，在她内在的感情上、态度的表现上，一反从前，表现出一种强烈的怜爱和同情，她一下子想把什么都向董郎表示出来……可是，董郎的内心却愁着另外一回事，没有理会到她内心的狂热。董永虽三番两次地回避她，但她并不生气，相反，她却更加同情他、怜爱他，运用她的智慧，想尽各种办法来打动董永的心，以表示自己对他真挚的爱情。她是抱定坚决的态度，不达目的决不罢休！”

"'分别'时"，她接着说，"本来应当和董郎欢欢乐乐地回家过好日子了，可是我突然接到玉皇的敕令，限时回宫。这时七仙女的心情真是复杂万状。过去，我在台上，只是大哭大叫，只表现一个'悲'字；现在，除了'悲'字，最主要还有个对天宫的一个'愤'字，愤王母的无情，愤玉皇的霸道；再就是对董郎一个难割难舍的'情'字，这是如胶似漆的情，是狂热而被割裂的痛苦之情。最后，董郎与七仙女双双来到老槐树下，触景伤情，演到这里，我心肝真的都要碎了，我真正体会到什么叫'肝肠寸断''万箭穿心'之苦。最糟糕的是我知道悲惨的大祸即将降临，而董郎却一无所知，他正准备欢欢乐乐回家去过幸福的生活哩。这时董郎的每一句话，都刺痛我的心。眼看限期就要到了，我（七仙女）本想反抗，但又怕玉皇伤害董郎；试图向董郎说明真情实况，又不忍心，生怕董郎受到过分刺激。直到天鼓响了，才咬着牙把玉皇敕令我上天的事告诉董郎。每次演到这里，我的心都要破裂了，眼泪不由自主地只是往下流……但为了爱护董郎，为了他不被伤害，迫不得已，只得上天。其实这是多么残酷的分离呵！……"

说到这里她似乎已动了感情，眼睛已经润湿了。停了一会，她才接着说："其实，分析剧本、分析人物性格、分析典型环境、分析人物的思想感情等等，这是导演的工作，当然也是我们演员应当掌握和理解的。问题是演员怎么样把这些理论上的东西，变成自己的行动，也就是通过演员自己形体的表演，通过手、眼、身、法、步，结合自己内在的感情，恰当地把这些东西表演出来，这样才能真实感人，打动观众的心。"

我们又谈到《柳树井》中的招弟和《砂子岗》中的四伢，这两个人物的表演问题。我问她："对这样两个同样是受婆婆虐待的苦媳妇，你是怎样体会和创造的？"

"《柳树井》中的招弟和《砂子岗》中的四伢，我是这样体会的。"她说，"她们虽然同是受虐待的苦媳妇，可是因为出生的时代不同，因此，她们的思想、性格和态度都是不一样的。四伢是封建制度下直接被压迫的女性，招弟却是生长在新社会里受封建思想迫害的人物。四伢的性格，因长期遭受恶婆婆的折磨，基本上是软弱的，她对恶婆婆的态度是怕，表现出来的是悲，虽然她心里也有一些不平，有一点反抗情绪，可是在那样'天下老鸹子一般黑'的旧社会里，没有人支持她，她只有忍受着痛苦和折磨，隐藏着内心的愤懑。招弟虽然也是受迫害的苦媳妇，她跟四伢不同，她是我们这个时代的人，她有《婚姻法》保障，有共产党撑腰，所以，她的性格是反抗的。不过，在她没觉悟之前，她是把对婆婆的愤怒之情压抑在心底。最先，她的表现是怕和悲愤感情的交织，但到一定程度，她就要爆发，就会奔放开来。当她得到党的支持，她的眼睛亮了，心也开窍了，她再也忍耐不住了，她的愤怒变为对婆婆和小姑子的控诉，就像火山爆发一样，一发而不可收拾！”她想了一会继续说道，“我以为如果把四伢当招弟一样来表演，那就不对头了，因为那时还没有《婚姻法》，也没有共产党；同样，把招弟看成和四伢一个样，也是不对头，演出来的招弟也不像招弟，因为她们两个人是不同时代的人，一个是过去时代的人，一个是现代人。因此，应当用不同的表演方法，来刻画不同的性格，创造出不同的人物形象。”

（选自《黄梅戏艺术》1997年第4期）

【编者按】本文采访写作于1954年华东戏曲观摩演出大会期间，原发表于上海《新闻日报》。1997年，作者找出本文手稿，作为《四十年前访凤英》一文的附件，交《黄梅戏艺术》刊载。收入本书时，编者做了文字校对。

严凤英的角色创造

陆洪非

严凤英走上黄梅戏舞台以后，创造了数十个不同性格的女性形象。留给观众印象最深的，是新中国成立后她扮演的那些角色：

严凤英在《打猪草》剧中饰陶金花，丁紫臣饰金小毛

一、《打猪草》的村姑

《打猪草》里的陶金花是严凤英新中国成立后扮演的第一个最为观众注目的角色。由于她从小在农村，在打猪草和牧牛的生活中度过了童年，她扮演的陶金花，生动地表现出这个农村小姑娘活泼、开朗、愉快、好强的性格。在载歌载舞的场面，她以优美的舞姿和甜润的歌喉，将观众带到田野里的欢乐的气氛中去了。她与丁紫臣合作的《打猪草》，1952 年开始在安庆、合肥、上海、北京等地演出，得到一致的好评，对严凤英的表演，人们更是赞不绝口。有人说："严凤英的表演是非常出色的，她完整地创造了一个天真无邪的农村少女的形象，使人怀念不忘。这二十分钟的演出，简直是欣赏一首优美的牧歌。这

是农民对青春生活的歌唱。”（引自1952年11月15日上海《解放日报》）又有人说：“戏里这一对十六七岁的孩子，由于演员出色的表演，给人留下了不可磨灭的印象。特别是演小姑娘的严凤英不是模拟，而是深刻地体会了农民的女儿的性格，所以能够把它活生生地再现在舞台上。打猪草的孩子爱猪草，正如庄稼汉爱自己的庄稼一样。同时她更赋予它许多孩子气的想象。这样的想象，不仅在打着猪草，唱‘猪草爱坏人’的时候流露了出来，在‘郎对花、姐对花’……的唱和中也都自然地流露了出来。轻快的舞蹈，一转身也好，一绕手帕也好，动人的音乐，哪怕是笛和二胡牧歌式的伴奏也好，哪怕是随口唱和的‘衬字’也好，目的只是一个，表现在劳动中长大的孩子的心情。严凤英表现这种心情是那样传神，而又那样恰如其分。例如：当男孩子要把碰断了的笋子送给她时，她不要，说：‘你不是说，又可以编篮子，又可以削筷子……’原来他用这些话逗过她的。当他说碰断了的笋子没有好大用处时，她这才把笋子放到篮里去，忽然睁大了眼睛，打心里笑出来：‘这许多都给我？’就这样，把天真、喜悦的心情表露无遗。我看过两次《打猪草》，看第二次，丝毫没有重复的感觉。因为演员的感情始终是新的，并不是把设计好的一套动作、表情上台去搬一遍。”（引自1952年11月15日上海《新闻报》）

二、两个苦媳妇

新中国成立初期，严凤英成功地扮演了两个苦媳妇。一是在现代戏《柳树井》中扮演的招弟，再是1954年在《砂子岗》中扮演的杨四伢。黄梅戏当年在上海演出时，有人说，严凤英主演的《柳树井》：“招弟的沉重悲苦的命运以及在村长的帮助下，重获幸福生活的情景，她以一种难得的真切，活生生地描绘了出来，帮助了全剧演出的成功。”（见1952年11月15日《解放日报》）《砂子岗》中的主角恶婆婆是老艺人胡遐龄扮演，严凤英扮的苦媳妇杨四伢，是个戏不多的配角，但她演得很认真，形象生动。杨四伢和《柳树井》中招弟一样都是受迫害的苦人儿。这两个人物的遭遇她是见过很多的，对她们的思想感情是熟悉的。她自己就是被卖过的弱女子，而等郎媳、童养媳等等各色各样的苦媳妇在旧社会的邻居中和放牛的伙伴里都有不少。当她在《柳树井》中扮演的招弟唱道：“爹娘爹娘心太狠，把亲生的女儿换了粮……一石谷子半匹布，爹娘卖我就像卖一头羊……”，就不禁想到自己15岁那年，父亲把她卖给恶魔的悲惨经历。当她在《砂子岗》中扮演的杨四伢被婆婆当成眼中钉，洗衣服时，棒槌敲重了挨打，敲轻了也挨打，过去见到的那些在婆婆面前左不是、右也不是的苦人儿又都一个一个站到面前来了。她是演自己、演自己的伙伴。

杨四伢和招弟这两个苦媳妇，她没有按照一个模式去翻版，而是从她们的共同处去找不同点，塑造出具体的人物。严凤英这样说过："招弟和四伢虽然同是受虐待的苦媳妇，可是因为出生时代不同，因此她们在思想上、性格上以及对人物的态度上都不是一样的。四伢是封建社会制度下直接受迫害的人。招弟是生长在新社会，封建制度正在受冲击，但她仍受着有封建思想者的虐待。四伢因为长期受婆婆的折磨，她的性格是比较软弱的。她对恶婆的态度是怕，平常的表现是悲。虽然心里不平，但只有忍受着折磨的苦痛，隐藏着内心的愤懑。娘家哥哥来给她支持，她还是忍气吞声。招弟就不同了，她是我们这个时代的人。她有反抗的性格，心里好像埋着一团火。过去觉悟不高，她把对婆婆愤恨的感情压抑在心里，但等待时机反抗。及至得到党的支持，她的眼睛亮了，心也开窍了，再也忍耐不住了，就像火山爆发一样向人控诉了恶婆和外号'刺儿菜'的小姑对她的虐待。人各有貌，人各有体，要刻画不同的性格，创造不同的形象，不能代替或搬用。"

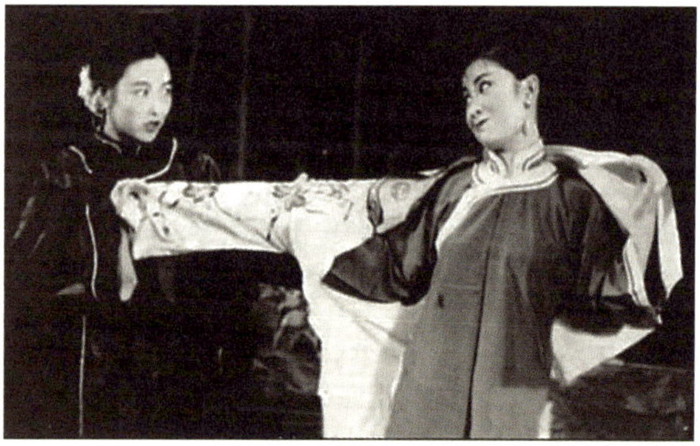

《砂子岗》剧照

三、私自下凡的七仙女

《天仙配》中的七仙女是严凤英的代表人物。这个角色，她在新中国成立前，虽然看得多，但演得少，没有留下什么好印象。她说："过去在农村演《天仙配》，满脑子都是迷信思想。认为董永孝心感动天地，七仙女落凡是玉皇大帝安排的。我是奉命而来，对天宫根本没有寂寞厌烦之感。当时对七仙女落凡后假托的身份，也很不清楚。董永在老戏里是个秀才，七仙女的装扮就和一般的花旦差不多，说不清她是一位千金小姐，还是一位农村姑娘。她身穿裙袄，右手拿一把扇子，左手拿一条手绢，站的时候爱把左手撑着腰，态度显得轻佻，说不上像个什么人物。在《路遇》一场，她对董永挑逗、戏弄，主要是想办法偷偷地在他颈上插上一把扇子，又偷偷地把他的包裹雨伞拿去，从而讹诈董永把她带走，完成配合百日夫妻的任务。两人没有一点感情，根本谈不到相爱。在‘分别’里，与一个相处了百日的男人分手是有点舍不得，但表现在舞台上，也只是蹦蹦跌跌，扁扁嘴，哭叫几声，态度做作，没有演出过发自内心的真感情。”严凤英对《天仙配》中的七仙女不像对《小辞店》中的柳凤英、《游春》中赵翠花那样熟悉、那样喜爱。她说：“黄梅戏的传统剧目，大本戏的舞蹈很少，主要靠唱。《天仙配》这出戏，七仙女唱得不多，人物上台干什么也不明确，当时为了糊口，我虽也演，但心里却不欢喜。1954 年，为了参加华东区戏曲会演，又叫我演七仙女。这一次是演经过整理的本子。一开始，我还不很欢喜，后来在排演过程中，才慢慢地改变了过去的看法。”严凤英对《天仙配》改本中的七仙女是怎样理解的？怎样去体现的呢？她说：“七仙女是个神仙，按理也要从神仙的角度给她来分析一番。神仙我没见过，也没法见到，但是我可以把她按照人的思想情况来处理的。……我想她敢从天上跑到地上，又敢当面向一个陌生的男子主动地提出婚姻大事，并且想出一些巧妙的办法打动董永，难住刁恶的傅员外……那么，她一定是个既大胆又聪明，既热情又能干的姑娘。”

严凤英认为七仙女是按农村姑娘想象出来的。她虽然有新的设想，但受传统表演的束缚，开始排演的时候，她演得太“文”了，像个千金小姐。后来，她又进一步去探索、去捕捉七仙女的形象：“为什么演得不像，不粗犷？慢慢我想出来了。村姑和千金小姐对待同一个问题时，她们的感情流露是大不相同的。比如《路遇》中七仙女唱‘我愿与你配成婚’，起先我是以一般的‘闺门旦’的表演方法来表演的，两只手的食指对董永比作‘配对’的样子，头则羞惭地低下来。这种表演不仅在这里可以用，我在其他的戏中也用过，可是放在七仙女身上就太‘文’了。村姑要真爱上了一个青年，她会勇敢得多。我记得小时候，村子里有些老年人骂自己的女孩‘不知羞耻’的事。其实，她们都是一些很能干的好姊妹，不过没有按照老年人的规矩，而是凭自己的愿望选择了对象而已。我想七仙女也就是这样勇敢的人。我这个仙女要大胆地向董永吐露真情，得抓紧时机，不然他要走（至于我还有“仙机妙法”，就想得不多了）。我要赶紧告诉他，我愿与他配成夫妻。我一下决心，干脆说了吧，于是瞪着眼对他表白：‘我愿与你——’

在青天白日的阳关大道上，说出‘我愿与你配成婚’的话，的确是很勇敢，但毕竟是个大姑娘，还是羞得低下了头来。农村姑娘当然不像千金小姐那样做作，但也不是‘不知羞耻’。”严凤英扮演七仙女是按“人”（农村中勤劳、聪明、善良的姑娘）的思想情感塑造的艺术形象，没有去渲染“神仙”的神奇变幻，而是表现人的真情实意。七仙女向往人间自由幸福的生活，集中体现在对丈夫董永的爱上。到“分别”的时候，这种爱到了最高境界。生离死别都无法破坏她同董永的纯真爱情。这种高尚的情操，感动了演员。严凤英往往演到这里，进到戏中，甚至难以把自己拔出来。她的体会是：“在‘分别’的前半场，我想得非常美。我有了这样一个好丈夫，并且又怀了孕。我想到了我们今后的幸福生活：董永去野外耕田，我在家里织布，儿子在织布机前玩耍，到了中午我就给丈夫送饭……我还想到我第一次生娃娃，丈夫高兴得什么样子呢？……我真心爱着董永，对我们的生活有美好的想象，突然要我和董永分开，这怎么行？我不愿离他上天。可是，我要不上天，董永的性命就难保。我处处替董永着想，为他担忧。我想，怎样告诉他才不使他感到突然，不至于过分伤心；我怎样才能使他知道我不忍抛别他的心意……我被逼上天，董永不忍割舍，愤怒喊叫，忽然狂风巨雷把他打倒在地上。我怎能不管？至于我将受到什么样的惩罚，我都不在乎。我要保护董永、安慰董永，叫他勇敢地生活下去！我告诉他：等到来年春暖花开的时候，我还要给他送儿子来。我安慰董永，但自己却是痛彻肺腑。因为我这颗心，早已紧紧地系在董永的身上，离开他我怎么活得了啊？每逢演到这里，我总是止不住内心的悲痛，大哭起来，一直哭到卸完了妆，还止不住热泪如泉。明知是演戏，就是从戏里出不来。”（引文摘自1956年《中国电影》第3期载严凤英《我演七仙女》）

严凤英创造的七仙女，在舞台上和银幕上出现，为亿万观众所赞赏，有口皆碑，评价很高。1956年唐湜在《戏剧报》上写过专文介绍严凤英扮演的七仙女。他说：“拿七仙女来说，她在华东戏曲会演中把这个角色演得像《打猪草》中的陶金花那样带点野姑娘的倔强、天真，却又热情、智慧、大方，像个天真的农女。拿她自己的话说，她是围绕着董永这个辛勤、朴实的农民想，使她能与他相配相称，成为他的合适的妻子的。”他对严凤英在一些重点场次的表现，进行了详细的分析。谈到《路遇》时，他说：“最招人喜爱的一场《路遇》来了。这里充分表现了一种农民的风趣与智慧，更富有剧种的地方特色。这是一首爱的抒情诗。严凤英同志扮演的七仙女到了人间，她要设法使董永这个老实头如何慢慢地喜欢她，爱上她。她两次挡住他不让他过去，死乞白赖地与他扯皮，又乘他不防，在他施了礼过来时撞他，反说他撞了她。她调皮地要他告诉她‘姓什名谁’，不然不让过去。严凤英同志把这个人物演得这么风趣又智慧，就像是一个乡间拾柴棒、打猪草的野姑娘，但又显得那么大方，而并不扭捏作态。七仙女又提出了‘配夫妻’的建议，董永推托，向她赔礼，她又想出了一个主意，说他拿着包裹、雨伞施礼算不得数，乘他放下包裹、雨伞赔礼时，把白扇插在他颈后，拿了包裹、雨伞就走。于是土地公出现了，两人都找他评理，她说他三天前约她同行，她拿白扇与他交换包裹、雨伞为证，如今他却要‘抛别’她。他一摸颈后，果然有把白扇，瞪着眼说不出话来。老土地问他：‘公和私休？’他知道‘公和公和，板子难驮’，允了婚事，但又推脱没有主婚为媒之人。结果，老土地当了主婚，她一扇白扇，槐荫树开口讲话，当了红媒。二人见了个‘和气礼’，成了夫妻。这里，严凤英同志演得非常活泼生动，她像一个野姑娘既撒赖又撒娇，她真能绕着董永这个出名的‘董老实’演戏，使二人相配。表演中的那种鲜明的民间风趣，非常亲切、新鲜，使人看了觉得别有一种滋味在心头，忍不住要笑出声来。”吴组湘看到《天仙配》，非常欣赏“那仙女，两个深切纯真的大眼睛”，他说：“当仙女要上天时，严凤英的眼珠里涌出了大滴的泪珠。她的唱腔缠绵悱恻，委婉而深沉，在我心底里深藏着并且久已遗忘的一种说不出名字的心情意绪顿时被勾了出来，使我激动得不能自制。”著名川剧演员竞华（成都川剧院副院长）是在银幕上见到七仙女的，她认为：“严凤英的表演是成功的。她在人物性格、思想感情的变化上，掌握得非常细腻，每个时刻和每个动作，都蕴藏着充沛的内心感情，因此，这部影片里的七仙女使人感到格外可爱，这部影片感人最深的也在这一点上。这种深入角色，刻画人物性格，随时随刻掌握剧中人的思想感情，严肃认真地进行表演，是值得每个演员学习的。”

四、女扮男装的冯素珍

《女驸马》中的冯素珍是严凤英继七仙女之后，在舞台和银幕上塑造的又一个为广大观众喜爱的角色。严凤英主演的《女驸马》，1959 年春天在合肥首演，随即到上海为中国共产党八届七中全会演出，得到了党中央领导的赞许，周总理接见了严凤英并合影。同年夏天调到北京公演，秋后由上海海燕制片厂搬上银幕。严凤英对《女驸马》的主题和冯素珍这个角色的意义以及如何运用唱、做、念、舞来表现人物的思想情感，进行过反复的琢磨。据影片中春红的扮演者田玉莲回忆，严凤英曾经这样说过：“《女驸马》的主题，是歌颂一位在封建统治下对爱情坚贞不渝的少女，不为富贵所淫、贫贱所移、威武所屈，勇敢、机智地进行公开斗争，最后终于获得了美满婚姻。同时也嘲讽了封建皇帝自私自利的丑恶面目。如何把主题表现出来？必须通过导演、演员、音乐、美术等部门的共同努力。冯素珍是全剧的主要人物，她的最高任务是'我一定要与李郎成婚'。她该如何行动以达到自己的目的？我想，她在全剧的贯串动作应该是：'想尽一切办法来救李郎'。有了这个贯穿动作，还要找出每场的任务和动作来。演员如能正确找到它，正确掌握它，就能把握住人物的感情脉络。例如："状元府"一场，一开场的引子和唱段，表现冯素珍乔装改扮，得中状元，眼看李郎就要得救的高兴心情，从局部看要有喜剧效果。刘文举的上场，使冯素珍提高了警惕，并与春红适当地交流。当刘文举传圣旨招她为驸马，她的哥哥又向她指明事态的严重性之后，为了表现冯素珍那种心慌意乱、一筹莫展的焦虑心情，她糅合了旦角和生角的不同表演程式，较为恰当地表现了角色的内心世界。这段戏里，手按纱帽，双眉紧锁，在场上以旦角的台步踱来踱去，筹思万全之计。"这时只有我（冯素珍）与你（春红）两人，环境允许我们暂时恢复女儿身份，同时也由于心烦意乱再也无法顾及这些细节（指状元公的体统）。因此，虽然穿着靴子，还是用旦角的台

严凤英（前右）在《女驸马》剧中饰冯素珍

步，这样做，对于表现冯素珍此时此地的典型性格就较为得体。《洞房》一场戏，我体会也不能有悲的成分，从全剧出发，整个调子是明快的。在冯素珍身上具有勇敢机智、天真活泼的性格和不屈不挠的斗争决心。因此处理这一人物要突出少女的天真可爱和机智的一面。从观众的心理出发，是好玩、好笑，从人物心情出发，则是欲哭不得、欲笑不能。因此在每一行动（包括唱、做、念、舞）之前都要自问'怎么办'？为了表现驸马的身份，开始行动要严肃认真，但在迅速发展的矛盾中，又不自觉地流露出女孩子的本色。这一点必须掌握适当。而公主呢？矫揉造作，自以为是皇家金枝玉叶，神圣不可侵犯，特别是在自己利益被侵犯的时候，决不会同情别人的疾苦。但她也有天真的一面，而这种天真又具有未见过世面的愚昧无知，被冯素珍所掌握、利用。在她没有发现驸马是女人之前，则一心一意结同心；发现是女人后，先是丧气，怨恨刘大人误了她的终身，而要杀冯素

严凤英在《女驸马》剧中饰冯素珍

珍以泄愤。《洞房》一场必须注意刻画两个人物的不同性格，按规定情境，有许多喜剧性细节可挖。洞房是戏剧的高潮，(除表演)还要特别注意过门、对白、唱词使观众听得清楚……”(1981 年《黄梅戏艺术》第 1 期)

《女驸马》虽然源于民间传说，但毕竟涉及官场和宫廷的生活，冯素珍又有几场戏是女扮男装，有时凤冠霞帔，有时纱帽官衣，什么穿戴、什么动作都有一套程式。传统的表演程式，黄梅戏本身是不够用的，严凤英就向昆曲、京剧去借。逐渐丰富了表演手段，灵活地运用程式来表现人物的心情。如在“洞房”一场，公主把她当成真驸马，自己有苦难言，而又对公主深表同情。当她一人在场，有一段独唱：“……你我都是闺中女，怎效鸳鸯比翼飞？我为救夫乔改扮，无故累你守空帏。”严凤英说：“原来这里没有身段，只是在‘乔改扮’那里，用右手作兰花指，手心朝内，以中指从左眉绕到右眉，表示一下‘乔改扮’的意思。”后来经导演指点，对所扮人物在此时此地的内心活动做了深入分析，觉得“我这个女孩子被误招进宫做驸马，事情一败露，马上就得杀头，公主三番五次催我睡觉，谯楼也是更鼓频催，情况十分紧张。现在，公主虽然被我哄去先睡了，假如我再不去，她当更会起疑心。在这样紧张情况下，我要坐着不动地唱，从戏曲表演要求来看，是非常不够了”。于是她运用程式，把动作放大，把内心的激动鲜明地告诉观众。她说：“我把原来‘乔改扮’的兰花指小动作改为一个全身的大动作，从‘走边’中化过来一个身段，向前踩三步，然后蹲一个势，起身，左手撩袍，右手指乌纱帽，望着公主的卧室，唱‘我为救夫乔改扮’——把‘乔改扮’的范围从脸上扩大到纱帽、蟒袍。换了这个动作大的身段，我的焦急和深深为公主抱屈的心情就比原来明朗多了。”(引文摘自 1959 年 11 月《安徽戏剧》载严凤英《拍摄〈女驸马〉中所学到的》)

严凤英为了把冯素珍这个人物演得生动可爱，面向生活，煞费苦心。例如刘文举带圣旨来招冯素珍为驸马，使她左右为难的时候，她失散多年的哥哥来了，埋怨她不该女扮男装、冒名应试，并问她：“我看你状元公怎样下台？”但哥哥还不知道招驸马的事，她接着回答：“眼前我就下不了台啊！”这时候的冯素珍是有苦难言，无可奈何，但作为小妹妹在亲哥哥面前，说这话的语气、神态应是怎样？据王冠亚说：“她希望这个表情既能表现人物此时的心情，又要有喜剧色彩，还要使观众得到美的享受。她在家里设计了好多种方案，都感到不理想。那天大孩子回家，在学校吃了老师批评，回来有苦说不出，她一问，大孩子一惊：瞪着两眼望她发愣，那表情很有点童稚可爱的味道。她猛然叫好，反复学这个表情。后来在舞台上、在银幕上，就这样演了，使人物增加了可爱的色彩。”严凤英扮演的冯素珍给专家和普通观众都留下了很好的印象，林涵表在《谈严凤英演〈女驸马〉》中说：“全戏的光彩和风趣，寓于朴素之中。严凤英扮演的女驸马冯素珍，就表现了她卓越的艺术才能。她用纯熟的唱腔、明朗传神的眼睛和优美的形体动作，成功地塑造了一个勇于反抗封建家庭的压迫，敢于同皇帝做机智斗争的女性形象。冯素珍的经历是复杂的，这就需要更多的表情和做工。严凤英深刻地掌握了人物的心理变化，细致地表现了冯素珍出走前的沉重心情、中状元后复杂欢悦的心境以及暴露身份后同公主斗争、同皇帝斗争的机智与勇敢。她表演得体，也体现了这样风格，细致、深刻、富有真情实感。”（见 1959 年 11 月《大众电影》）

严凤英主演的《女驸马》像《天仙配》一样拥有数以亿万计的观众，包括大批的年轻人。有的青年甚至为之倾倒。“文化大革命”后，《女驸马》重映时，山东曲阜师专一位叫燕丽雅的女学生，当影片轮到该地放映时，她“每天晚上下课后，往返八里从学校赶到城里去看这部影片”，一共看了六遍。而她“每看一次，总会在严凤英同志的表演中看到新的未曾发现的东西，这就是一个天才的演员闪烁的光辉。同学中有人说：‘严凤英简直是为舞台而生就的！’”，她认为“严凤英在《女驸马》中的演唱太逼真、太感人了。我简直不能区别她哪一段唱得最好，哪几个动作做得最妙。因为，她的一颦一笑、一举一动，如喝醒酒汤。率公主入洞房，修本告假返故乡以及同春红的逗趣，都表演得那样潇洒、大方、自如、端庄。表情是那样逼真、朴实，毫不做作，使人感到恰如其分，恰到好处。真有点儿‘增之一分则太长，减之一分则太短’的味道。在她演小生时比演小旦还要美些。总之，看了她的戏使我感到一种出于内心的舒服、愉快”。她看过影片后，很不平静，说：“接连这几夜，我很难入睡，眼前总是出现她身穿状元袍、帽插金花，笑盈盈的样子。我与她非亲非故，不知为什么对她的感情却是这样的深。一个戏曲演员，通过艺术创造，使观众对她产生如此深厚的感情，还只有严凤英一人。”（引文摘自 1979 年 6 月 10 日燕丽雅给严凤英家属的信）

严凤英创造的角色丰富多彩。早在 1956 年她到广州演出时就使人觉得“严凤英是个有多方面才能的青年演员，她在《天仙配》中饰演七仙女，在《夫妻观灯》中饰演王小六妻，在《游春》中饰演赵翠花，在《打豆腐》中饰演一个泼辣风趣的妻子。这几个人，年龄不同、身份不同、性格也不同，但她却成功地创造了这些不同个性的妇女形象。……严凤英同志的表演还有一个很大的特色，就是她所塑造的人物和我们的生活很接近，表演和唱腔有浓厚的土腥味。这不单因为黄梅戏是从民歌、民谣发展来的，《天仙配》是个优美的民间传说，《夫妻观灯》和《打豆腐》表现的是农民生活的片段，而主要的是演员的表演。严凤英很懂得从生活中吸取养料，来丰富自己的艺术，她很多表情和动作都是从生活中提炼出来的。在《夫妻观灯》中，她饰演王小六妻，别人多看了她几眼，就装腔作势撒起娇来。这样的表情和动作，都是我们生活中所习见的，所以特别亲切动人。”（引自1956广州市人民广播电台记者路平的《谈严凤英的表演艺术》）

严凤英创造的角色，除上面提到的，还有《江姐》中的江姐、《春香传》中的春香、《打金枝》中的公主、《碧玉簪》中的李秀英、《桃花扇》中的李香君……都给人们留下了美好的印象。

（选自《黄梅戏源流》）

严凤英的艺术青春永驻

时白林

最近，美国一家电视台在合肥采访我时，向我提出了一个很耐人寻味的问题，他问："由严凤英、王少舫主演的电影《天仙配》《女驸马》都是20世纪50年代的作品，严凤英也英年早逝三十多年了，为什么现在人们还这么喜欢严凤英的表演艺术与演唱艺术，并未随着时间的推移而减色或被人们遗忘？"这或许就是在严凤英同志含冤辞世三十六年之后，国家各有关部门在举办"中国安庆第三届黄梅戏艺术节"之际，还要举办"严凤英表演艺术研讨会"，来纪念这位深为人

1958年，周恩来观看《打金枝》后上台与演职员合影时，和严凤英交谈

民爱戴的一代宗师的原因。

凤英同志生前在舞台和银幕上塑造了很多不同年龄、不同朝代、不同阶层、不同国家和不同文化品位的妇女形象，在演唱艺术和表演深度上，都给人们留下了非常鲜明而又难忘的印象，她塑造的形象个个都栩栩如生，令人赞叹！对她的整体艺术，我曾有专文探讨过。这里我只举一个很小的，也是大家比较熟悉的例子，就是她在传统花腔小戏《打猪草》里，塑造的那个天真无邪又活泼可爱的农村小姑娘陶金花。当她扎着两个戴着山花的小辫，挎着小篮子在黄梅戏特有的［一字锣］接［花六锤］的铿锵锣鼓声中一蹦一跳地上场时，给你的感觉她就是农村的一位小姑娘，她唱的那段女腔［打猪草］调，是由著名老艺人丁永泉传腔，严凤英完善了的多段体民歌，用锣鼓断句、戏化了的［花腔］。当用同一旋律唱第二段词“急走急忙行/来到竹子林/用目来观看”时，她在句尾加了个安庆城乡人们生活中常用的一个带有惊讶的感叹词“嗟”字，再接着唱“猪草爱坏人”。她仅仅在这里加了一个“嗟”字，这个“嗟”字她有时在弱拍上只占半拍的时值，显得兴奋精明，有时占一拍的时值，又显得有些腼腆。加了这个“嗟”字，舞台上立刻生动了许多，好像观众也在她神往处看到了生机勃勃的猪草。丁永泉先生生前对演员曾有过“两提倡，两反对”：提倡用安庆官话唱戏，提倡用真情演戏；反对嘴里不干净，乱加虚词，反对自己看不起自己，唱淫秽词句。但丁老对严凤英在这里加的虚词不仅不反对，而且大加赞赏。

《打猪草》只是严凤英主演、广受人们喜爱的一个花腔小戏。小中可以见大，她主演的大戏，有的已被国家评定为精品。严凤英为什么会有如此大的感召力，或者说是魅力，我认为可以用“情”与“韵”予以概括。

所谓情，是指严凤英主演任何剧目中的任何角色，她都是非常认真地用真情、深情来揭示人物的内心世界。《夫妻观灯》中她演的是农村一对青年恩爱夫妻中的王妻，纯朴、靓丽；神话剧《天仙配》中她演的是天上玉皇大帝的小女儿七仙女，敢爱、敢恨；《女驸马》中她演的是女才子冯素珍，聪明、勇敢、正义；神话剧《牛郎织女》中她演的是天上的星宿织女，智慧、忠贞。当剧中人物得意、欢快时，她那流畅、甜美又动听的演唱，让人听得心旷神怡，当剧中人物痛苦、悲伤时，她那真切感人、如泣如诉、撕心裂肺的演唱，又催人泪下。这就是严凤英的真情、深情的可贵之处。严凤英虽然出生在安庆市，却长在农村，对农村的生活很熟悉，所以新中国成立初期，她演的老舍先生的现代戏《柳树井》中的招弟很成功，以后主要是演古装戏。1963 年，国家提倡戏曲也要演些反映当代生活的现代戏，当时我们正在上海拍电影《牛郎织女》。凤英找到了我和王少舫，我们商量后，三人立即写了篇表态性的文章《高唱时代凯歌》在报上发表了。回到合肥后，我们选上了山东话剧院一位剧作家的话剧剧本《丰收之后》。如果用黄梅戏的样式演出，作曲就得占去一个月的时间。经反复讨论，为了能尽快地把戏搬上舞台，又不能降低演出质量，最后决定闯一条新路，用方言话剧的形式演出，这样可以让观众看到舞台上的优秀剧本。说的是大家感到很亲切的安庆官话，配音的描写音乐又是熟悉的黄梅音乐的旋律，结果试验成功了，一炮打响。严凤英刻画农村妇女赵五婶的功力和入木三分的演技，令人久久难忘。紧接着又移植了阎肃先生的歌剧本《江姐》，这个戏后来成了安徽省黄梅戏剧院的保留剧目。严凤英的出色表演和沁人肺腑的演唱艺术，连阎肃先生都在电视讲话中给予了高度的评价。

1959 年在上海演出，周恩来总理接见严凤英

所谓韵，是指严凤英在用演唱艺术塑造人物时的韵味、神韵。韵味也常被人们说成风格、特色、特点等。神韵是中国悠久传统文化积淀成的一种美学观念，是欣赏艺术作品的深层内涵。中国的戏曲剧种同中国的说唱曲种、民歌一样，都有比较强烈的民族风格、地方韵味。剧种之所以能分成数百个，互不相同，除语

言、声腔不同外，韵味与神韵各异也起着相当重要的作用。严凤英之所以成为“严凤英”，就是因为她创造任何角色都是认真钻研、仔细揣摩、一丝不苟地将人物鲜活地呈现给观众，其中就包括她能把情与韵有机糅合在一起。昆曲、京剧、豫剧、评剧、京韵大鼓、评弹、河南坠子等，大家都听那些名家、名段，就是喜欢他们的真情无限，韵味十足；民歌也概莫能外，新疆民歌《达坂城的姑娘》不少歌唱家都唱了，也灌成了音带或 CD 销售，但有些人硬是非克里木唱的不买，都是因为在追求演唱者的真情与韵味，仅此而已。

近二十年来成长起来的黄梅戏演员，其中不少也在真情与韵味上逐渐重视并下苦功探索，这是一种可喜的现象，衷心地希望能发扬光大，为黄梅戏今后的发展立下新功！

（选自《华夏纵横》2004 年第 2 期）

《天仙配》排演中的严凤英

乔志良

亿万观众心目中的“七仙女”严凤英，离别人间已三十六个年头了。回忆我们曾经亲密合作、共创辉煌的日子，倍感怀念。她那天真活泼、热情、大方、开朗的性格，对艺术的热爱、敬业、学而不厌、刻苦顽强的精神，在排练《天仙配》时表现得尤为突出。

《天仙配》是由黄梅戏传统剧目《百日缘》改编的，《百日缘》是根据民间传说二十四孝之一的董永卖身葬父的故事创作的，董永孝心感动天地，玉帝命七女下凡配婚，百日为妻，期满七女回归天庭。这原是一个充满迷信色彩的剧目，陆洪非同志在旧剧本的基础上着手改编，主题、情节、结构有较大改变，成为一部有着丰富内涵的青年男女的爱情悲歌。在神话色彩之外赋予了这部剧更高、更强烈的现实意义。

由于剧本改了，以前《百日缘》的舞台演出，至多只能是一种借鉴，许多地方必须重新创造。排练时王少舫同志尚未调来，严凤英同志正在怀孕期间，七女和董永就由陈月环、查瑞和二同志担任，其他仙女大多数是新招来的女孩，如：张萍、江明安、潘霞云等。“鹊桥”“织绢”两场原本没有舞蹈，我根据新本设计了舞蹈。为了排练改编后的“鹊桥”舞蹈，我天天带她们练功打基础。也真够她们累的，都喊腰、腿痛得吃不消。老戏《百日缘》里“织娟”一场，大姐坐在台中间凳子上，众仙女围在大姐身后看着大姐双手模拟梭子的跳动，同时伴以［五更调］。整个舞台布局死板一块，显得滑稽，与当时气氛不和谐。我决定在［五更调］的基础上重新加工，动作、语言也跟着改变，要把织绢的动作舞蹈化，由大姐独织变为姐妹群织。这只是总体构想，具体操作、贯彻这种构想却并不容易。舞台上不

1955 年严凤英(中)在《天仙配》剧中饰七仙女

可能出现真实的织机,织绢的动作只能从虚处着手,而天丝也只能象征地运用灯光来虚拟。织绢的机子和丝都是虚的,那么,织绢这一动作也只能虚拟。大姐说"姐妹们我们动起手来",众仙女随着音乐的节奏模仿绕丝和织绢动作。大姐边织边唱[五更调],众姐妹则在一边唱和。相关的动作都是舞蹈化,和[五更调]相应和,使歌和舞融为一体。"鹊桥"中七位仙女赞"渔、樵、耕、读",原本也无舞蹈,我也根据剧本做了设计,这对当时演员来讲有很大难度。在这几个演员中,除了个别的人有点舞台实践和经验外,大多数都是新手,排练起来很费力。经过刻苦练习,总算是排出来了。演出得到好评,但也有些缺点必须加工修改。因此当时团部决定边演出、边加工、边修改。

一天,团部接到省委通知,要加工、修改、排练《天仙配》,参加 1954 年华东第一届戏剧会演。同时演员要重新调整,七女由严凤英扮演,董永换王少舫,大姐换王少梅,二姐换潘璟琍。严凤英深知自己的基本功差,每天早晨都参加基本功训练,和其他演员一样下腰、踢腿、跑圆场、练身段、练水袖。这时的严凤英 24 岁左右,在安庆地区舞台很有名气,能够放下身架,毅然和新招来才一年的学员一起苦练基本功,真是难能可贵,我很感动。为了配合排戏,我把"鹊桥""四赞"中需要的舞蹈动作提出来做基本功训练,如:云步、挫步、脚尖步、圆场步(快、慢)、水袖、卧鱼、云帚等动作，规定每项动作的次数及时间，特别要求动作的统一整齐。经过一段时间训练，严凤英有很大的进步。有时我看她很累就说："凤英，休息一会儿再练。"她说："不累。"一直练到收工，别人都走了，她一人还在那里练，并说："不练不行哪，我是笨鸟先飞，不然怎么能跟得上……"过了一个多月，演员基本训练、剧本修改、音乐整理加工、舞台美术设计、全剧费用计算等都已完成，向省委呈文上报，得到批准。剧团部门开始行动，演员也开始进入排练。按照排练计划日程表，先排"鹊桥"。每天早、中、晚排练，很紧张，尤其是严凤英，她不仅要读剧本、背台词，而且还要把经过研究加工后的唱腔学会唱好。再加上"鹊桥"的舞蹈排练，她很辛苦。在排练"鹊桥""三赞"农夫这段舞蹈时，为了突出农家生活忙碌，旋律上比较快，唱到"但愿五谷收成好"时，演员在舞台中站成一个大圆形，根据音乐伴奏，原地快速向左转动，再向右转身卧鱼半躺在地面。这个动作要做得整齐一气呵成，古装的裙子要飘起来。这段舞蹈动作，单独做卧鱼问题不大，而连贯起来确是不容易。她们七人当中，除了王少梅没问题，其他五位虽做得不标准也还可以，因为她们年龄不大腰腿灵活。而严凤英已是二十四五岁的人了，再加上功底较差，像这样突然转身反卧鱼，怎能卧得下去？怎能找到方向呢？何况卧鱼动作两腿交叉，臀部要坐在一只脚上，胸面朝上，两手一背后、一胸前，动作要包得紧，散开就难看了。可是当时她就是做不好，不是方向不对，就是包不住，而且还把膝盖磕破了。别人和她开玩笑："你怎么尽是散黄蛋啦！"她听了后也不生气，反说自己太笨了。她向我说："乔导演，我下去练，保证练好，不要为我一人耽误大家排练时间。"我说："好！不过你要在一个星期内把这个左右转身卧鱼动作练好！"完后我们就继续往下排练……

不到一个星期，整个"鹊桥"就排完了。连排时，排到"三赞"卧鱼动作，大家都关心严凤英能否做好，为她捏了一把汗。谁知道她不声不响地转身卧鱼下去了，而且转身很快，翻身卧鱼落地，不仅方向准确，而且动作利索包得很紧。大家都为她高兴。我也为她高兴，并开玩笑说："散黄蛋，这一下变成宝贝蛋啦，真棒！谢谢你的努力……"她笑着说："我要谢谢你，没有你教我、逼我，我怎么能变成宝贝蛋。"她得意地笑了，其他演员也笑。突然有人说："凤英姐，你裤腿上怎么有血啊？"她自己看了看说："没事。"我说："你把裤腿撩起来……"她撩起来后，看到她两个膝盖上又红又肿，旁边的皮磕破了正在流血。我心疼地说："休息一会，你回去擦点药用纱布包上吧。"后来听我老伴刘慧娴说，小凤英真够种，为了练转身反卧鱼，除了在练功场练，在家里也练，摔得够呛，她要强。我赞同地说："是的，不仅在练功排舞蹈这方面，在表演上她也认真要强。"

在排"路遇"这场戏，董永交代身世后，七女安慰他的一段唱：

大哥休要泪淋淋，
我有一言奉劝君！
你好比杨柳遭霜打，
但等春来又发青。
董永（白）：多谢大姐相劝！
七女（唱）：小女子我也有伤心事，你我都是苦根生！
董永（白）：但不知大姐家住哪里，要往哪道而去！
七女（唱）：我本住在蓬莱村，千里迢迢来投亲。又谁知亲朋故旧无踪影，天涯沦落叹飘零！
董永（白）：如此说来，我们倒是一样的命苦了。
七女（唱）：只要大哥不嫌弃，我愿与你——
董永（白）：怎样？
七女（唱）：配成婚。

1954年《天仙配》舞台剧照：严凤英饰七仙女，王少舫饰董永

上面这段唱词和道白，如果不细细推敲人物与人物之间的关系和人物内心活动，一般地按词按腔去演唱，那就平淡无味了。凤英认识到这段戏是表现深层的同情和安慰，同时也表现七女下嫁董永的决心和勇气，还表现主动示爱的姑娘家所特有的小怯懦，爱是爱上了，却羞于说出口，这样就能在七女的神性之外又刻画出她的人性，让人觉得七女就是生活在我们身边的人。要表现七女的羞涩之情和难于出口之态，仅靠演员在唱上下功夫是不够的，必须加上手势和表情，结合唱词中曲折与停顿，才能强化表演效果。如：七女唱“我愿与你——”在“你”之后有一停顿，引得董永问“怎样”，七女这时还在说与不说之间犹豫着，当“怎样”一问后，好像鼓起了勇气，非说不可了，才有“配……”出口，音乐无伴奏，七女的清唱在舞台上回旋。我要求严凤英将这个“配……”字唱出曲折来，表现出七女还在“说与不说”之间的内心徘徊，同时又配以手势，两手各出一指，虚指自己和董永，两指随“成婚”唱出而并列一起，又猛地撤回，看了董永一眼，两手掩脸亦喜、亦慌、亦羞地跑开。这段表演在舞台上效果特别好，尤其是掩脸跑开的动作，手势和唱腔的结合，把七女的形象刻画得十分细腻动人，表现出七女在表白爱情时的千转百回的女儿心态，这个动作是严凤英在我启发下自己创造的。这里我要说明一下，唱腔手势导演是不能包办代替的，要靠演员琢磨、思考、研究、创造、出新才能完成。凤英同志为了设计出这样美妙的手势动作，下了很大功夫。不仅是这场戏，整个戏的排练她都下了很大的功夫。

严凤英对自己在艺术上要求很严格。每排一场戏，每演一出戏，她都主动向团内同志征求意见，找出自己在艺术创作上的真伪、优劣、得失，提高自己的认识进行再创造，达到精益求精。如：《天仙配》“分别”一场戏，天将带来玉帝噩讯，要七女午时三刻返回天庭，不然就将董永碎尸万段。这样致命一击，给七女内心造成很大的痛苦。剧本安排了一段直接表现她内心痛苦的戏。在舞台处理上，七女两眼看着观众席的最前面，仿佛看到董永满心欢喜地在摘芦花，七女悲伤地唱：“董郎前面匆匆走，七女后面泪双流……”这里，七女只是慢步前移，两眼含泪注视前方边唱边走，步子很小没有大的动作。如果动作多了，则会妨碍她内心情感的表达；唱法上，则以颤音表达她的泣不成声。这是用“静”的方法以突出唱腔，渲染悲切，在静中表达钻心般的悲痛。清唱，能把观众视线集中到七女身上，而七女在唱时，更能用声来传情，感染观众，触动观众心弦，使观众的听觉、视觉都集中在七女的面部，收到强烈的艺术效果。这一段戏的表演处理，她征求过很多人意见。有的说要用舞来衬托唱，有的说用水袖和指法衬托，还有一位说戏曲不用动作，那不成清唱了吗？这些不同的说法，她都认真听，认真想，最后她还是从七女这个人物内心活动找出她需要的表现形式。这段戏的表演，不是外部动作大小的问题，而是这对恩爱夫妻即将生离死别、痛苦悲哀、难舍难分的内心刻画。七女不能抛下董永，却又不能看着董永去死。七女痛彻肺腑，乱了方寸。严凤英掌握了这些，便在声情上下功夫，尤其是在唱腔上，她把“董郎前面匆匆走，七女后面泪双流”等句，放慢节奏，用悲切惨痛唱出心酸难忍之情。尤其唱到“衣裳破了有人补”的“补”字时，她将苏州评弹的唱法，融化到黄梅戏唱腔里，准确地表达了七女的悲痛。这段戏经过不断排练，效果非常好。在演出时，台上七女尽情流出伤感真实的泪水，台下观众听着声腔，跟着七女流下同情的热泪。正如严凤英所说：“我是用我的心唱出来的……”是的！一个好演员就是要将身心投入自己的事业中，才能受到广大观众热爱。

记得有一次在合肥江淮大戏院演出《天仙配》，演到最后一场“分别”后，她谢完幕，回到化妆室趴在化妆桌上痛哭不止，把大家都搞蒙了，不知怎么回事。我知道后就去看她，当时喊了她一声：“凤英怎么啦？”她抬起头来说：“没事。”我才知道她当时还没有走出角色。像这样用心于事业的演员怎么不叫人敬仰呢？她虽然走了，可是她的刻苦学习、改革创新的精神是永恒的，因此撰写此文，作为深深的思念。

（选自《严凤英、王少舫的艺术历程》）

四十七年前的往事

李力平

1953年年初，安徽省黄梅戏剧团成立，我从省话剧团，严凤英从安庆民众剧场先后调进这个团。我是剧团导演组长，严凤英是主要演员，同时也是我的组员。同在一个剧团生活四年，作为导演和演员，我们的合作是从1954年春，我排《天仙配》第二稿时才开始的。排第一稿是1953年秋天，因为严凤英怀孕，七仙女一角只好由她的B角（严是A角）陈月环先排，先演董永的是查瑞和，戏是在安庆排的，也是在安庆民众剧场首演的，这是我所说的“试排”“试演”，也是我向戏曲学习的开始。排第二稿在合肥，严凤英产后上班，七仙女由她扮演，董永仍是查瑞和。同年，华东地区决定举行第一次戏曲会演。省领导决定《天仙配》参加会演。为了加强阵容，提高演出质量，从安庆把王少舫、潘璟琍等名演员调到合肥，董永一角改由王少舫扮演。华东会演以后，我们又合作排了《春香传》《打金枝》。回想当年能和这些黄梅戏名演员合作，确实是我艺术生涯中最大的幸运。遗憾的是合作时间太短了。我和严凤英合作，是从《天仙配》开始，又在《天仙配》结束。开始是排《天仙配》舞台剧，结束在《天仙配》拍电影。电影戏曲艺术片的导演是石挥，作为舞台剧导演，我被派去做他的助手，也是为了能借机向石挥学习，可惜的是拍电影工作我只参加了一半（刚刚完成进影棚前的准备工作），因为要参加政治运动，我被调回合肥，从此，我除了做严凤英他们在北京、广州等地演出的舞台监督，就再没合作排过戏了，一直到1957年我被送进白湖农场。1981年《黄梅戏艺术》创刊，我写了《〈天仙配〉舞台剧的排演》，在那里面我就讲“排《天仙配》是我向戏曲学习的开始”。通过排戏我也确实向我的合作者们学习到很多，学会唱黄梅戏，懂得一些戏曲表演方法。由于我原是做话剧工

1955年，电影《天仙配》拍摄中，严凤英饰七仙女，王少舫饰董永

作的，对戏曲是一个地道的门外汉，排起戏曲来，一开始我和我的合作者都很不习惯。我要按排话剧的方法从分析剧本、分析人物开始，让演员理解人物，自动进入创作状态；而他们所习惯的是老师念着上场锣鼓、示范上场动作开始。因而在开排不几天就有人对我说："你这样排戏不行，人家在背后说你是'理论导演'，只会讲，不会做。"这确是事实。排到"路遇"中七仙女三撞董永的时候，矛盾就出来了。剧中七仙女为了要拦住董永，好谈他们之间的嫁与娶，有意用膀子三次撞董永，第三次去撞的时候，董永已有防备，这次她撞了一个空，于是她既羞又急，同时又想看看董永这时的反映，这时严凤英用的是她在老本中扮演七仙女的传统的"偷觑"动作——用一只手拉着另一只手的水袖一角，从水袖边偷看董永。当时我就提出这样做不行，这是前辈艺术家为大家闺秀偷看贵公子而设计的动作，用在这时的七仙女身上不合适（在分析剧本的时候演员曾问过我，七仙女是什么样子？我说我没见过仙女，但我们知道《天仙配》中的七仙女在"路遇"一场已经化装成村姑，为了不让董永识破她的真实身份，她会装得比村姑还要村姑化），应该怎样偷看，她叫我做给她看，我告诉她我做不好，动作应该由演员自己设计，靠模仿成不了艺术家。她开始想不通，曾找丁老说服我，丁老告诉我："偷觑"的传统动作就是那样子的。她也到过文化局去向领导反映，说我粗暴。虽然如此，她还是真正地动了脑子，第三天她去找我，表演她设计的三撞撞空以

后碎步后退，双手蒙面，又羞又急地摇动着双肩，从手指缝里偷看董永，接着又一个无声的偷笑，显得既淘气顽皮又天真无邪。真神了！我被激动得连叫："好极了，好极了！"由于这个动作的产生，她也就一下子找到创作七仙女的钥匙，一步一步地走进了七仙女的内心世界，顺利创作出一个《天仙配》所要求的纯洁空灵、活泼大胆，又带有几分仙气的七仙女形象。自从演出以来，七仙女已成了人们心中的爱之神，并被作为男人幸运的象征挂在嘴上。

我讲这些，第一是要说明严凤英艺术创作态度的严肃认真，她在台上的动作都是经过认真体验以后才做出来的，绝不无目的地乱动，动就有所根据；第二是要说明她善于把自己的生活体验，创造性地移植到剧中人物身上，是一个现实主义的体验派的表演艺术家。她曾对我说，她小时候在乡下和男孩子逗着玩，就曾在手指缝里偷看小伙伴生气的样子。在《天仙配》中是如此，在其他戏中也是一样。我第一次看她和王少舫合演《夫妻观灯》，当她演完"当家的哥，等着我……梳头洗脸看花灯"的下场动作，她一改别人用圆场步子下场，而是弯起双肘、摇动两肩，用碎步跑下。这使我一下子记忆起在农村看到过的少妇在丈夫面前邀宠的样子，也表现了她要去看灯时的喜悦兴奋心情。《打猪草》是严凤英表演农村女孩子的经典作品。1953 年波兰马佐夫舍歌舞团到中国访问演出到了南京，南京市文化局邀请安徽省黄梅戏剧团与歌舞团联欢，联欢会上严凤英和丁紫臣合作演了《打猪草》，演出结束，波兰歌舞团艺术指导非常兴奋地通过翻译对我说，他在说明书上看到《打猪草》的剧中人是两个农村孩子，但大幕一开，他看到的却是两个又高又大的演员，当时他几乎失去看下去的兴趣，但他看着看着情况变了，尤其当演到小陶拉着小毛去她家吃鸡蛋泡炒米一刹那，他所看到的确确实实是两个天真可爱的孩子。说完又跷起大拇指连说："了不起，了不起！"这是我第一次听到外国朋友对严凤英（包括丁紫臣）表演的评价。成功的演出，充分说明他们的生活底子厚，通过体验，再现生活真实。

七仙女是严凤英在 20 世纪 50 年代最成功的创作之一，通过电影的播放，"七仙女"不但成了国内外观众所熟悉的人物，同时也成了严凤英的昵称。1956 年，黄梅戏剧团应邀到广州为第一次广交会开幕演出，剧团还没到广州，香港报纸就用头版整个版面刊登严凤英的照片，并用头号铅字标出"七仙女到广州"的大标题。大批七仙女的崇拜者们，从香港赶到广州看《天仙配》，一睹七仙女的真容。

这里我再谈谈严凤英在《天仙配》排演前后的两个小故事。

1955年，严凤英在《天仙配》剧中饰七仙女，王少舫饰董永，张云凤饰傅员外

《分别》一场，老本演出的七仙女要带甩发，系腰裙，涂水彩。哭别时要反复“跌扑”（也叫“屁股坐”），没有一点武功底子是不行的。老本演到这里，七仙女都要换刀马旦或有一点功底的演员来替换，到了《送子》一场再换回来。严凤英过去演《天仙配》也是要换人的。改本是把高潮放在《分别》一场，再换人就不行了，但为了保留这个戏的演出特色，还要保留甩发、跌扑，这对严凤英来说是有一点困难的。粗排以后我去看她，本想请老艺人单独对她进行辅导，可一进她家门我就呆住了，原来她在系着腰裙，带着甩发，对着镜子练跌扑，看见她满身大汗一脸泥，我真不知道是劝她休息还是讲点别的。

《天仙配》参加戏曲会演得了编、导、演等全部大奖，严凤英和王少舫都荣获演员一等奖，并都获得金牌。在华东局宣传部和文化局为受奖演职员举行的宴会上，严凤英和李玉茹、王文娟等演员一等奖获得者的女演员坐在一起，开宴前，严凤英非常真诚地向她们征求对她演出的意见，就在一片夸奖声中，李玉茹却拍着严凤英的大腿说：“你演的七仙女非常好，生动感人，看完以后，就觉得你这里还缺少功夫。”这些话在一般得了大奖的演员身上，听过了也就过去了，而严凤英却不然，她非常重视，会演以后她留在上海做扁桃腺手术，回到团里，正赶上我们排《春香传》，她是春香A角，但由于她喉咙伤口刚刚愈合，医生规定她一百天内不能开口唱，所以就由 B 角王毓琴先排，她原可休息静养。但她没有休息，三九寒天，我们白天排戏，她也没有躺下，不能开口唱，就一大早起来，到排演场"跑圆场""压腿""下腰"，我们进排演场，总是看到她一头大汗地离开。我讲这两个小故事是想说明严凤英的成功绝不只是像一些人说的因为她生了一双会说话的大眼睛和一副动听的好嗓子，主要还是来自她勤学苦练、虚心好学和勇于探索的精神。

黄梅戏从一个影响不大的地方小戏，在短短几年里一跃而成了具有国内外影响的大剧种，主要的原因之一是它本身通俗易懂，唱腔优美动听，容易为观众接受。其二是赶上了党领导的文化大发展的浪潮，使它有了充分发挥的天地。再一个重要条件则是黄梅戏两位表演艺术家严凤英和王少舫携手合作，使黄梅戏发挥更大的魅力，把观众吸引到他们的周围，扩大了黄梅戏的影响。

安庆的观众都会记得，新中国成立初期，安庆有"胜利""民众"两个剧场，这是两个黄梅戏演出实体。严凤英和王少舫分别是两个剧场的头牌演员，他们为了争取观众，难免要相互排挤，暗中较劲。较劲固然能互有推进，同时也难免互相伤害。由于互不合作，在艺术发展上也都受到很大的局限。虽然他们都力争提高，几年过去都是进步不大。1954 年春，华东地区决定举行戏曲会演，五省一市十几个地方剧种都争取拿出最好的剧目参加会演，安徽省委和文化局决定黄梅戏《天仙配》参加，当时我们正在排演《天仙配》第三稿。为了加强阵容，加工提高，省领导又从安庆把王少舫、潘璟琍、丁紫臣等著名演员调进省黄梅戏剧团，王少舫扮演董永，严凤英饰演七仙女，黄梅戏的两颗巨星在戏曲会演的浪潮推动下会合了。省委对这次排演非常重视，在不太长的排演期间就三次召集剧组主创人员，给指示，给鼓励。虽然王少舫在参加这次排演以前，他和潘璟琍合演的班友书同志改编的"路遇"在上海、南京和朝鲜战地演出过数十场，他已经是老董永了，这次排演还是像初排一样从分析剧本开始，一个单元一个情节都处理得非常认真，这次排演的收获之一是两位（严、王）在不同的表演风格上相互适应，交流达到适度融洽，使舞台融合成一个艺术整体。尤其是我们在排演中能做到打破传统行当的束缚，创造出只有《天仙配》中才有的仙女和农民形象，七仙女不是花旦闺门，董永也不是贫生丑生，都是只有《天仙配》中所要求的"那一个"。双星合作成果的第一次检验，就是在华东戏曲会演中《天仙配》取得极大的成功，使黄梅戏在上海热起来了。同年庆祝国庆五周年，一些兄弟国家的元首在北京参加完庆祝活动，由周恩来总理陪同访问我们的大城市，在上海，周总理在众多会演剧目中选中《天仙配》的《鹊桥》《路遇》两场作为招待晚会剧目。会演和招待晚会为安徽争得光荣。

1956年，党的“八大”在北京召开，作为献礼剧目，《天仙配》被调到北京为大会演出，接着是七周年国庆，《天仙配》又以彩车形式在天安门前接受毛主席和刘副主席等中央首长们的检阅。这是党给安徽人民的最高奖赏，也是严、王合作给黄梅戏、黄梅戏剧团争来的最大荣誉。

当年有不少朋友向我祝贺《天仙配》演出的成功，我过去和现在的回答都是：《天仙配》的成功主要是严凤英、王少舫合作的功劳。《天仙配》我排了三稿，历时一年，第一稿只能是搭起一个架子，第二稿最多只能说成功一半，只有严、王合作的第三稿才能说是成功。首先，我们应该感谢华东地区党的领导决定戏曲会演，为严、王合作提供了机遇，其次要感谢上海电影制片厂把严、王合演的《天仙配》拍成电影在国内外放映，使黄梅戏这个地方小戏成了唱响国内外的大剧种，可以说，严、王合作是黄梅戏影响扩大的关键，没有他们的合作也许不可能有《天仙配》的成功。而今两颗巨星都陨落了，我怀念他们，怀念在《天仙配》中和我合作的张云风、潘璟琍等同志。

看过严、王演出的细心观众都会看出他们在表演风格上的不同。一个是用心、用真情实感在唱在演，一个是用精湛的表演技巧去演去唱。若从理论上、从体系上讲，可以说他们一个属体验派，一个属体现派。在同他们的合作中，我们对他们表演风格不同的根源是从他们从艺道路的不同去认识的。王少舫出身京剧世家，自幼就受京剧的熏陶，接受正规的京剧基本功训练。他天分过人，所以对传统程式的熟悉和领悟都超过常人。在他演出的剧目中，他对扮演的每一个人物都是准确地运用传统动作，设计出合乎人物性格的形体动作，并在舞台上准确地再现他的设计，体现他扮演的人物。严凤英与他不同，她出身城市，长在乡村，由于她天性爱动，自幼喜唱黄梅调，而且唱得动情动听，得到村民喜爱，从而被黄梅戏艺人收徒传艺。向她传艺的师傅是个忙时务农、闲时唱戏的业余艺人，自己也没受过传统训练。传艺就只能口传心授，教教戏文，走走场子。“师傅引进门，修行靠各人”。虽然师傅教给她的东西不多，但却给她在艺术生涯中留下广阔的发展空间。“戏从心里出”，逼着她每学一个戏、每演一个人物都要用心去想，用心去体验角色的思想感情，因而她就自觉不自觉地走上体验派的艺术之路。严凤英说她小时学别的都很笨，就是学唱戏，几乎一点就通。1954年初，我在南京认识一位京昆票友，他曾对我谈到严凤英，说她在南京期间接触过不少京昆票友，一有机会就向他们请教，学唱学做。那时她年轻，学什么像什么。一年京昆票友举行春节联欢，她反串《闯帐》中的张飞，演得还真像个样子。善学善思，善于取人之长补己之不足，这就使严凤英在从艺的道路上慢慢地形成自己的艺术特色，一步一步地走向成功。

两种不同的从艺道路形成两种不同的表演风格这是正常的，而两种不同表演风格又合作得那样融洽，这完全是因为他们在艺术创作上都是从分析剧中人物入手，不靠噱头，不玩花样，都是老老实实表现人物的现实主义表演艺术家，所以在演出中他们能正常的交流、适度的反映，合作得珠联璧合。

《路遇》《分别》两场是《天仙配》的脊梁骨。严、王在这两场的表演都是出色的，合作都是成功的。王少舫对他扮演的董永设计得非常严谨。举手投足，出指抖袖，一念一唱，都是按照人物性格需要，灵活地运用传统程式动作精心设计的，就连他肩上的包裹，手中的雨伞都被他使用活了，成了他表现人物性格的一部分。而且他在每场演出时都好像有一位严厉的老师傅站在他身后，表演得既认真又严肃。严凤英则和他不同，她的表演一直像一个无拘无束的孩子，总是随着人物内心感觉，随着与表演对手在交流时的刺激强弱去活动的。她对表演动作也有设计，但可以看出她的设计不受传统程式的束缚，大部分是从现实生活中撷取的。严凤英表演的可贵之处就在于她无拘无束，朴实自然。在《路遇》一场，她恰如其分地表现一个农村姑娘的形象，毫无禁忌，有时歪着脑袋像一头不驯的小牛和董永为包裹、雨伞而争辩，有时翘着小嘴像一个受委屈的孩子向土地讨公道。把生活真实与艺术真实融合成一个整体，她总能把自己融入角色生活之中。

严凤英在《宝英传》剧中饰韩宝英，王少舫饰石达开

《分别》是全剧的高潮，是展现两位艺术家表演艺术的高峰，也是最能看出两个人表演风格不同的一场戏。如在七仙女告诉董永她是仙女私自下凡与他成婚，如今被玉帝知道，命她午时三刻返回天庭，董永痛苦地去找土地，

问槐荫，在知道槐荫乃是一株哑木头时，他痛苦地高喊：“哑木头来哑木头，连叫三声不开口……”边喊叫，边用拳头击打老树，这在别的演员会泪流满面，把树身打得咚咚响，而王少舫却把眼泪控制在眼眶里不让它流出来。两个拳头击打老树时，始终控制分寸，离树身二三分远近，既不破坏场景，又不损坏戏容，而且能给观众以美的享受。严凤英则不同，她是任凭感情奔放，全身心地投入角色情境，用自己的感情去体验和表现角色此时此地的感受。当董永见七仙女离去，情急晕倒的一刹那，她不顾一切地从边幕冲出，毫不控制地扑倒在董永身上（一次演到这一场，王少舫就事先打招呼，要严凤英轻一点扑，轻一点拍打），泪流满面地高唱“董郎昏迷在荒郊，哭得七女泪如涛……”，当唱到“撕下罗裙当素笺，咬破中指当羊毫……”，她已完全生活在角色当中（电影把写血书改成在树上刻字，我不欣赏，它改掉严凤英那一段精彩的表演，太可惜）。体验派的表演给人留下的感受是真，体现派的表演给人留下的是善，两种表演给人的感受都是一个字：美！

我一直说严凤英的唱是用心在唱，在《路遇》中一段［二行］“劝董郎休要泪涟涟”，她慢声细腻地唱出七仙女的温柔善良。她曾久演不衰的《小辞店》，戏中只有一桌两椅、两个人物，情节只是一个要走、一个要留，四十多分钟的戏，能把观众牢牢地拴在凳子上，没有细腻的表演、不动真情去唱是不可能的。在卖饭女回忆到他们初次会面，联系到今日的分别，唱道：“我问你家中妻房可有？”一句哭腔“扯谎的鬼……”，她那扯心拉肺的行腔，使人感觉出卖饭女此时在怨也在爱，是诉分别的苦，也是留恋相聚的甜，把他们数月相爱的生活一下子在哭声中表露无遗，这一句哭腔是心声，也是绝唱！

又如《春香传》在上海演出，每次演到第二场，在月色朦胧中，春香静静地靠在房前立柱上，唱四句原封不动的老［平词］：“年年端阳年年春，金黛来年颜色新，最怕是春风无情催人老……”严凤英用她甜润的嗓子带着几分羞涩的感情，把一个思春的少女当时的心事表现得叫人似乎看得见，摸得着。四句唱完，整个剧场就像是从梦中惊醒似的响起由弱到强的掌声。在《狱中歌》一场，她披着长枷，静静地坐在囚台上，用她如泣如诉的歌声唱出“阵阵细雨阵阵风”时，总能听到静静剧场里传出细细的叹息声。

1956 年，《天仙配》到北京为中共“八大”献礼演出，田汉先生看了严凤英的演出后对我说：“严凤英是一个好演员，是黄梅戏的宝，也是安徽人民的宝，你们要好好地爱护她。”谁会想到，这朵中国戏剧界多年一现的奇葩，就在她艺术之花盛开的三十几岁年纪，被那股罪恶的极“左”风暴摧残死了。那时我正被关在牛棚里反省。一个“造反派”把我带到我睡觉的地方，打开我的箱子。奇怪的是他只抄走我保存的严凤英的剧照以及我和她在一起的照片。我问他抄这些照片干什么，他才对我说：“严凤英是现行的美蒋特务，眼睛珠子里装着照相机。在省里，造反派把她揪出来，她就畏罪自杀了。我们没收你这些照片是为了保护你，不然省里来人查出来你和她在一起拍照，不是同党也是同党，那时你只有死路一条！”当时我哭了，是心痛那些照片，更是痛哭照片里的人。千古奇冤！千古奇冤！

《天仙配》问世以后，不是没有兄弟剧种移植，而是移植者极少有成功的演出，其原因不是他们没有优秀演员，而是都缺少敢于突破传统程式束缚，去塑造村姑型的仙女和农夫型的董永。这使我常想起一个深深触动过我的故事，说的是梅派演员学梅先生演的《洛神》，其中有一位梅先生的门生确实学得很好，她在一次演出后请梅先生的朋友给她指教，不少人只是恭维几句，而其中有一位老先生却说：“你学得确实很好，唱做都到功，只是梅先生演的是洛神，你演的只是梅先生，梅先生演的是神，你演的是形。”有形无神的表演是不能感动观众的。一个演员不但要练外功，重要的还是要练内功。地方戏的特点就是它能表现普通人的生活，它的根要扎在生活土壤里，绝不能失去它身上的泥土气息。我看过一篇反对把黄梅戏京剧化的文章，认为京剧化使黄梅戏变了形。我认为黄梅戏京剧化失去的不只是形，重要的是失去了它的灵魂，太可惜了！

（选自《黄梅戏艺术》2000年第1期）

双眸熠熠　顾盼有神

——谈严凤英演七仙女的“眼神”运用

王晓东

严凤英同志精湛出众的表演艺术，在人们心目中留下深刻的印象，也为从事黄梅戏的青年一代树立了楷模。尤其是她那“眼神”的运用，在表现人物的思想感情和精神面貌上，可说是达到了貌与神合、神与心通。

以《天仙配》七仙女一角来说，《鹊桥》一场，按传统的表演方法，总是一出场就笑盈盈地来个“亮相”。因为过去讲究所谓不能带着“苦相”出场。但是严凤英没有因循守旧，她知道那样的出场，不啻表现七仙女在天宫是生活愉快、心情舒畅的了，那么她为什么还要思凡，去爱穷汉董永呢？显然这是不符合人物的行为逻辑的。因此她为了突破传统的表演形式，从人物性格出发，带戏上场。李义山诗云：“嫦娥应悔偷灵药，碧海青天夜夜心。”这也可以用来说明寂寞凄清的天庭岁月，对七仙女同样也会产生不堪忍受的痛苦。严凤英的出场，就是通过饱含抑郁幽怨的“眼神”，表达了七仙女的这种精神状态。

电影《天仙配》工作照

在“四赞”时，随着对渔、樵、耕、读所唱的赞歌，严凤英的眼神闪耀着欣喜、羡慕、向往等各种不同的感情，使观众和她一同欣赏着艺术想象中所看到的一切事物。

当七仙女发现了董永，她的“眼神”起初只是偶被吸引，经过大姐谈了关于董永卖身葬父的情况之后，她的怜悯之心油然而生。在这段过程中，观众可以从她由泛视而注视，由注视而变为凝视的“眼神”中，看出她内心感情上的变化：由怜悯而同情，由同情而产生了爱情。当她沉浸在无限怜爱的深思遐想中，竟连代表天规无上威严的钟声也听而不闻。尽管大姐提醒她已经到了应该回去的时候了，而她还是依依不舍地去而复回，再次俯视人间。这时她极目远眺，“眼神”散散地由转动而到凝视，眼珠由小而放大，使人感到她正在竭力捕捉远去的董永的身影。随后她突然目光炯炯，透露出坚忍不拔的勇气，终于下定决心，准备奔向人间。

《路遇》这场戏，除了剧本本身结构完整，风趣俏丽之外，演员善于刻画人物的高超演技，更是大大地丰富和提高了演出效果。严凤英在这场戏中改扮成村姑模样，她的表演机智风趣、洒脱不羁，一会儿既撒野又撒娇，一会儿又自叹天涯沦落，身世飘零。她的“眼神”脉脉含情，楚楚动人，始终围绕着董永的表现而做戏。当董永说明情况，拒绝了她的“毛遂自荐”，她就大胆地抓住董永的雨伞，扯扯拉拉，纠缠不放。这时早就受命的土地突然而上，七仙女先是目光故意一惊，随后狡黠地嫣然一笑，转过身去偷偷地窥视董永。听到土地向她转述了董永所以不能答应的苦衷以后，她就故意大声啼哭，使得老态龙钟的土地一时竟然忘了自己的使命，只一味地进行安慰，叫她不要啼哭。这时七仙女用白扇遮住董永的视线，轻声而有力地对土地说：“休要管我，快去劝他！”然后狠狠地瞪了土地一眼，又继续大声啼哭起来。她这种“眼神”用得绝妙，实际就是用眼睛在说：“你这个老糊涂，我是怎么嘱咐你的，怎么反而帮起倒忙来了！”土地经此指责，猛地醒悟，急忙去劝董永。人们看到这里就会忍俊不禁，赞叹不已。

戏曲表演讲究运用“眼神”，但是关键在于“心到”。“心到”才能“眼明”，“眼明”才能“传神”。人常说“演员的眼睛会说话”，就是因为“出神入化，妙出灵台（心田）”。“心到”做到了，就是没有一句话，不管在舞台上站着还是坐着，也会牢牢吸引住观众。反之，心中无数，一片空白，眼睛睁得再大，也感动不了别人。因此可以说，是否善于运用“眼神”，也是一个演员艺术才华的重要标志。

严凤英在《满工》一场中，一出场就眉飞色舞，顾盼有神，充分表达出七仙女欢庆自由、向往未来的愉快心情。在兴奋欢畅的气氛中，配合着优美的身段，引出了“树上的鸟儿成双对”这段载歌载舞、脍炙人口的“满工对唱”。她在这里双眸流盼，熠熠生辉，越发衬托出笑得妩媚、唱得甜美和舞得轻盈。

当董永为她去取水解渴时，她独自在场喜滋滋地欣赏着给尚未出世的孩子准备的小衣裳。这时她的目光柔和慈祥，陶醉在甜蜜幸福的母爱之中，随着唱出“今日回家身有喜……”这段唱词，唱到“姣儿生下地，两眼笑眯眯”时，她两手作怀抱婴儿状，“眼神”分外欢欣活跃。等到唱完“谁人不夸我好夫妻”之后，突然意识到暴露了自己的内心机密而目光一愣，娇羞地急忙把小衣裳折叠起来。这段表演情趣盎然，醇美隽永，耐人玩味。

电影《天仙配·分别》剧照

《满工》到《分别》，是感情上的大起大落。在天将初次出现以后，七仙女猛然受到强烈冲击，思想情绪前后判若两人。但在董永面前起初还不能直言相告，只得强忍悲痛，多方暗示。不料董永答非所问，还是不能领悟。在这段表演中，严凤英交错运用了凝重冷峻、呆滞哀伤的“眼神”，既对玉帝的冷酷专横表现了怨恨激愤，又对董永茫然不解的痴情憨态感到凄楚欲绝，无限依恋。眼看午时三刻即将来到，七仙女万般无奈，只好吐露真情，这时她双眸失神，泪流满腮，面对董永不能卒视。但董永起初还不完全绝望，等到连呼槐荫，不见槐荫开口时，终于跪倒树下，放声大哭。在“哑木头来哑木头……”这段节奏缓慢的唱词中，七仙女局处一隅，默然相对。一般演员在这里往往注意力不能高度集中，或因不能准确地掌握交流适度的分寸，精神状态就会游离戏外。而严凤英每演到此，都能凭借着如泣如诉的“眼神”，恰如其分地表达了角色的内心感受，把生离死别的悲痛情绪，刻画得淋漓尽致，深刻感人。

除了对董永的情深意厚、缠绵悱恻之外，严凤英所演的七仙女在对待天规天将时，也有金刚怒目式的表演，展示了敢于反抗专制强暴的性格内涵。但是为了不愿连累董永，也为了“来年春暖花开日，槐荫树下把子交”这个心愿，才忍痛屈从天规，挥泪惜别人间。

严凤英所塑造的七仙女的艺术形象，至今仍为人们交口称颂。她之所以取得了这样的成就，善于运用“眼神”，也是一个重要因素，因为“传神状物正在阿堵中”。

（选自《黄梅戏艺术》1984 年第 1 期）

留与后人细琢磨

——严凤英给我们的启迪

徐 进

不久前，在沪看了上海沪剧院演的描写严凤英的生活和艺术道路的《黄梅戏女王》，尽管戏很不理想，但引起很多联想，引起我对严凤英的无限怀念。

纪念这位杰出的演员的最好办法是把她所热爱、所从事的艺术事业推向前进。“一枝花报天下春”，但愿我们能以这枝奇葩为榜样，进一步创造黄梅戏天下春的局面。

严凤英在艺术上有很大造诣，诸多方面对我们有所启迪。

一、对剧种火热的、深深的爱

严凤英对黄梅戏爱得很深，从她爱唱黄梅调到偷偷拜师学艺，到躲逃祠堂时面对前来追捕的人而决不放弃唱戏，到新中国成立时部队留她当护士，她说：“我想唱戏！”直到省里要成立黄梅戏剧团“我第一个报名”，一次次显出她献身于黄梅戏的决心。

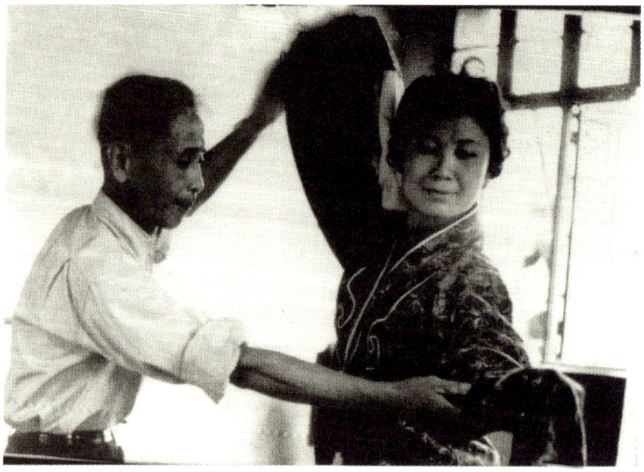
严凤英在昆曲名家方传芸老师的辅导下练习身段

有人说：“爱国家先要爱家乡，爱家乡先要爱家乡戏。”虽是戏言，但也含着真理。

正因爱家乡戏，严凤英真是做到了白居易《琵琶行》中所描述的那样："转轴拨弦三两声，未成曲调先有情。"这种对剧种的厚爱深情，对从事它的艺术工作者来说，是十分重要和可贵的。

20世纪50年代，一批新文艺工作者曾经抱着"我是来改造你们戏曲的"想法来到越剧界，于是居高临下，大刀阔斧地一下子想砍出个"江南新歌剧"来。心是好心，但此路不通！由此得到个经验，新文艺工作者先要向剧种学习，熟悉它，热爱它，和它建立起感情，才会"爱之欲其生"，使剧种成为自己的事业和爱好。

那么，我们现在新招收的学员、接班人怎么样？是像严凤英那样的爱艺术、爱剧种，还是爱自己、爱其他什么？……

二、艺从勤学苦练来

"台上三分钟，台下三年功""要学惊人艺，须下苦功夫"。严凤英的"眼睛会说话"是她夜间燃香苦练的成绩，严凤英台步的优美动人是她挑着水练走路的结果。

请不要依赖微型话筒。哪怕唱流行歌曲的，也要有条甜美的嗓子。要有去瀑布前练嗓的那种精神。不但要苦学基本功，而且要像严凤英那样从"功"中提炼动作，形成自己的艺术手段。

目前，某些青年演员"流行"的是把基本功都搬上舞台，以为自己"表演丰富"，殊不知一举手一投足，一招一式都是用来刻画人物性格的，把所学的招式都照搬，正显出你表演手段的贫乏。

连话剧的一些有识之士都想把戏曲的表演功夫加以吸收糅合，而我们有些戏曲演员（如某些越剧演员）却已经不练功了，自以为够了，那不是自暴自弃吗！（编者按：某些黄梅戏演员又何尝不是如此！）

越剧和黄梅戏这类历史不长的"新兴剧种"，功底应当说是浅薄的。要有严凤英的"山头上练的嗓，牛背上唱的歌"那种苦学精神才好。

三、提高艺术素养

谚语说："不用珠宝装饰自己，要用知识充实自己"。可惜有的演员就是喜欢珠光宝气，而不喜欢艺术之光、书卷之气。严凤英就不这样。

严凤英给青年演员献花

20世纪50年代，我接触严凤英时，那时她还“所知不多”。但到了60年代，她已经像海绵吸水那样地吸收着各种知识而显得“学识渊博”了，可见她是求知若渴。

演员的知识要博，需要学的也实在太多，但据说严凤英抓住了演员最基本的两门学问：历史和诗词，“从戏中学历史，从唱中学诗词”，实在聪明之至。但愿黄梅戏的“后来人”不要放过她的这个好经验。

演员的艺术素养与剧种的素质、风格是十分有关的。黄梅戏从简单的《打猪草》到复杂的大出戏，到炉火纯青的《天仙配》，逐步形成本剧种朴素、富有生活情趣、带点泥土气息的优美风格，是和严凤英等人的艺术素养、表演格调分不开的。

要进一步发展黄梅戏，那么，提高黄梅戏工作者特别是演员的艺术素养，是关键的一步。

四、重视综合艺术

社会愈发展，分工愈细。艺术也如此。过去地方戏曲集一切于演员身上，别说曲调，连剧本都只有个“幕表”，要演员现场创作唱“路头戏”。这是多么局限了戏曲的“综合性”，因此艺术也必然贫乏；而今能充分发挥编、导、音、美、演各方面的才能，形成综合艺术，而由演员去体现它，这是戏曲进一步发展的极其重要的一环。

编、导、音、美大都是知识分子，重视戏曲综合艺术，也就是重视知识分子在戏曲领域中的作用。袁雪芬改革越剧的成就，是她善于把他们团结、吸引到越剧艺术中来。严凤英能使黄梅戏蜚声海内外，在这一点上也同样如此。

人们常说的“出人出戏”，似乎出人只看出演员。我看不仅要出演员，还应当出编剧、出导演、出作曲、出美术设计等等。

我认为黄梅戏必然会进一步成长发展，在百花园中挺秀吐艳，其依据就是我看到它不仅出了不少像马兰那样的演员新秀，也出了不少优秀的新剧本，以及导演、作曲等等人才，在推进黄梅戏发展中发挥着相当的作用。这比严凤英所处的时期是更春意盎然了。

我希望黄梅戏能把发展它的综合艺术作为剧种“更上一层楼”的一个战略方针。

我希望今后著名演员不是去团结什么知识分子，与什么知识分子合作，而是戏曲演员本身就应当成为高艺术水平的知识分子。

五、吸收、融化、创新、发展

这八个字用于严凤英十分适合。

她认为“只有兼收并蓄，才能触类旁通”。因而她学拳术，认为“多学一种拳术，对表演会有帮助”。她学京戏，连老生戏也学。有一次她和王文娟同住一个病房，虚心向姐妹剧种的表演艺术学习。她几乎是像贾宝玉读书那样“杂学旁收”，然而却没有“消化不良”，而是把所收养分融化在黄梅戏之中，“采得百花酿成蜜”。

黄梅戏要营养丰富，壮大自己，必须把人家好的东西拿过来。既然要多方面吸收，就必然会有个“生吞活剥”的过程，这没有什么可怕的；只要吸收后不断据为己有，就像严凤英那样，吸取那么多外来的东西，但她的黄梅戏并没被人家“同化”了去，而是拿过来为我所用，泥土气依然那么浓郁，民间色彩、地方色彩依然那么强烈。为什么能做到这样？我认为严凤英和她的同伴们坚持了一点，即坚持植根于生活的土壤上，把源于生活又高于生活的现实主义创作方法作为黄梅戏艺术的脊梁骨，因而才使这支奇葩保持着自己的色、香、味而灿烂夺目。

《天仙配》是个神话戏，神话戏如没有生动丰富的生活描写，往往会流于抽象，但《路遇》写得、演得那么真实多姿，就因为是植根于生活土壤，有深厚的生活基础（顺便说一句，黄梅戏演神话剧得心应手，但似觉多了一点，也应当开拓题材）。

黄梅戏拍了不少影片，这对提高它的艺术是很有裨益的。因为电影艺术是讲究现实主义的，它会促使地方戏曲更靠近生活一些，而不至于离开艺术的真实性而单纯追求形式。

继承、发展严凤英的艺术，不应只局限于黄梅戏，它是戏曲的共同财富，我们都应当向她学习。

愿黄梅戏的后辈们更加努力，得以“青出于蓝而胜于蓝”。

（选自《黄梅戏艺术》1986 年第 4 期）

严凤英苦媳妇形象系列

张光亚

几千年中国封建社会，最苦是女人。原始母系社会之后，不知何时妇女交上厄运，被神权、政权、族权、夫权层层压制，被当成工具与奴隶，打进十八层地狱，多少世不得翻身，迫害重重，灾难深深。劳动妇女被压在社会最低层，苦媳妇更在最下头。她们的苦难与悲哀啊，堆成了云愁雾惨的绵绵峰岭，流成了抨击岁月的悠悠长河。所以在中国民歌与戏曲里，反映妇女痛苦与苦媳妇磨难的作品比比皆是，黄梅戏也如此。

严凤英短短一生中，不论是新中国成立前演苦戏，还是新中国成立后演翻身戏，她所主演的以苦媳妇为题材的戏，比较多也比较有影响。她成功地塑造了一系列感人的苦媳妇艺术形象。其中令人印象较深刻的有：

《砂子岗》中的杨四伢；

《蓝桥会》中的蓝玉莲；

《碧玉簪》中的李秀英；

《柳树井》中的李招弟；

《王金凤》中的王金凤。

这些散发着浓郁生活气息、凝结着质朴情感、浓缩着人生思索、启迪着社会觉悟的妇女艺术形象，虽都是媳妇儿身份，且都少不了一个“苦”字，但她们的处境、身世、年龄、性格、命运却各不相同。再加上严凤英等黄梅戏艺术家“演谁像谁”的卓越艺术体现，使得她们各具艺术特色与光彩。她们无疑已是一组矗立在许多人脑海之中栩栩如生的浮雕了——含泪的苦难、含泪的控诉、含泪的觉醒、含泪的抗争、含泪的笑容……这分明是一组令人难以忘怀的含泪的美。

1952 年，严凤英在《蓝桥会》剧中饰蓝玉莲，王少舫饰魏魁元

这些苦媳妇形象，生动地显示出既类型化又多样性，感染面既集中又广泛等特点。如《蓝桥会》，1952 年在上海演出时，以人物形象的纯美、哀怨、质朴、深蕴及独特风韵，大放光彩、众口交誉。如《柳树井》《王金凤》，以悲剧主角终于冲破封建观念和性格软弱的束缚，站起来勇敢斗争，排除各种障碍取得胜利的感人故事，对新中国成立初期妇女解放运动产生了积极影响。如《砂子岗》《碧玉簪》，因特别擅长刻画苦媳妇的悲苦境遇、矛盾心理及复杂情感，令人心动，催人泪下，促人感叹深思，引起长久的观众热。这些艺术形象，不仅具有某种深刻的社会意义与人文内涵，而且也为我们提供了一些特殊的艺术欣赏视角与审美境域。

这几个苦媳妇形象，先后塑造于 20 世纪 50 年代，这是一个人民翻身做主、翻天覆地的新时代。贫苦农民翻身，受压迫妇女解放，是这个时代的主要标志之一。

黄梅戏剧目在内容上，一直具有反映人民苦难的优秀传统，如《苦媳妇自叹》《红梅惊疯》等。戏曲为人民群众所喜闻乐见，编创排演反映妇女苦难和妇女解放为题材的戏，往往比一般的宣传更能深入人心。移植剧目《柳树井》，挖掘整理剧目《蓝桥会》《砂子岗》分别于 1952 年、1954 年推出。创作剧目《王金凤》、移植剧目《碧玉簪》相继于 1956 年、1957 年推出。几个戏虽各不相同，但却蕴含着同样的基本主题与时代精神。它们都集中而深刻地反映了妇女解放对于社会进步与发展的重要性与紧迫性。据了解，作为一个形象系列，并非当时领导者、编创者、实践者们有意所为，而是应社会发展需要，在艺术实践中自然而然产生出来，客观形成的一类形象集结。在严凤英的艺术创造实践中，苦媳妇形象系列应该占有不可忽视的重要位置。

1952年,《蓝桥会》在上海和合肥演出,受到观众热烈欢迎。当时评论家认为:"黄梅戏的《蓝桥会》剧本虽然不是现代题材,但就其内容以及这次演出来看,它是有着十分鲜明的现实意义的。它表现了一对热情地追逐自由幸福的青年男女,勇敢地背叛了封建礼教,大胆地奔向自己的理想。这种奔放的热情和坚毅的斗争精神,在今天,在坚决贯彻婚姻法的运动中,是为我们所欢迎的。"《碧玉簪》也是古代题材,当时评论家认为:"就今天来说……以男性为中心的封建社会遗留下来的夫权思想,恐怕还没有从人们头脑中驱除干净,特别是类似王玉林这样轻信妄断、固执己见的不负责任态度,在我们生活中可能还大有人在。它们不光表现在男女关系上,在工作岗位上,也可能会有在遇见一件问题时,既不深入了解,也不耐心研究,抓住一点妄加臆断的现象。由此可见,戏剧艺术不仅是内容丰富的历史教科书,也是内容丰富的生活教科书。"

至于《砂子岗》《柳树井》《王金凤》,那都是直接反映20世纪初期或中期妇女生活与命运的作品。对于20世纪人民的生活与斗争,当然具有更加直接的意义与作用。

严凤英和她的艺术伙伴们,在苦媳妇形象系列的创造中,有哪些值得我们学习借鉴的做法呢?

一是对于传统的继承,有"取精去粕"、"推陈出新"的创造性。

传统戏《蓝桥会》,原来面貌并不像现在这样清晰、优美、健康。在严松柏口述本《蓝桥汲水》中,蓝玉莲出场时唱道:"奴丈夫在圣堂把书来念,奴家中大小事要我承担。"而在蓝桥与她相会、相爱的魏魁元其时也正在读书,因此她那等郎媳的身份就不明确了。及至蓝玉莲阻止魏魁元急喝凉水怕他生病时,魏魁元唱道:"家中妻子有一个,难比大姐十分贤。"也没有一点透露他是等媳郎的意思。再加上魏魁元"越看大姐越好看""扇子挑开裤脚褊,现出大姐三寸金莲",对蓝玉莲进行挑逗。这样浅薄的无原则的男女之间的互悦与调笑,使得他们之间恋情的合理与纯洁大打折扣。再加上粗俗的表达,形象美感缺失很多。而在传统的张敦友口述本《蓝桥会》中,蓝玉莲、魏魁元形象似乎更为庸俗一些。蓝玉莲唱词中有:"叹丈夫华山(青梭)把书念,(柳梭)细姑娘年轻(青梭、柳梭、柳郎儿梭、扬二梭)一概贪玩。去年请了长工汉(呀嗨呵呀嗨呵),里里外外(噫儿呀噫哟)蓝玉莲,奴偷闲。今年未请长工汉,里里外外要奴办。"到蓝井汲水时,她一会唱“累得奴家两膀酸”,一会又唱“累得奴家汗湿衣衫”,活脱脱一个喜欢悠闲,丈夫不在家时感到寂寞,不胜劳作的娇懒的小媳妇形象。魏魁元则是一个已有妻子的读书人,但好色多情。见蓝玉莲貌美就大胆对其调情,动作比其他演本更为放肆。且听他们一段对唱,魏:“魏魁元扭住了姐的罗裙边。”蓝:“扯住罗裙为哪一点?”魏:“聪明姐玲珑姐何需要说穿!”蓝:“扯住罗裙为哪一点?”魏:“爱姐的青丝发和姐的小金莲。”这样明显的色情暗示与挑逗,更使得剧目与人物格调有所降低。黄梅戏其他不少传统剧目的旧本也或多或少存在着同样问题。这些问题显然是人的低级本能与一些享乐主义思想,在生产力低下、文明稚弱情况下的一种客观反映及自然宣泄。这些东西的泛滥,与人的提高和社会进步是相背离的,当然必须抛弃。总的来说,传统剧目《蓝桥会》的思想内容与表现形式,精华与糟粕并存,精华比较内含,糟粕比较外露。它的美被粗糙与浅俗包裹着。

《蓝桥会》新构思为:蓝玉莲是一个受苦的等郎媳,魏魁元则是一个苦恼的等媳郎(妻子才9岁),都是封建包办婚姻的牺牲品,都承受着痛苦的人性压迫,这在旧社会是具有代表性的。蓝玉莲通过报花名、汲水、担水等表演,优美含蓄而深沉地表达了人性压抑的痛苦、幽怨及渴望。这样蓝、魏两人的相遇,他们的相问、相爱、相约就非常合情合理,能够深深引起人们的同情、共鸣与期待。与原来相比可说是脱胎换骨,立意境界高了许多。经过整理和不断加工提高,到上海演出的黄梅戏《蓝桥会》,给予人们的是另外一种清新、朴实、自然、优美、生活气息十分浓郁的高品位艺术享受,取得了继承革新的极大成功。可以说,挖掘整理后的《蓝桥会》与《打猪草》《夫妻观灯》等黄梅戏著名小戏一样,也是一个对于传统剧目贯彻“取其精华、去其糟粕”“推陈出新”的范例。其整理改编,除执笔的郑立松外,王少舫、严凤英等排演实践者也积极参与,并起了更重要的作用。他们在一起边改边排,不少唱词、情节、细节、动作、对白,都是大家一边商量,一边试唱试演,在排练场上定下来的。王少舫除了扮演魏魁元外,还发挥了导演作用。不少身段与舞蹈,是他与当时安庆市文化馆干部江理进一起设计,并与严凤英等一起商量着弄出来的。严凤英的更为独特、更大的贡献则在于:她在舞台上把蓝玉莲这个惹人爱、惹人怜的苦媳妇形象演活了,演美了,叫人过目难忘,并且留下了唱腔、身段、表演等方面的经典创造。她那质朴、生动、富有黄梅戏特色、十分迷人的唱腔和表演艺术,通过蓝玉莲这个幽怨美丽的艺术形象,焕发出了穿越时空的夺目光彩,显示出非凡的艺术功力与创造才能。同一时期挖掘整理剧目《砂子岗》,对传统剧本和表演也进行了成功整理、修改及提高。剔除了一些低级趣味和粗糙的语言及表演,加深了人物内心刻画,使演出受到广大观众的欢迎与赞扬。

二是对于系列人物形象的刻塑,有突出个性、多姿多彩的创造性。

无论何种艺术,表现和塑造人物最忌千篇一律,没有特色,没有个性。古今中外历代理论家提出的“这一个”“典型化”“个性化”等著名概念为人所熟知,但是真正做到就不容易了。塑造人物,千人千面,绘声绘色,栩栩如生,是我国文学艺术最优秀的传统之一。黄梅戏是由山乡民歌逐渐演变为戏曲的地方剧种,新中国成立前的发展历程甚为曲折艰难。在严凤英、王少舫之前的年代里,黄梅戏艺术虽然也受乡镇群众的欢迎,也有一些人物形象如《小辞店》中的卖饭女、《送香茶》中的妹妹等为观众所喜爱,但那尚处于剧种成熟过程中的初级阶段。黄梅戏真正能够对人物形象进行精心刻画、细腻塑造的成熟阶段,准确地说应该是在新中国成立后的严凤英和王少舫时期。这一点通过苦媳妇形象系列的分析也可得到一些佐证。

我们来看看严凤英所扮演的几个苦媳妇形象。

《砂子岗》中的杨四伢——一个终日以泪洗面,柔弱、无辜、可怜巴巴的小童养媳。她9岁进婆家,七年来饱受婆婆虐待煎熬,是一个尚未成年的“听婆婆一声叫心中害怕”,终日以泪洗面的幼稚柔弱的小苦媳妇。后来她的哥哥三伢和乡亲们为她出头,帮她出了一口气,把她带回了家。至于她以后怎么办,社会上诸如此类的问题又怎么办,不禁要使人们做戏外之思了。

严凤英在《砂子岗》剧中饰杨四伢

《蓝桥会》中的蓝玉莲——一个心里含泪,忧郁、美丽、聪慧、敢于追求爱情自由的等郎媳。她3岁开始等郎,等了十七年,丈夫才13岁。她秀美贤淑、勤劳质朴、聪明大方。但身世忧、命运愁,使她流露出一种郁苦深深、默默自怜的气质。没想到在蓝桥边与魏魁元相遇,相似的遭遇、相印的心,使他们终于冲破束缚，互表衷情，相约明年。明年将会怎么样呢？戏里没有交代，让人们去想象吧。

《碧玉簪》中的李秀英——一个常常背着人偷洒苦泪，善良、忠厚、深受妇德束缚，为别人考虑太多的受冤媳。她虽为官家之女，但无法掌握自己的命运，奉父命嫁给了一个主观武断、夫权思想极重的才子，结果被坏人算计，受尽丈夫的委屈与凌辱。她是一个恪守封建妇道、委曲求全的女子。在遭受极大委屈与无端凌辱的时候，她的满腔柔情与一颗善良的心，内被屈辱痛苦所折磨，外被三从四德所压抑，几乎将要迸裂！后来虽然终于真相大白、疑解怨申，丈夫再三负荆请罪终于得到她的宽恕。但她该不该宽恕呢？她能不宽恕吗？观众自有评说。

《柳树井》中的李招弟——一个因丈夫夭亡受尽虐待的童养媳，后来她抹干眼泪，通过抗争走向解放。饥荒之年，爹娘为了逃命，只好狠心将13岁的她卖了换粮。丈夫小她3岁，不幸于13岁那年摸鱼淹死，受愚蠢观念与社会恶习驱使，恶婆悍姑视她为眼中钉、肉中刺。李招弟性儿温存柔和，又勤劳能干。但挨打受气、受尽折磨的日子，使她觉得"死了倒比活着强"，多次投井上吊，命如危卵。幸亏到了新社会，颁布了《婚姻法》，在村妇联和周强等人的帮助下，她终于冲破束缚，反抗压迫，控诉罪行，获得解放，得到爱情。这是一个让观众始悲终喜、先哭后笑的感人故事。

《王金凤》中的王金凤——一个被丈夫遗弃的童养媳，她不相信眼泪，通过斗争和自立获得了尊严与幸福。在熬过漫长童养媳岁月等待未婚夫回来成婚之际，未婚夫却来信说，不要她了！这使她的艰难处境更加艰难，痛苦心情更加痛苦，为摆脱没有自由、没有爱情、没有事业、没有幸福、令人窒息的困境，她毅然离家参加了文化学习和文艺演出，却遭到公婆的反对与毒打。公公甚至受坏人唆使，要把她卖给别人。王金凤经过斗争，终于争得自己应有的权利，也获得了真正的爱情，成长为一个受到大家信任、爱戴的妇女干部。这个戏启示妇女，只要敢于解放自己，努力向上，就会有力量、有希望、有前途，显示出绝不亚于男人的志气！

严凤英把以上几个苦媳妇形象，塑造得毫不雷同，各人各样，都很感人。蓝玉莲这个人物形象的分寸就很难掌握。一个年轻的等郎媳春天出门去担水，突然碰到要决定自己爱情与命运的抉择，如何表现她那激荡、复杂、微妙的情绪呢？请看1952年观者评论："饰蓝玉莲的严凤英同志，演得比较出色。她成功地刻画了这么一个富有热情而受着压迫的少女，在突然遇到一个在多方面都能激起她的纯真恋情的青年时，那种复杂的心情，她做得十分细致而又不流于琐碎。她从关键情节的交代到一些细节的处理，都非常有层次、有分寸，做到有渲染、有夸张，而又入情入理。”到告别下场时，“既不是因为已定幽约遂心愿而热情洋溢，也不是一再叮嘱莫误佳期故作缠绵，更不是轻举妄动来一个临去秋波，而是表现得既喜悦又困惑（不知是否能如愿以偿），既留恋又决然（知道反正此时此地不能结合），既坚毅又有些畏惧（究竟孤弱少女，还待继续斗争），十分符合剧中人物的具体身份、处境以及内心情感。唱词虽少，动作虽简单，时间虽短暂，但给人的印象是深刻的。”这段评论让我们几十年以后的今天读了，仍能清晰地感到当时严凤英演得多么精彩啊！当年丁永泉老先生在安庆点拨指导她时曾说：“你还小，不懂。你钻不进蓝玉莲的心里去。要是真钻进去了……”后来严凤英不仅钻进去了，而且以她卓越的艺术表现，真切地让观众既感受到了典型生动的“这一个”，还感受到了其他许多许多。

对于《柳树井》中的李招弟和《砂子岗》中的杨四伢，严凤英自己有段十分精辟的分析，她说：“她们俩虽然同是受虐待的苦媳妇，可是因为出生时代不同，因此她们俩在思想上、性格上以及对人的态度上都是不一样的。四伢是封建社会制度下直接受迫害的人，招弟是生长在新社会里的受封建思想压迫的人。四伢的性格，因为受恶婆婆长期的折磨，比较软弱。她对恶婆婆的态度是怕，表现出来的却是悲。虽然心里也有些不平，可是生长在那样‘天下乌鸦一般黑’的封建思想统治一切的社会里，没有人支持她，她只有忍受着痛苦的折磨，隐藏着内心的愤懑，直到她哥哥来报复了恶婆婆，她才算吐了一口怨气。招弟就不同了，她虽然也是受迫害的苦媳妇，但她是我们这个时代的人。她有《婚姻法》保障，有共产党给她撑腰，她的性格是反抗的，就好像埋在青灰下的一股火。过去她觉悟不高，她把对恶婆婆的愤怒感情压抑在心里。当她得到了党的支持，她的眼睛亮了，心也开窍了，她再也忍耐不住了，就像火山一样爆发了……对不同时代的人物，就应当用不同的表演来刻画不同的人物形象，决不能代替或搬用。”好一个“不同时代的人物，应当用不同的表演来刻画”！杨四伢“态度是怕，表现出来的是悲”，李招弟“就好像埋在青灰下的一股火”，你看严凤英说得多么精彩、多么准确啊！由于认识比较深刻，感觉比较贴切细腻，艺术表现精益求精，严凤英塑造的《砂子岗》里的杨四仔、《柳树井》里的李招弟，也都成为深深感动观众、大受赞赏的艺术形象。

有人问严凤英最喜欢自己演的哪一个戏？严凤英回答说是《碧玉簪》。严凤英还演过不少更有名、更受欢迎的好戏，她为什么说《碧玉簪》是自己最喜欢的呢？严凤英的内心所想，似有值得我们思索的东西。但有一点是十分明确的，她在《碧玉簪》李秀英这个艺术形象上，真的是倾注了太多、太细、太深的情、思和技啊！与严凤英长期合作过的王文龙先生告诉我，排练《碧玉簪》时，作为打鼓佬，他对剧本情节、人物活动，包括具体情绪、细节，甚至对演员的特点、习惯都很熟悉了，可以说是司空见惯了。可不管哪一次排练《碧玉簪》，他都要被严凤英的演唱感动得流泪。他十分感叹地对我说："不穿服装，没有灯光布景，就是平平常常那样'干'排，不知怎么搞的，我每一次都被她演哭了。严凤英真是个少有的好演员啊！"严凤英的老领导，担任过安徽省文化局长的著名诗人钱丹辉先生深情地回忆说："她的《碧玉簪》也演得好，虽然是移植的，但有自己的创造。人物塑造得深刻、细腻、动人。'三盖衣''三上轿'两段戏中的曲折复杂、委婉跌宕的情感，被她演得淋漓尽致。"已是鬓染银丝的严凤英的徒弟许自友告诉我："我师傅演《碧玉簪》下了很深的功夫，她塑造的李秀英，真是演神了！每当《洞房》那一场，她演李秀英入洞房时，那含羞甜笑的幸福表情，让所有观看的人都会羡慕、欢喜、感动！新郎王玉林轻信诬陷盛怒而去，不知情由的李秀英唱道：'新房之中冷清清，为何不见（低声）我官人……'此时，不仅台下观众鸦雀无声，后台也鸦雀无声了，演员们都不由得闭起眼睛静静地听严凤英唱。听完后，都不由得轻轻地发出深深的赞叹！"还有其他许多老同事、老观众也都曾向我盛赞过严凤英的《碧玉簪》。严凤英的《碧玉簪》犹如一幅品味不尽、活生生的、功力深厚的戏曲演唱工笔画，其中的艺术蕴涵的确非常丰富。特别在"三盖衣"那个经典唱段中，她把李秀英又气又悲、又爱又恨、又恼又怨、冤枉委屈、悲悲切切的复杂情绪与心理，表现得深刻细腻，人物形象得到了极其生动感人的立体凸现。《碧玉簪》这个戏虽是从越剧移植而来，但严凤英等黄梅戏艺术家在风格黄梅戏化、形象典型化、艺术精湛化等方面所做的努力很具有原创性，取得了很大成功。

《王金凤》是严凤英特地请著名作家鲁彦周为黄梅戏写的戏。年轻的鲁彦周，才思喷涌、豪情迸发，挥笔疾书，写一场排一场，剧组在他的笔后面等着排戏。累了乏了，他会在地上的席子上睡一觉。导演王冠亚来拿稿子，有时也要等，累了乏了，也会滚到席子上睡一觉。那时没有什么物资与稿费刺激，就靠一股子革命热情。鲁彦周的创作意图，具有一定境界与高度。他笔下王金凤这个人物，显然是一个具有时代亮色的苦媳妇形象。严凤英是主演，这个人物对她颇具吸引力，同时也是一个挑战。为了演好这个人物，她下了很大功夫。王冠亚导演当时年轻，刚从部队转业，不懂什么人情世故，只顾抓戏，要求十分严格，甚至有些严历，似乎缺少一点现场解决问题的办法。严凤英虽然名气很大，那时也不过是个二十多岁的年轻女子。导演如此严格，办法又不太多，因此排练场上有时就难免会出现一些沉闷不乐的情况。细心的团长吕波发现了问题，就两面分别做一些劝说、启发、指导、鼓励工作。于是导演和主演两人就分外地注意合作起来。这一合作，不仅出了戏，而且出了情，在组织和同志们的亲切关心下，促成了他们十三年生死姻缘。为塑造好王金凤这个人物形象，严凤英、王冠亚与编剧鲁彦周以及剧组的同志们，在一起努力奋战了许多个日日夜夜。应该说这个戏和王金凤形象的塑造基本上是成功的。安徽省第一届戏曲观摩演出大会，《王金凤》得到了优秀演出奖、导演二等奖、音乐一等奖、乐队演奏奖、舞台美术奖，严凤英得了演员一等奖。但可惜这个戏没有很好地“磨”下去。后来鲁彦周写作《三八河边》被拍成电影，在全国放映，由张瑞芳演女主人公。严凤英为了向张瑞芳学习，主动要求在电影里担任台词不多的群众角色。张瑞芳曾在怀念严凤英的文章中，深情地提起这段往事。为什么严凤英能把苦媳妇形象塑造得如此丰富多彩呢？这当然与她在新中国成立前曲折悲苦的生活经历有着十分密切的关系。陆洪非先生曾写道：“她是在演自己，演自己的伙伴。”不过更准确地讲，她也不是完全或只是在演自己，演自己的伙伴。她所表现、塑造的形象，远比自己和自己的伙伴要深刻、丰富得多。应该说严凤英不仅是一个对身边生活感应异常敏锐强烈，也是一个对艺术创造思索异常细腻深刻的艺术家。她忠实而敏感地把自己丰富的生活体验与思考，浓浓地酿进了自己的艺术感悟里，深深地刻进了自己所创造的各种艺术形象中。

三是对于传统演唱技巧的发展，有继承革新、精益求精的创造性。

艺术来源于生活，但并不等于生活。它是什么？西方美学认为是“有意味的形式”。这是因为艺术实践过程，到最后显示出来、能让人们直接感受到并觉得有意味的，总是某种形式。所以，形式的创造对于艺术来说，也是关乎生命的东西。形式创造当然离不开革新，为什么要革新？这是观众对于艺术品种不断发展的执着要求所决定的。如不努力进行革新，艺术就不会有进步、有提高、有发展，必然会故步自封，凝固本体，面临死亡。然而继承，却是成功的革新所绝对离不开的。这也为观众对于艺术品种审美特征的执着要求所决定。如果不认真地继承优秀传统，某种艺术必然会逐渐流失特征，流失本体，流失基本观众，同时也流失了革新的基础与准确的审美把握。继承与革新两个方面，对于形式创造都是非常重要的。遗憾的是，这一层道理在当前不少黄梅戏艺术实践中，并没有得到应有的重视，或者是解决得不好。在苦媳妇形象系列的创造中，我们可以看到严凤英他们对于传统形式，是既认真继承，又努力革新的，不论哪个方面都做到了精益求精。

《蓝桥会》这个戏，在黄梅戏传统剧目中是比较难演的。人物只有两个，情节十分简单，就靠人来唱和做。唱做不一样，演出来的戏，可有天差地别！演《蓝桥会》有三难，一是人难演。这在前面形象塑造的论述中已经谈过。二是腔难唱。《蓝桥会》唱腔，主要是三部分：[汲水调][平词]和[对板]。[汲水调]和[平词]，[对板]和[平词]，演唱时穿插着进行，曲调优美而变化，歌唱性较强。蓝玉莲出场后，报花名、解带打水、解排环扇风凉等表演，共要唱七段[汲水调]，每段略有变化，连唱带做要演好大一会。这一段[汲水调]唱腔衬词很多，加起来总共有354个衬字。其中“解开丝带系桶环”和“解开排环扇风凉”两句中，夹的衬字就各有41字之多。要把这一大段[汲水调]唱好、演好，是很不容易的。时白林先生曾精辟地分析严凤英对[汲水调]的演唱，他说：“[汲水调]除衬词多而长外，由虚字形成的衬腔旋律，也远远超过了正词旋律的长度，这样的唱腔既容易被人忽视，也不太好掌握。严凤英不仅把衬腔唱得娓娓动听，就连一个感叹的虚词‘嗟’也不放过，唱得撩人心绪。”我仔细听了严凤英的录音，她的[汲水调]尽管几段曲调大致一样，但却唱得富于变化，不仅情绪有变化，而且润腔、气息、强弱、音色、明暗也都跟着与意境相合的审美意味而有变化。她的腔调既保持了传统质朴自然的韵味，又做了一些加花、前倚音、后倚音等润腔手段。旋法上少了一些平直，多了不少美感，娓娓动听系由此而来。严凤英在继承黄梅戏传统唱腔和演唱方法的基础上，有了较大的丰富、创新与发展。三是戏难配，动作难做。蓝玉莲、魏魁元之间的戏，重在内心刻画与分寸感。温了不行，火了也不行！所谓差之毫厘，谬之千里。严凤英与王少舫以杰出的艺术天赋、功力及生活体验，把默契配合、拿捏分寸发挥到了极致，才使这两个人物如此可怜、可爱，才使这个戏如此生动好看，如果换了别人演，可能就会难以令人满意。《蓝桥会》按老传统演出，表演动作是比较粗糙的，走走十字步，做做动作。那些“报花名”，只有唱没有做。严凤英、王少舫根据剧情和人物性格的需要，把传统表演、京昆艺术、生活动作以及舞蹈糅到一起，创造出黄梅戏风格浓郁、独特、新颖的优美表演形式，不仅受到观众热烈欢迎，而且也得到专家高度赞扬：“她演出《蓝桥汲水》，身段、水袖几乎都可以与昆曲、京剧媲美，而且眉宇之间，时时使人感到她是一个有着悲惨身世而强自挣扎的女子。她有着极好的演古装戏的舞蹈根基，而又能不为古装戏的程式动作所束缚。”通过这些评论我们也可以看到，严凤英1952年在上海演出的《蓝桥会》《打猪草》等黄梅戏剧目，艺术上不仅是独特的，也是成熟和完美的。这些剧目以我为主，兼收并蓄，融会贯通，精益求精。既很好地继承了，也很好地革新了，一新耳目，吸引八方，面向全国对黄梅戏传统进行了一次大的改革创新，产生了在新的高度和广度上，奠定黄梅戏剧种风格的重大影响。

又如《柳树井》唱腔，既没有离开传统，革新步伐也比较大，同样取得了成功。如“爹娘爹娘心太狠”这一著名的诉苦唱段，结构、旋法、唱法都给人以新鲜感觉，再加上严凤英绘声绘色倾诉性的和富有黄梅戏韵味的演唱，大大加强了艺术感染力。演出时，经常是严凤英在台上边哭边唱，观众在台下边听边哭，情景十分动人。令人震撼！《砂子岗》是老艺人胡遐龄的拿手好戏。胡遐龄通过多年的艺术和生活积累，对恶婆婆形象，在语言、形体、步伐、动作等方面，都有精彩动人的创造。传说胡遐龄为了学习农村女人走路，曾多次跟在农村妇女身后模仿。有一次被几个小伙子发现，产生误会险些挨打。胡遐龄的恶婆婆表演，可以说是黄梅戏传统表演艺术的一绝。充满着农村生活情趣，又凝结着适度的夸张、丑化与形式美，受到广大观众的喜爱与欢迎。严凤英作为苦媳妇杨四伢的扮演者，既要克服自己身坯较大、形象爽朗与杨四伢的外形要求距离较远的局限，努力塑造好这个柔弱可怜的配角小媳妇形象，又要使自己的动作、表演风格能与胡遐龄相得益彰。为此，她在表演生活化与程式化的结合上做了很多努力。据《砂子岗》导演李力平和其他看过这戏的人说，严凤英与胡遐龄配合得极好，严凤英为了适应胡遐龄的风格，有意收敛了一些程式化的东西，张扬了一些从生活中提炼的动作。两人演来传统味儿十足，但又不时流露出一点创新的美。情浓、意妙，乡土生活气息特别浓郁，动作协调优美，节奏韵律多变，十分自然、好看。1954年华东区第一届戏曲观摩演出时，“各代表团和专家们对饰演童养媳四伢的严凤英同志和饰演婆婆的胡遐龄老艺人的表演，都交口称赞”。这个戏1956年在北京演出时，也受到广大观众热烈欢迎。“京剧前辈荀慧生、昆曲前辈白云生、曲艺名演员魏喜奎和张艾丁同志，都一致称赞这个戏”。而在《碧玉簪》的“三盖衣”表演片段中，严凤英对李秀英与丈夫、母亲之间又复杂、又矛盾、又深情的那段戏的精彩表演，更为人们所激赏，在形式创造的继承与革新上，也是处处可圈可点的。至于《王金凤》这个戏，由于各种原因虽未能磨成精品，但在唱腔、表演的继承革新上也有所创造，有的唱腔后来在别的剧中被发展成流传名段。

总的说来，作为自然产生与集结的苦媳妇形象系列，应是严凤英所塑造的艺术形象中，引起注意并应认真研究的重要部分。尽管其中存在着这样或那样的问题，尚不能称之为精品，但它们的总体意义与影响，如前所论，是不应该忽视的。严凤英对蓝玉莲这个人物形象的细腻塑造，被很多人夸为“绝妙之笔”。而现在，则已被认为是后无来者的绝笔了！《蓝桥会》改编之一郑立松写道：“严凤英与王少舫去世后，这出小戏已是人亡艺绝，没有人好端端把这出戏学下来，传下去。”其实，《柳树井》《砂子岗》《碧玉簪》《王金凤》等剧中的一些艺术精华，也存在同样问题。严凤英小时候就先后向严云高、程继善、丁永泉等老艺人学习演唱《蓝桥会》。她从开始学演这个戏，就不断受到欢迎，但她从不停步。经过长期生活与艺术实践的磨炼，她对于戏的规律、表现的人物越来越稔熟，对于传统技巧与风格的掌握越来越精辟，同时也越来越善于在吸收、融化中进行创新与发展，终于登上艺术高峰。

严凤英不同于一般人的难得之处体现在不论唱，还是演，不论人物语言，还是表情、动作，她的体验与表现，都是不断精进、不断提高的，从未较久地凝固在一个水准上而故步自封。随着阅历、艺术的不断丰赡，随着眼界、心胸的逐渐开阔，或每一场戏，或每一个剧目，或每一阶段，或每一段时期，她的艺术都能有所丰富与创新。

（选自《严凤英、王少舫的艺术历程》）

她是用心来演戏

——我为严凤英司鼓

方起凤　口述　　徐启仁　整理

严凤英18岁那年，被恶势力所迫，离开了安庆，去了南京。为了生存，她卖过香烟，当过歌女，也曾寄人篱下学唱过京剧和昆曲。

安庆刚解放，百废待兴。党和政府没有忘记曾在安庆舞台上红极一时的严凤英，专程派人去南京，将困顿中的她接回了安庆，从此，严凤英的人生揭开了新的灿烂的篇章。

严凤英回到安庆以后，先后参加了“群乐”“大观”“胜利”剧场的演出，我有幸担任严凤英的司鼓，参与了她这一阶段的艺术实践活动，目睹了她用心血塑造的一个又一个鲜活的舞台形象，直接体察到她对艺术事业高度负责，精益求精，不断创新的敬业精神，亲身感受到广大观众对她的尊重热爱和痴迷。五十多年过去了，我已年逾古稀，许多往事仍历历在目，恍如昨日。如果要我用简洁的语言来评说严凤英，我说：“她是为黄梅戏而生！视观众为衣食父母！她是用心来演戏！”

下面想谈谈我与严凤英合作过程中亲身经历的几件往事。

《蔡鸣凤辞店》（以下简称《蔡》）是黄梅戏的传统剧目之一，久演不衰，有着广泛的群众影响，至今仍是许多剧团的保留剧目。真正使该剧走红并成为黄梅戏经典剧目的是严凤英，而严凤英也正是成功地扮演了剧中女主角柳凤英而名噪宜城的。

过去戏班子里流传着一句行话：“男怕‘访友’（《山伯访友》），女怕‘辞店’（《蔡鸣凤辞店》）。”说的是这两本戏主要角色唱词繁多，表演难度大。《蔡》剧中的女主角柳凤英在《辞店》一折中，连续唱三百多句唱词，还要把送别情人的复杂情感准确地表现出来，没有一副好嗓子，没有上乘的表演技巧，这个角色是

严凤英生活照

难以拿下来的。恰恰这个唱做并重的角色，为严凤英提供了一个施展艺术才能的宽阔平台。严凤英扮相俊俏，双目有神，身材匀称，嗓音沙甜柔美，唱腔如行云流水，清脆悦耳，表演准确细腻，丝丝入扣。悲时眼眶蓄泪欲滴，喜时眉飞色舞、笑逐颜开，硬是把柳凤英给演活了，她一登台观众一片叫好，掌声此起彼伏，多少戏迷为之倾倒，为之喝彩。

严凤英扮演的柳凤英尽管取得巨大的成功，得到圈子内外的一致好评，可她仍不满足，在演出实践中不断改进，不断出新，冀求更加完美。

新中国刚成立那几年，黄梅戏的演出虽有一两把二胡参加伴奏，但武场仍占主导地位，唱腔的过门是用锣鼓来演奏的。我是鼓佬，许多严凤英的戏迷便找我商议，说他们最爱看严凤英的"辞店"，最欢喜她的唱腔。但在她演唱的时候，中间的锣鼓点用得太多，打击乐的音量往往遮盖了她的演唱，影响了听觉效果，能不能把锣鼓点去掉一些，让观众的耳朵清爽一些。听他们这样一说，我虽有同感，却不敢贸然应允。便说，这个戏从老祖宗那里传下来就是这么演的，轻易改动，必然招致非议。再说严凤英愿不愿意接受这样的改动，她是大演员，还得由她做主。

一天，戏还未开演，严凤英正在化妆，我将戏迷的意见如实地对她说了。严凤英认真地思索片刻反问我："你是鼓佬，你说呢？"我说："技术上很好处理，但要听你的。"严凤英说："那就试试吧，我配合你，效果好就这样改，不好再还原。"

演出时，我就按她说的"试试"，凡唱腔中的大过门仍用锣鼓伴奏，把唱段中小过门的打击乐全部去掉，由二胡来衬托。这样一改，效果极佳，观众都说听得更过瘾了，严凤英自己也很满意。

这样的改动，虽说是"微调"，但在当时的背景下还是不简单的，说明严凤英有胆识有勇气，有锐意进取的意识和对观众负责的态度。同时迈出了黄梅戏唱腔伴奏由武场为主向以文场为主的可贵一步，推动了黄梅戏音乐事业的提升和发展。

在《蔡》剧中，柳凤英的唱词中有这样两句："奴店房生意好人山人海，哪一个不想我除非是个痴呆。"平时演唱这两句词，节奏平缓，没有什么起伏变化。

严凤英大概琢磨过一段时间，便来找我商量："鼓佬，我想把'除非是个痴呆'这半截唱词唱法改变一下，节奏加快一点，语气强调一下，这样可能更符合角色当时的心态。"说罢，她还照她的设想唱了一遍。我听过后就说："这样动一下肯定好，你唱'哪一个不想我'以后，我把鼓条重重垫一下，后半句的时值由4/4变为3/4节拍，晚上就这样唱好不好？"严凤英说："就这样演，看看观众有什么反应。"后面的演出就这样改了，她边唱还边加了一些身段：左手将手帕抛起，右手接住，双手往腰间一卡，抬起火辣辣的双眼，来个侧身亮相，把少妇柳凤英那种自信、得意的情绪表现得活灵活现，台下顿时一片叫好，掌声雷动。

有的演员，条件不错，也很会演戏，一出戏公演以后，他们一般都不愿再改动了，而是照本宣科，演完了事。而严凤英则不然，她把每一次演出都看作是创造角色的机会，始终充满了激情，像演新戏那样认真，一丝不苟，全力以赴，将最美的唱腔和演技展现出来，奉献给热爱她的观众。

她从南京回来以后，剧团重新上演《蔡》剧，她提议舞台尽可能装饰得好看一点，桌椅要添上桌围椅帔。她自己还借钱买了两副头面，将柳凤英的造型参照京剧花旦的造型进行打扮。这样的改变使舞台上多了一份靓丽，柳凤英的形象也更加婀娜多姿、妩媚动人。在严凤英的带动和影响下，黄梅戏舞台的综合表现力得到进一步的加强。

严凤英调到安徽省黄梅戏剧团以前，《蔡》剧一直是剧团的看家戏、吃饭戏。一旦行情下跌、收入下降或遇到淡季，剧团就推出《蔡》剧，马上就出现了转机：观众来了，剧场满了。总有那么一大批人，对严凤英演的柳凤英百看不厌。记得1952年冬天，连降大雪，天气非常寒冷，街上行人稀少，剧团又一次境况窘迫，许多艺人家里面临断炊之虞。团长也很焦急。大伙儿就说，演《蔡鸣凤辞店》试试，或许能把票卖出去。团长知道，这有点冒险，一则严凤英戏码重，天气这么冷，她是否吃得消？再则，如果上座不好，剧场冷清，她会不会埋怨？最后团长找严凤英征求意见，严凤英二话没说："演！"大家都很感动，海报贴出去，果然观众就来了。外面天寒地冻，剧场内暖意融融。严凤英主演的《蔡鸣凤辞店》又一次帮助剧团渡过难关。联想到现在有些稍有点名气的演员，动不动就端架子摆谱儿甚至撂挑子，脑子里根本就没有整体观念，眼里根本就没有为自己陪衬的同行。若将他们跟严凤英的艺德做个比较，简直是一个天上一个地下！过去老艺人一再强调，戏好更要德好，这句话在严凤英身上体现得十分到位。

严凤英扮演的柳凤英能取得巨大的成功，除她自己一再表示得益于恩师丁永泉、丁翠霞父女的悉心指导外，重要的是她自己的不懈努力和反复琢磨，用一番心思去领悟人物的内心世界。炎凉的世态和坎坷的遭遇，也为她塑造柳凤英这个人物提供了扎实的生活基础。她深知艺无止境，所以对来自各方面的意见都能虚怀若谷，仔细倾听，吸收其中有价值的东西，哪怕是一点一滴，说改就改，不断完善、打磨自己扮演的每一个角色，她对艺术的追求可以说是到了苛刻的程度。

说到这里，我想起严凤英在《西楼会》中反串的小生洪莲宝。她戏路子宽，反串洪莲宝、吴三宝这类风流小生也很出色。

书生洪莲宝与方府小姐一见钟情，为了与小姐相会，只好男扮女装，冒充方府丫鬟，借送茶之机到绣楼去会小姐。过去唱黄梅戏的都是男性，旦角当然也由男演员来扮演，必然存在些局限。出现坤角以后，许多剧目仍沿袭原来的演法。严凤英扮演的洪莲宝在许多方面做了改进。她利用女演员音高的优势，恰到好处地运用男声和女声交替转换的方法处理某些唱段，赢得了强烈的剧场效果。

我清楚地记得有这样的细节：她唱："撒开大步西楼上……"这句[平词]仄板用的是男平仄。接着打开折扇，做提足上楼梯的动作，突然来个停顿，她眼珠一转，念道："且慢！"下面改用女平词接唱下句："必须要学一个三寸金莲。"身段也随之变为旦角的动作。上楼以后，见方小姐还在安睡，马上又变回男声。这种声调的切换，把男性的阳刚与女性的柔美有机地粘连在一起，使人物更加丰满，增加了观赏性和剧场效果，为原来平淡的演出过程平添了许多情趣，观者无不欣喜。由于严凤英的参与，《西楼会》的演出质量整体提升了一个档次，成为她的保留剧目之一。

许多黄梅戏老前辈说，有的演员靠戏来保他（她），而严凤英可以保戏，她有化平淡为神奇的功力。通过与她几年的合作，我切身体会到，严凤英是天才，也是用心来演戏的伟大的艺术家。严凤英很有个性，快人快语，为人重友情讲义气，没有什么城府心机。她往往得罪了人或有人用心眼来算计她，她根本不知道。她心里装着艺术，只知道演戏，想着怎样把戏演好。正因如此，她的生命在舞台上才会那样鲜活，风光无限！在现实的生活中又是那样脆弱，不会保护自己，以至于英年早逝，给人们留下了无尽的思念和遗憾！

（选自《严凤英、王少舫的艺术历程》）

严凤英反串的两出小戏

李桂兰　口述　　邓新生　整理

1946年8月12日,箱主方智勤在桐城相铺街演出。当时,张云凤、严云高、徐紫义、章守宽都在这个戏班子里,我应邀唱花旦。

那天下午,我演完《游春》之后,在香铺街的一个晒场上坐着休息,我们戏班子大部分人都住在晒场前面的一间大屋里。大概快要到吃晚饭的时候,方智勤领着一个小姑娘到我跟前,高兴地说:"李先生,这就是小鸿六(严凤英小名),从今天开始在我们班子里唱戏。"在这之前,我早就听过小鸿六的名字了,只不过这是第一次见面。我见她天真直率、大方得体,当时就开了一句玩笑:"你就是小鸿六呀,牡丹虽好,要绿叶扶持,你又红又绿,红花绿叶你一个人占去了。"这个小姑娘就是严凤英。

从此,我俩经常同台演出,如《戏牡丹》中严凤英演吕洞宾,我演牡丹,《蓝桥会》中严凤英演魏魁元,我演蓝玉莲。事情就是那么怪,我是男的,偏演女角,她是女的,偏演男角,这叫反串。

一、《瞧相》

严凤英是演花旦的,她却演了小旦、老旦、青衣、花脸、小生、老生。本来她没演过丑角,那时,几乎没有旦角演员去演丑角的。有一次,为了救戏,严凤英主动提出演丑角。严凤英演什么丑角呢?《瞧相》里不是有个丑角吗?她就演了这个丑角。剧情很简单:一个花花公子想调戏一个瞧相的凤阳女子,结果,花花公子反而被瞧相的女子嘲笑了一顿。本来这个戏是我和琚诗云演的,说到这里,还有一个小故事。有一年,我在老梅街演出,镇里的商会理事魏惠民是超级戏迷,那时我才 17 岁，演《瞧相》里的花旦。演完之后，魏惠民传话，叫我再演一遍。结果，这天晚上连演了三场《瞧相》。我与严凤英在香铺同台演出后，即被魏惠民邀到老梅街演出。那天晚上演正戏《送香茶》，严凤英饰妹妹，章守宽演小生。演完后，加演《戏牡丹》，严凤英反串吕洞宾，张云风演白云龙，我演牡丹。那时，魏惠民还是第一次看严凤英的戏，严凤英一上台就把所有观众的目光吸引住了。一句道白、一段唱腔，立即引起台下长时间的掌声。魏惠民说："小鸿六的眼睛太神了，她的眼睛太活，可以随着手式转动，可以随着道白传情，把观众的心都勾去了，她的表演不亚于郑绍周。"因此，戏散场了，观众还迟迟不愿离去，非要加戏不可。没想到，大名鼎鼎的商会理事魏惠民散戏后也没有走，叫人传话要严凤英再唱一出折子戏。可是，除了我的妆没下外，所有的演员都下了妆，加戏是不可能了。魏惠民没办法，可又没有过足戏瘾，就叫我演《瞧相》，我说："还不行啊，《瞧相》有两个角色，一个花旦，一个小丑，我演花旦可以，演小丑的琚诗云不在戏班子里，怎么演？"正在这时，下完妆的严凤英走到我的面前说："李先生，我演小丑吧。"我不相信自己的耳朵，你演小丑？你小鸿六演小丑？还没等我反应过来，严凤英抓过一支白粉笔，沾满白粉往鼻梁上一扫，然后抓过口面就挂上了。

在舞台上我才看清她的装扮，差点把我逗笑了。小花脸一般都是在鼻梁上画个小白方块，而她只在鼻梁和两只眼睛下面用白粉横扫了一道长白条子。别的丑角口面挂在鼻孔下面，而她偏偏将口面挂在鼻孔上面。不说别的，单看她这副尊容，一个不学无术、吊儿郎当、街头小混混的形象活生生地站在你的面前。因此，刚上台，就来了个"碰头儿好"！这个戏是旦角先上场的，我唱完："家住在凤阳，瞧相度日光，丈夫在家望哪，望奴家转回还，挂心喏。"还没唱重句，台下观众突然哄堂大笑，随后雷鸣般的掌声从台下传到台上，把我吓了一跳。我定神一看，原来是一个"小油条"上台了，她的装扮把我逗乐了。一般的情况下，在台上演戏时，不管出现什么情况都不会把我逗笑的，这是长期舞台演出磨炼出来的结果。也不知是什么原因，乍一看严凤英这个样子，我的脑子里就蹦出这几个字来："这个戏精！"好在我唱完这四句词之后马上下台，没有造成笑场事故。

琚诗云是黄梅戏著名丑角，他在桐城、怀宁一带很有名气，魏惠民夸他的丑角表演"把人肚子都笑痛着"。他的表演比较夸张，面部很活，说笑就笑，说哭就哭，刚才还在下场门，一声大叫后，一下子就蹦到了上场门，是一个"满台活"的丑角演员。《瞧相》上场，他唱的四句[瞧相调]："昨天二十八，今天二十九，明天三十晚哪，回家吃年酒，过年喏。"他喜形于色，一脸馋相，把一个浪荡子的形象活脱脱地展现在观众面前。而严凤英却有别于丑角演员的常规表演,她踩着[六槌]的锣鼓点子上场,脸上毫无表情,显得非常疲惫,也许是昨天晚上又在赌场上赌了一夜,或在花楼里嫖了一宿。唱“昨天二十八”,后面的“嗳嗳嗳”音在鼻子里哼出,显得无聊和毫无心绪:明天就要过年了,非回家不可,回家后又要被父母管束,又要天天坐在书房里读书,心里非常憋屈。在唱到“回家吃年酒,过年喏”,无奈地两手一垂,眼皮耷拉下来,头无力地垂了下来,踩着“哐哧呆哧,哐哧呆哧”的锣鼓点子下场。这种情绪告诉人们,外面花花世界真好,背过父母的眼睛吃喝嫖赌是神仙的日子。过年有什么好?和父母同桌,端起酒杯毕恭毕敬地恭祝父母长命百岁,违心的酒苦辣异常,毫无情趣。哪有在花楼里吃花酒快活?哪有在赌场里狂赌痛快?这样的表演为后面的“吃了过年酒,就把圣堂走,提足圣堂进,关门念春秋,念书哦”做了很好的注脚。过年后,父母把他关在圣堂里读书,如同鸟关竹笼,虎困栅栏,急不可耐。所有这一切,严凤英都是采用丑扮正演。就是说,这个公子虽然浪荡,却也是读书人,用温文尔雅小生的手法表演,显得更加滑稽可笑。这是严凤英的“发明”,也是她的高明之处。接下来,严凤英跨过小生行当,走近小丑的表演程序,同是[瞧相调]却唱得发抖、打顿,显得激动、亢奋,动作幅度也很大,也“满台活”起来。“一程又一程,来在一凉亭,提足凉亭进,咦,打坐个活观音,好看喏!”公子无心读书,溜到大街上玩耍,看见一个看相的女子,一路追来,来到凉亭。刚进凉亭,一眼看见看相女子,“好漂亮的女子哟,就像观音娘娘一样好看”,一个长而发颤的“咦”字,把一个好色之徒的本性淋漓尽致地表现出来。接着严凤英突然站住,两眼发直,愣愣地看着看相女子,从喉咙管里“滚”出:“打坐个活观音,好看喏!”垂涎三尺,无词以表。看见漂亮女子,花花公子把父母的管束、读书人的烦恼统统丢到脑后,把过去追女人的手段又使了出来。小丑的程式动作、小丑的滑稽可笑、小丑的活泼夸张,被严凤英发挥到极致,令人捧腹!说实话,当时在台上我就很吃惊她的大胆、她的机智,更为她超人的演技暗暗叫好。在唱“听说是凤阳人,说话都好听,与我瞧一相,你要几多银,你说哟”时,把[瞧相调]唱得一顿一顿的,显得在漂亮女人面前激动得浑身发抖,不能自持。为了把这一点表现得更加鲜明,她猴子似的不知什么时候“窜”到我的左后方,用手在我身上拍了一下。这一拍,既可解释为调戏,又可以解释为试探。夸张的表演,引起观众哄堂大笑。

严凤英的戏感特别好,这一点,不但在《天仙配》《女驸马》《牛郎织女》等剧中表现得特别突出,就是在她扮演的丑角中也体现得非常鲜明。《瞧相》中的丑角本来是她为“救戏”而偶然为之，但就是“这一次”，也充分证明了，如果她能改行唱丑角的话，她也是一个非常出色的丑角演员。

戏曲中，丑角一般是为“插科打诨”而设置的，也就是说，是为了逗观众发笑、活跃舞台气氛的。直到现在，丑角还起着这样的作用。为什么丑角鼻梁上画个小方块？为什么丑角一般都是衣冠不整？那是从滑稽方面考虑的，是为了让观众发笑，让观众开心。小品演员赵本山、范伟、潘长江不论在哪个小品中，他们的打扮都是滑稽的，这就是艺术，把观众逗笑了，那就是艺术效果。

严凤英深知丑角的意义，因此，她把生活扩大化、表演夸张化。在《瞧相》中，我说：“我来教你，上前三步。”严凤英说：“好，我就上前三步，一二三……”她有意将步子跨得很大，一二步就已经走到台口了，第三步时，她还是将脚抬了起来，如果脚放下去的话，整个人肯定要掉到台下。然而，她悬在空中的脚似乎就要放下来，前面的观众生怕她的脚踩在他们的头上，本能地躲闪着。就在脚眼看要落在观众头上时，她马上收回了跨出去的那只脚，稳稳地站在台口。观众一阵虚惊，引起哄堂大笑。就是这样，严凤英还是觉得戏没做足，当我叫她转大圈时，严凤英却沿着台口边沿绕了一大圈，憨态可掬，笑得人直不起腰来。逗逗观众是情理之中的事，没想到她还逗起她的搭档——我来了。当我叫她咳一声时，她似乎没有听见，慢慢地迈着步子，围着我绕了一圈。我心想，坏了，她从来没演过这出戏，下面的戏她肯定接不上来了。我背过身，小声地提醒她：“咳呀，下面是……”这时，她已经绕到我的左侧，突然对着我的耳朵大声咳了一声，这一声如同惊雷，吓了我一跳，我本能地捂住耳朵。由于表演太真实了，观众笑得前仰后合，并鼓起掌来。下戏后，她向我赔不是：“李先生，真对不起，这出戏我不太熟，心里一慌，声音咳大了一点。”看看，打我一下，又摸我一下，调皮不调皮？这就是当年的小鸿六！

严凤英有丰富的舞台经验，她肚子里装着许多台词，也是个戏篓子，她在舞台上演戏如同生活中对话。为了使戏更加好看，处处出彩，她随时随地加一两句俏皮话，逗观众发笑。我说：“大爷，你耳朵半把斤，听话听不清。”严凤英思维敏捷，马上接过我的话，加了一句原本上没有的台词：“算着吧，你又在骂人，你说我耳朵半把斤，半把斤的耳朵，那是猪耳朵啊！”边说边比画一个大耳朵，做个鬼脸，使寂静不久的剧场又一次沸腾起来。

说实话，平时我跟她演的都是小生、花旦的戏，逗哏的成分不多，唱词、道白基本上是师傅口传的。我演花旦，严凤英演丑角还是第一次。况且，在演出之前也没有对对词、走走场子，完全凭着严凤英的强记和舞台经验来表演的。开始我还有点紧张，生怕她由于没演过这出戏而对不上"口"。没想到她对这出戏熟悉到随时随地加台词，加过台词后又很自然地接上下面的台词。既然这样，我就来试试她的"见风挂牌"的功夫怎么样。什么叫"见风挂牌"呢？就是见什么人、见什么场景唱什么词。我在唱"大爷鼻子高，有点好赶骚，莫怪我骂你"时把"也是命里招"改成"公鸡到处跑"。就是骂花花公子是个骚公鸡，见不得女人，见到漂亮的女人，就像公鸡一样跟在母鸡后面到处跑。原来这段唱词后面丑角没有唱词，严凤英听我改了唱词，嘴里嘀咕一句："你在骂我？"接着用[瞧相调]加唱了一段唱词："大爷我鼻子高，从来不赶骚，大姐相貌好，所以跟着跑，莫怪哟。"咳！这段词加得好，就是说，我从来作风正派，为什么跟着你跑呢？因为你长得太好了，莫怪哟。这个鬼精灵，既为自己辩白，又夸了一句对方，一举两得，合情合理。演到这儿，我的激情也上来了，我再现编一段唱词，试试她的口才。于是，我编了一段唱词，问她贵庚多少，也就是多大年龄。我的意思是：你才出道几天啊？你才多大年龄啊？上了妆就满台词。我的唱词刚完，严凤英马上唱道："活到九十九，生姜搀辣酒。八两对半斤，你有我也有，不错吧。"咳！她说啊，生姜还是老的辣，不过，你既然考我，李先生，我告诉你吧，在舞台上我是不会输给你的，我俩半斤对八两，你能当场编词，我也会当场编词，不错吧！戏演完了，观众的手掌都拍肿了，我知道，她今天抢了我的"戏"，她是主角，我成了配角。魏惠民为了安慰我，第二天请我和严凤英吃饭，他对我说："李先生，昨天的《瞧相》，你和小鸿六演得一样好看。"没想到，严凤英得理不让人，调皮地对我说："李先生，下次观众点《瞧相》，我还演丑角。"

以后我再也没有看到严凤英演丑角了，我讲不出她演丑角有什么特点，只不过如实地把它讲出来，目的只有一个，那就是：1946 年 8 月的某天晚上，在老梅街，李桂兰和严凤英同台演出《瞧相》，严凤英演了一回丑角。

二、《蓝桥会》

自从 1946 年 8 月 12 日，我和严凤英在桐城相铺第一次见面后，秋、冬、春三季一直同台演出。那时男人演花旦相当普遍，而女人演小生还比较稀罕。我大严凤英 9 岁，她那时年龄不大，从她的性格上说，还是个孩子。

那时候的演员都必须练就过目不忘、过耳能诵的本事，才能胜任三十六大本、七十二小本戏的演出，知道提纲后，对唱词、道白的把握就能做到八九不离

严凤英在《蓝桥会》剧中饰蓝玉莲，熊少云饰魏魁元

十。严凤英非常聪明，她对演戏有极大的兴趣，什么角色都想演一演。按现在报纸上的话说："过一把戏瘾。"她时常对我说："李先生，今天我俩演《蓝桥会》，你演女，我演男。"说心里话，严凤英那时非常尊敬我，我也喜欢她天真活泼的性格。同时，还被她"创新"式的演法所吸引。什么是创新的演法呢？就是刻画性格、演出人物的心理活动来。新中国成立后，我到合肥学导演时，才知道那叫刻画人物性格，理清角色的行动线，潜台词什么的。我们学戏时，师傅总是强调我们要演龙像龙，演虎像虎，就是师傅怎么演，你就必须怎么演。有时说错了一句台词，做错了一个手势，下场后，师傅还要打板子。最突出的就是，花旦演员在台上一招一式都要像女人，像了，才说你演得好。那时，真的不知道什么叫性格呀、潜台词呀。

为什么观众都喜欢看严凤英的戏？我认为，可能她当时就演出了人物的个性，把人物内心的东西通过道白、唱腔、动作表现出来了。现在想想，她真是个优秀的戏曲艺术家。这一点，在当时，也许是她自已悟出来的。

严凤英每演一出新戏，就习惯于琢磨人物的思想活动、人物的关系和人物的个性。一天，她若有所思地问我："李先生，《蓝桥会》的蓝玉莲已经有了丈夫，她为什么还要接受魏魁元的求爱呢？"虽然那时人们对婚姻还不是那么严肃，但在农村里，普遍的还是一夫一妻，有权有钱的人才一夫多妻。我想想觉得有道理，如果蓝玉莲接受了魏魁元的求爱，她也是个轻浮女人，肯定不可爱，可是我又没有办法去弥补这个缺陷，师傅就是这么教的嘛。严凤英仍在思索之中，她看着我，自言自语地说："我曾经听人哼过蓝玉莲的唱词：'玉莲今年二十多，惟有那小丈夫未满十三。'13 岁的孩子懂什么啊？蓝玉莲不是典型的'等郎媳'吗？既然是'等郎媳'，蓝玉莲接受魏魁元的爱情是情理之中的事，观众也不会说什么，甚至还同情她。"好一个聪明的小鸿六，她把这个戏上升到反对封建礼教的高度来看。那时是新中国成立前夕，共产党提倡的反对封建婚姻，提倡自由恋爱，我们也听到不少，我们每天都在接受新的思想，严凤英聪明好学，接受新的思想自然很多。所以在以后的演出中，她把"奴丈夫圣堂把书来念，奴家大小事要我承担"，改成"蓝玉莲今年二十多，惟有那小丈夫未满十三。"并将魏魁元后面的"家中妻子有一个，难比大姐十分贤"，改成"盼着早娶妻一个，要和大姐一样贤"。这两句唱词既向蓝玉莲表白：我魏魁元尚未娶妻，又向她暗示，我要娶就娶你为妻。也许在当时的时代背景下按原词演唱无关大局，但严凤英认为：农民基本上都是一夫一妻，如果蓝玉莲有丈夫，魏魁元有妻子，他俩搞"婚外恋"，就违背了大多数农民的生活常情，这两个人物就不可爱了。今天看来，她当时分析的是有道理的，说明她在接受新思想、新观念之后，自己也积极地反思一些生活中的现实问题，并把现实生活与戏曲艺术结合在一起，这是很可贵的。由于我和严凤英同台演出了 9 个多月，《蓝桥会》又是每场必须加演的小戏，对她表演的每个细节都看得非常清楚，50 多年过去了，我对此还记忆犹新。

在蓝玉莲[平词]起板唱完"蓝玉莲坐蓝井摇风展扇"后，演魏魁元的演员大多是边唱[平词]落板"河北来了个魏魁元"边上场，而严凤英却在幕后唱完这句词才上场。她上场后，随着锣鼓点子迈着小方步子，摇着小白扇子，风度翩翩，风流倜傥。说实话，严凤英扮小生妆非常漂亮，这在《女驸马》中观众都看过。我敢说，严凤英之所以把女扮男装的冯素珍演得那么好，与她在此之前经常反串小生有关。

哦，还是说《蓝桥会》吧，严凤英曾经讲过，我为什么要这么上场，我就是要摆摆魏魁元的风度：我河北魏魁元多了不起啊，孔子门生，长得英俊。这为以后向蓝玉莲讨姻缘埋下伏笔。蓝玉莲小家碧玉，漂亮啊！一般的男人她是看不上眼的，因为魏魁元是书生，潇洒……按现在的话说，魏魁元是大学生，是知识分子，人又长得帅，他讨姻缘，蓝玉莲肯定会动心的。再一个原因，我想严凤英知道自己男装漂亮，有意向观众摆摆戏谱，让观众得到美的享受。接下来，她唱出时间及到这儿来的原因，唱着唱着，眼睛一亮，唱出“蓝桥美景真好看”，有“玉石狮子桥头站，杉木栏杆竖两旁。也有大船上湖广，也有小船跑苏杭”。通过她的眼睛，通过她的步伐和手势，观众好像身临其境，真的看到了石狮、栏杆、大船和小船，甚至看到船在动，水在流。赞着赞着，突然，她的神情更加激动起来，为什么？因为“红粉佳人打坐井边，观头上青丝发如同墨染，戴两朵翡翠花耳坠牌环。上身穿闺门体不长不短，下身穿裤绣荷花遮盖金莲”。这些唱词，严凤英都采用背躬唱，魏魁元惊奇蓝玉莲的美貌，围着她慢慢地移动步子，声音从高到低，暗暗叫好。严凤英的潜台词是：这位娘子太好看了，好看得叫我回不过神来。她越看越觉得好看，霎时间打动了魏魁元的心。这时，从惊奇转移到欣赏，心情平和多了，她像什么呢？魏魁元很动情，温柔、赞美地唱道：“大姐好比一棵莲，飘飘荡荡在水面前。”面对这么好看的女子，我不能没有想法呀：“魏魁元我心想把莲采，身边缺少采花莲船。本当回家莲船造起，折朵荷花手中贪玩。”光有想法不行，还应该有行动，我对她有意思，不讲出来她不知道呀。对！讲出来吧，过了这个村，没有那个店，机不可失，时不再来，说吧。他潇洒地上前，准备讲话，然而，他觉得太冒失了，突然住步：孔子门生，太轻浮了，最好想个好法子接近这位大姐。想来想去，还是用书生礼节给这位大姐行个礼吧：“大姐，这厢有礼！”没想到，这位大姐对他笑笑，很有好感的样子。魏魁元顿时胆子大起来：“就是嘛，我魏魁元貌似潘安，知书识礼，这位大姐怎会不理我呢？”于是，严凤英用夸张的动作表现高兴起来的情绪。这时，又觉得不妥，怕失身份，显得非常自然地走到蓝玉莲跟前，见蓝玉莲害羞地用眼角偷看他，他心里有数了，原来这位大姐也看上了他。于是，他用脚尖碰了一下蓝玉莲，意在试探，蓝玉莲没有反感。于是，用［平词］唱道：“我与大姐同府共县，我是河北魏魁元……来到蓝井无别事，请大姐把点水我解口干。”显耀自己，我不是一般的人，是孔子门生，你们这个小地方有我这样有才学的人吗？看大姐专心地听他介绍，于是，很自然、柔和，进一步试探：“走上前来饮凉水。”说着，上前欲饮凉水，没想到蓝玉莲用手拦住他，不要他饮水。魏魁元想：怎么？连水都不给我喝？分明你对我没有好感。正在他一瓢冷水泼到头上的时候，蓝玉莲唱道：“热人饮不得冷凉水，怕的是魏相公身得风寒。”严凤英在后面的唱词中，她的潜台词是这样的：（以下小括号内的小字是严凤英的思想活动)。

魏魁元:(唱)大姐说话十分贤,

(哦,原来如此,你不要我饮水是怕水太凉,伤着我的身体,真是个好女人,知道心疼人,贤惠。)

倒叫我魏魁元喜在心间。

(既然怕凉水伤我身体,肯定对我有好感。看样子,这姻缘有分,如果我娶了这位又贤惠又漂亮的大姐,这是前世修来的福气,能不高兴?)

盼着早娶妻一个,

(告诉你,小生还未娶妻,我正等着你呢,你知道了吧?)

要和大姐一样贤。

(再考她一下,表明我的思想。大姐你十分贤惠,是我梦中情人,我娶定你了。)

如果没有严凤英时常分析剧情,将剧中的细节栩栩如生地表现出来,这时我也不会做出反感的样子。女人嘛,大多是这样,她盼着听男人的甜言蜜语,但一旦直接提到婚姻上的事,就会马上翻脸,当然,有的人是做做样子。严凤英有血有肉的表演,使我也来了灵感,我惊喜、害羞,准备搭话,表明心迹。然而,因幸福降临得太快而心跳得厉害。严凤英扮演的魏魁元似乎是情场老手。他期盼着蓝玉莲能说句什么,又耐心地等待着。当我因害羞转过身去,魏魁元大胆地用扇子挑开蓝玉莲的裤脚边,现出大姐三寸金莲。在旧社会,三寸金莲是女人漂亮的标志。蓝玉莲觉得魏魁元太大胆了,骂了一句:“骂一声读书人全不顾脸,为什么在井边看我的金莲?”原来我是真骂。有一天,严凤英对我说:“李先生,蓝玉莲也是20多岁的女人了,早就盼着能嫁个好男人,盼着男人大胆地追求她。魏魁元是她中意的男人,按理他怎么做她都喜欢,只是第一次见面,面子拉不开,魏魁元看了她的三寸金莲,她也高兴,只不过做做样子,逗逗他罢了,唱这两句是明骂暗高兴。以我的理解,在后半句的时候,背过身,声音轻一些,偷偷地乐着呢。”我觉得她说得有道理,以后我就按她的要求演了,效果很好。

严凤英很赞赏前辈艺人在编戏方面的聪明才智,按理,戏演到这里,“恋爱”已经谈成了,两人拥抱、下场完事。然而,戏还在继续,蓝玉莲有意卖关子,吊男方的胃口:“挑起水桶回家转。”观众心里明白蓝玉莲的用意,会意地笑起来,而魏魁元心里有点发虚。“怎么啦？刚才还和风细雨的，怎么就要走啦？”魏魁元走上前拉住桶环。蓝玉莲心里暗喜，这小子还真痴心，我来和你调调情吧：“拉我的桶环洒你的凉水。”蓝玉莲很优美地转过身，将担子从右肩换到左肩，趁魏魁元不注意，用手洒水，这是明显的调情。魏魁元激情难耐，也很优美地转过身，和蓝玉莲背靠背，转过头，对着蓝玉莲的耳边动情地唱道：“你为何打湿我的蓝衫。”接下来是一大段对板，都是蓝玉莲主动进攻，既赞美公子的文章才华，又巧言引诱公子直接说出婚嫁的事，按现在的话说，就是说“悄悄话”。这一段表演，严凤英真是演绝了，她幽默、诙谐、风趣、大胆、火辣。把一个风流才子对一个钟情的女人的情感表现得十分到位，每句唱词都有潜台词，每句道白都有心理活动，每个动作都有合乎情理的解释。在唱[落板]“你青春，我年少，青春年少好配良缘”这句词时，仰望苍天，一本正经地跪下来，显得非常真诚。接下来是有名的[对板]“讨姻缘”：“魏魁元在井边向妹妹讨姻缘。”剧情还在继续，“戏”更加好看，剧场里鸦雀无声，观众专注地看着严凤英和我的表演。在严凤英的“启发”下，我的“戏感”特别好，舞台已彻底融进生活中去了，越演越“生活”，越演越“艺术”。我唱到：“今日井边讨姻缘奴不献。”欲擒故纵，心里中意，嘴里卖关子，就是想引起魏魁元发誓，表示爱意。魏魁元唱：“哪怕跪到正月、二月、三月、清明边，总是讨姻缘。”蓝玉莲还是嘴硬，还是不献姻缘。魏魁元又从五月数到腊月二十三，每唱一段，严凤英跪步就靠近蓝玉莲一步。真情所至，我见严凤英眼睛里闪着泪花，我被感动了，不是角色被感动了，是我李桂兰被感动了。严凤英“乞讨”似的可怜巴巴地望着我，并拉着我的衣服，我本能地让开，严凤英“顺势”跌倒了，我心疼地扶她，严凤英又顺势跪正了，马上接[平词落板]“望大姐发慈悲发善心搭救生员”。从她的眼睛里，我“读”懂了魏魁元的一片深情。严凤英觉得，这就是戏胆，观众到这里应该再一次爆发出开心的笑声。于是，在唱完“搭救生员”之后，叩头、再叩，动作越来越快，别的演员只叩三个头，而她却叩了二十多次，观众发笑，掌声四起。在掌声中，蓝玉莲[迈腔]接[落板]：“无奈何上前将他搀起，蓝玉莲在井边许你姻缘”。掌声仍在继续，这是观众为严凤英准确的性格刻画而鼓掌，这是观众为严凤英到位的精彩表演而欢呼……

（选自《严凤英、王少舫的艺术历程》）

师傅教我演戏

田玉莲

严凤英是著名的黄梅戏表演艺术家，我敬爱的师傅。她短暂的一生，对黄梅戏的表演艺术和唱腔的发展做出了卓越的贡献，为人民创造了一笔宝贵的精神财富。万恶的“四人帮”对她进行了残酷的迫害，她于1968年4月8日含恨逝世。我失去了一位严师，人民失去了一位极有艺术才华的表演艺术家。这是多么令人痛心的事啊！她离开我们已十三年多了。我想念她，经常想念她！每想起她我就思绪万千。

我1951年春拜严凤英为师，到1953年她调到安徽省黄梅戏剧团，我们朝夕相处了近三年，后来又一起拍了电影《女驸马》。她热爱党，热爱社会主义，热爱毛主席、周总理的高度政治热情，对艺术的刻苦钻研、勇于创新、精益求精的认真态度，以及对同志的满腔热情、坦率无私，都使我永世难忘。这里只能写几件印象最深的事，以表我对师傅的怀念。

我从小就喜欢唱。我的一个舅妈是皖钟京剧团的演员，看上了我，把我带到京剧团去学京剧。学了一些《三娘教子》《五子哭坟》等孩子戏。我在学京剧的同时还经常唱几段黄梅调，那时不少长辈讲：“这孩子黄梅调唱得很有味。”就劝我改唱黄梅戏，我在大观亭戏院开始了我的黄梅戏生涯。那是1949年冬，先是靠班学，查文艳教了我几个戏，如《送香茶》《游春》《红梅惊疯》等。后又拜桂月娥为师，不久她便去芜湖、铜陵演出，并扎根于铜陵。这时严凤英回到安庆，1951年春天在群乐剧场演出。不久“群乐”与“大观亭”合并改为胜利剧场（又名钱牌楼剧场）。当时的王启发（王老九）和前台老板纪明哲介绍我拜严凤英为师，严凤英看我是个唱戏的苗子，就收下了我，我成为她的第一个徒弟。

严凤英(左)和田玉莲在研究剧本

拜师后我就搬到她家吃住,她很喜欢我,要求也是严格的。她经常讲:“你要想艺术上有点成就,成为一个好演员,就得下苦功去学、去练,怕吃苦就莫学戏。”“我演出很忙,不可能天天带你练功。但你要天天早起练功。一个演员没有过硬的基本功是不行的。”“我演出,你就看,不懂的、不会的可问我。”我遵照师傅的话去做,每天早起练功,一练就是几小时。师傅教我演一些小角色,我边演出边学。她演出,我就在台边认真看,很快学会了一些戏的台词、唱腔。师傅发现我老看她的戏,而且光学花旦戏,就严肃指出:“你注意看我的戏是对的,但还要看别的老师的戏,不要老学花旦,各个行当都应学,演技高的要看,演技不高的也要看。这样你的戏路子才会宽,才能有比较,提高才能快。”

记得 1953 年初在胜利剧场演出,有一次演《梁山伯与祝英台》,师傅身体不适,不能演出,但戏票已卖,观众进场,怎么办?老艺人王老九叫我赶快化妆。我一听叫我演祝英台,可吓坏了,虽说看会了,可是没有排过,又怕观众一看不是严凤英会喝倒彩。王老九讲:“救戏如救火。”不由分说,把我推上舞台。上了台我也就不那么紧张了,出乎意外地把戏演下来了。观众对我鼓励说:“这孩子真不错,演得很像严凤英。”下场后,师傅和同事们都称赞我给师傅争了脸,给班子解了围。拜师后两年多的时间,在师傅的教导下,我边看边学,学会了古装戏《梁山伯与祝英台》《小辞店》《春香闹学》《江汉渔歌》和现代戏《柳树井》等剧目。

电影《女驸马》中，严凤英饰冯素珍（左），田玉莲饰春红（右）

1953 年 4 月，省黄梅戏剧团成立，省委决定调严凤英同志去省黄梅戏剧团。听到这个消息我非常难过，一个刚跨进艺术门槛的青年学徒，怎能离开师傅呢？然而，从党的全局利益出发，我和安庆人民的心情一样，恋恋不舍地送走了她。临行时师傅叮嘱我："你的条件很好，又聪明，这几年我虽然没有教你多少东西，但你进步还是很快的。我走后你的担子就重了，对你的希望是：尊重同志，虚心学习，讲究戏德，刻苦练功，提高演技，努力使自己成为一个有用之才，成为一名好演员。"这些话至今我仍记忆犹新，成为我艺术道路上鼓励鞭策的巨大力量。她走后，我挑起了她的担子，她教我的戏，我都演出了，没有教我的戏，我也不断地学习。"学到用时方恨少"，这时我悔恨的是，为什么师傅在的时候，没有多学一些东西！

1954 年，剧团排《南冠草》一剧，分配我演夏完淳。我不愿接受这任务，既有畏难情绪，也不想演小生。这时我想起师傅的教诲："你不要光演花旦，青衣、老旦、小生，各行当都应学，这样戏路子才会宽，才能丰富自己的表演能力。"加上同志们的劝说，我接受了任务。这是我第一次扮演小生，从身段到台步都得从头学，困难是很大的。陈丙炎和郑雪老师以及同志们给了我很大的帮助，经过反复地排练,《南冠草》终于演出了,得到了好评。通过这次演出,我从师傅的话中得到了新的启示,学到了新的东西。旦角演生角,艺术可互相学习、借鉴。以后我又演出了《小辞店》中的蔡鸣凤,《游春》中的吴三保等生角,这给我以后演出《女驸马》中的冯素珍,奠定了基础。

严凤英对黄梅戏的曲调发展和演唱艺术,做出了重要的贡献,她的唱腔轻松自然,朴实亲切,优美动听,就像磁石一样能把你的心吸住,使人百听不厌。她口齿清晰,吐字清楚,善于以声带情,独具韵味,自成一派。有人说她是天生的好嗓子,不管什么曲调到她嘴里一唱就好听。我认为,说她天赋好,算是说对了一些,但她的演唱有那么大魅力,就不单是天赋了,而是她艰苦努力地学习、模仿、研究,反复琢磨而来的。她存有大量唱片,京剧的、评剧的、越剧的、评弹的等等,她经常听,边听边学唱。看到她那样认真,我就问她:"师傅,你是唱黄梅戏的,学那些有什么用?"她非常认真地对我讲:"一个演员不光会表演,还要会唱。要唱好不容易,得下功夫,听别人唱就是学习。京剧、评剧、越剧各个剧种都有自己的特色,我学了别人的可以丰富自己的,这样借鉴有了依据,发挥才有了基础。你现在还不懂,以后你就慢慢地懂了。"功夫不负有心人,严凤英的京剧、越剧、评剧、评弹、庐剧、泗洲戏……都能唱得很好,她的模仿能力是惊人的,一学就会。她学习各剧种的唱腔,大大地丰富了自己,并把吸收的营养加以消化,运用于黄梅戏的演唱。她演唱的《天仙配》,轰动了国内外,成为她艺术上的丰碑。

1958 年,我有幸随同师傅到武汉为毛主席演出,1959 年去上海为中国共产党第八届七中全会演出,后又去北京汇报演出。紧接着又去上海拍摄电影《女驸马》,我又有机会在她身边学了一年多时间。如果说 1951 年到 1953 年这近三年是师傅为我打下了基础,那么,1959 年则是提高的一年。《女驸马》她演冯素珍,我演春红,有很多的戏是在一起的,这是我学习的极好机会。从表演、演唱以及政治思想和生活,都得到她的关怀。我们在一起对剧本进行认真的讨论,在分析人物上我经常向她请教。在导演刘琼、巴立华的帮助下,我们完成了拍摄任务。她对我讲:"你用的是本嗓子,韵味还好,但要提高就要下功夫,掌握好演唱技巧。西洋发声的用气方法可以学,但它的颤声太大,我们不能全用,可少用一点。一点没有,发出的音就直、生硬、不好听。要学会用丹田气,学会控制气息,这样嗓子就不容易疲劳,发音也就松弛了。装饰音的运用,这是我们戏曲演唱的重要一环,但一定要用得恰到好处,不能乱用、乱加,用乱了就适得其反。关键的问题是从戏出发,要以情带声。如:'春风送暖到襄阳'这一句,如按这样唱:

这就很难听。我是这样唱的：

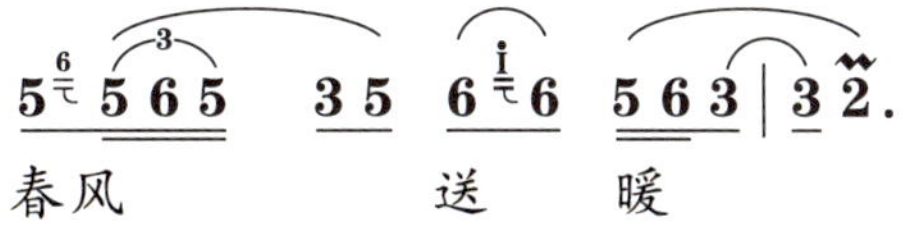

加上了两个装饰音，就不呆板生硬了。”她又分析另一种唱法，“不好听的原因是装饰音用得不当。用多了、唱重了反而不美了，应该是刚柔结合，刚中有柔，柔中带刚。总之，以情带声，从戏、从人物出发，技巧运用好，就可感人。”

在谈到吐字问题时她说：“黄梅戏是以安庆方言为基础，讲安庆官话。但如果完全按照安庆的方言，有些音就不圆，也不好听，观众也听不懂，安庆人听得懂，外地人就听不懂。京剧是非常讲究吐字的，我是借用了京剧的一些吐字方法与安庆话糅合在一起的，如安庆话念‘春风送暖’的‘暖’字，就念成了‘卵’字，这样唱，字就不正，音也不圆，就得改用普通话，念‘暖’，这样音就圆了。又如‘我有一言奉劝君’的‘劝’字，安庆话念‘串’字音，这也应改用普通话的‘劝’字音。但是‘小女子也有伤心事’的‘事’字，就不能按普通话来念，就得按安庆话来念，把‘事’念成‘四’字音，如念‘事’就不像黄梅戏了。”《女驸马》第二场，冯素珍唱“竹篮打水”一段，曲作者时白林同志，在曲调上采用了[散板][二行][切板]为基础，吸收了梆子的音调。写好了这段唱腔，时白林试唱，用他的家乡口音，大家都讲不像黄梅戏。严凤英也讲，像你那样唱，算完了，还是我来唱。经过她反复地演唱，这段唱腔很得体，既有黄梅戏味，又很好地反映了冯素珍忠于爱情、坚贞不屈的决心。严凤英的戏多，拍摄任务重，但她却对我扮演的春红一角进行了不少指导。她帮我分析剧本，谈她对角色的体会。有些戏还做给我看，然后叫我给她提意见。我讲：“你是我的师傅，我向你学都学不来，哪里还能提什么意见。”她说：“你瞎说，要互相学习嘛！你在南京戏校学的水袖，教了我，我已用在‘绣楼’一场戏了。”师傅的好学精神，使我吃惊，同时也深深地教育了我。

据我的回忆，严凤英谈她的体会时说：“《女驸马》的主题，是歌颂一位在封建统治下对爱情坚贞不屈的少女，不为富贵所淫、贫贱所移、威武所屈，勇敢、机智地公开斗争，最后终于获得了美满婚姻。同时也嘲讽了封建皇帝自私自利的丑恶面目。如何把主题表现出来？必须通过导演、演员、音乐、美术等部门的共同努力。冯素珍是全剧的主要人物，她的最高任务是‘我一定要与李郎成婚’。

她该如何行动以达到自己的目的？我想，她在全剧的贯串动作应该是'想尽一切办法来救李郎'。有了这个贯串动作，还要找出每场的任务和动作来。演员如能正确找到它，正确掌握它，就能把握住人物的感情脉络。例如：《状元府》一场，一开场的引子和唱段，表现冯素珍乔装改扮，得中状元，眼看李郎得救的高兴心情，从局部看要有喜剧效果。刘文举的上场，使冯素珍提高了警惕，并与春红适当地交流。当刘文举传圣旨招她为驸马，她的哥哥又向她指明事态的严重性之后，为了表现冯素珍的那种心慌意乱、一筹莫展的焦虑心情，我糅合了旦角和生角的不同表演程式，较为恰当地表现了角色的内心世界。在这段戏里，手按纱帽，双眉紧锁，在场上以旦角的台步踱来踱去，筹思万全之计。这时只有我与你（春红）两人，环境允许我们暂时恢复女儿身份，同时也由于心烦意乱再也无法顾及这些细节。因此，虽然穿着靴子，还是用旦角的台步，这样做，对于表现冯素珍此时此地的典型性格就较为得体。

"《洞房》一场戏，我体会也不能有悲的成分，从全剧出发，整个调子是明快的。在冯素珍身上具有勇敢机智、天真活泼和不屈不挠的斗争决心。因此处理这一人物要突出少女的天真可爱和机智的一面。从观众的心理出发，是好玩、好笑，从人物心情出发，则是欲哭不得，欲笑不能。因此在每一行动之前（包括唱、做、念、舞），都要自问'怎么办'。为了表现驸马的身份，开始行动要严肃认真，

严凤英亲传弟子（左起）许自友、田玉莲、江明安在罗岭严凤英故居前合影留念

但在迅速发展的矛盾中，就不自觉地流露女孩子的本色，这一点必须掌握适当。

“而公主呢？矫揉造作，自以为是皇家金枝玉叶，神圣不可侵犯，特别是在自己利益被侵犯的时候，决不会同情别人的疾苦。但她也有天真的一面，而这种天真又具有未见过世面的愚昧无知，被冯素珍所掌握、利用。在她没有发现驸马是女人之前，则一心一意结同心。发现是女人后，先是丧气，怨恨刘大人误了她的终身，继而要杀冯素珍以泄愤。《洞房》一场必须注意刻画两个人物的不同性格，按人物的规定情境，有许多喜剧性细节可挖。洞房是戏剧的高潮，要特别注意过门、对白、唱词，使观众听得清楚。当然，其他也要注意。戏的细节很多，希望你在演这个戏的过程中多研究，观众看的正是表现人物内心情感所体现的细节，你要特别注意！另外你要大胆实践，发挥创造性，别怕错，错了，演砸了，也不要紧，从错中找出教训，这样才有提高的可能……”

拍完电影后，我回到安庆就演出了《女驸马》，先后共演了几百场，受到观众的好评。我想，首先应归功于我的师傅及《女驸马》的导演刘琼、巴立华，还有其他演员同志们。我不过是根据他们的教导去做的，而且有很多戏还没有体现出来。

师傅，你含恨去世了。“文化大革命”已经结束，黄梅戏这朵花又重放异彩。人们又能经常在电台上、银幕上欣赏到你那优美的唱腔、精湛的表演，人们深深地怀念你。你留下的宝贵艺术财富，正在被活着的人们去发扬光大，为我们社会主义祖国的四个现代化、建设社会主义的精神文明、振兴中华发出光和热。师傅，你听到这些一定会含笑于九泉之下的。

（选自《黄梅戏艺术》1981 年第 1 期）

往事历历在眼前

张　萍

《天仙配》(以下简称《天》剧)首次排练,是1953年9月,在安庆市火正街文化站。因严凤英怀孕,七仙女由陈月环先排首演。第二年春,由凤英老师排练演出《天仙配》七仙女,她与陈月环相处得很好,认真地向陈月环学习。严凤英勤学苦练,敢于破旧创新,成功地塑造了活泼可爱、大胆纯洁的村姑七仙女形象。

1955年,《天》剧在拍摄电影过程中,严凤英、王少舫和石挥等艺术家合作,更是敢于突破,勇于创新,精益求精,使七仙女艺术形象更丰满、更鲜活。评论说:"黄梅戏,既不像京剧,又不像越剧,她有自己独特的风格。"1956年,在北京演出期间的一次座谈会上,北方昆曲名家白云生(师傅的老师)曾说:"凤英啊!你是怎么啦?动作没有了,手、眼、身、法、步也都不规范了!"(是指"大哥休要泪淋淋""董郎前面匆匆走"未按传统程式做)并说,"身段、步法怎么都没有了、改掉了?"散会后,师傅微笑着对我说:"怎么办?是不是电影的表演和舞台的表演距离、视点都不一样?这个问题怎么来解决?"也就是说,白云生曾指导过的传统规范身段和石挥导演的表演要求,遇到矛盾了,怎么来解决?由此,我想起在上海梵皇渡路电影厂排演《路遇》的景象。当时我看见:王少舫背着包裹雨伞,唱着"含悲忍泪往前走"时,低着头,迈小生步往前走……石挥马上说:"停停停,少舫啊!你能不能不迈这个步子上场!生活一些吗?!"当时王少舫停了,思考一下,走了不同的几次,最后定下了电影中的那样。

《天》剧放映后,很多演出团体来团学习、移植,尤其是部队艺术团体。在济南演出,洪声同志通知我:"济南前卫歌舞团来学《天》剧,《路遇》你去辅导。"我不干,洪声就找严凤英。严凤英对我说:"你怎么搞的,又犯'佯伙'啦?"我说:

“人家是冲着你来的，是来跟你学的，我不行，教不了。”她说：“你怎么不行？哪个地方不会？你讲出来，我教你。这次就是你辅导。”还说，“我也不会出去玩的（因为剧团组织去公园游览），你先排下来，我再看。”后来，我把《天》剧中的《路遇》排下来，她认真地看了，提出“不要划来划去，身段太多。要把人物内心东西表现出来，用心演，用心唱，要动真格的”，对我把戏透彻地说了一番。后来，济南前卫歌舞团的肖国玲给我来信说：“我们学的《路遇》下到部队演出，官兵都非常欢迎。”学演董永的王健超更爱黄梅戏，后来转业到我团与王毓琴结为伉俪。现在，我深深领会，师傅要我辅导，就是要我在辅导过程中，把《天仙配》好好学下来。“文革”结束后恢复《天》剧演出。七仙女由潘璟琍扮演，其他角色基本原样。记得那天在化妆室里，扮演众仙女的演员七嘴八舌：“现在哪是什么仙女啊！都是仙妈妈了。”有的说：“仙奶奶了啊！”突然，空气变得沉闷肃静，见到师傅生前用过的镜子放在桌子中间，大家不约而同地感到：物在人亡。心情非常沉重。王少舫和过去一样，很早就来到化妆室，呆坐一旁，发愣吸烟，默默地化着妆。后来交谈中他才说：“看到你师傅用过的镜子，心中不是滋味。”又有一次，在六安演出。师傅已经去世多年了，故地重游时，王少舫曾对我说：“张萍，你可记得，戏演完了，你师傅还在悲伤中。”是的，1956 年在六安演出《天》剧，演到《分别》时，七仙女抱住晕倒在地的董永痛哭：“董郎昏迷在荒郊……”戏演完了，她仍沉浸在悲伤中，泪水滚滚，使人怜惜。

严凤英与亲传弟子张萍（右）、江明安（左）合影

1981 年，剧团在香港演出大获成功，途经上海演出《路遇》，王少舫扮董永，吴琼扮七仙女。我和马元玲任前站工作，抽空在观众厅里看戏。演出后，王少舫

问我："张萍，听说你和马元玲在观众席中看戏？"又不无歉意地说，"老了，胖了，糖尿病搞的腿都抬不起来。"我说："今晚的妆化得很好。不减当年，宝刀不老。"他解释说："领导既然决定我们演出，就该认真地准备。"并做着手势，"将发胖的身体捆紧，脸上的松皮用胶布拉紧。纵然妆化得好，可是，我们的年龄相距这么大（当年吴琼才二十六岁，而他已是六十周岁的老人了），怎么也没有和你师傅凤英演得那么默契，她演得多细啊！每个动作、每个眼神，都能把你的感情引发出来。你师傅去世后，我和哪一个在一起演，都没有和她演出时的那种感觉。到上海来，感触的往事太多，我们多少次的合作。确实难忘……唉！你师傅拍织女时，化妆吊眉，松弛的皮肤拉紧，脸上都起了泡，真疼啊！可是，每天还得吊，为了艺术，真够她受的。"谈话中我们的心情都很沉重。我想起师傅常和我说："开刀后，引起肠粘连，疼痛难忍啊！"我说："看到你们在台上演出时'人五人六'的，私下里多难受啊！"少舫说："你们女同志的事情多，我们也不好问，你师傅她的确也是不容易啊！"我关心地问他："你牙痛好些了吗？上次联系好的车子，要你去看病，因排戏未看成。现在还是去看一下吧！上海的接待同志很热情，要车子随时都有。"王少舫说："算了吧！牙痛不是病，痛死没人问，今天你们问了，就算了，不要给人家添麻烦了。"

1954 年 12 月，黄梅戏移植了上海越剧院庄志改编的《春香传》，主演是严凤英、王少舫，B 组是王毓琴、李济民。排练前，严凤英正在医院做扁桃腺切除手术。决定由王毓琴和王少舫先排首演。严凤英手术做完没几天，也不休息，就饰舞女，边排边认真学习。王少舫、王毓琴演出获得成功。严凤英和李济民后排后演，由于更加努力执着地学习和创造，结果很多地方更高一筹。

2003 年九九重阳节，我们民主促进会老同志活动，李济民同志（王少舫的学生）感慨地说："你师傅严凤英是个好人啊！她真不该死！她不仅对自己的学生好，对我也是真诚相待啊！"因为，当时李济民是刚从文化馆调来的文化干部，是个黄梅戏新兵，和严凤英演对手戏，心情非常紧张，不知如何演才好。演《春》剧《爱歌》一段时，要表现梦龙对春香的爱恋温存，李更不知如何演才好。如俩人对唱："春香当当叮/梦龙叮叮咚/是一口春香梦龙/梦龙春香恩爱钟。"此时俩人应是甜甜蜜蜜，恩恩爱爱，委婉动人，柔和相亲，才能感动自己，进一步打动观众。可是，他心里紧张，脑子里一片空白，连眼神都不敢对着她。严凤英马上就说："大孬子（这是平时大家对李的昵称），你哪怕我哇？你连挨都不敢挨我，那还怎么演啊！不要把我当严凤英，而要当戏里的春香，你是李梦龙，要恋她，要爱她。

跟你师傅王少舫一样，该怎么做，就怎么做。该挨就挨起来，该爱就爱起来，这样戏的效果就出来了。”李济民还说，“你师傅陪着我一遍遍地练、唱，还说一些轻松愉快的笑话，逗着我发笑，使我放松了情绪，在自自然然的唱做中，将李梦龙和春香恩爱情深的美丽故事诠释出来了。戏有了效果，观众有了笑声。你演的李梦龙要和师傅少舫演的一样，该有的效果就都有了。”李济民谈到《春香传》中的《狱中歌》一段，说严凤英唱到春香向李梦龙交代死后之事时，她那满眼含泪、心如刀绞的样子，至今还历历在目。最难忘的是：1954 年在江淮大戏院，我和师傅同台演出《春香传》，她演春香，我演香丹。有一次演到《爱歌别歌》一场时，春香的爱人李梦龙在月光下，乘马前来约会，春香听到马蹄声响，催促使女香丹出门相迎。朝鲜的生活习俗，进屋须脱鞋，出门才穿鞋。我因鞋子没有放好，越急越穿不上，音乐伴奏已经快完了，急得我一身大汗，只得倒拖着鞋，往上场门走，相迎公子。这样就拉长了时间，耽误了戏的正常节奏。以后一到此处，我就紧张，于是凤英老师每次演出，都要先看看我的鞋子放好了没有。一次，演出中放好的鞋子被别人挪动了，她就悄悄地、巧妙地将鞋子放好，并临场增加了扶我下台阶穿鞋的表演动作，既表现了春香对使女亲如姐妹的善良温柔，又解除了我紧张慌乱的情绪，使演出顺利完成，毫无破绽。和她同台演出，真是件非常愉快、高兴的事。

20 世纪五六十年代，有三个花旦戏，《游春》中的赵翠花、《送香茶》中的陈月英、《喜荣归》中的崔秀英，是她经常上演并受观众欢迎的角色。三个角色的外装一样，面容青春靓丽，头饰贴片包头，戴顶花水簪头面，身穿粉红裙袄。但是，各自的身世、环境、经历、性格、表演、声腔却不一样。

《春香传》剧照

《游春》中的赵翠花，“实可叹儿爹娘早把命丧，丢下我赵翠花孤孤单单”，这是在春光明媚的郊野，与吴三宝一见钟情后的纯朴相爱，她又害羞，又想表达爱意，又想躲避，又想上前，表现出“羞羞答答儿心有些怕”的含蓄心情。严凤英这段[菩萨调]唱得十分细腻贴切，优美动听，朴实纯真，准确刻画了情窦初开、洁白无瑕，既渴望又羞涩的少女情怀。

《送香茶》中的陈月英：“三月三与母亲把桑采，在桑园收来了宝童大哥……”这里严凤英把陈月英有母爱呵护，活泼任性，爱恋宝童，坦然大胆的特点表现得很好，生动地刻画了陈月英的嗲、甜、真、纯，敢作敢当的调皮性格。

《喜荣归》中的崔秀英，是已婚少妇。赵庭玉状元及第，却扮花郎试探母女。岳母娘嫌贫强逼退婚。崔秀英虽恨铁不成钢，但还是说：“赵郎啊！我随你长街乞讨不嫌你贫……”最后大团圆喜剧收场。严凤英老师那对“会说话的眼睛”，又充分表现了崔秀英爽朗、泼辣，很有主见的个性。

正是：三个花旦，同样打扮，三种性格，栩栩如生。

严老师对待角色造型很重视，尤其是现代戏。1958 年，《党的女儿》是由我团的另一队在桐城排演的。回到合肥后，改为严凤英扮演李玉梅。当时剧团没有专职造型师，她为了演好这个角色，首先给自己造型。到理发店将自己烫过的卷发剪掉。演出后，她问我：“怎么样?”我说：“不怎么样!”我怕伤了她自尊，解释说：“你演得、唱得都很好，就是不像农村的共产党员，像苏联的卓娅（因刚看过苏联电影《卓娅与舒拉》）。”她一下呆住，两眼圆睁。我当时被吓坏了，急忙说：“哎——你怎么不讲话呀？我说错了啊?!”这时，她才转过神来，懊恼地用手将头发直拽说：“唉！我又不能把它接上去。”她领会到：原来的卷发剪得太多，脖子又长又白，不像农村的劳动者，更不像女共产党员。造型失败了，她懊恼万分。

1964 年复排《党的女儿》，导演是张锡奇，李玉梅仍由严凤英扮演。由于剧本做了较大的改写，严凤英在排练演出中更努力、刻苦，造型也更认真、讲究，收到非常好的效果。在广州演出，《南方日报》1964 年 11 月 20 日发表题为《光芒四射的红色种子》的评论：“……和电影剧本相比较，黄梅戏经过不断锤炼提高，大胆突出了党的儿女们敢于斗争、敢于胜利的革命精神，具有更浓烈的时代气息。……在写人之处笔酣墨饱（如《狱中》、《上山》两场）。”评论中又说，“另一些场面，如抒发她们怀念党的心情，则用不言不动、凝神远视的静场表现，这种既保留剧种特色，又大胆吸收各样艺术手法的尝试是值得重视的。严凤英、王少舫演出的《天仙配》等剧目给人留下好印象，此番饰演革命人物形象，严凤英唱来有气魄、有韵味，以朴实的感情灌注到表演中，更焕发出照人光彩。”

在武汉演出，《武汉晚报》1964 年 12 月 4 日署名叶西的作者，在题为《不能一天没有党》中写道：“……就黄梅戏本身来说，原来似乎只适宜演那种风趣的、抒情的生活小戏和神话戏，从七仙女到李玉梅，这距离实在是不短。在未来到剧场之前我就想，看李玉梅的形象能不能在舞台上站得起来，看她像不像那个时代的革命妇女，具不具有那样的革命气质。正由于有这些担心，看起来就格外认真。但我不能不承认，严凤英同志相当成功地塑造了这个在大风大浪里顶得住，两上刑场面不改色，一刻也不忘党的工作的英雄人物。”

（选自《严凤英、王少舫的艺术历程》）

拜师严凤英

王凤枝

1940年，我出生在潜山县王河镇，从小受家乡流行的黄梅调的影响就喜欢唱黄梅调，13岁那年报名考进了县黄梅剧团。我在启蒙老师杨云芳和著名老艺人胡遐龄的调教下，成了旦角的主要演员。其时，我经常听同事们讲安庆出了个著名的花旦严凤英，她17岁时，一折《小辞店》轰动安庆城，22岁，一个《打猪草》黄梅小戏轰动上海滩，登上了中国大舞台，接着她拍了电影《天仙配》，将黄梅戏唱响海内外……令我油然而生敬佩之情。

严凤英(后排右三)1961年在安庆专区黄梅戏剧团
前排左起：吴秀兰、吴瓦特、顾雁冰、凌莹
后排左起：王凤枝、黄福英、阮银枝、严凤英、麻彩楼、王毓琴

1956 年，我们参加省里文艺会演到了合肥，我心中暗暗地期望能见到我久已仰慕的传奇式人物严凤英。机缘巧合，一天下午，我们几个女孩从江淮大剧院舞台二楼下楼时，一个人突然说：“下面上楼的是严凤英！”我精神一振，眼睛一亮，停住脚步，身子向一侧让出半步，目不转睛地盯着严凤英向上走来。只见她中等个头，身材修长，穿一身粉红色的连衣裙，脚蹬一双高跟鞋，十分得体，她皮肤白净，脸庞稍圆，两只眼睛炯炯有神，一头黑发理得精致漂亮，她时尚洋气、高雅大方的装扮令我们几个乡下女孩大开眼界。她满面春风地向上走来，见我们为她让路，笑眯眯地说了一声：“小同志，你们好！”我们齐声回答：“严老师好！”她的风度、气质给我留下深刻印象，严凤英成了我心目中崇拜的偶像。

1959 年，我从潜山县剧团选拔到安庆地区黄梅戏剧团，也担纲主演过几个剧目，被团里定为重点培养的青年演员。1961 年，严凤英（副团长）带省黄梅戏剧团到安庆演出，当天下午团里通知我和男小生演员许松山晚上演出前随地区分管文教的副书记杨杏珍去找严凤英和王少舫两位名演员，商量请他们收我们为徒弟。我们晚上随杨书记到后台找到严、王两位老师。当杨书记说：“你们两位都是我们安庆成长起来的著名演员，你们调到省里是安庆对省的支持和贡献，但对安庆也是损失。我们地委研究，请你们两位继续为家乡做点贡献，替我们培养两个青年演员，收两个徒弟怎么样？”杨书记介绍我们两人和他们相见。我看到严老师上下看了我一眼，很爽快地说了一个“好”字，王老师同时表示“可以”。严老师好像和我有缘，她的一个“好”字真是一字值千金，我连做梦都不敢想的愿望突然实现了，真是幸运。

当时拜师没有按老规矩举行拜师仪式，也没请拜师酒。但是从那晚开始，严老师在安庆演出期间我总找机会跟在她左右。她带我到人民照相馆拍了一张师徒合影，团里其他同事找她合影也叫我一起照，直觉告诉我，她是喜欢我的。她告诉我：“其实关于你的情况我也

王凤枝 1962 年拜师严凤英时合影

了解一些,做演员的基本条件不错,又很努力上进,在潜山剧团是当家花旦,干得很出色,听说你还当了县劳模。到地区又有进步,主演过几个剧目,还入了党,这是很好的基础,但不能自满骄傲,要继续扎实刻苦地努力,要知道艺无止境。我们是师徒也是姐妹,今后我们一起努力吧!”她还说,“在外演出没时间给你上课,等回去后我专门安排时间帮助你学习。”我说:“太好了,谢谢老师!”

1962年春末夏初,根据省团的安排,我和许松山同志到省团学习。报到时省团领导很重视,兰天团长亲自接待,热情为我们安排好吃住后,他带我到严老师家并交代说:“她是你的师傅,一切由她安排,今后你就跟着学吧。”严老师和她丈夫王冠亚老师老师十分热情地欢迎我,当天留我吃饭。我是来拜师学艺的,自己没带礼物(当年经济生活困难)反受到盛情款待真是不好意思。严老师看出来了,她爽朗地笑着说:“凤枝呀,你不要见外、拘谨,现在新社会的师徒关系也是同志关系,我们不讲旧社会的那一套,你我姐妹在一起共同学习提高,你回去能在安庆的黄梅戏舞台上做出突出贡献也包含着一份我严凤英对家乡人民的报答!”一席话令我感动和温暖,我暗下决心,一定好好学习。

当天,严老师对我的学习做了安排。她说,我在团里还有行政,业务、演出等工作,每天也很忙,但我每周一定专门抽三至四个小时给你讲课,每次两小时左右,说戏、研究就在我家,排戏就到排练场。我们上课不是空讲理论,要结合剧目,《天仙配》《女驸马》你我都演过,都熟悉内容,咱们就重新一场一场的研究排练,有的唱腔还重点反复学唱,结合排练学理论,提高水平。我讲课后你自己练习、消化,有问题可以随时问我。我排戏、演出(包括化妆)你都跟着观察学习。演员必须坚持天天练功,练的内容我们商量后你跟团里演员一起练,决不能偷懒。生活上和年轻女演员们一样自己管好自己,要和同志们搞好团结。现在经济生活困难,天天吃山芋面馍是苦了点,星期天你到我家来改善一下,叫你来你就来,不必客气。她特别强调要求我学习要动脑子,用心学,要有不耻下问的精神,除了我严凤英,其他人的好东西也应该学,希望你不要辜负安庆地委对你的殷切希望。看来这是严老师早已想好的计划安排,我听了非常高兴,当即表示一定按老师的要求去做,有信心可以学好。

第二天,严老师正式给我上第一课。我们俩坐在她家里的沙发上,她说:“既然你是我的学生,今后我就要对你负责,要严格要求你。我告诉你的第一句话就是:要想演好戏先要做好人!人做不好,戏也演不好。”我一听就意识到,严老师是按当时“政治挂帅”的精神,对我先进行思想教育,当然我很认真地听她讲了许多方面。主要内容是：第一，你我都是新党员（我们都是1960年入党），要按党员标准严格要求自己，刻苦学习。作为革命的文艺工作者，要认真学习贯彻《毛主席在延安文艺工作座谈会上的讲话》的指示精神。第二，要模范带头，积极工作，团结同志，特别是我们主要演员，要尊重老艺人，团结新同志，一齐搞好演出。要知道一台戏是个综合艺术，前台、后台，灯光、服装、化装、效果、道具、布景等等分工不同，但缺一不可，切不可因为自己在舞台中央是主演就看不起别人。一个好的演员要既能挑大梁，又能跑龙套……这些内容我过去也知道，但严老师讲得严肃认真，结合她的亲身体会，举了一些实例，深入浅出讲得很透，加深了我的理解和认识，对我的教育很大。真是老师一席话，胜读十年书，我受益终生。

严老师重视对我的思想教育贯穿到我"跟着学"的全过程，以后虽没专门上课，但经常给我讲她的身世。她讲自己跟戏班学艺时生活像社会最低层流浪的讨饭帮，受尽苦难和歧视，而他们学徒又是最可怜的人，所以她说自己就像路边的一棵小草，任人踩在脚下。老师对我的教育是随时随地进行的，也有时是通过我对她一言一行的观察，受到潜移默化的影响。"跟着学"让我真正认识了严老师：她热爱新社会，热爱共产党，为人正派，对艺术执着追求，精益求精，使我受到深刻的教育，是我的好榜样。

在省团我"跟着学"将近两个月，当然主要是学业务，严老师通过给我重排《天仙配》《女驸马》的七仙女和冯素珍，教我唱腔和表演。一般方法是：她叫我先表演，她看后指出问题，说明道理，而后她做示范叫我照着学，有的要反复很多次，最后再上升到理论高度。我学习以后感到收获最大的是：

1. 严老师强调唱腔要突出一个"情"字。她说一段唱词不是简单的几句话，要把它和人物的身世背景、性格、当时的情景等结合起来，深刻分析理解才能唱出真情实感，才能感动观众。她举例说："要把七女演得像，演得美，演得让广大观众喜欢，就要在心里很好地琢磨七女这位仙人的具体形象。神仙我也没见过，无法想象，但可以把她与平常人的思想感情一样来处理。七女从天上来到人间，敢向一个陌生男子主动提出婚姻大事，并且想出一些巧妙的办法打动董永，又能难住刁恶的傅员外，那她一定是个既大胆又聪明，既热情又能干、既朴实又善良，是个可亲、可爱的姑娘。如果在表演声腔上能把七仙女在特定情境中的情感体现出来，七仙女在舞台上的形象也就有了丰采。她说：你照这个思路在唱腔上下功夫，首先贯穿一个'情'字。以声传情，以情带声，要声情并茂才行。"

例如：

在排《分别》这场戏时，老师说："这时不光是演戏，要注意演人，不但要做到形似，还要做到神似。要演七仙女，不要演严凤英。"排练时，因为我过分动了真情，哭得泪流满面，泣不成声。师傅马上指出："这样不行，要注意形象美。"她说："过分求真则不美，哭得过分不但难看，最主要你唱也唱不好。"复排这段戏我又只注意追求形、声的美，她又指出："这样也不行，过分求美则失真。不真就会给人矫揉造作的感觉，就不感人。"师傅的教导使我悟到了中国戏曲表演艺术审美原则——演员表演时要做到既有我又忘我。

又如："分别"唱段：

"董郎昏迷在荒郊，哭得七女泪如涛"

（这时七女的一肚子苦水像破了堤似的一下迸发出来，所以感情非常激动。）

"你我夫妻多和好，我怎忍心将你丢抛"

（虽然是悲惨的，但平稳些、缠绵些，这样才好表达她和董永夫妻间的恩爱感情。唱出人物的灵魂，唱出人物的深心，才富有感染力。）

再如：

七女：大哥休要泪淋淋，我有一言奉劝君。你好比杨柳遭霜打，但等春来又发青。

（深情的劝慰，指出未来的希望）

董永：多谢大姐相劝。

七女：小女子我也有伤心事，你我都是苦根生。

（借伤心事拉近两人的距离——同是苦根生）

董永：不知大姐家住哪里，要往哪道而去？

七女：我本住在蓬莱村，千里迢迢来投亲。

（没想到对方突然提出这个问题，令她惊慌。稍停片刻，她急中生智，回答得很好——惊慌，撒谎——可谎撒得圆满，又有自我欣赏的味道。）

又谁知亲朋故旧无踪影，天涯沦落叹飘零。

（接着提出自己的难处，希望对方给予帮助。）

董永：如此说来，我们是一样的命苦。

七女：只要大哥不嫌弃，我愿与你配成婚。

（两个都是苦命人，都没办法。她大胆地提出我愿与你配成婚，两人共同努力找生路。)

上面这段唱词情感复杂多变,严老师把握了特定情境下七女欲爱又害羞的情感发展,她唱得亲切感人。

2. 严老师强调戏曲唱腔一定要优美动听。她说,我们的黄梅调就因为唱得好听才流传下来的,我们要向前辈艺人学习,把他们好的唱腔继承下来。但光继承还是不够的,要随着时代的进步发展越唱越好听。像省委书记曾希圣指示的那样,不光安庆人喜欢,全安徽人、全中国人都喜欢,还要唱到世界去,为此我们必须大胆地对原有的唱腔进行改革创新。她跟我说:她虽不会作曲,但会唱,还是主唱,可以根据自己的感觉提出想法,而后和音乐工作者合作研究。作曲的写曲谱,她试唱,反反复复讨论,最后都认可了她的试唱,再把谱记下来就算定稿了。她演唱的许多优美的唱段都是这样改出来的。例如:

为了让黄梅戏唱得好听,严老师和音乐工作者密切合作,在音乐领域进行了一系列的改革和创新,推动了黄梅戏的发展。可以说:严老师的唱腔清脆甜美,委婉动听,主要不是因为她有个好嗓子,而是她刻苦学习、改革创新的结果,所以她不仅超过了前辈艺术家,几十年来后辈新秀们也还没有超过她的。

3. 严老师强调表演从人物出发,从生活出发。她说演戏不能靠"临摹",不能生搬硬套别人的东西,拿到剧本后要细心琢磨,分析人物的内心世界和生活环境,不光要有表演技巧,还要充满激情。她给我讲《女驸马》时,把她的演员笔记拿出来给我边讲边排。她说:"我研究剧本,认识到冯素珍是全剧的中心人物,要与李郎成婚是她的愿望和追求,也是她在全剧中最高任务。她该如何行动才能表达她的愿望和目的?这就是要根据剧情的发展设计出每场戏的动作,通过表演技巧、眼神、念白、演唱体现出来,实现全剧的最高任务。她不厌其烦,反复地思考,对一个个的动作、一句句的唱腔,进行精心设计和安排,力求达到完美。"她挖得真深、真细,剧本里简简单单的几句台词,经她一"解释"竟是那样有血有肉。下面,将她演出此剧写的演员笔记摘引一段,括号内是严凤英对角色内心活动的潜台词。

内:刘大人到!

(我知道刘大人就是刘文举,继母逼我改嫁给他的五公子。是他来了,我看了春红一眼。)

春红:是不是他来接你去跟他的五公子拜堂成亲?

(十有八九是的!大祸来了!……不请进来也不行,请进来吧!)

素珍：这倒要仔细了。快快有请！

（我迎到门——这个老头来了，怎么对付他呢？——刘文举迎面而来——呀！别让他看到我的脸，争取主动，抢先一揖，以便掩饰。）

素珍：呀。刘大人！

（我把袖子遮住脸，你该看不清我了吧！）

文举：状元公！

（什么，他喊我什么呀？啊，啊，他是喊我状元公。）

素珍：不知恩师驾到，未曾远迎，还望恕罪！

文举：老朽冒昧来访，状元公莫怪啊！

（他是喊我状元公，还是故意讽刺我？他不会无缘无故来找我，到底是来干什么呢？）

素珍：请！

（刘文举仔细看我一眼，我把脸背着他，以免让他看出破绽。）

文举：（笑）哈哈哈……

（坏了！他一定是认出我来了。）（大笑）

哈哈哈……

素珍：（又采取主动）老大人为何发笑？

文举：那日在科场之中，初睹风采，见你的容貌举止与众不同，老夫我大吃一惊，（坏了！坏了！已经看出我是女的了！）今日仔细一看——（不得了，不得了！原来他今天是来证实的。）果然貌赛潘安！（唉！我的天哪！还好，还好！原来是把我当作一个美男子！吓出我一身冷汗，让我受了场虚惊。既然没看出我的真面目，还要把你当作"恩师"来应酬。）

文举：状元公，你的大喜来了！

（唉！我的丈夫还在坐牢，有什么大喜啊！——大喜来了又是什么意思呢？没让我多想，刘文举就开口唱了。）恭喜你少年得志名扬天下，状元及第谁不夸！（这还用你说吗？）如今是美满姻缘天作合（什么？什么？'美满姻缘'是怎么一回事？这个老头阴阳怪气，又搞什么把戏？），这才是锦上又添花。（还是不明不白，真急人！）

素珍：老大人，此话从何说起？

文举：万岁有旨——（什么？什么？）招驸马！

（我的天哪？这是哪里来的一声炸雷？！耳朵怎么听不见了？腿怎么也软

了？我这是在哪里呀？在迷糊中，我几乎露出女态，春红急忙扶住了我，并推我一把，示意不要失态。啊，啊，不能露出女相，人家还把我当状元公哩！）

4. 谦虚好学，博采广纳。当时严老师已是黄梅戏的领军人，亿万观众喜爱的大明星，但是她为人低调，热情待人，没有架子，特别是谦虚好学的精神十分感人。早在1956年全省文艺汇演期间，她徒弟到外地学习归来，她向徒弟学习的故事被全省文艺界传为"徒弟教师傅"的佳话，我就听说了。她为了演好一个农村老太太，选了时白林副团长的妈妈做模特。首先把平常喊的"时大妈"改口叫"俺娘"，一有空就到大娘家去串门，拉家常，观察大娘的一举一动，她看在眼里，记在心里，用在舞台上……最后严老师在舞台上成功地塑造了一位农村老大娘的形象，受到一致好评。在我学习期间，省团领导和主要骨干组织到上海学习参观。出乎我意料，严老师叫我也跟他们一起去，真是喜出望外。从离开团里开始我就形影不离地跟在她左右。她多次对我说："我们黄梅戏是个最年轻的剧种，方方面面都不成熟，必须向其他剧种学习，把他们的长处学过来，提高我们黄梅戏。所以我们要认真、细心，用脑子好好学。"我们到上海受到文化部门热情友好的接待，他们安排我们观摩学习了京剧、话剧、沪剧、越剧等各大名家演出。晚上看戏，白天参观座谈，她一一评论，从主演、配角到群众，再从灯光、布景、化妆到道具，人家哪些好，我们要学习，比如看京剧，她说："童芷苓老师唱戏就是演人物，性格鲜明，生动、感人，值得我们学习。"每次到后台参观，她看得都十分认真细致，记下来，说回来要照着学……跟严老师到上海学习，我学到不少东西，最大的是感受到她谦虚好学永无止境的精神。在回来的火车上，我向同去学习的省团剧作家陆洪非老师谈到这一点时，陆老师形象地说："严凤英就像一只采蜜的蜜蜂一样，不知疲倦地在百花丛中吸吮着花粉，为的是造出上好的蜂蜜。这种博采广纳、兼容并蓄的精神是严凤英之所以能成为一个出色演员的重要原因。"陆老师说得好！我记了一辈子。

因为我们团要外出巡演，我结束了在省团的学习。我跟在师傅身边学习时间虽不长（将近两个月），由于这种"跟着学"形式好（当时省团有些青年演员羡慕我，说他们没这么好的条件），收获很大。严老师不仅给我精排了七仙女和冯素珍的戏，更重要的是她热爱黄梅戏，执着追求，大胆改革创新、博采广纳、拼搏奋斗的精神对我这个青年演员的人生观和今后的艺术道路产生了深远的影响。我自己觉得：我成熟多了，知道怎样在为工农兵服务的道路上唱好黄梅戏。在艺术上我不再把精力用在"临摹"上，走上了探索创新之路，这可以说是我从艺一生的转折点。

回团后，我一边参加演出，一边按老师教自己的学习。当时我买了一台小手提收录机，经常抽时间对着录音机反复学唱严老师的唱段，学习她的吐字发声的位置、表达的感情和她的味道。在以后几十年的从艺道路上我都是按严老师教的去做。改革开放初期我主演的《莫愁女》和《梁山伯与祝英台》影响较大，不仅演出场次多，群众反映好，中国唱片社还出版了全剧唱片和磁带。我扮演莫愁和祝英台这两个悲剧人物，就是完全按严老师教的方法，把功夫花在对人物深入细致的分析研究上，在唱腔上突出“情”字，让凄婉哀伤优美的声音感动观众，得到他们好评的。

我少年从艺，迄今已六十余载，演出黄梅戏剧目近百个，参与拍过两部电影、十四部电视剧，总结我从艺的体会，一句话：严凤英创造的“严派艺术”是黄梅戏的“真经”。她的唱腔：清脆甜美，婉转悠扬，韵味醇厚，亲切感人。她的表演：质朴细腻，浓淡得体，个性鲜明，真实可信。她的语言：安庆方言，轻细柔和，易懂好听，易于学唱。

严凤英领军创造了黄梅戏的辉煌，今后黄梅戏要与时俱进，必须要传承严派艺术，在传承的基础上创新发展。近些年来，我以古稀之年在各地奔走，实践着传承严派艺术。黄梅县，严门弟子刘国荣等所在的民营剧团，以严凤英老师的名义，几十年活跃在皖、鄂、赣、苏、闽的山乡，深受人民的欢迎。2014 年，我帮助严门弟子所在的北京长乐黄梅戏剧团复排《梁祝》，登上长安大戏院公演，受到好评。经常与我联系的全国各地的戏迷朋友们，对严凤英大师和严派艺术都是极为赞赏的，他（她）们也都渴望帮助他（她）们传承严派艺术。希望有关方面能加强这方面工作的力度，推动黄梅戏的发展，让黄梅戏为中华民族的伟大复兴做出新贡献。

（选自 2016 年第 9 期《中国戏剧》）

生命中最珍贵的精神珍藏

陈月环　撰稿　　吴功敏　整理

我虽不是出生于梨园世家，却从小喜爱黄梅戏。7 岁那年，母亲带我去安庆给丁永泉老艺人送彩鞋带，母亲见我痴迷黄梅戏，便恳请丁老收我为徒。丁老叫我唱一段黄梅戏，我唱了《胡金莲》里一段唱腔，丁老很满意，就答应收下我。由此，我有幸结识了黄梅戏一代宗师严凤英、王少舫，并与他们有过一段戏缘。时光无情地弃我而去，而这段弥足珍贵的记忆却永驻我心，成为我生命中最珍贵的精神收藏。

1945 年，严凤英随戏班来我老家枞阳演出，我整天泡在戏班里，成了戏班的常客。她长我 4 岁，个子比我高，人长得水灵靓丽，性格开朗，待人热忱，很快我们就成了好朋友。戏班住在陈家祠堂，女演员洗澡不方便，我就带严凤英到我家洗澡。母亲发现她脸上长了红疙瘩，是皮肤过敏，就用偏方给她治好了。她非常感谢，就认我母亲为干妈，我和她成了干姐妹。戏班有人知道我曾唱过黄梅戏，就让我和严凤英客串《打猪草》，我演陶金花，她反串金小毛。这个戏只排了两遍就登台演出，效果很好。严凤英真是个天才演员，演什么像什么。她将头发扎成"冲天炮"，穿一身农村男孩衣服，淘气顽皮，活泼可爱。她扑闪着一双会说话的大眼睛，脸上写满质朴、野性、聪明、机灵。她浑身都是戏，身段虽不十分规范，却自然朴实，唱腔更是甜美流畅，把个农村小男孩演得活灵活现、真实可信。

严凤英天赋极高，又勤奋好学。她为了演好《韩宝英》一剧中的韩宝英一角，克服了许多困难。苦练基本功，玩命地练剑，虚心求教，不耻下问。经过一段时间的艰苦训练，终于将一个智勇双全、武艺高强的巾帼英雄形象栩栩如生地展现在黄梅戏舞台上。

严凤英在练习剑法动作

严凤英古道热肠、豁达豪爽、乐于助人的事例不胜枚举，在黄梅艺苑传为佳话。新中国成立前夕，安庆有三家黄梅戏班社："皖钟"的潘泽海，"前牌楼"的丁永泉，"西门外"的严凤英。三个班社中数严凤英所在的班社生意最好，那两家惨淡经营。于是，潘、丁两家和严凤英商量，请严凤英同时为三家"赶场"演出，以帮助他们脱离困境。俗话说"同行是冤家"，当时安庆黄梅戏班社竞争激烈，严凤英本身演出任务重，她完全有理由拒绝。然而，具有宽阔胸怀、侠义心肠的严凤英二话没说，欣然允诺。当时严凤英的名字就是一块金字招牌，只要严凤英三字出现在海报上，哪怕她扮演的只是戏份不多的小丫鬟，观众也会趋之若鹜，争相观看。

严凤英"赶场"演的是《小辞店》，这出戏唱、做并重，是严凤英的看家戏。行话说"男怕《访友》，女怕《辞店》"，一出《小辞店》演下来，演员浑身像散了架，十分辛苦。而严凤英一天要演几场《小辞店》，经常是在西门剧场演完后，不卸装不休息，坐上等在剧场门外的黄包车，马不停蹄赶往胜利剧场演出。胜利剧场演完，再奔向民众剧场。夏天顶着烈日汗流浃背，冬天冒着严寒浑身瑟缩，像陀螺一样旋转不止，她感到疲乏劳累，体力严重透支。严凤英的"赶场"演出，使潘、丁二家迅速走出困境，得到了丰厚的票房回报。而严凤英却日渐消瘦、憔悴，但当她目睹观众对黄梅戏近乎疯狂的痴迷，当她看见三家班社的艺人笑逐颜开的神情，严凤英觉得所有的辛劳都烟消云散，浑身充盈着满足与幸福。

1959 年，我"支边"去了西藏，几年后又从西藏回到内地。严凤英闻讯，特意赶到我的住处看我。见面后，我俩激动得抱头哭泣。严凤英念旧重情，我与她虽天各一方，但悠悠岁月，关山重重，隔不断我俩那种超越血缘关系的深厚情谊。

（选自《严凤英、王少舫的艺术历程》）

三个独特的女人形象

张光亚

一道风景，最好看处在亮点与景心；一曲音乐，最好听处在主题与高潮；一场戏曲，最难忘处在人物与形象。而难忘的人物形象，没有一个不是独特而动人的。一片树叶，如果仅有与一般树叶相同的品质与生气，那不足以叫人难忘。但除此之外，它若还有一些与众不同的优势与魅力的话，那就不一样了，它就会较久地存生于人们的记忆宝库。然而独特与动人，在艺术上都是不易的，必然是勤奋的凝聚、体验的浓缩、智慧的炼铸，也必然是灵感与妙悟的灿现、继承与创造的结晶。在严凤英所塑造的众多艺术形象中，有三个独特的女人形象值得注意。他们是《小辞店》的柳凤英、《戏牡丹》的白牡丹、《打金枝》的公主。

女人形象不仅仅属于女人。女人形象比男人的更具魅力。女人的苦难、女人的奉献，都大于男人。女人形象似乎更能激起人们的审美激情与联想；女人形象所折射出的人生内涵与社会启示，似乎比男人的更丰富、更深刻、更有磁力，更能震撼心灵。所以女人形象更属于社会、属于历史、属于人类。我们的艺术创作，奉献了众多的几乎叫人目不暇接的女性艺术形象。然而有几个能叫人难忘呢？也许有人说，那是因为不够完美。话虽不错，但不在要害。要害是：不独特，不深刻，也就不能常在人心。不少被人们遗忘的女人形象，回过头来看看，各方面也尽量往"完美"上塑造，但就缺少个独特之处与深刻之感。不想忘还是把她忘了。而那些有独特之处和深刻之感的艺术形象呢，虽有争议，不够完美，但你就是忘不了她。

卖饭女柳凤英

我们先谈谈卖饭女柳凤英吧。《小辞店》是黄梅戏的传统名剧，也是1945

严凤英在《小辞店》剧中饰卖饭女，查瑞和饰蔡鸣凤

年以后严凤英在安庆唱得大紫大红的拿手好戏。柳凤英是这个戏的女主角。这个戏很受欢迎，也很有争议，最大的欢迎是由严凤英的演出所争得。我看了几种《小辞店》剧本，包括几种口述本与改编本。严格地说，该戏的戏剧文学创作，包括它的思想意蕴、艺术构思、形象塑造、语言唱词等，都还处于一种有待加工提高的比较粗糙的状态。但很有意思的是，它的演出却多少年来一直很受欢迎。前辈黄梅戏老艺人如董焕文、胡普伢、叶炳池、张守宽、汤纯志、严松柏、查文艳、郑绍周、潘泽海、丁翠霞等人的演出，受到观众的赞赏与喜爱。到了严凤英，她的精彩表演，更达到了让观众发痴入迷、百看不厌的地步。据老人们回忆："只要严凤英挂牌演《小辞店》，肯定场场爆满。买票要站队，再挤也不累。""1946年……我的高中同学黎承椿，每周六晚上、星期天下午必看严凤英的戏。一度严凤英到大通做短期演出，黎就周六早上逃课，天不亮搭小轮十个多小时赶到大通看严凤英的戏。第二天早上天不亮再搭小轮赶回学校上晚自修。大家都叫他严凤英迷。"1954年，田汉先生看了严凤英的《小辞店》，连声夸奖说："好，好，好！我一生看了很多优美的戏剧，而你们的严凤英一折《小辞店》征服了我田汉。严凤英是天才的演员。"还说，"这就是斯坦尼，我们中国戏曲也有斯坦尼嘛！"《小辞店》这个折子戏为什么能受到如此欢迎？卖饭女柳凤英的形象魅力究竟在哪里？严凤英对于这个形象的塑造到底有哪些独特贡献呢？至今未能很好研究。

关于《小辞店》的争议，可以说已经绵延多少年了。旧社会黄梅戏被统治者打成"淫戏"，恐怕少不了《小辞店》的"罪过"。但老百姓不买账，就喜欢看这个戏。新中国成立后，外部、内部地演过一阵子《菜刀记》和《小辞店》。最佳的阵容是：严凤英扮柳凤英，王少舫扮蔡鸣凤，丁老六扮朱莲，张云风扮魏大蒜。不少人说好，但也有说不好的。1957年，《小辞店》开始受到严厉批判，"文革"更被打成大毒草，严凤英的死也有它之牵连。这个戏，为什么会如此受欢迎又如此遭到忌恨呢？让我们解剖一下剧本。

《小辞店》是黄梅戏正本戏传统剧目《菜刀记》中的一折。《菜刀记》故事大致如下：湖北黄州府蕲水县商人蔡鸣凤，辞别新婚不久的妻子朱莲和岳父朱茂青到下江做生意。其妻与屠户陈大雷趁机勾搭成奸。朱茂青给女儿送菜刀，被夺门而出的陈大雷撞倒，朱莲用假话掩饰过去。蔡鸣凤长期在外，也与所住饭店的卖饭女柳凤英相恋同居。柳凤英是一个美丽、善良、多情而大胆、泼辣的女人。她对蔡鸣凤的爱异常真挚、深沉。她丈夫是一个由父母包办，比她小好多，又秃、又赌、又酗酒，连油瓶倒了都懒得扶一下的憨子。一家人吃喝全靠柳凤英一个人辛劳操持。在凄凉、劳累、孤独的痛苦之中，她听蔡鸣凤说自己尚未成家，便把全部爱情和希望都寄托到他的身上。她无畏地追求自己的爱情，对流言蜚语、谩骂嘲笑挺身反击："有的女人，想吃鱼又怕腥，想吃肉又怕荤，想偷男人又假正经……"然而与柳凤英相好三年之后，蔡鸣凤却想回家了。一知实情，柳凤英心碎了。尽管梦已醒，人难留，一场空！她深怨蔡鸣凤的欺骗与薄情，但仍情深义重地把他送了一程又一程。送别路上，她那颗受伤的心，忍痛、含泪、颤抖地释放着无限的善良、真诚与美丽……蔡向柳发誓，如果弃她不回，将会被菜刀砍死。返乡后蔡先看望岳父。回到家中因撞破奸情，被朱莲、陈大雷用菜刀杀害，事被小偷魏大蒜看到。第二天朱茂青来看女婿，发现女婿被杀，反被女儿朱莲借菜刀诬成凶手。后由魏大蒜出庭作证，朱茂青得以昭雪平冤，朱莲、陈大雷伏法。菜刀是该剧的贯穿道具，故该剧剧名叫《菜刀记》；因望江一带称菜刀为排刀，又叫《排刀记》；又因剧中《小辞店》一折特受欢迎，该剧又名《蔡鸣凤辞店》。该剧还有个续本叫《柳凤英修书》。描述蔡鸣凤走后，柳凤英日夜思念，一夜梦会蔡鸣凤鬼魂，得知凶信。醒后差人打听，果如所梦。柳凤英及赴蕲水凭吊，并投河殉情。续本与原本特别与《小辞店》一折相比，各方面都差一些，没多大意思。据说舞台演出，黄梅戏艺术家也有所精彩创造。20 世纪 60 年代曾演过此戏，潘泽海扮演柳凤英，熊少云扮演蔡鸣凤，二人唱的［阴司腔］韵味十足。生死怨，人鬼情，凄厉动人。好听、刺激、抓人，促人联想。按传统表演，此时柳凤英是要踩跷的。潘泽海虽已花甲之年，且长久不踩跷了，但那些场演出他仍然坚持踩了跷，成了"绝演"。

这是一个反映民间俗人、俗事、俗风、俗情的戏。带有浓厚的警世、训世色彩，无非是宣扬善有善报，恶有恶报。比如蔡鸣凤在外姘居，老婆朱莲在家偷人，蔡回家被朱及情人害死，是报应；朱莲与情人后来得到严惩，也是报应；老实的朱茂青得以申冤并有人赡养，仗义作证的小偷魏大蒜终获家庭温暖等，都是报应。

这正是该剧的本意与主旨。但套用一句现时的时髦话“一不小心”！人性美、人性善与人性真的渴求，却从本意与主旨的间隙中透出来，倾诉、挥洒、宣泄，喷发出巨大的感动，闪射出独特的光彩。《小辞店》一折即是这种感动与光彩的汇聚。《小辞店》受到广大基层观众的喜爱，重要原因之一是它的社会真实性很强，特别是贴近生活，几乎是生活的翻版。它所反映的生活，是封建社会县以下农村、乡镇范围之内的人和事，为基层老百姓所熟稔。第一场，朱茂青去田里走走看看，念道：“田地庄稼，五谷棉花，红绿米豆，冬瓜西瓜。”第三场，蔡鸣凤辞别朱茂青后，朱（白）：“我女儿屋里往外一走，也是空的；外头往家里一走，也是空的；堂前往房里一走，也是空的；房里往灶下一走，也是空的；厨房往堂前一走，也是空的；可怜把我女儿丢在屋里，空都会空死啊！”第四场，柳凤英饭店开门挂招牌，唱道：“到春来宿的是芜湖南京上海，到夏来宿的是宿松望江石牌，到秋来宿的是桐城岳西一带，到冬天宿的是徽州屯溪石台。”这些都是基层广大观众十分熟悉的事情和地方，一唱一听就会产生一种欣喜的亲切感。至于《小辞店》这类故事和柳凤英这样的人物，在当时社会也比较常见，是一种比较引人关注和思考的社会现象。人们经常传说、评介这样的故事和人物，甚至进行艺术概括、搬到舞台上演出，深刻反映了人对人性的深切关注。艺术是社会发展产生。不同社会阶段都可产生既有自己阶段特点，又能反映各阶段共性的艺术作品。有的记载说这个故事发生在明代，但也有说是清代。有说这个故事发生在湖北，也有说发生在安徽。黄梅戏、庐剧、楚剧都有《菜刀记》，故事大同小异，这说明性爱婚姻关系，在不同的社会阶段和区域，都是人民群众所关注的焦点。而其中的人性价值取向，则是焦点之重。是要钱，还是要情？是要平等，还是要不平等？是要自由，还是要桎梏？是要真善美，还是要假恶丑？人民的追求是很明确的，现实中如果难以实现，便寓托于艺术。

这个戏受到广大基层观众的喜爱，另一个更重要的原因，在于它内含的思想深刻性与情感的激荡力量。这主要通过卖饭女柳凤英的形象魅力来体现。柳凤英形象的典型性，在于她正是“这一个”。既与众不同，又代表了当时广大基层劳动妇女的普遍命运，反映了人性的普遍追求。她深受人性的压抑与桎梏。她那么美丽、善良、能干，她深知自己的魅力与优秀：“我店中来往的客人山人海，哪一个不想我除非是个痴呆！”然而她没有爱情，没有依靠，没有指望，代表了封建时代妇女的“普遍命运”。她不甘命运的摆布，敢于叛逆和冲破，这是她的“与众不同”。她不仅“瞒公婆和丈夫和哥哥私配鸾俦”，而且还要“与我的哥天长地久”。如果有人因此难为他们,她竟要与情郎“手牵手上长街一路去问他”。对于人性的压抑和桎梏,这是多么大胆的叛逆与挑战!在这样一个叛逆的女人(为此有人骂她是婊子是骚货)身上,却充满了贤良和美德,受到创造她的、欣赏她的广大人民的喜爱。这是一个颇具人文意味和哲学内涵的引人深思的现象。她的真诚、善良、勇敢与美丽(兼有内外之美),无疑反映了封建时代广大妇女内心深处对于人性美的执着追求。而追求人性美丽,追求人性解放,恐怕是任何历史阶段人类社会发展的重要标志之一。柳凤英的艺术形象,在某些人看来,似乎不怎么完美。但这个形象不仅闪烁着人性解放的光辉,而且也喷发着人性美丽的芬芳,这就足以让人难忘了!因此虽然她在婚姻行为形式规范上有所逾矩(那也是逼的),但她却仍然受到广大社会基层观众的热爱。

用过去的话来讲,同样是“偷人”,用现代话来讲,同样是“婚外恋”,为什么朱莲的就丑,柳凤英的就美呢?请看:陈大雷调戏朱莲,朱本不同意,大骂陈。陈拿出亮晃晃的银子,朱就立马变怒为喜,痛快答应“红罗帐鸳鸯枕二人契合”。柳凤英呢,见了蔡鸣凤虽然心下喜欢,但客客气气再三询问,知道他“家无妻子在外漂流”,才将自己的凳子搬得挨他坐下。蔡鸣凤将纹银三百两交给她,相好三年她分文未花。及至蔡鸣凤要走,她不仅将三百两纹银原封不动还他,还另外赠送路费。一个贪财,一个钟情,丑美分矣!柳凤英虽然怀着被骗被弃的苦痛,但送别蔡鸣凤时却处处为蔡的身体、安全、家庭、生意着想,一腔真情感人泣下。朱莲为逃脱自己的杀人罪责,竟诬亲父为凶,陷父为死囚。一个多情为别人着想,一个无情为自己开脱,善恶别矣!柳凤英的真诚、善良和美丽,朱莲、陈大雷的丑恶,蔡鸣凤的假,朱茂青的善,魏大蒜的义,它们之间的冲突与斗争,对照与比衬,使得这个戏简单而通俗的不怎么精彩的情节纠葛,含有了内核的思想深刻性,迸发出外部的情感激荡力量。这一点很突出,是《菜刀记》成为黄梅戏保留剧目,《小辞店》成为深受欢迎之名折的主要原因之一。实事求是地说,不论《菜刀记》还是《小辞店》,旧演本都有不少芜杂的、粗陋的、低级趣味的、不健康的东西。但瑕不掩瑜,只要情演出来了,只要演活了,观众就叫好,就欢迎。至于偷人不偷人?淫不淫?报应不报应?除有卫道癖者,一般人是不愿多加理会的。

正因如此,即使与古今中外其他著名妇女艺术形象相比较,卖饭女柳凤英的形象也应该具有自己的特殊光彩与分量。安娜·卡列尼娜、茶花女、苏三、李香君、陈白露、繁漪等,她们的代表性远比柳凤英狭小。她们都是身处社会上层或与社会上层联系密切的不幸女子,能够很深地感动上层知识分子,却很难感动众多的市井小民，更不用说感动人民的主体——广大的农民和工人了。严凤英等所塑造的卖饭女柳凤英形象则不一样，她主要感动的是农民、市民、工人，然后才是知识分子和其他人。说柳凤英“应该具有自己的特殊光彩与分量”，是因为虽然这个戏的文学基础和综合艺术创造，还有不少需要提高与完善的地方，但严凤英等艺术家在“小辞店”中的光彩舞台创造，已使柳凤英这个形象深入普通观众之心，那光彩与分量是不容忽视的。

严凤英对塑造卖饭女柳凤英这个艺术形象的独特贡献，在于她没有受口传剧本的粗糙和传统表演的枝蔓所局限，对人物把握得较准、体验得较深、融会得较好，又发挥演唱之所长，把柳凤英演像了，演活了，演得很真切，演得很美，演得十分深刻而感人。不少看过严凤英《小辞店》的老观众，都情不自禁地要讲这样两句话：“哎，她演得就是那么回事！”“她被整死了。这个戏也就没人演得好了！”

《小辞店》这折戏很难演，是“人保戏”。全折从头唱到尾，没有一句对白。全靠演员通过唱与做，把故事原委、矛盾纠葛、人物的复杂感情与深刻的心理变化表现出来。其中一段三百多句的[平词]，按老唱法要唱一个多小时。整折戏要演八十多分钟，而唱腔大部分都是柳凤英的。所以黄梅戏界流传一句话叫“女怕辞店”。严凤英的“小辞店”演唱艺术，是在一段不断学习、提高、融会的历程中逐渐完善的。最早她曾跟汤纯志、张守宽、严松柏等人学过一些唱做，后来向查文艳、郑鸿霞较系统地学（有时是在一旁偷学）了《小辞店》全折，继之又受到丁老六、丁翠霞等人的指教和影响。由于她善于思考、勤于实践，把学的、看的、“偷”的、问的等知识融会贯通，又时时注意观众反映，不断进行微调适应，因此技巧不断提高，艺术日臻完善。在唱腔上，严凤英的《小辞店》韵味独特、多有变化与创造，大家都说她的[平词]跟别人不一样，特别耐听；在表演上，她的“小做”非常精彩，演得逼真，做得感人；在篇幅上，严凤英将八十多分钟压缩到五十分钟，做了一些简练与净化，比较紧凑、干净。

严凤英的《小辞店》演得好，卖饭女柳凤英形象塑造得生动感人，与她的身世、经历和家庭可能也有一些关系。她虽是一个性格爽朗的人，但她内心精神里面从小就含有了一种悲剧气质。母亲出走，父亲潦倒，一直是她童年心灵中的阴影。冒死从艺所受到的伤害与打击，卖艺途中所受到的欺辱与痛苦……在她情感深处冻结成难融的寒冰！凝望当时普天之下，老百姓可真够苦的呀，荒凉、饥饿、落后、愚昧、灾难、不平……这一类所闻与所见，更增加了她内心的悲思体验。

严凤英爷爷、奶奶都是开小饭店的。特别是奶奶，人称小奶奶，不仅是个标准的卖饭女，而且遭遇与柳凤英也有些相似。爷爷在罗家岭老家有一个原配的可怜的大奶奶，由于水灾等原因失去音信。又由于某些难以回避的因素，爷爷与小奶奶结合了。这就铸成了两个女人的无奈与痛苦。小饭店的日常情景，和小奶奶、大奶奶经常流露出来的哀怨与不岔，对严凤英来说，应该是很熟悉，感受很多的。从卖饭女柳凤英的感人形象中，我们不难感到，严凤英很好地将自己的许多体验、感受、情思等生活积累，准确生动、创造性地运用到形象塑造上来了。这是多么的难能可贵啊！这是不是她把卖饭女柳凤英演活了的秘密之一呢？

《小辞店》这个戏也真不幸。其实并非坏戏，在旧社会却被拥有三妻四妾或经常游戏青楼的达观贵人们打成"淫戏"。到了新社会，刚刚翻了一个身，在观众专家的赞扬声中，艺术家们纷纷积极准备动手"取其精华，去其糟粕"，进行整理修改提高完善之际，却由于政治气候被"左"的思潮打入另册。可怕的是这个"毒草"在"文革"浩劫中，成了无限上纲肆意迫害善良艺术家们的"罪证"之一。如今，严凤英已被迫害死了，其他能演《小辞店》的好手，也死的死了，老的老了。《小辞店》的剧本至今没能改好，还是那个"看严凤英演《小辞店》没有不叫好，看《小辞店》剧本没有人说好"的情况。如果我们现在来抓《小辞店》（甚至是《菜刀记》）的修改与提高，严凤英、王少舫等是不可能参与的了，这将会有什么样的缺憾，是不言自明的。如果我们把《小辞店》改好了，那么谁能够把它演得出来呢？这恐怕也是许多人的期盼。无论如何，《小辞店》这个戏不能丢。我们期待着《小辞店》能有《天仙配》《女驸马》那样的机遇。严凤英等黄梅戏艺术家传下来的《小辞店》艺术更不能丢。一个好的黄梅戏女演员，如果不能把《小辞店》二三百句[平词]唱出个精、气、神儿，不把柳凤英演得像模像样，那就不能算过关。不少观众和严凤英的同事、朋友，回忆起她演《小辞店》的情景时，都要绘声绘色地向我描述：唉，真难忘啊！戏刚开始，她一上场就满台生辉。并不是灯光布景好，与现在比条件差多了；也不是台上帮衬强，就她一人；更不是剧情感动人，才开始呢。然而在锣鼓声中，她一举手、一动步、一搭毛巾、一抬脸、一亮相、一凝眼神，又好看，又精神，乱哄哄的剧场顿时就静下来了。即至开口一唱"花开花放花花世界，三月天春光好百鸟飞来"……腔美、人美、戏美，观众不由得齐声喝彩。戏演到柳凤英送别蔡鸣凤之时，她神情伤痛、眉宇含悲、愁肠百结、似嗔似怨、又哀又恨，噙着泪，叹着气，倾诉衷肠！唱到极悲、极为伤心之处，泪流满面，哽咽难忍。但唱做仍美，丝毫不失其度。观众静静地在她的美情美艺的强烈熏陶感染下，受到了深深的震撼……令人难忘的不仅仅是柳凤英那善良美丽的独特形象，还有严凤英那心灵投入、出神入化的表演。不是吗？

《戏牡丹》白牡丹

《戏牡丹》也是严凤英的拿手戏。白牡丹是她在舞台上塑造的另一个独特生动的艺术形象。吕洞宾与白牡丹的故事，不仅过去的民间流传甚广，而且有杂剧、传奇、戏曲、小说等各种传本，主要人物虽然都是吕洞宾、白牡丹两人，但内容、立意、思想、境界却各色各样，因此人物面貌也就不同。有的尊道贬佛，宣扬道教至尊；有的以道化佛，道佛相通，表示道佛一家；有的借因果报应来证明仙缘天定；有的借宣道度人反映嫖妓生活。以上种种，使得吕洞宾、白牡丹这两个人物，不是苍白虚幻就是平庸猥亵。然而戏曲里的吕洞宾与白牡丹故事却不一样，比较干净、幽默，很有些意味。班友书先生说它“小戏不小，却有些值得思索的东西”。不少剧种如京剧、赣剧、婺剧、黄梅戏等都有这个戏。剧名有的叫《牡丹对药》，有的叫《牡丹对课》，有的叫《对百草》，有的叫《戏牡丹》。有的剧种演此戏时，老生扮吕洞宾，旦扮白牡丹。黄梅戏严凤英、王少舫演则不大一样。王少舫的吕洞宾依然是老生扮，严凤英的白牡丹却改为小旦妆，成了一个聪慧秀丽的小女孩。这不仅使戏的意味更加干净、更加深刻隽永，而且还使戏增添了原所没有的活泼与生动。

吕洞宾是一个有很大名气，政治封号很高，既有一定真实性，又有很大想象虚构性的道教人物。吕洞宾似乎实有其人。“《全唐诗》卷856录有他的诗253首，前有小传云：吕岩，字洞宾，一名岩客。礼部侍郎魏之孙，河中府永乐县人。咸通中举进士不第，游长安酒肆，遇钟离权，得道，不知所往。”但后来传说越来越多，越来越奇，众说纷纭，光怪陆离，演为神话。如“又得火龙真人传以剑术，游江淮，斩长蛟，来往于湘鄂之间，经常醉于岳阳辛氏酒家，留有题岳阳楼诗云：朝游南粤暮苍梧，袖里青蛇胆气粗，三醉岳阳人不识，朗吟飞过洞庭湖。”关于吕洞宾的文字，自南宋至元、明，数量很多。其中包括文人笔记、各种传记、府县志、山志、说部、杂剧、传奇等。据班友书先生推断，历史传说人物被编成戏的，“数量之多，吕洞宾仅次于包拯、李逵、尉迟恭，而在诸葛亮、关羽、张飞之上”。也许是宣传炒作作用吧，更因为道佛斗争和统治者的需要，“吕洞宾在道教中的地位越来越高，被尊为纯阳祖师，简称‘吕祖’。元代统治者封他为‘纯阳演正警化真君’，明代则加封他为‘纯阳帝君’”。吕洞宾的地位，被统治者捧得如此显赫崇高，本事也自然神通广大得了不得。他享尽天下烟火，受到八方膜拜。在各种文字中他一直都是被歌颂、礼赞的对象，然而在戏曲中却是个例外，他成了被揭露、被嘲弄的反面形象。戏的情节很简单，吕洞宾来到白记万全药铺，自恃高明，故意要买一些根本不存在的怪药，以示刁难。结果反被聪明智慧的小姑娘白牡丹嘲弄奚落了一场，狼狈而去。戏剧冲突的核心是"斗智"。这可不是一般的斗智，一个是八洞神仙，一个是普通的小女孩；一个是见多识广，一个是未出闺门；一个是老谋深算，一个是稚气未脱。表面看来，这是一场悬殊很大的非等量级的较量。然而聪慧秀丽、活泼可爱的白牡丹，却在这个较量中获得胜利，显示了人民的智慧。被愚弄者反而嘲弄了愚弄者，人民智慧的形象代表——白牡丹，终于战胜了统治者智慧的形象代表——吕洞宾，这是一个多么意味深长的艺术表现，鲜明强烈地表达了人民反愚弄、反压迫、反潮流的情感。

《戏牡丹》是严凤英早期学会的传统剧目之一。据老人们回忆，1944 年以后她就会演《戏牡丹》了，扮相美，唱得好，演得活。而且还与著名老艺人程积善(扮吕洞宾)合作过。那时的黄梅戏《戏牡丹》，是由历代民间艺人演唱承袭所传，打上了深深的农民意识和市井文化的烙印。吕洞宾成了有几分泼皮、文墨并不高雅的市井过客。他对白牡丹更多的是调戏，拿现在的话来说就是有点性骚扰的意味。戏的矛盾表面上成了调戏、反调戏，性骚扰、反性骚扰的斗争。这里面就难免掺杂一些不健康的低级趣味的东西。新中国成立后，严凤英与王少舫等把黄梅戏传统三人本(只有白云龙、白牡丹、吕洞宾三个角色)，进行整理加工，吸其精华、剔除糟粕，突出了比较深刻的主题，保持了原有的生动、机智与活泼，演出很受欢迎。后来浙江婺剧团到合肥演出《对百草》，多了一个人物吕洞宾的侍童。这对烘托、陪衬白牡丹，揶揄、反衬吕洞宾，增加喜剧性和表演性很有作用。婺剧演出还有其他一些优点，也很得合肥观众好评。严凤英、王少舫就虚心向婺剧学习，把婺剧的一些好东西和黄梅戏的剧本、表演糅到一块、融到一起，又请作曲家在音乐上加以改革与提高，使得黄梅戏《戏牡丹》的综合艺术水平，得到新的提高与完善。并以质朴的风格、默契的表演和鲜明的艺术特色，形成自己的剧种优势，堪与婺剧精品《对百草》媲美，各有千秋。白牡丹这个人物也塑造得更加鲜活、生动、可爱。

戏一开始，改变传统由白云龙、吕洞宾自报家门的单调上场方式。通过白云龙打扫店堂，吕洞宾与侍童边舞边唱、对话，以及吕洞宾对白云龙刁难等表演，为白牡丹的出场做好了铺垫。严凤英所扮演的白牡丹，一上场就让人眼睛一亮，精神一振。这个小女孩，不同于她塑造的《打猪草》那个纯朴清新、天真可爱的村姑陶金花，也不同于她扮演的《闹金阶》那个天不怕、地不怕，敢跟皇帝老儿闹一场的愣小丫。她是一个朴实、聪慧、秀丽、纯洁、有些俏皮，敢斗善斗的智慧型女孩，是一块锋芒四射的“小家碧玉”！当她知道有个道长在故意刁难时，便劝爹爹不要烦恼，由她来对付。吕洞宾果然又来了，她就说：“你要的那四味药材么，我早就与你准备好了。”吕洞宾大感意外：“啊?！如此，拿来！”白牡丹：“拿去。”吕洞宾问：“在哪里?”白牡丹说：“在你手上啊！”吕洞宾莫名其妙地问：“哎！贫道我两手空空，哪里来的什么药材啊！?”白牡丹说：“我说声你拿去，这药就算交付与你了。”吕洞宾恼火地说：“这岂不是一句空话！”白牡丹借机反击：“道长，你点的那四味药材，乃是有名无药，岂不也是一句空话吗?”第一回合，白牡丹就在气势上压倒了对手。接着吕洞宾抛出一连串难题怪问，均被白牡丹巧妙解答。吕洞宾死不服输，情急之下提出无礼难题，以为白牡丹会羞于回答，结果反被白牡丹巧妙地骂了一通，输得更惨。严凤英幼年唱民歌，最喜欢“对广谜子”（对歌）猜难歌。她把这种体验，酣畅地运用到“对药”表演中来，再加上王少舫（扮吕洞宾）的默契配合，这段戏煞是好看。如果表现智慧过于成熟，那不是白牡丹，她还有天真。如果表现天真过于单纯，那也不是白牡丹，她还有俏皮与狡黠。严凤英所塑造的白牡丹形象，真切、鲜活、细腻、丰满，具有独特的分寸感。唱做帅帅的，眼神满满的，带着一股潇洒劲儿、浪漫味道，有人说是“带有一点仙气”。正如不少老观众向我介绍的那样：“严凤英一上台，她就是白牡丹！不像别人是演白牡丹。”当听吕洞宾唱“一要买姑娘的三分白，二要买姑娘的一点鲜红，三要买姑娘的颠倒挂，四要买姑娘的巧玲珑”时，严凤英的表演先是一愣（这老道怎么这样问），接着满面含羞欲回后堂（不和你们讲了），听见吕洞宾说：“童儿！将招牌打碎！”她倏然转身，由羞变恼，伶牙俐齿，从容不迫，机智地对答了问题。童儿看见师傅输得没办法了，自告奋勇以师傅为题也要点四样药材，严凤英的表演先是捂嘴一笑（好啊，送上来挨骂），却表示：“这……不对也罢。”（再逗逗吕洞宾）在吕洞宾的催促下，说声：“道长告罪了！”（不失礼貌）然后才痛快淋漓地教训了吕洞宾。刻画十分细腻、生动，表演层次清晰，喜剧气氛起伏跌宕，人物情绪变化自然顺畅，一个鲜亮的、活生生的、独特而难忘的民间智慧少女形象——白牡丹，留在了观众的心里！人们喜欢夸奖严凤英演什么像什么。这是严凤英以罕见的表演天才，通过刻苦的艺术磨炼，努力深刻理解各种人物个性的心理，精确把握各种人物的神韵及表现分寸，不断完善各种唱做表演技巧，恰如其分地塑造形象，所达到的非凡艺术境界。小戏《戏牡丹》可说也是一个生动的范例。

《打金枝》公主

1958年1月5日，天气十分寒冷，合肥江淮大戏院却温暖如春。周恩来总理在这里观看黄梅戏《打金枝》。演出很成功，总理很高兴。在台上接见全体演职员的时候，大家都围着总理热情问候，总理也亲切问候大家。那时严凤英的政治处境不是很好，刚刚在“反右”中受过批判。她心里有委屈，也有自责，远远地站在最后面。照相了，大家把总理请到中间，总理却把年岁最高的老艺人丁永泉（丁老六）让到正中位置，自己站在一旁。然后又用目光左右寻找，笑着问：“那位骄傲的公主呢？”“在这里！”大家推出严凤英。周总理把严凤英拉到自己身边坐下，问长问短，勉励严凤英要努力学习，把黄梅戏唱好……严凤英本是一个感情十分丰富的人，亲眼见到总理如此尊重在旧社会受尽欺辱的老艺人，又亲身感到总理对自己这个挨批的人所给予的信任、理解与春风般的关怀，她虽和别人一样在欢笑、在激动，但她那双盈满热泪、美丽的大眼睛里，却涌动着用任何语言也难以表达的澎湃心潮！严凤英扮演的“骄傲的公主”，确实令人喜爱，让人难忘。喜爱的并不是升平公主这个人。这个人并不太可爱，仗着是皇帝的女儿，眼高于顶，目空一切。而且执拗于根深蒂固的封建等级观念，不仅不懂政治大局，连人情世故也不通了。那么人们喜爱的是什么呢？喜爱的是严凤英把这个人物演得活灵活现、惟妙惟肖。在王少舫（扮郭暧）、张云风（扮皇帝）、雪寒梅（扮皇后）、熊少云（扮郭子仪）等演员的默契配合下，使整个戏非常好看又非常有意思。任何好看的戏，都不会仅靠情节曲折引人入胜的。还必须人物生动、逗人喜爱，更必须在内容蕴含上，具有发人深思的深沉力度。《打金枝》故事，最早记载于唐赵磷

严凤英在《打金枝》剧中饰公主

《因话录》。主要情节与戏曲大同小异。其文曰:“郭暧尝与升平公主琴瑟不调,暧骂公主:‘倚乃父为天子耶!我父嫌天子不作。’公主恚啼,奔车奏之,上曰:‘汝不知,他父实嫌天子不作;使不嫌,社稷岂汝家有也。’因泣下,但命公主还。尚父拘暧自诣朝堂请罪。上召而慰之曰:‘谚云:不痴不聋,不作阿家阿翁。小儿女子闺帏之言,大臣安用听!’锡赉以遣之,尚父杖暧数十而已。”

戏曲对这个故事进行了细腻加工。通过夸张手法,使矛盾冲突逐步发展,更为跌宕起伏。但随着问题的巧妙解决,又使全剧充满了强烈的喜剧气氛。戏所反映的是帝王家族生活以及君臣关系,戏中人都是当时封建社会最上层人物。但黄梅戏艺术家们却使他们的个性还原为普通人,使他们的情感还原为一般人的情感,这就使看似一般家庭矛盾,其实政治色彩极浓的纠纷,充满了生活气息、民间情味,戏既好看又有深刻意蕴。1958 年 4 月 6 日、7 日两天,严凤英与她的同事在武汉为毛泽东主席等中央首长连演了两场黄梅戏,其中就有《打金枝》。毛主席看了很高兴,赞扬黄梅戏有特色,改革搞得好,生活气息浓,有健康的思想内容。谈到《打金枝》,毛主席说:“孤为江山买动他父子的心啊!”这句词有深意,说明这个皇帝手段高明,懂得团结功臣,又不偏听偏信,能够严格管教自己的女儿。不仅毛主席、周总理等领导人对黄梅戏《打金枝》做了肯定评价。而且广大城乡观众也都十分喜爱这个戏。后来《打金枝》成了安徽省黄梅剧团演出场次最多的剧目。

一个艺术作品、一个戏,好看好听也好,深刻也好,都离不开与欣赏者的审美沟通。这种审美沟通是通畅、深入、宽广一点好呢?还是不通畅、浅浮、狭窄一点好呢?当然是前者。黄梅戏艺术家们看来是深知这一点的。他们把《打金枝》这个发生在宫廷里的故事,按民间好恶、民间爱憎、民间眼光做了很有意思的再创造,使它成为老百姓喜闻乐见的故事。而故事深处,依然蕴含着多种应有的内涵。过去有人认为《打金枝》具有某种“民主思想”,我觉得这还搭不上界。又有人认为《打金枝》反映了男女平等要求,这也很牵强。《打金枝》是通过反映人们比较感兴趣的封建统治者如何化解内部矛盾的一段史事,表达了普通老百姓赞赏通情达理、反对特权极端化、希望明智处理问题等情感要求。明智的皇帝、明智的大臣、骄傲的公主、任性的驸马、贤惠的皇后等,这些人物都带有某种民间典型的意味。从“情”来看,戏中的夫妻情、父(母)子(女)情、君臣情等,都表现得很生动,既符合人物身份,又符合人之常情。说这个戏帝王题材民间色彩是不无道理的。就戏而言,升平公主这个人物很重要。夫妻矛盾由她而起,统治集团内部的潜在冲突也因她而明朗化。如果她塑造得不好，不准确，不是那么回事，以后的戏如何发展呢？

不少剧种都有《打金枝》这个戏，如秦腔、晋剧、京剧、河北梆子、赣剧、越剧、黄梅戏等。各个剧种演出本在唱词、对白等方面略有不同。黄梅戏主要是移植越剧本，同时也吸收了赣剧、京剧等方面的一些东西，更多是根据黄梅戏剧种特色进行自己的创造。越剧《打金枝》，所有角色均由女演员扮演，再加上吴侬软语、绵婉行腔，演唱风格清丽柔雅，好听好看。京剧《打金枝》，张学津、张学敏兄妹曾来合肥主演此剧。那是一出典雅富丽、地道的帝王袍带凤冠戏，程式严谨，唱做讲究，自有京剧艺术的独特魅力。黄梅戏《打金枝》则与越剧、京剧的都不同。它不仅在人物塑造、思想蕴含上，加深加浓了平民化与生活化的色彩，而且在艺术表现上，充分发挥剧种唱腔好听易懂、表达细腻的优势，以及表演程式上更重自然，生活化着意美化的特点，使全剧完美地突现了黄梅戏特有的、深受广大观众喜爱的质朴优美的艺术风格。严凤英、王少舫、张云风、潘璟琍、熊少云、丁俊美等艺术家在这个戏中的精彩表演，成了黄梅戏表演艺术的宝贵财富。

严凤英塑造升平公主这个人物，最可贵之处是谦虚好学，又善于创造。凡人之长只要用得着，她都非常虚心地去学，再通过自己的悟性与灵性，把学到的东西加以提高升华，尽量使自己的表演达到一种更美的境界。黄梅戏《打金枝》的移植，首先由丁俊美扮演升平公主。在王少舫的指导、带动与配合下，演出获得成功，很受欢迎。潘璟琍也演过《打金枝》的升平公主，反映也很不错。严凤英对她们的排演都很重视，一招一式都看在眼里记在心中。到她演时，她就根据自己对人物的深入理解和体验，尽量吸收别人长处，哪怕是一点也不漏过，巧妙地融汇进自己的表演。在《打金枝》之前，严凤英没演过什么蟒带凤冠戏，她就十分谦逊地向刘慧娴等老京剧演员请教。每个步法、每个动作、每个身段都认真地向他们学，一丝不苟。王冠亚先生说："这个戏丁俊美是 A 角，她是 B 角。有的演员喜欢演 A 角，不喜欢演 B 角。她恰巧相反，她从小喜欢'偷戏'，现在演 B 角就名正言顺地'偷'A 角的戏，吸收 A 角的长处再发挥自己的创造。而且她的演出也不是一锤子定音，而是每场演出都在不断创造，越来越深，越来越接近人物或符合人物。"这个时候，严凤英经过《天仙配》《女驸马》等精品创造的锻炼，艺术上已臻于成熟。她把身段、动作、表情、唱腔等艺术手段，有创意地、贴切地运用到人物的性格塑造和剧情表达中来，凤冠霞帔、程式套路等都被她用活，具有浓郁的生活气息和生命美感。她的老同事、黄梅戏鼓师王文龙先生说："《打金枝》她演得真好。手、眼、身、法、步，运用得很恰当，身段也蛮漂亮，眼神、形态、演唱都好。最难得的是她能把内心里的东西拿得出来，打鼓佬打得也很有劲。”

升平公主内心里的东西是什么呢？概括地说，是骄、娇二气。但这并非一般年轻女子的骄、娇二气，而是一个地位崇高、养尊自大的公主的骄、娇二气。无论内心体验，还是外部表现，都应该比较丰富、细腻、具体、生动，而又有所变化，这样才能让人得到比较强烈的感受。简单说，戏一定要做足。如果戏不做足，这郭暧“打金枝”又怎么打得下去呢？该“骄”的时候，应该骄得有点让人看不下去，有些讨厌，有些恼恨。该“娇”的时候，又要娇得让人有些疼爱，有些喜怜才好。据黄梅戏著名导演乔志良先生回忆：严凤英对这一点把握得比较好。戏一开场，郭子仪做七十大寿，贺客满门，连太子也奉皇帝之命来送贺礼。驸马郭暧焦急地等公主前来一道拜寿，一直到寿筵将尽也没等到。他怒气冲冲地赶回宫去要找公主理论，这时公主上场了。严凤英唱到“头戴珠宝压鬓齐”时，小嘴微翘，眼珠斜睨，摆出一副皇家尊荣富贵、傲视一切的派头。唱到“身穿八宝锦绣衣……莲步轻轻往前移”时，身体轻轻地一晃，步履矜持，面露骄容，骄、娇二气逼人而来。接着唱到“当今皇帝是我父，我本是金枝玉叶驸马妻”时，那种皇帝爸爸、皇后妈妈也拿她没办法，自高自大、不可一世的可笑样子，就活脱脱地现出来了。此时，观众不由得发出笑声，心想你这么神气，你公公做寿你不去拜寿，你丈夫马上回来你怎么交代啊！乔导演回忆到此处，连说带比画，情不自禁地又沉浸到对严凤英表演艺术的钦佩与激赏之中。严凤英那很有特点的创造性的生动演唱，与很有特色的新创唱腔结合在一起，很好地塑造了公主的个性，产生了一种十分动人的艺术效果。于是，一个有特色有个性的女人形象，也就姗姗地向人们走来。待郭暧上场后，戏剧矛盾越来越激烈，戏越演越细腻，生活气息浓烈，艺术气氛夸张。这里严凤英、王少舫关于“打金枝”的表演，丝丝相扣、紧密无缝、精彩绝伦、动魄勾神，铸炼成黄梅戏表演经典名段。严凤英对升平公主这个形象的塑造，十分注意分寸。升平公主本质上并不坏，她不过就是太妄自尊大，太爱摆谱，太不懂事而已。尽管如此，她对郭暧还是很有夫妻之情的。一听说父皇真要治郭暧之罪，真要将他“千刀万剐活剥皮”，她害怕了，她担心了，她舍不得了。她只好抹下面子，改变态度，倒过来求父皇饶了郭暧，并要给他加官晋爵。皇帝故作诧异说：“方才不是你要父皇斩他吗？”于是她只好娇滴滴地不断牵拉父母的衣袖，死磨硬缠，娇态撒尽。此时严凤英的表演非常细腻到位，形象十分生动有趣，又可笑又可爱，达到了很好的喜剧讽刺效果。

《小辞店》《戏牡丹》《打金枝》，表现方法平易近人，贴近生活、贴近民众，以独特的典型环境和审美氛围，为人物提供了生动的活动空间，表演内容、表现内含不流于单薄浅俗，具有促人思考的深刻性。这是它们的共同特点。同时，剧中所塑造的艺术形象又各具特色，除了各有自己的饱满、鲜明、生动外，还各有自己独特蕴含及感人之处。这除了剧本、音乐、导演等方面的综合贡献外，严凤英等参与创造的艺术家们，在继承、借鉴、吸纳、体验、创新、融汇、表现等方面，所做的孜孜不倦、锐意求精的探索，无疑值得我们学习和思考。

（选自《黄梅戏艺术》2001 年第 4 期）

严凤英的声腔艺术

Yan Fengying De Shengqiang Yishu

我的亲身感受

（在戏曲音乐工作座谈会上的发言）

严凤英

首先我认为戏曲唱腔必须根据演员不同的条件，创造出不同风格的曲调，借以丰富它。我们可以看出，京戏界的老前辈，马连良与谭富英在唱腔方面就各有不同，虽然都是唱的[西皮]或者[二黄]，但在味道上就大有差别。我个人对黄梅戏的唱腔有所改动，也就是根据这个道理。例如《蓝桥会》中有一段，老唱腔是：

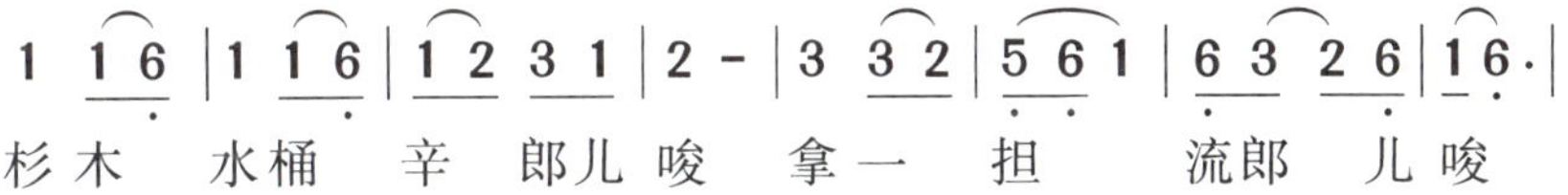

我为了唱得高一些，让观众听得清楚一些，就把它唱成：

又如打猪草，老唱腔是：

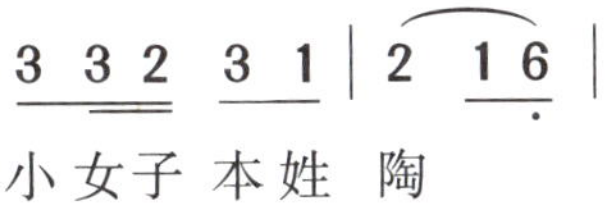

我唱为：

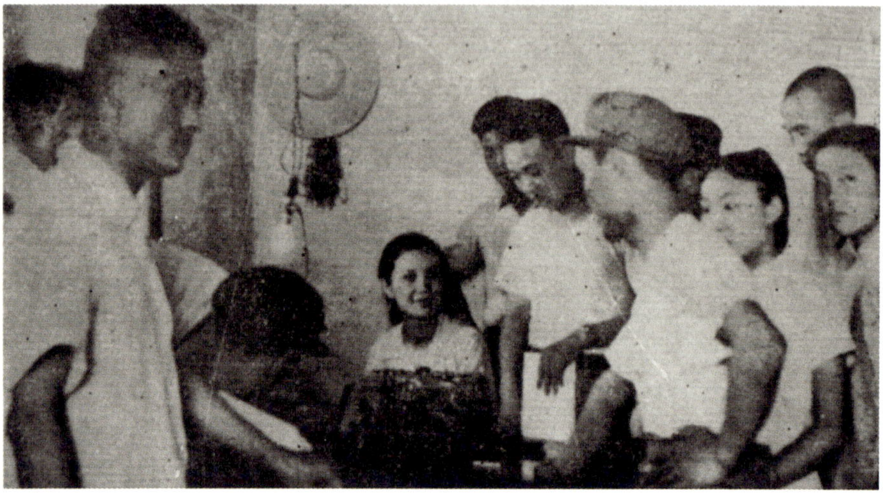

1951 年夏，安徽省人民广播电台第一次来安庆为黄梅戏录音，中为严凤英

5 32 31 | 23 16 |

小女子 本姓 陶

其他如王少舫同志，由于他本人不善于唱高音，因此他的唱腔大都是比较平稳，下行，形成自己独有的风格。我以前唱黄梅戏从不受曲调限制，唱腔虽是死的，但我们可以把它唱活。在为了表达感情的时候，我很自然地就把它变动了，运用起来也很自如。但是现在的演出中，很多地方都是作的曲，唱腔定死了，唱起来就不方便，很受限制。特别是有些曲调我认为改编得不像黄梅戏，唱起来格格不入。例如《王金凤》中：

0 5 653 | 2 0 0 | 0 5 35 | 521 71 | 0 5 653 |

金凤 啊 虽然 不 是 我亲

52 0 0 | 0 5 2321 | 7 1· | 25 216 | 15 0 0 |

生 三岁 进了 我 家 门

还有《打金枝》中公主唱的：

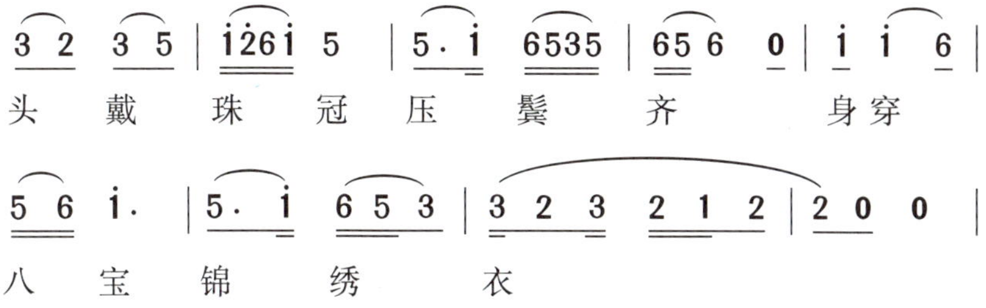

这些曲调都非常缺乏黄梅戏的味道。《天仙配》剧目保存者胡玉庭老先生曾对《天仙配》的改编表示不满，他说："这改得还像话吗？"总之，有些曲调改革得不是很好，这大概是由于作曲同志与老唱腔尚未建立感情，对黄梅戏不太熟悉。例如，[平词]本身就可以表现喜、怒、哀、乐各种复杂的感情，也许作曲的同志还未很好地研究它的功用吧？

黄梅戏音乐改革方面，还有很多问题值得研究。例如作曲者往往认为一个曲调必须有很宽的音域，才能满足感情的要求。具体说：一定要唱到那个音才能符合情绪。演员唱不上去，也要勉强地唱。有时不考虑演员的条件，盲目地写，以致演员在唱那个高音时，非常痛苦，不仅不能表达感情，反而破坏了感情。在很多场面中为了把这个音唱过去，演员不得不把脸朝后台，屁股对着观众，因为是直着嗓子喊，相貌是非常难看的，演员不忍心给观众看到这种形象。还有一些曲词不仅不像黄梅戏，而且是黄色歌曲中的旋律。如《借罗衣》中：

真像《疯狂世界》中的：

这些问题牵涉到吸收其他方面的素材来营养自己的剧种，如何正确地对待吸收的问题。这里我没有太多的意见发表，只作为一个问题提出。

最后，我想谈谈关于伴奏的问题。从前我深深感到锣鼓给演员很大的帮助，台上台下配合得严紧无缝，并且形成了固定的形式。演员能结合各种动作作为

“叫头”，需要什么就来什么，整个戏是以表演为主。经过作曲工作者定谱以后，表演就受了很大限制，乐队要求演员看到指挥，这对我们是很不习惯的。因为我们熟悉了听板，这乐队现在不仅不用打击乐器，就连拍板也曾经被去掉。当然，我们不反对用乐队伴奏，加强音乐效果，但问题是如何能灵活地配合演员的表演。由于不能达到这一要求，在演出中就出了不少毛病。如《王金凤》中金凤唱：“我先到井台上提桶水。”水桶已拿到手里，但就是走不了，因为乐队的过门还未拉完。又如《天仙配》分别的那一场，七仙女唱“扯片罗裙当素笺”，这时因为过门已快拉完了，我不得不粗鲁地、慌慌张张地用很大的力气一下把绸带子扯出来，当然谈不到什么感情了。又有时为了向乐队要过门，不得不在台上挤眉弄眼。谈起来也很好笑，在《天仙配》中分别时唱的：

为了看指挥，我只有等指挥指一次唱一个“啊”，再指一次再唱一个“啊”字，这就搞得零零碎碎。又如唱了几十年黄梅戏的丁老，演《天仙配》中的土地时，无法开口唱。因为丁老听不出过门到哪里止。最后只有看台上董永的动作，他把伞一抱就开腔。有一次董永忘了抱伞，丁老也就不会唱了。凡是唱黄梅戏的演员，谁不争着向丁老学戏。这位黄梅戏的老前辈，也可以说是专家，在这出戏中，却成了黄梅戏的外行！这次在北京演出时，有人说我现在演得有些像话剧了。我认为这与去掉了打击乐器很有关系。例如：员外说：“你这十匹锦绢是偷盗来的！”以前有锣鼓时，我的动作可以跟着“哒，哒，哒……台”体现出反抗情绪来，但现在去掉锣鼓点子，也就减了舞蹈动作，只说：“谁说我是偷盗来的？”当然也有些话剧味了。

以上仅是我个人的认识，也许有很多错误，望大家指正。

（朱宝强记录）

（摘自《安徽文化报》1957 年 4 月 9 日）

谈《天仙配》的演唱[1]

严凤英　口述　　王冠亚　王小亚　整理

（一）

现在向大家介绍一下黄梅戏《天仙配》中的两段唱腔，先介绍《路遇》中七仙女向董永倾诉爱情时唱的一段。唱词是：

大哥休要泪淋淋，
我有一言奉劝君：
你好比杨柳遭霜打，
单等春来又发青。
小女子我也有伤心事，
你我都是苦根生。
我本住在蓬莱村，
千里迢迢来投亲。
又谁知亲朋故旧无踪影，
天涯沦落叹飘零。
只要大哥不嫌弃，
我愿与你配成婚！

① 原文题为《关于〈天仙配〉和〈女驸马〉的演唱》，因为关于《女驸马》谈的是表演，已见本书严凤英文《拍摄〈女驸马〉中所学到的》，故于此不重复选用。

这一段唱腔采用了黄梅戏的[平词]和[彩腔]这两种曲调。从"大哥休要泪淋淋"到"你我都是苦根生"是[平词]。[平词]里面有[起板][上下句][落板]等等。"大哥休要泪淋淋"这一句是[起板]:

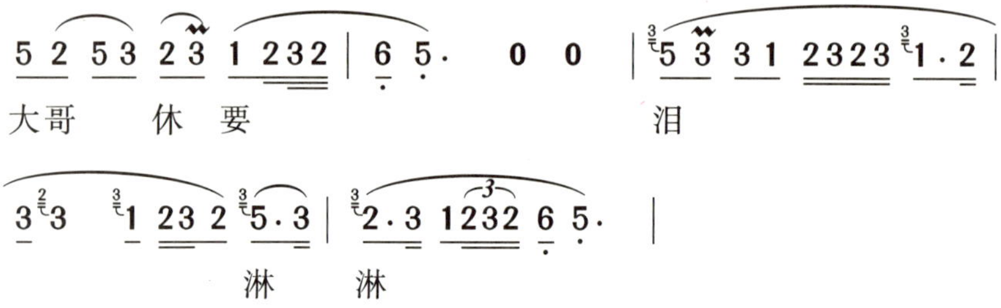

"你我都是苦根生"这一句是落板:

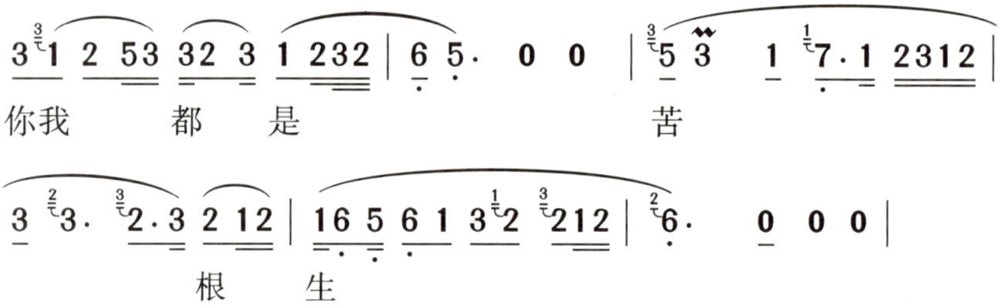

七仙女现在变成了村姑,她对董永的悲惨身世非常同情。因为自己是神仙,并且已经暗暗打定主意要嫁给他,和他过幸福的生活,所以,除了同情他、安慰他,还有鼓励他的心情。"单等春来又发青"就是鼓励他的意思。这种鼓励,带有很强烈的爱的成分。这一句是"下句",按一般处理应该是这样唱:

但是,由于作曲同志的细致处理,成了目前这个样子:

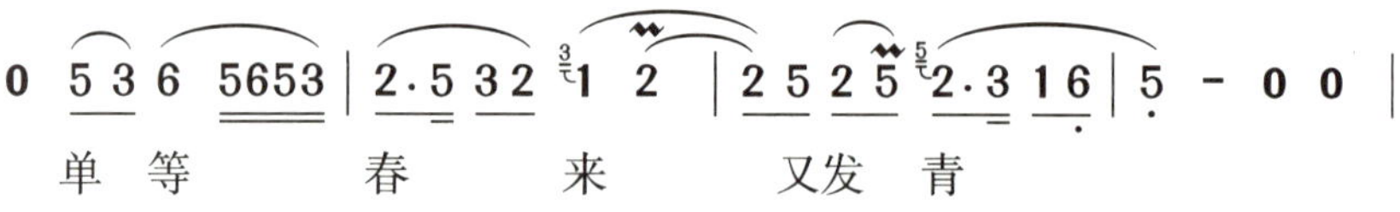

这样唱,能更好地表现强烈的爱和几分羞涩的情绪。下面用的是[彩腔]。[彩腔]基本旋律共有四句:

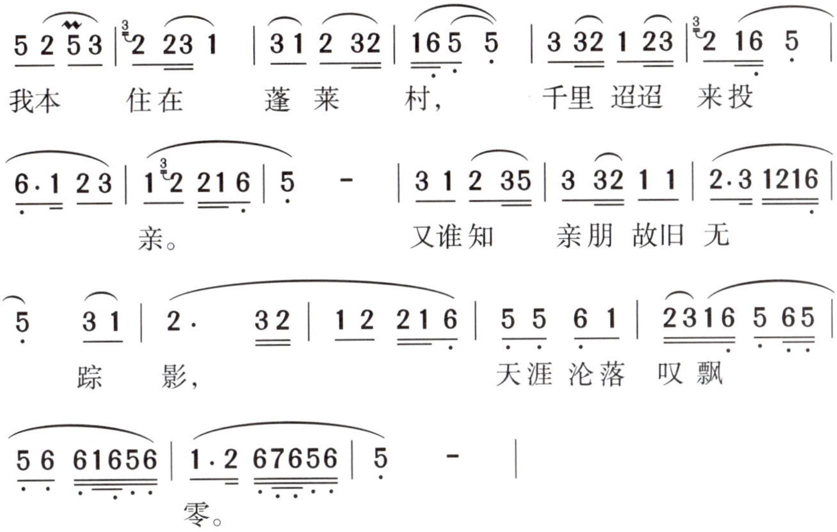

这跟老腔都是差不多的。“只要大哥不嫌弃”这又是[平词]的“上句”，老的唱法是这样的：

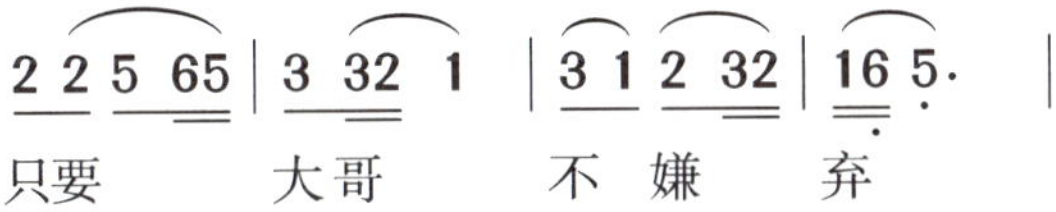

但是现在作曲同志又把它动了一下：

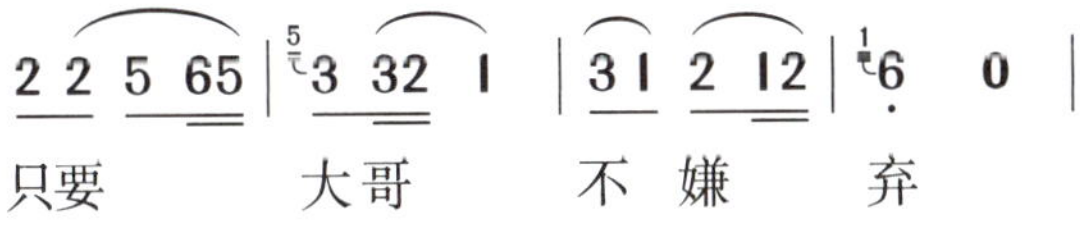

这是根据七女当时害羞的心情，将它稍微改变了一下，唱成了：

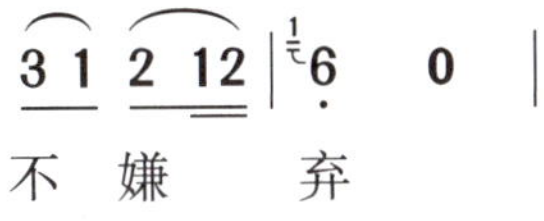

最后一句是[平词落板]：

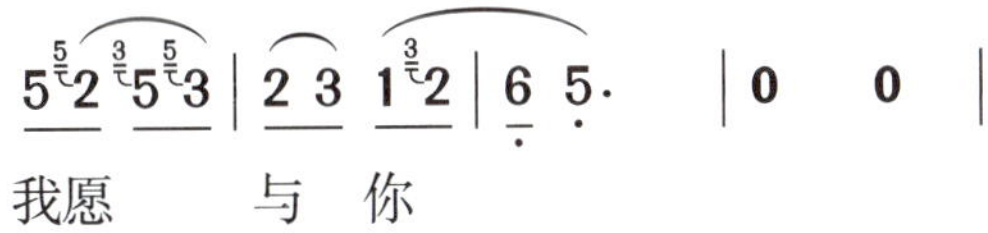

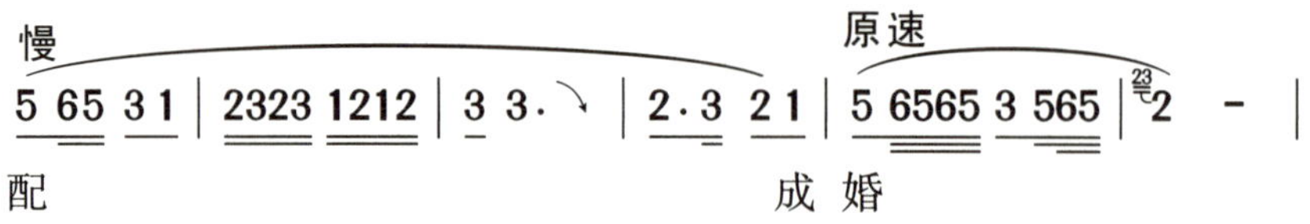

这与刚才“你我都是苦根生”一样，都是［平词落板］，因为感情需要，“苦根生”就是另一种唱法：

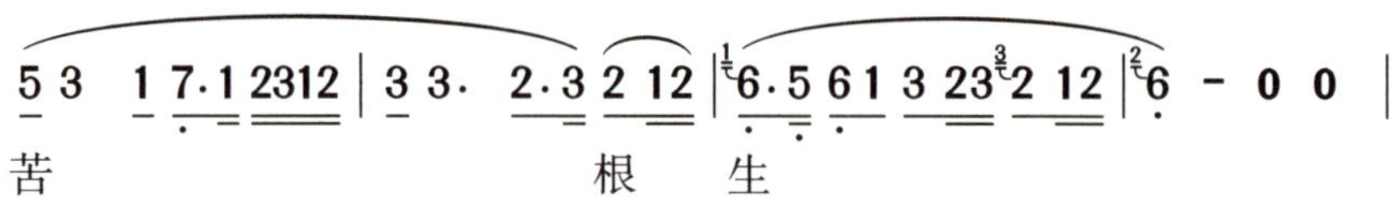

这表示悲伤的心情。“配成婚”同样的［平词落板］就唱成：

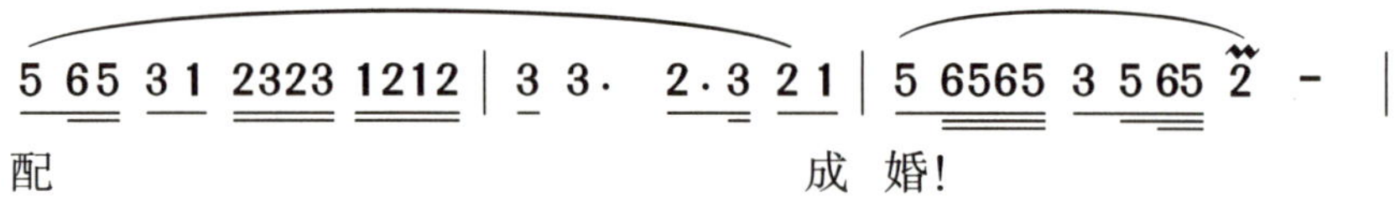

表示害羞的心情，上半句：

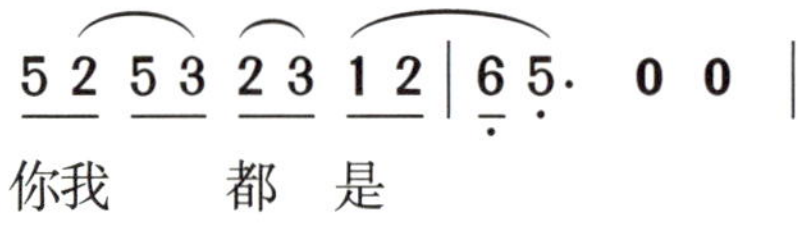

和那个：

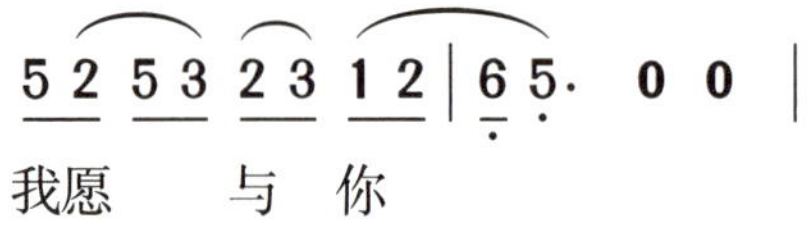

从旋律上看都是一样的。［彩腔］本身就比［平词］跳跃一些，易于表现年轻人欢乐的心情。“我本住在蓬莱村”以下的四句话是假话，表面是悲哀，其实内心高兴得很。当董永问：“但不知大姐家住哪里，要往哪道而去？”这个意外的问题假如答不出来，或者答迟了，都要露出马脚。所以我马上接唱：

这一段，前半句七女的心情有点发慌，后半句则是撒谎，谎撒得比较圆满，还带有几分自我欣赏的情绪。下面“千里迢迢来投亲。又谁知亲朋故旧无踪影，天涯沦落叹飘零”。我唱这几句时，除了注意在演唱上刻画人物心情外，在舞台上我还特别注意用眼睛来刻画这种心情。“只要大哥不嫌弃”，这是很勇敢又很羞怩地表白自己的心情。“我愿与你配成婚”，这一句也要勇敢，胆小了是“唱”不出来的。尤其是董永顶着问了一句：“怎样?”我接着就唱：

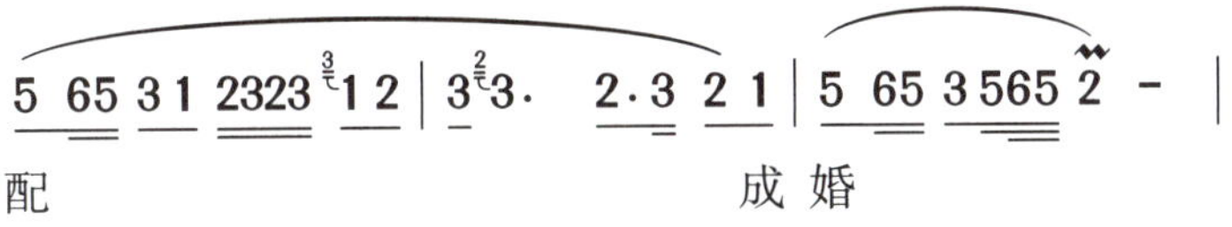

“配”字要延长很多拍，在“成婚”的“婚”字上，还是很害羞的。经过这样分析处理，全曲我唱成这样：

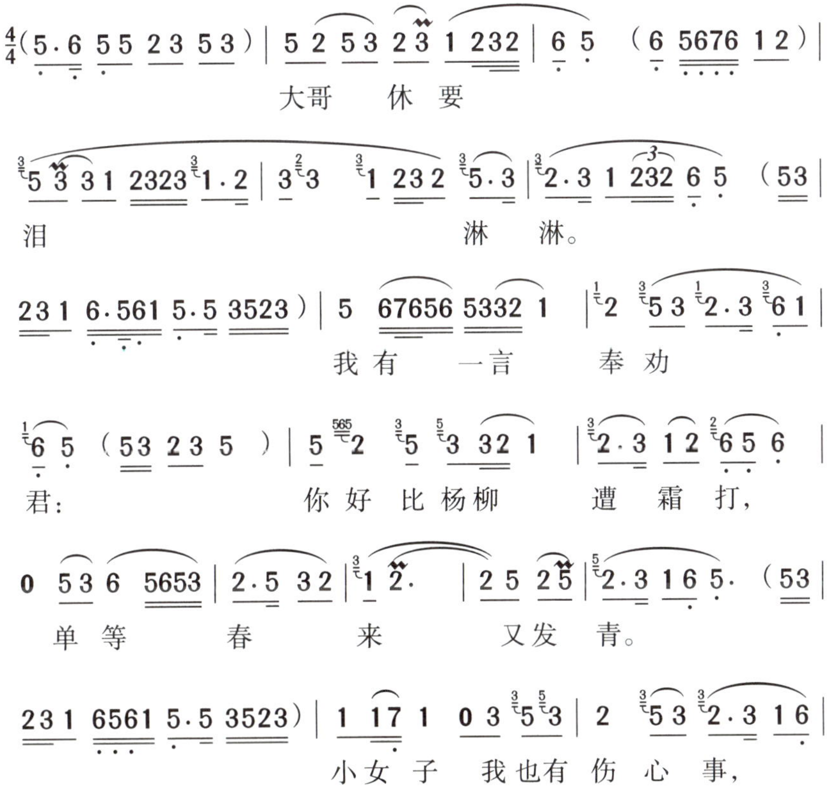

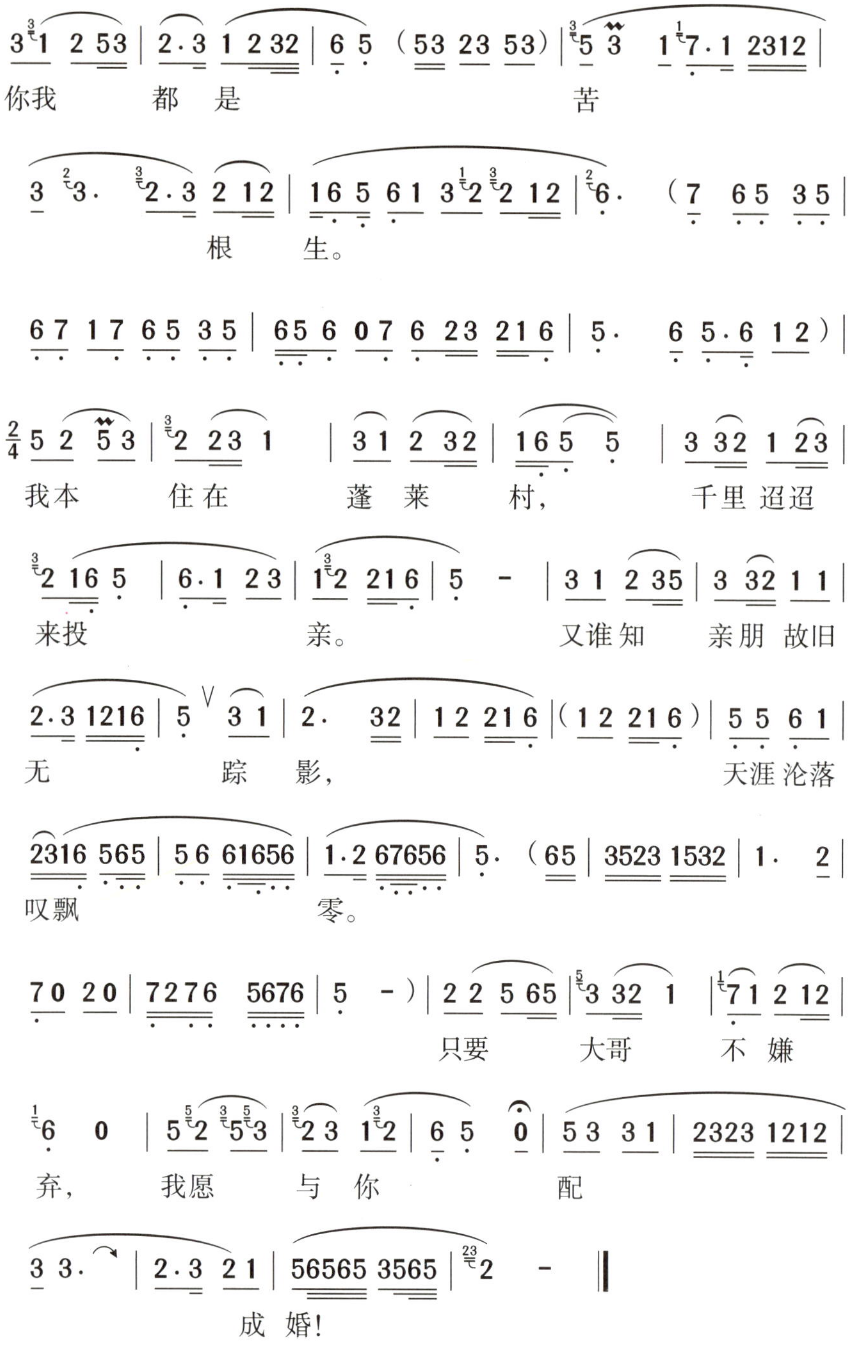
你我 都 是 苦
根 生。
我本 住在 蓬 莱 村， 千里 迢迢
来投 亲。 又谁知 亲朋 故旧
无 踪 影， 天涯 沦落
叹飘 零。
只要 大哥 不 嫌
弃， 我愿 与 你 配
成 婚！

（二）

下面一段《分别》，董永昏倒在地上，七女在他身边痛苦告别的唱段，唱词是这样的：

董郎昏迷在荒郊，
哭得七女泪如涛！
你我夫妻多和好，
我怎忍心，董郎夫，
将你丢抛，将你丢抛！
为妻若不上天去，
怕的是连累董郎命难逃！
撕片罗裙当素笺，
咬破中指当羊毫，
血泪写下肺腑语，
留与董郎醒来瞧。
来年春暖花开日，
槐荫树下啊，董郎夫！
啊……
把子来交，把子来交！
不怕你天规重重活拆散，
我与你天上人间心一条！

这一段音乐采用了黄梅戏的［仙腔］［八板］［哭腔］，还有根据人物当时的感情需要创造的［散板］。“董郎昏迷在荒郊，哭得七女泪如涛”，就是音乐工作者根据黄梅戏音乐加工的［散板］。写这个［彩腔］的目的就是为了抒发当时七女悲恸、愤恨的心情。“董郎昏迷在荒郊，哭得七女泪如涛”，这两句好像是压在肚子里的一肚子苦水，砰地一下突破了一个缺口，迸发出来，所以感情是非常激动的。

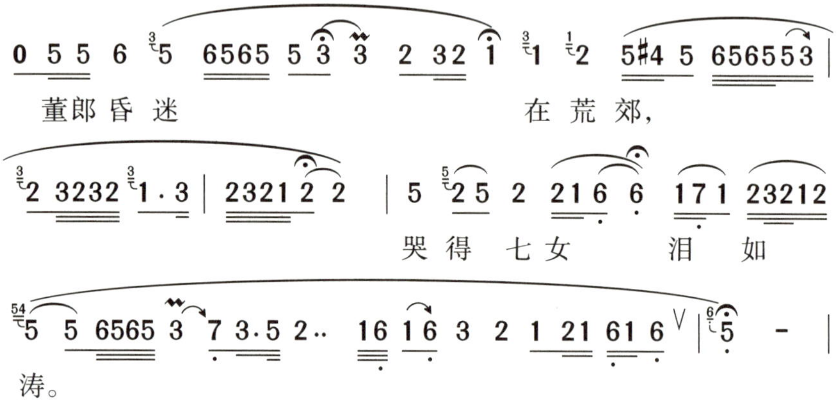

下面是："你我夫妻多和好，我怎忍心将你丢抛"，是用黄梅戏的［仙腔］和［哭板］，这两句就好像顺着缺口奔流而下的一股洪水，虽然也是悲恸的，但是要平稳些、缠绵些，这样才好表现她和董永夫妻恩爱的感情：

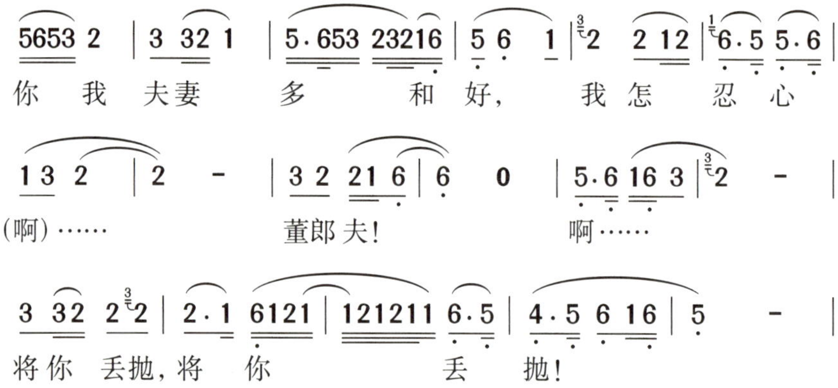

唱到"将你丢抛，将你丢抛"的时候，就要带一点哭的味道：

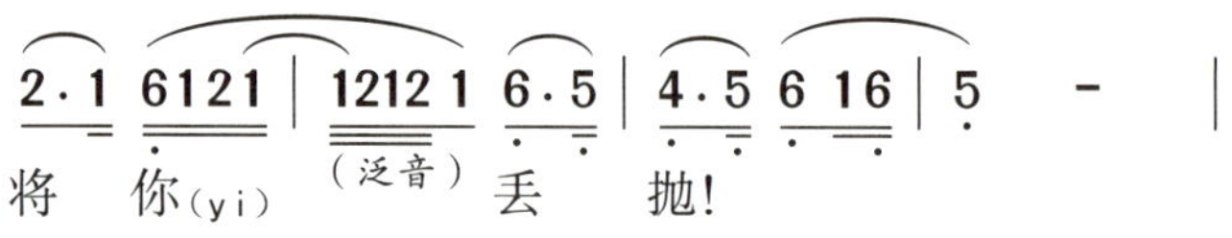

下面就是："为妻若不上天去，怕的是连累董郎命难逃，"这两句感情比较复杂：一方面是"午时三刻"就要到了，在这个紧张的情况下，急于要向董永解释自己不得不上天的苦衷，另一方面还要表达爱董永，怕他受连累，硬着心肠上天的决心。另外，还有几分对玉帝的反抗。就是这样唱的：

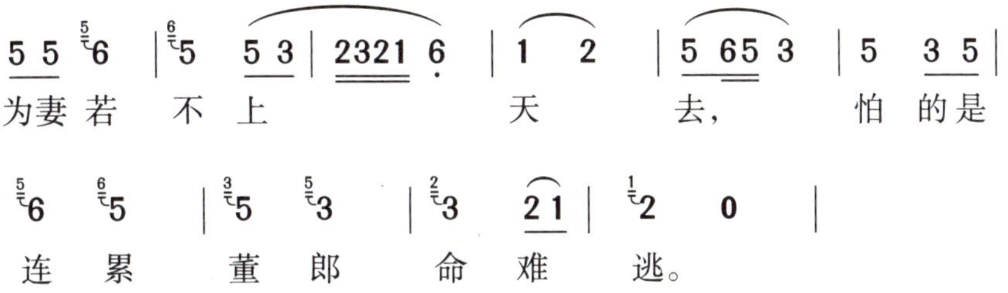

下面是四句[八板]。[八板]在节奏上比较快，用在这里表达七女在紧张的情况下写血书是很合适的，按老[八板]原来唱法，本来应该唱成：

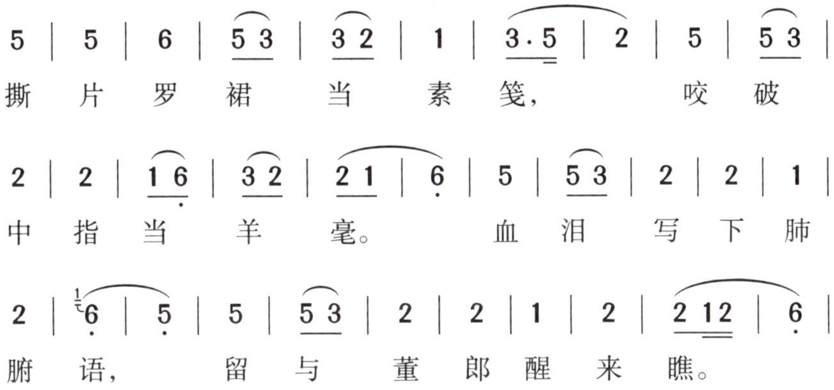

因为有撕罗裙和咬破中指的动作，所以，前面两句的当中加了过门，撕罗裙的动作和咬中指的动作就在这个过门里做。我再把它唱一下：

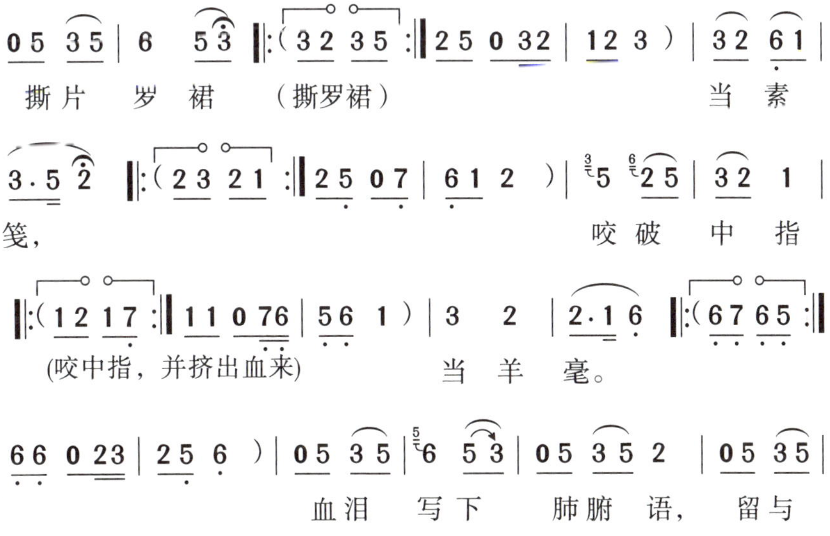

就是这样接下来。下面是写血书的内容，也是七女最悲恸的地方，是经过作曲者加工的新腔和［双哭板］相糅合而成的：

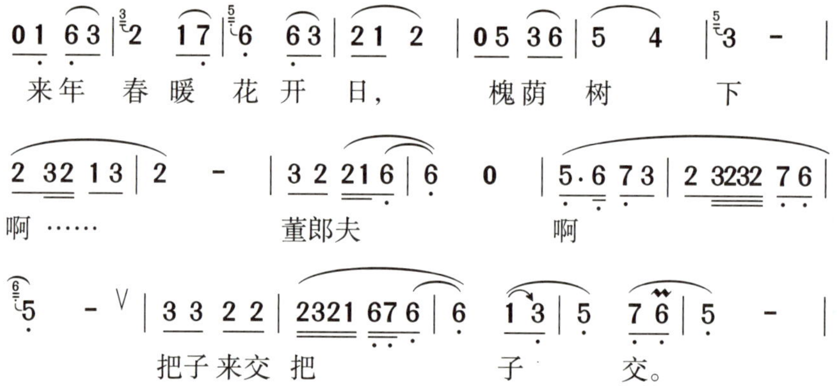

最后两句："不怕你天规重重活拆散，我与你天上人间心一条"，是对玉帝的反抗和对董永表示的决心，是［八板］和［平词落板］，要唱出反抗和决心：

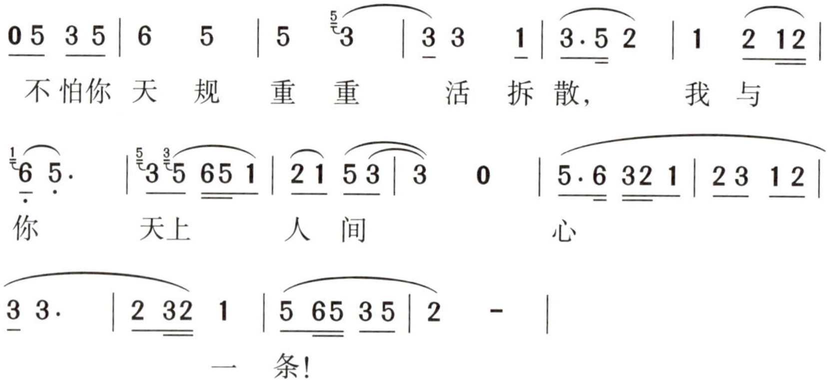

这一段完整的唱腔我唱成这样：

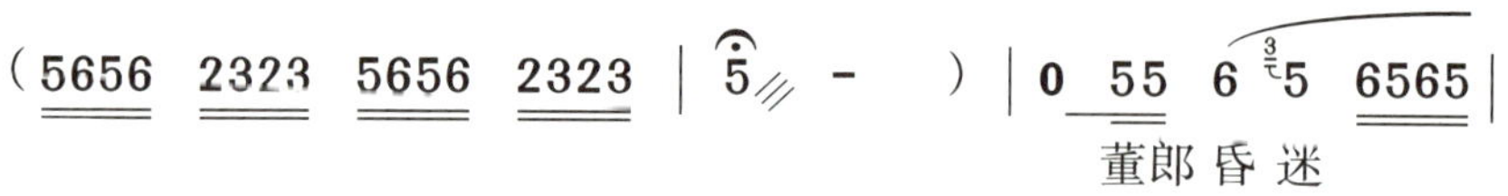

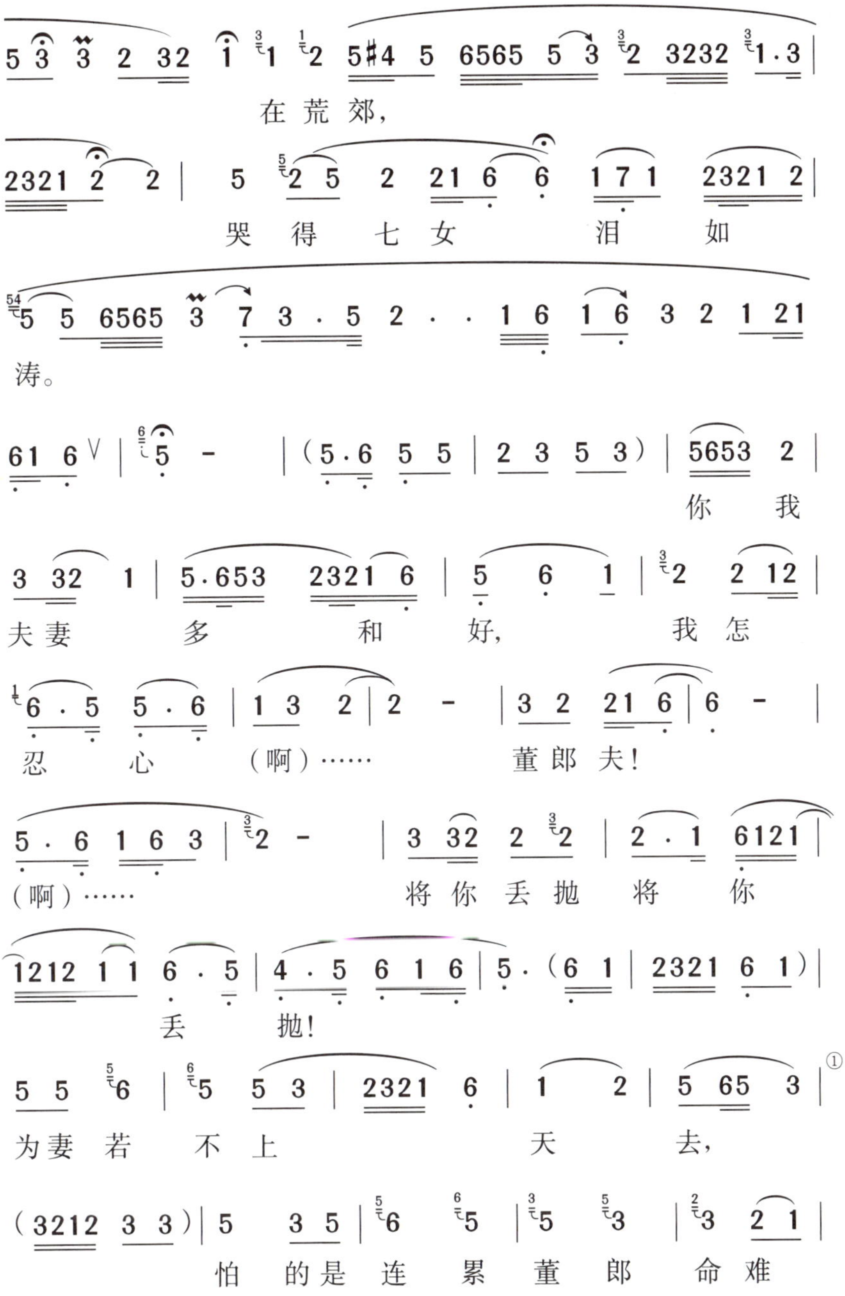

① 原文关于《天仙配》演唱部分到此为止,可能是现存的录音资料不全所致。

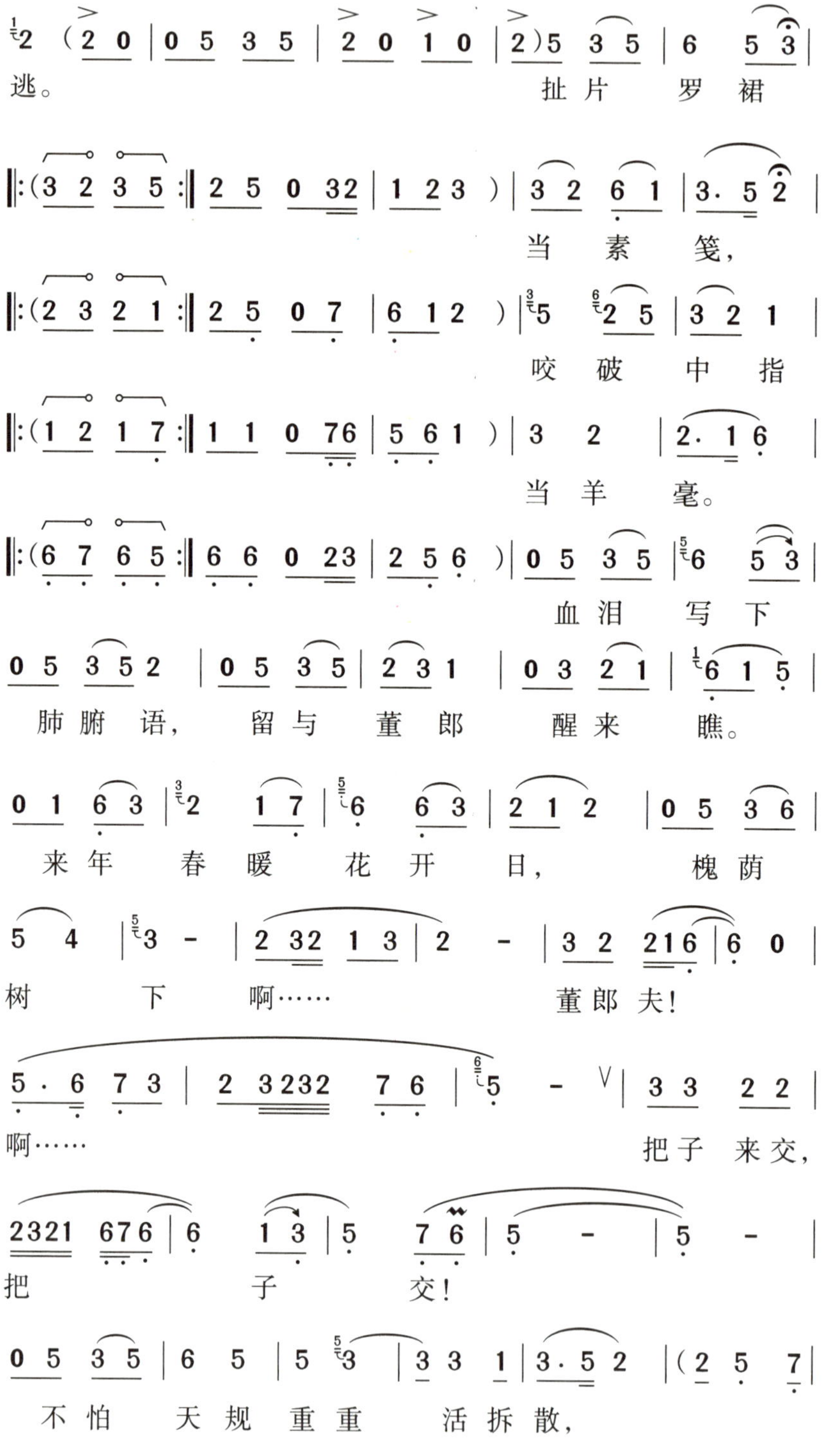
逃。扯片罗裙
当素笺，
咬破中指
当羊毫。
血泪写下
肺腑语，留与董郎醒来瞧。
来年春暖花开日，槐荫
树下啊……董郎夫！
啊……把子来交，
把子交！
不怕天规重重活拆散，

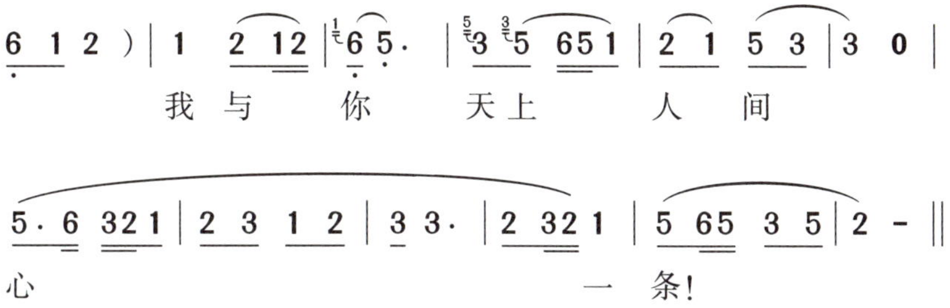

（选自《黄梅戏艺术》1981年第1期）

严凤英演招弟

——《柳树井》排演始末

王兆乾

1952年11月，在华东戏曲观摩演出大会上，严凤英首次在上海亮相，黄梅戏《柳树井》《打猪草》《路遇》《新事新办》《蓝桥会》等赢得了上海各界的赞誉。各大报纸刊登文章盛赞黄梅戏具有乡土气息，对严凤英的朴实、动人的表演更是称赞备至。上海唱片社为黄梅戏灌制了第一组唱片，包括她演唱的《柳树井》，她和王少舫演唱的《蓝桥会》，她和丁紫臣演唱的《打猪草》，以及王少舫、王少梅等演员演唱的《新事新办》，王少舫、潘璟琍演唱的《路遇》等。从此，一个发源于安庆一隅的地方小戏，受到全国观众的关注，推动了黄梅戏的飞速发展。

1952年秋，王兆乾、王少梅、严凤英（从左至右）在安庆胜利剧场的侧院中合影

严凤英在上海的舞台上同时演出《打猪草》《柳树井》和《蓝桥会》三出小戏。在《打猪草》里，她塑造了一个天真、纯朴、善良的农村小姑娘，在《蓝桥会》里，她又以一个富于青春活力的古代女性形象出现在观众面前。在担水的河边，她邂

逅了一位书生，心生爱慕，却又故作矜持，在书生的爱情攻势面前，终于打破心灵的堤防，以心相许。在现代戏《柳树井》里，又刻画了一个被封建婚姻制度逼上绝路的青年妇女招弟。招弟因为家境贫寒，被爹娘以一石谷子半匹布卖给人家当童养媳，不仅没有婚姻的幸福，反而受尽婆婆、大姑子的虐待和折磨。她虽然也怀着对美好生活的憧憬，但是封建势力却使她无法冲出牢笼。摆在她面前的只有死路一条。幸好，新的婚姻法拯救了她，使她挺起腰来争取自己的幸福。严凤英成功地塑造了三个不同的人物形象，在三个戏里演唱了不同风格的唱腔，征服了上海的观众。严凤英是怎样排演现代戏《柳树井》的呢？

一

1952年10月，为筹备赴华东观摩演出，安徽省文化事业管理局委派郑立松、余健民、李霍勤等先后到安庆组织黄梅调的剧目和演员。安庆市有刘芳松、王圣伟、班友书等人参加。那时，我还在安庆军分区工作。省文化局通过省军区政治部向安庆军分区借调我协助这次活动。当时，在知识界我是较早研究黄梅戏的，对黄梅戏的基本唱腔也比较熟悉。加之1949年在部队文工队将《王贵与李香香》改用黄梅调演唱，曾演出于安庆地区广大城乡，对观众也有了一点了解，所以，音乐设计的任务就交给了我。从事过话剧工作的余健民担任导演，王少舫是京剧科班出身，有较好的功底，推他负责身段和舞蹈设计。剧本的选定采取集体讨论的方法，对于传统戏，大家集聚在奉直会馆旧址的民众剧院，请演员一边表演，一边讨论，一边当场修改。其中《打猪草》、《闹花灯》（后名《夫妻观灯》）和《蓝桥会》都是这样定下来的。而现代戏剧本则由导演选择后大家共同研究。因为这次观摩演出，主要是为展示黄梅戏丰富多彩的声腔，所以不宜于选择大戏。最后选定老舍发表在《小剧本》上的《柳树井》和另一个现代小戏《新事新办》。由王少舫、王少梅领衔排演《新事新办》，严凤英、刘俊云领衔排演《柳树井》。但是，严凤英1951年刚从外地回来，她几乎没正规排过现代戏。编导组的同志们提出请她演一段她曾演过的时装戏，她热情地答应了。第二天上午，编导组的同志在民众剧院看她与刘俊云合演的一出《两朵大红花》。这个节目所描写的是一对青年男女，劳动积极，终被评为先进，戴上了大红花。虽然只是个表演唱，大约是她平生第一次演出新内容的节目。只见她在台上装模作样、扭扭捏捏，就像新中国成立前上海滩文明戏，与她演出黄梅戏的传统剧目《小辞店》《西楼会》《游春》等等大相径庭。我在台下有些坐不住了，她能完成演出现代戏的任务吗？令人有些担心。她的表演症结所在，是没有进入角色，对劳动模范，她可以说知之甚少。虽然安庆解放一年多了，但她漂泊在外，不久前才回来，参加社会活动不多，对新中国成立后的新社会了解较少。她的这种表演，新中国成立后已经不多见了，显然是从旧社会的舞台上学来的，并且学得很像。她以为演时装戏就是这种模式。她不像王少舫所在的民众剧社，自 1950 年以来，在市文化馆和剧协的组织下，不断参加社会活动，如配合婚姻法的宣传、反霸斗争、“三反”运动等，对演出现代戏已不陌生。

这次排演的音乐设计任务交给了我。有了近四年的调查研究基础，对于黄梅戏的唱腔我已比较熟悉。我拿到剧本后回到军营，趴在床上，在高悬的昏暗的电灯下，花了一个通宵将两个戏的唱腔写好。第二天一早，我交织着完成任务的兴奋和对作品反响的急切期待心情，赶到民众剧场。一些演员已早早来到，我先将《新事新办》的曲谱给王少舫唱了几遍，然后将曲谱交给王文治，请他拉胡琴教唱。然后穿过吴越街来到钱牌楼严凤英的住所，将新腔唱曲谱给她，这是头一天约好的。这是我第一次到严凤英的住所，老式的平房是沿着土坡建成，所以进大门必须拾级而上。进门后是一个不大的院落，零星地种了几株花草。房子共有二进，一进三间，严凤英住在前进，王少舫和雪寒梅一家住后进，前后进有一不大的天井。严凤英住的虽说是三间平房，但为了后进出入，中间一间实际是一通道，并无门窗。严凤英住通道右手的一间，左手的那间是厨房，一位帮她料理家务的老太婆也安了张床。她的房门是敞开的，见了我她立刻迎出来说：“我正在等你，茶都给你泡好了。”我环视着她的房间，几件不起眼的旧家具，靠窗边是一张书桌，靠房门的“鼓壁墙”边有一张小小的矮方桌和两把小木椅，是一般人家通常用来吃饭的。正对着房门，是一张老式的铜架钢丝床。看来，这些家具都是房东配备的。我第一次去她家，多少有些拘束，也不知道该说些什么。于是，我打开曲谱，单刀直入地说：“开始吧。”她说：“不忙，先喝茶。”她让我坐在小木椅上，隔着小方桌端起白瓷茶壶，倒了盏茶递到我面前。喝完茶，她站起来，从书桌拿起剧本。我也站起来，向书桌靠拢，顺手搬过小木椅，将曲谱平摊在腿上，开始哼唱给她听。看过她演《两朵大红花》后，我就认为必须对她多启发，使她情感投入，所以我带着人物的情感唱。

《柳树井》开始就是招弟投井一场，她出场就悲愤地唱了一大段。我在选材时，考虑到这是招弟已经走投无路，痛不欲生的唱段，所以选用了[男平词]。这在当时的确是大胆之举，观众能接受吗？老艺人的反响又是如何？我认为，第一不要脱离风格，第二要服从剧情及人物需要。当前流传的[男平词]书生气太浓，所以我采用了安庆怀腔已不流行的宿松民间艺人所唱的老腔，将其一些滑音删去，求其肃穆。并采用女腔的定调，而使唱腔提高了四度音，以表现招弟极为悲伤的情绪：

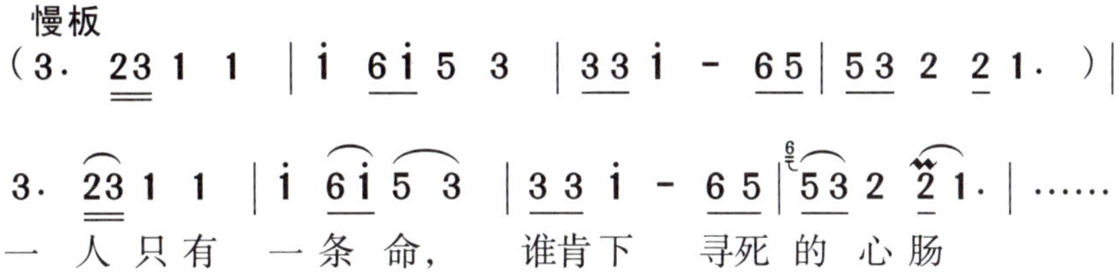

这段唱腔原来第一小节唱作：3· 23 1 16，并有下滑音，现固定在1音上，免去了油滑感。老舍是写戏的高手，尽管这个戏是他为了配合宣传《婚姻法》而作，但对人物仍刻画得入木三分。我写这段唱腔，虽然采用的是传统的[男平词]，但因其下行的5 3 2 2 1·音调，有点像歌剧《白毛女》的“爹爹把我卖给了人”那段。我为了启发严凤英的情感，就讲白毛女的故事给她听，招弟的遭遇与白毛女相似，只不过生活的时代不同，她已生活在人民取得政权的初期，只要依靠共产党，就会得到解放，这一点是观众不需猜测的。我只唱了一遍，她说：“等等，我来试试。”便唱了起来。这使我十分诧异。这段[平词]是宿松的老腔，她并不熟悉，而且我又做了改动，她竟然听一遍就能唱。她的聪颖给我留下深刻的印象，与她合作的兴致更高了。接着，又学其他唱段。我选用属于[彩腔]体系的“苦媳妇自叹调”为这个戏的基调。其实，《苦媳妇自叹》就是[彩腔]加数板，只不过各地、各人在唱法上并不相同。这个独角戏倾诉旧社会做媳妇之苦，反映了在夫权制度下，妇女地位的卑下。我认为这个传统小戏所表达的内容，与老舍笔下的剧情相吻合，选用其曲调容易引起观众的共鸣。但我却没料到，对严凤英的心灵有如此之大的震撼。我在唱“苦媳妇自叹调”时，一边向她诉说封建社会下的妇女饱受凌虐的苦楚，一边向她讲解为什么这样写的理由，她默默地听着。然后，我唱起了招弟的唱段。这唱段我将[彩腔]数板与[双哭板]做了糅合：

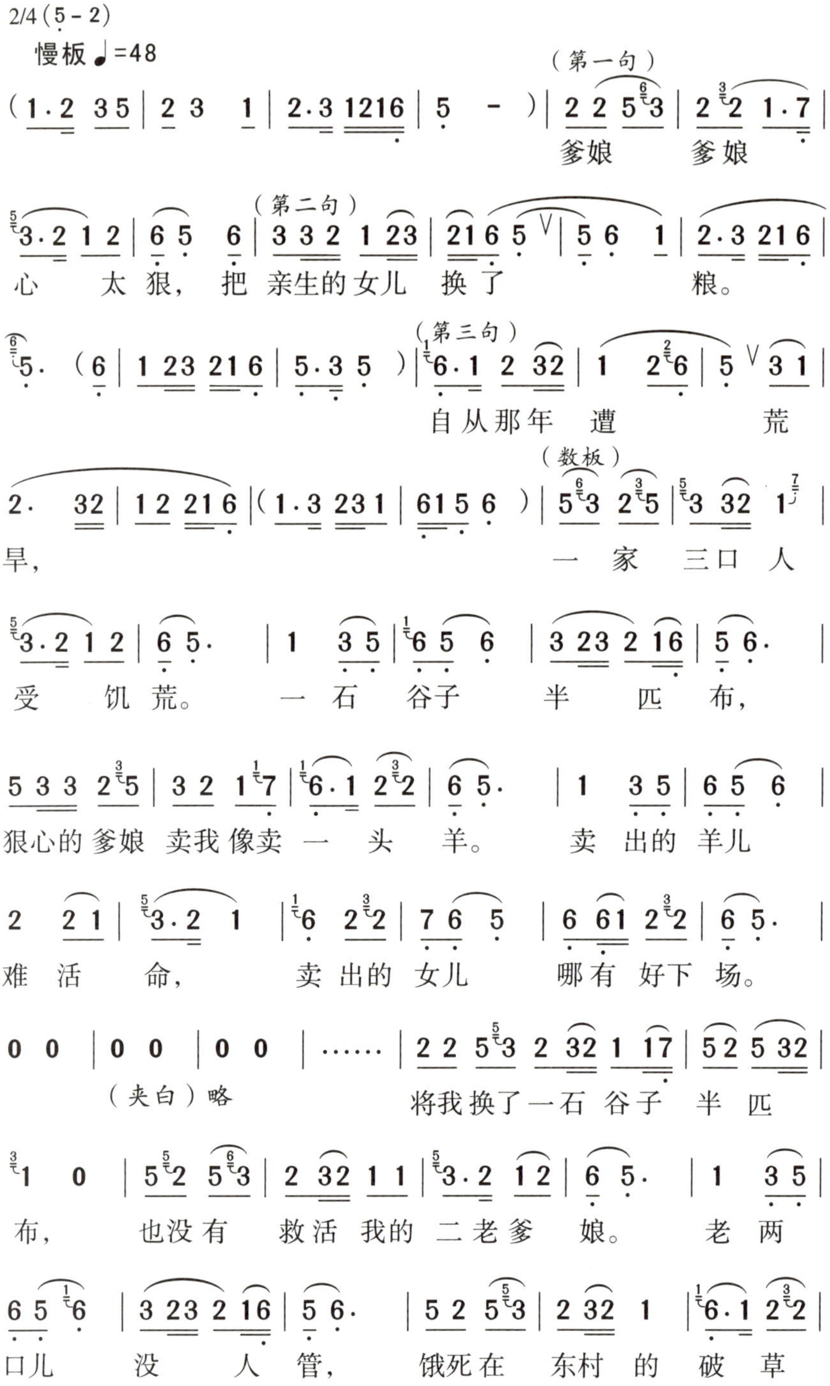
2/4（5 - 2）
慢板 ♩=48
（第一句）
爹娘 爹娘
心 太狠，把亲生的女儿 换了 粮。
（第二句）
（第三句）
自从那年 遭 荒
旱，一 家 三口 人
（数板）
受 饥 荒。一 石 谷子 半 匹 布，
狠心的爹娘 卖我像卖 一 头 羊。卖 出的 羊儿
难 活 命，卖 出的 女儿 哪有 好下 场。
（夹白）略
将我换了一石 谷子 半 匹
布，也没有 救活 我的 二老爹 娘。老 两
口儿 没 人 管，饿死在 东村 的 破 草

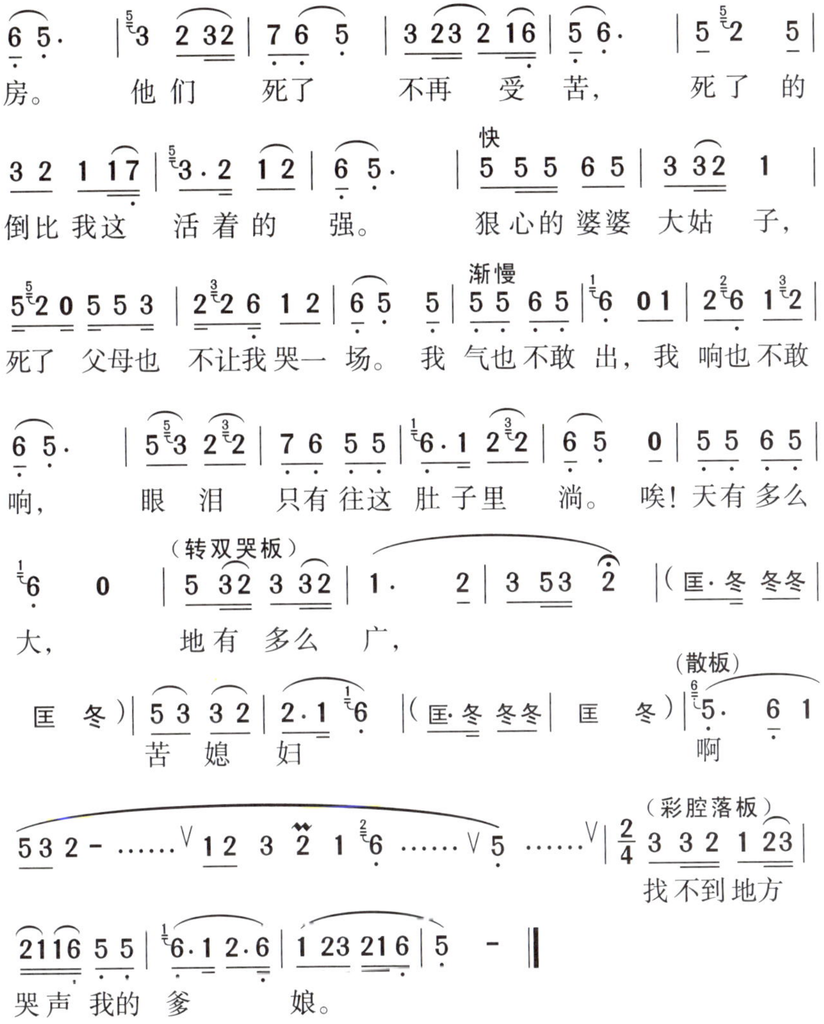

严凤英跟着唱了两遍，唱得很投入。当唱到“找不到地方哭声我的爹娘”时，她蓦地哭了出来，说：“我就是个苦媳妇啊。”

1952 年 12 月，我突然接到她从上海的来信，沉甸甸的，信里附有她在上海演出的现场照片和上海报纸对演出的评论。她在信里一再向我称谢。其实，在排《柳树井》的短短日子里，她也给了我很多帮助，我有机会记录她的唱腔，学习她的唱腔风格，并将我所写的唱腔中一些旋律，按照她的唱法做了修改。

（选自《严凤英、王少舫的艺术历程》）

严凤英演《三堂会审》

王兆乾

1951年冬，严凤英在安庆胜利剧场挂牌上演《玉堂春》。这是从京剧移植为黄梅调（当时安庆人还习惯叫这个名字）的剧目。安庆是京剧前身徽调的发祥地，又是直达武汉和上海的长江码头，所以京、海两派名演员常来安庆献艺。安庆、石牌也一直有京戏班社活动。即使是新中国即将成立的1949年7月，安庆闹水灾，靠人力运来北方小米救济，黄梅戏老艺人多返回农村，而京剧演员仍留于安庆市内。所以安庆人的京戏欣赏水平是比较高的。严凤英上演京剧大师梅兰芳的拿手剧目，能得到安庆观众的认可吗？

我与严凤英相识也是在1951年，那时她刚结束新中国成立前遭迫害而流浪在外的一段生活，从南京回到安庆，在胜利剧场搭班。一次文化馆开会，我代表部队文工团出席，在围坐的长形会议桌上，她正好坐在我的对面，留给我的第一印象是，她有一双明亮的、会说话的眼睛和一身旧艺人的打扮。经文化馆馆长张亚飞同志介绍，我们才算相互认识。当时，我正在编写《黄梅戏音乐》一书，前些年在行军作战之余，走乡串户，对黄梅戏老艺人和主要演员大都记了谱，唯独缺少严凤英。我知道她的唱腔与众不同，但囿于耳际对她的毁誉不一，而未敢贸然与她过往。没有严凤英的唱腔谱例，我的书就不能算作完整之作，所以，我偶尔也抽空到胜利剧场看戏，并坐在台下记录她的唱腔。那时已开始了民营剧团的改制，严凤英所在戏班推选陈炳炎担任主委。陈炳炎，怀宁人，唱老生，演过京剧，所以他与严凤英商量上演《三堂会审》。当我看到街上的海报时，便去看她的演出。当时，黄梅戏还处于被歧视的地位，“花鼓淫戏”的观念还深深刻在人们的脑际，部队战士和干部是禁止看黄梅戏的。我只好在进场后脱去军装上衣和军帽，以免被警备司令部纠察队发现。尽管我是部队的文艺工作者，按理，学习民间艺术是天经地义的正确和必要，但为了避免不必要的误会，也只好出此下策了。

剧场的座位是老式的长条木椅，一张坐四个人，分左右两区，中间留一过道。因为是严凤英的戏，所以能容纳六七百人的剧场，并无虚席。《三堂会审》本是京剧《玉堂春》的一出，写八府巡按王金龙与藩司潘必正、臬司刘秉义三堂会审苏三谋死丈夫一案。这出戏，安庆观众并不陌生，不但能经常看到京剧名角的演出，即使在农村，与黄梅戏同时流传的文南词也有《大审玉堂春》。严凤英上演这出戏，能够赢得观众吗？

前面的垫戏演过，严凤英身穿罪衣，项戴鱼枷出场。观众席立刻安静下来。我打量着，剧场里多是些商界人士、手工业者和市民，知识阶层和机关干部几乎看不见，这自然是出于对黄梅戏的偏见。这种偏见一直到1953年才开始改变。那时的黄梅戏还是靠锣鼓伴奏，台上只有一个北方人郑雪拉胡琴，还是在摸索试验阶段。胡琴只是按演员所唱起个“托腔”作用，没有规范的琴谱和过门，没有烘托演员动作的“曲牌”，唱腔起落句的过门和动作仍然靠锣鼓。有些老艺人唱随心调惯了，与胡琴的调不合，听起来非常别扭。严凤英受其他剧种的影响，对伴奏已有所要求，琴师也特别用心。

戏一开始，苏三被解差崇公道从洪洞县押解到太原大堂复审。她知道，自己生与死的命运就靠这堂官司决定了。当她被押上大堂，主审官王金龙认出这位死囚是久别的情人，一时冲动，竟昏了过去。官司没问，苏三又被押下。她并没发现堂上的主审官就是自己日夜思念并又怨恨的情人。当第二次升堂时，苏三面向观众，王金龙问“可有诉状”时，苏三答“有”，继而又讲“无”。这一“有”一“无”，给剧情增添了悬念，也使审判官认为苏三有意支吾公堂。一旁的陪审官刘秉义立刻命衙役掌嘴。眼看一场厄运面临，观众都为苏三捏了把汗。苏三这时才说出已写好诉状藏于枷内。未打开枷锁自然没有诉状，于是只好当堂开枷。

苏三避免了公堂上的“下马威”，也展示出她的机智。诉状递上后，王金龙要苏三当堂陈诉。这时，苏三满腹冤屈，有了倾诉的机会，如同决口的河堤，奔涌而出。京剧这里苏三是要唱一段[西皮导板]的，用高亢激越的旋律，倾泻出满腔哀怨。在全戏中起着至关重要的作用，同时也是脍炙人口的唱段。其唱腔如下：

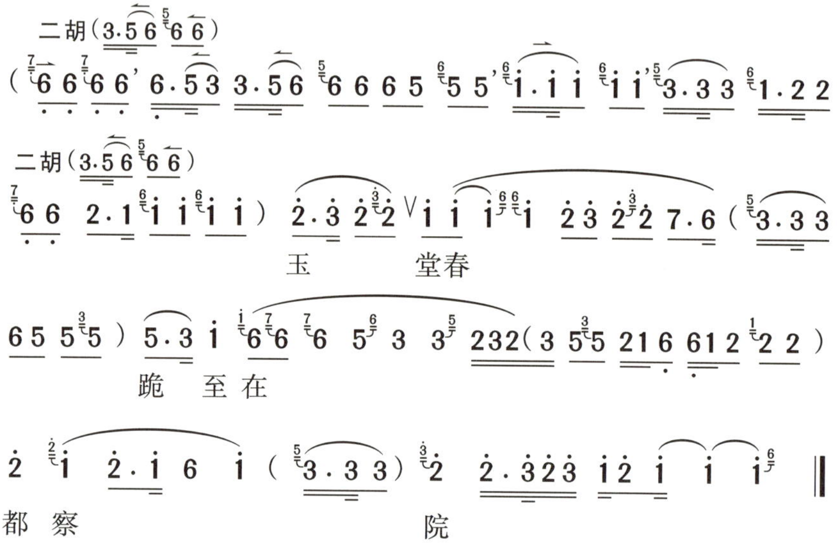

此际，王金龙却提出疑问："状纸上面写的是苏三，你为何口称玉堂春？"善于察言观色的门子立刻喊："请大人用刑。"兰袍也说："分明是一刁妇！"抽出案前的火签欲掷向堂下，说："看枷！"火签若是掷出，一场酷刑就难免了。饱经刑讯的苏三，此时未卜官司的前景，颤巍巍地接唱：

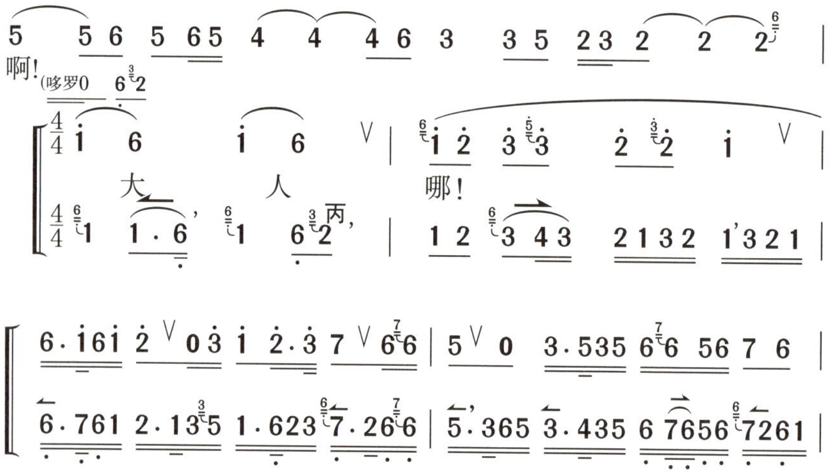

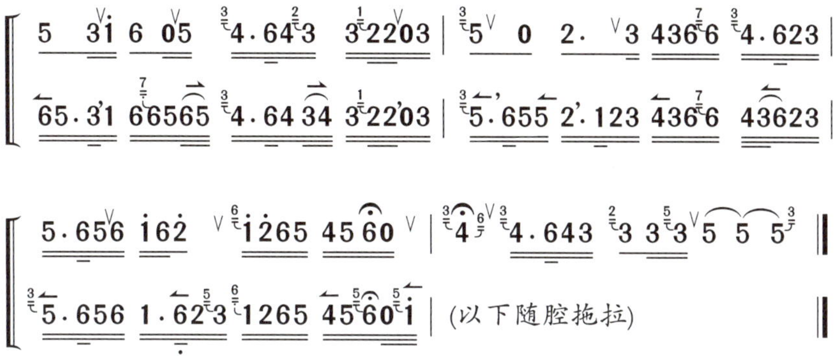

黄梅戏当时并没有散唱的[导板]。在正本戏唱腔里只有[哭板]和[截板]用[散板]。[哭板]分[单哭板]和[双哭板],[单哭板]不能表达完整的意思,通常只表达悲伤时对哭诉对象的呼唤,如“小姣儿呀”“老公爹呀”等,哀怨有余,激昂不足。而[双哭板]虽然可表达一定词意,却又只能用于下句。板腔体唱腔是讲究上下句对称的,与中国诗歌讲求对称一脉相承。这里,苏三唱的“玉堂春跪至在都察院”一句,是起板句,也就是上句,京剧用的[导板]。严凤英为了表达苏三积郁于心而突然迸发的强烈的申冤的愿望,将男[平词]的[迈腔]的前半句与女[平词]的[迈腔]的后半句相糅合,构成了新的腔句。我们知道,黄梅戏男女[平词]类的唱腔,是采用不同调式的,男为宫,女为徵。即男以宫(简谱写作“1”)为主音,女以徵(简谱写作“5”)为主音。但其主音又是等高的,这是黄梅戏的显著的特点。而女腔若定为降E调,将演唱男[平词]的[迈腔]也用降E调唱,便使其提高了四度音,从而扩展了女腔的音域,使音域从最高音“5”扩展至“$\dot{1}$”,这便产生了一定的冲击力。严凤英凭借着对苏三这个人物的理解,创造性地进行了对传统唱腔的处理:

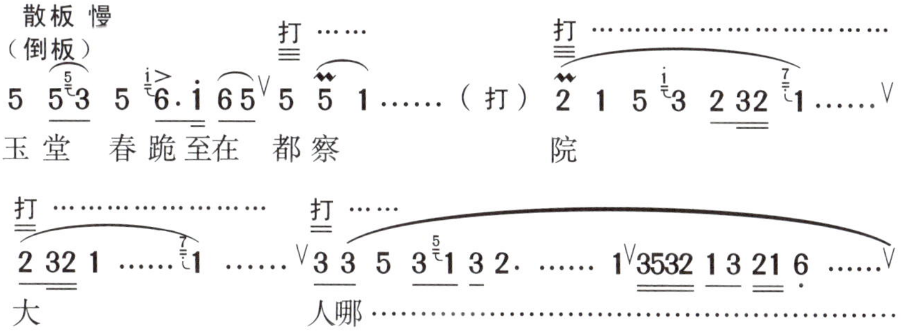

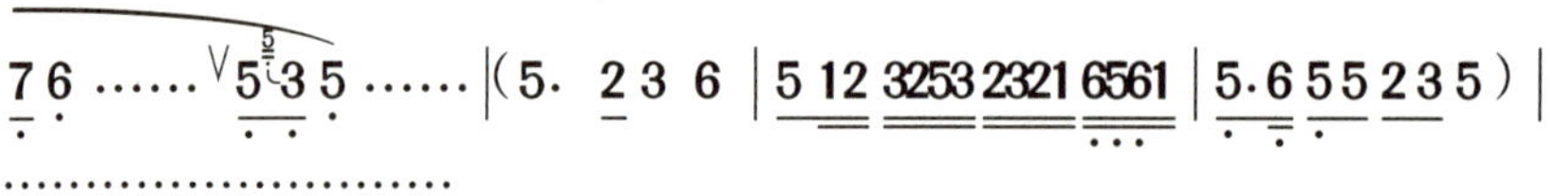

在门子高呼“请大人用刑”后，兰袍潘必正从签筒抽出竹签，高高举起，准备掷下。苏三已被多次用刑而屈打成招，见了火签，出于本能，从跪势突然改为坐式，单腿抬起，双手手掌面向潘必正的火签，请求勿打，接唱“大人哪”三字。随着潘大人三次举起欲掷的火签，她用传统的［哭板］唱了三个低回的“啊”字，显示出一个弱女子在官威下的无奈与哀求。兰袍潘最终未将竹签掷下，她才接着唱出了与剧情密切相关的“玉堂春本是王公子取名”这一句［平词］落板。

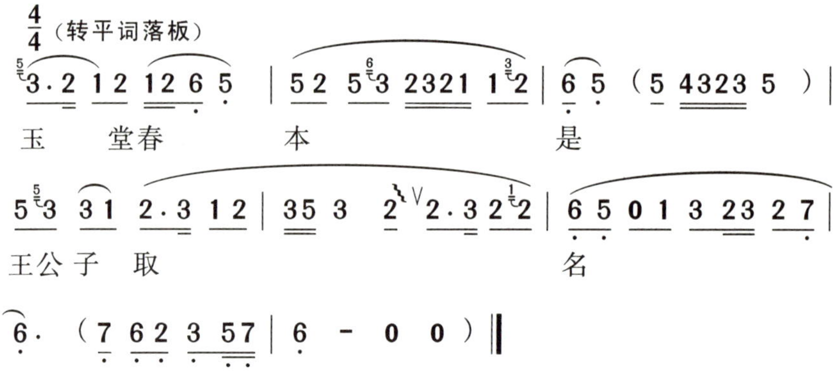

仅从这一段唱例就可以看出严凤英对剧情和人物的深刻理解，以及对传统唱腔的娴熟，使她在润腔时既有创造发展，又有吸收。黄梅戏演员当时多习惯于运用五声音阶，只有个别男演员偶在［平词］迈腔使用偏音“♯4”。而严凤英却独树一帜，在她的唱腔中大量运用偏音“7”，而且是那么贴切，那么感人。譬如，当兰袍三举火签时，她唱出了7 6 ……∨5 3 5 ……，哀婉而凄切，仿佛为此时未曾用刑而大大地舒了一口气。她后来对我说，偏音的使用是借鉴了蹦蹦戏（评剧）。这一借鉴，后来在《送香茶》、《游春》中都得到淋漓地发挥。从此，严凤英所创造的这段导板，便成了黄梅戏的新板式，得到了广泛的应用，例如，《女驸马·洞房》的“我本闺中一衩裙”就是一段脍炙人口的唱段。

（选自《严凤英、王少舫的艺术历程》）

严凤英唱腔艺术特点初探

王小亚

严凤英生前以其卓越的艺术表演才华，塑造了近百个栩栩如生、令人难忘的人物形象，还有她那深受观众（听众）喜爱的流传甚广的优美唱段。在谈起严凤英的表演艺术时，人们往往只注重评价她的演唱技巧，实际上严凤英唱腔的活力恰恰来自于她对每个音的深入的感情投放。这正是她演活角色唱活角色的关键所在。

一、黄梅戏传统唱腔的突破

严凤英在继承传统唱腔的同时，也对其一些过于单调或不尽如人意的地方做了大量的创新或改进。

由于早期的黄梅戏旦角多为男艺人反串，唱腔受到生理条件限制，旋律音域窄，多呈级进，重复音也多，显得较平庸单调。严凤英在崭露头角时就向传统进行了挑战，凭借她独特的音乐天赋，成功地闯出了一条新路。

严凤英同长子王小亚合影

［谱 例］

蓝桥汲水

（老唱腔）

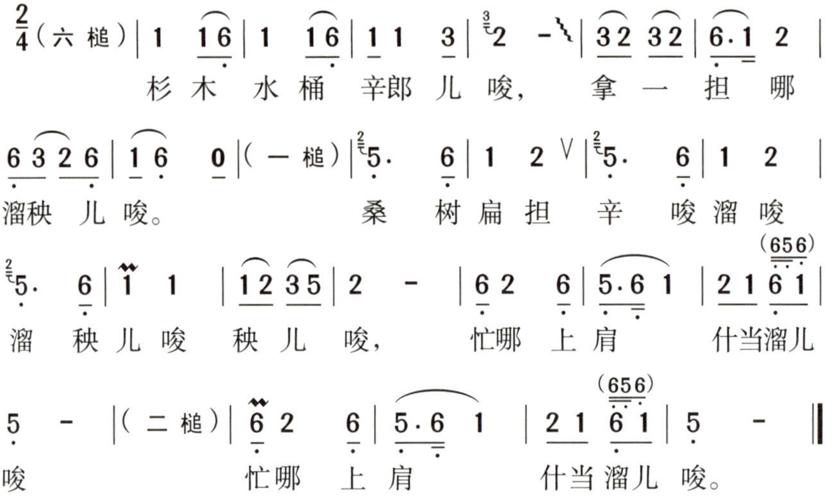

蓝桥汲水

（严凤英唱）

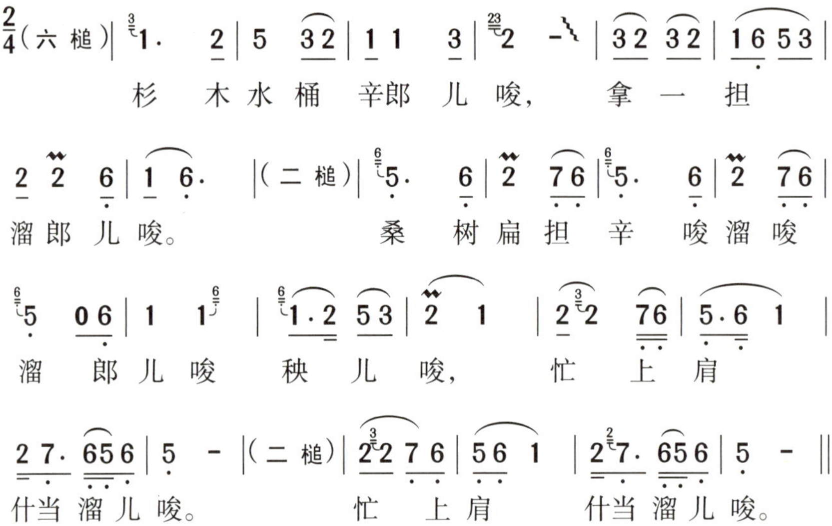

两段唱腔的曲式、结构甚至每句的起落音都完全一样。前两小节严凤英就用一个上行的四度大跳引进主音（徵），接着又级进下行回到原唱腔的“宫”音上，使旋律产生波浪形起伏，避免了传统唱腔总是在“宫”音上转来转去的单调感。“徵”音的出现不仅使旋律的调性更为明确，由于音的提高，也更能发挥女性嗓音的特质。

第六小节为避免又一次停落在“商”音上的重复和停顿感，严凤英利用七度大跳后的反向级进使旋律流动，并巧妙地将原该出现的“商”音移至第7小节的强拍上，使其成为该小节的和弦音，唱腔变得流畅合理。在9—14小节的重复句上，严凤英唱出了用以替代“宫”音(1)的“变宫音”(7̣)，使旋律产生向上五度方向离调的新鲜感。再看另一例：

菩萨调 （老唱腔）

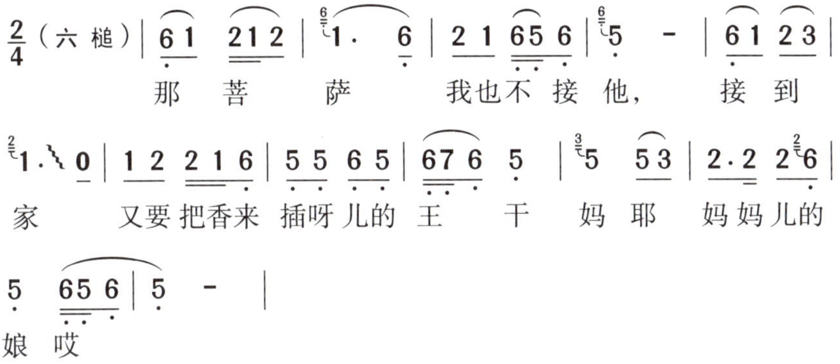

菩萨调 （严凤英唱）

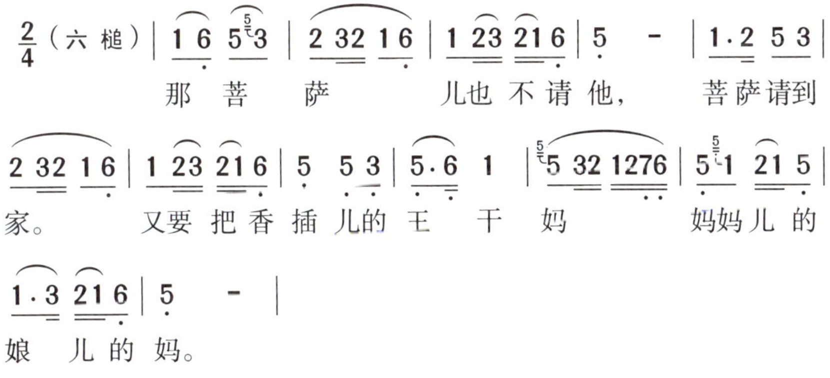

从唱腔的创意方面来看，本例与前例有着许多共同之处，说明严凤英在创新的同时也摸索出一套规律，渐渐形成自己的风格，这为以后黄梅戏唱腔的规范化和系统化提供了很好的基础。

二、唱腔与感情

严凤英对唱腔的感情表达从来都是极其认真的，为了塑造好人物，对每段唱腔她都是仔细琢磨,反复推敲。[女平词倒板·起板]是严凤英根据人物感情需要,"把[男平词迈腔][女平词迈腔]和[哭板]糅合起来"(王兆乾《黄梅戏音乐》188 页)的一个新的[起板]形式。

[谱例]　5——2 弦　**三堂会审**　(严凤英唱)

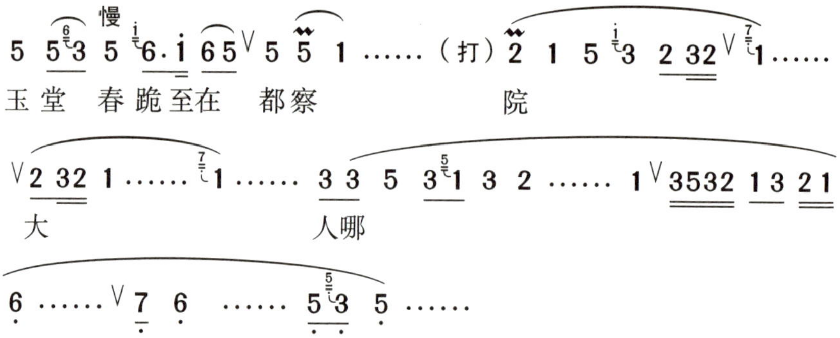

严凤英在演唱上可以用各种技巧来渲染种种情绪,也可以用不加任何修饰的朴实本音来表现人物的真实情感。《天仙配·槐荫别》中,严凤英有一段牵扯众情的唱段:

[谱例]　**槐荫别**

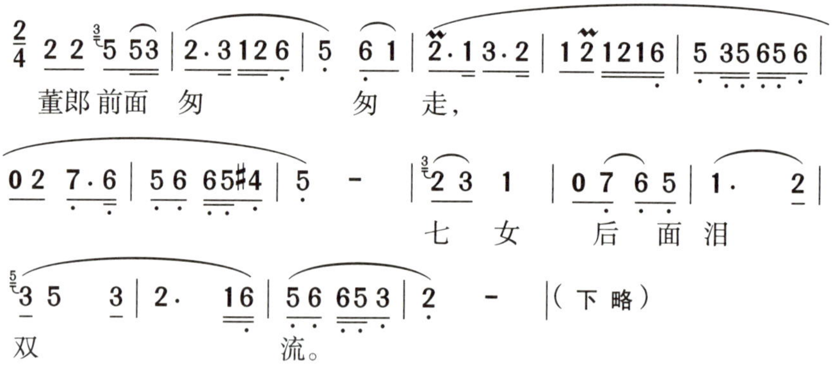

这段唱腔严凤英不加修饰,直直地用嗓子的本音如泣如诉地唱出了七仙女悲恸欲绝的内心独白。而在《女驸马》"谁料皇榜中状元"等欢快的唱腔中,严凤英则动用甜美的"腮音"和高难的演唱技巧,将人物的喜悦心情准确无误地表达出来。《牛郎织女》中"到底人间欢乐多"一段严凤英是这样唱的:

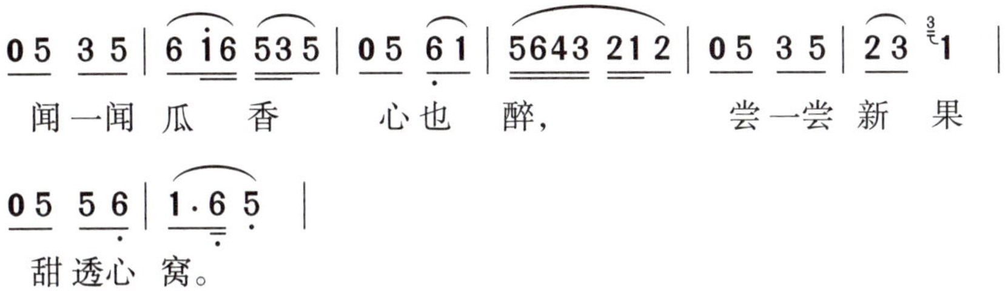

有人评价说:“就是闭上眼睛不看,也能听出她是笑着唱出来的。”

尽管遇到的唱腔千样变化,扮演的人物百般不同,严凤英绝不会放过用“情”来表达的机会。这方面她是非常执着的。

三、注重旋律美也注重字正腔圆

有人这样评论:“严凤英的唱腔是一门说唱艺术。”这种说法有一定的道理。戏曲本身来自民间说唱艺术,至今黄梅戏还含有[数板][二行][三行]等说唱化板式。为了练咬字,严凤英甚至学唱过安庆大鼓。严凤英非常强调旋律的优美动听,在受到某些特定唱词的声调(安庆语音的“阴阳上去”四声)影响时,她会改变原先的旋律音,使其变得口语化。

[谱 例] **天 仙 配**

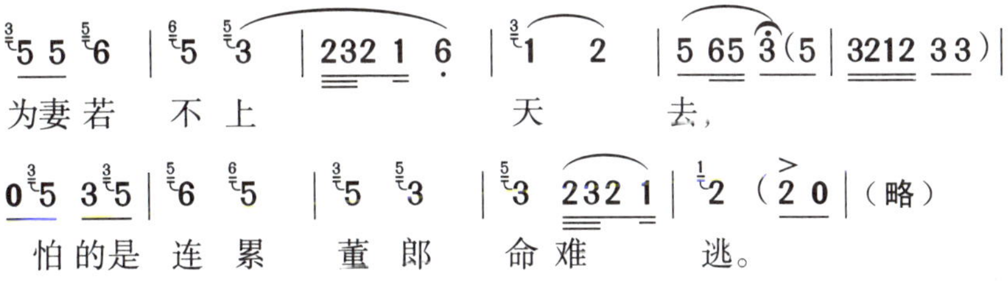

谱例中“怕的是连累董郎命难逃”一句几乎每个字都用倚音装饰。但这些倚音不是旋律性的装饰音,它们更具有语言的声调含义,严凤英在这些倚音与和弦音之间,以“滑音”的唱法用一条弧线将之相连,口语性极强。让我们来做一个对比:

pà dī shì lián lèi dǒng láng mìng nán táo
怕 的 是 连 累 董 郎 命 难 逃

这是安庆语音发声,如果将这些声调符号与唱腔倚音至和弦音的方向做比较,结果不难发现,它们基本是一致的,正是这种语言性才使严凤英得以在润腔时字字圆润，句句动听，从而形成无比的艺术感染力，《女驸马》“谁料皇榜中状元”一段中，严凤英为了强调“我也曾打马御街前”，“马”字的第三声（上声）将原来的旋律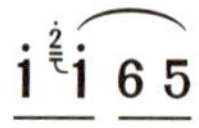

改唱为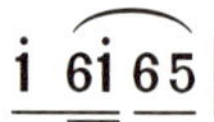

，这样的例子在严凤英的唱腔里俯拾即是。

《女驸马》“洞房”有被誉为严凤英声腔艺术典范之一的[二行]转[三行]的大段唱腔，就是严凤英以扎实的吐字基本功加之流利的说唱技巧一气呵成（谱例略），令人听来曲尽其妙，回味无穷。

四、装饰音

在严凤英的唱腔里，总能听到那些自然优美的装饰音，这些装饰音如同一条条绚丽彩带在旋律间不停地飘动，几乎无法看清。要想逐一认清这些装饰音的性质和规律，并非一件容易的事，这里只能就这些装饰音的特点，肤浅地谈一点自己的想法。

严凤英常用的装饰音大致有四种：倚音、助音、颤音和滑音。其中前两种的变化较多。

1. 倚音

严凤英在使用倚音时有两种功能用法：模仿唱词声调走向的倚音（如前一节所述）和旋律性装饰倚音。前者多为单倚音，后者多以同向双倚音出现。

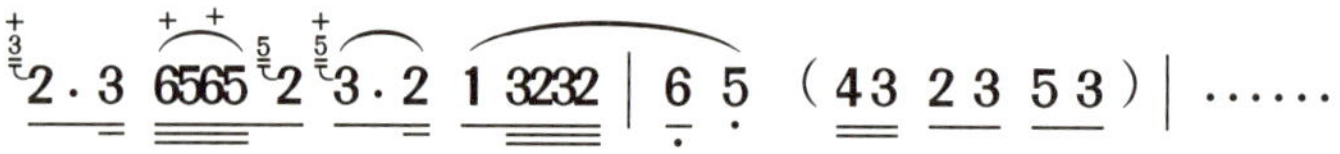

《小辞店》

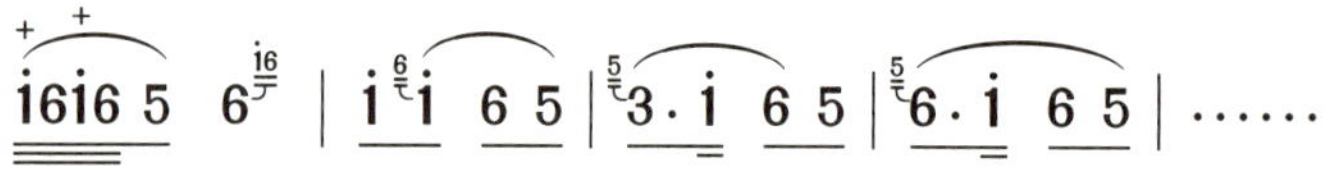

《女驸马》

2. 助音

这是处于弱拍或弱位上的装饰音，也多以同向双助音出现。

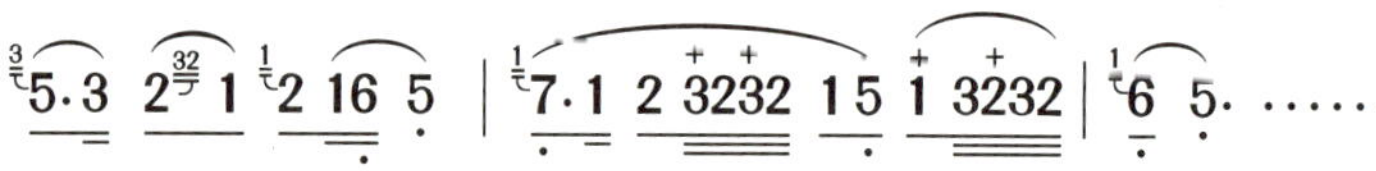

《牛郎织女》

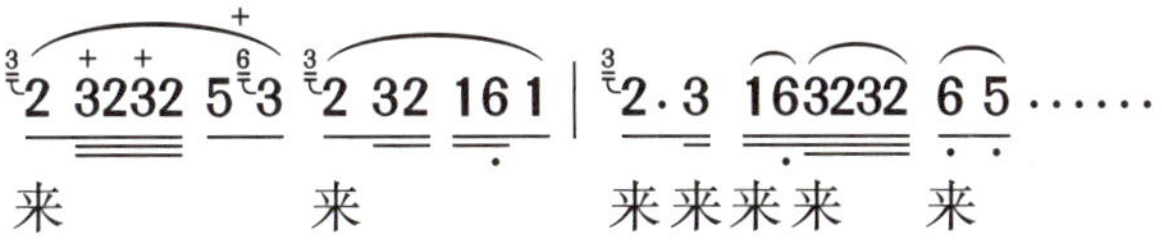

《小辞店》

3. 颤音

有长颤音和短颤音，也有强位和弱位之分。主要用于悲哀情绪等唱腔的长音上。

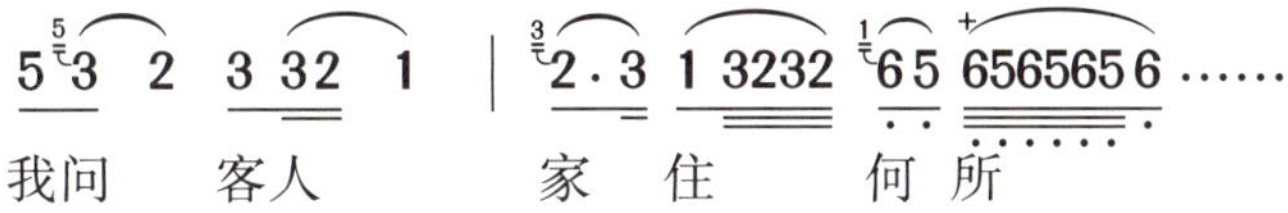

《小辞店》

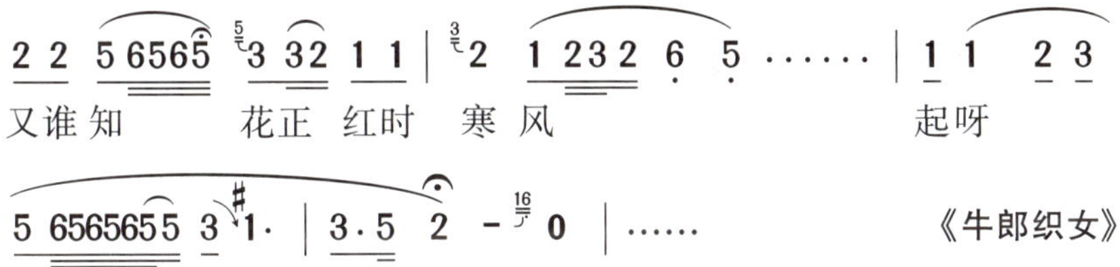

《牛郎织女》

4. 滑音

一般用在乐句的落音前，是加深对情绪渲染的一种手法。

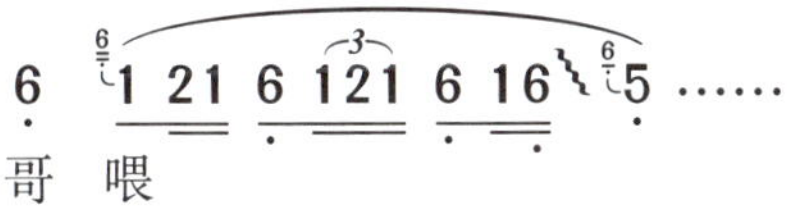

《小辞店》

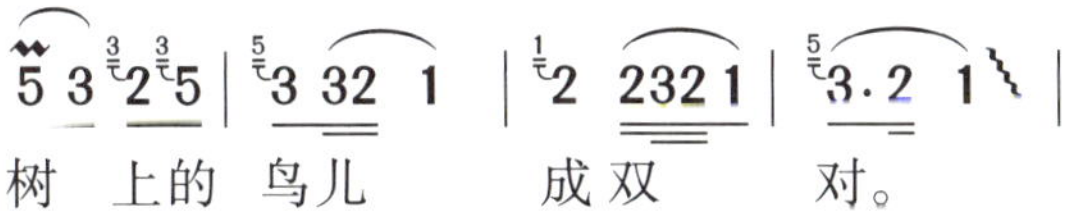

《天仙配》

以上几种装饰音主要起着美化旋律和丰富唱腔感情的作用，严凤英用起来是非常自然和谐的。今年是母亲的七十诞辰，怀着思念的心情，谨以此文作为纪念。

（选自《黄梅戏艺术》2000 年第 4 期）

严凤英与黄梅戏

时白林

著名黄梅戏表演艺术家严凤英同志被“四人帮”残酷迫害致死，但她生前通过精湛的表演和优美的声腔艺术，创造的那些鲜明、生动的艺术形象，却使我们永远难以忘怀。一提到黄梅戏，人们马上就会联想起严凤英同志，严凤英的名字同黄梅戏剧种的名称紧紧地联系在一起。黄梅戏这一来自民间的山歌小戏，尽管在旧社会受到摧残、歧视，由于它生根于劳动人民，仍不失为深谷之幽兰，有其独特的风格。严凤英同志就是在这朵幽兰倍遭蹂躏、行将枯萎的悲惨时刻，参加了民间职业的黄梅戏班社。由于她在儿时就酷爱家乡的民歌，受当地流行的黄梅调的熏陶较深，因而一开始学戏就表现出了她在艺术上的非凡才干。她在旧社会学唱黄梅戏的过程，是一部辛酸的血泪史，讲起来常使人潸然泪下，这也就是她对党、对毛主席、对新中国无限热爱的主要原因。

严凤英的表演以细腻、真实、质朴、严谨见长。她的戏路宽，适应性强。她既能演天真活泼、热爱劳动的农村少女，如《打猪草》中的陶金花，又能演雍容华贵、矜持骄横的公主，如《打金枝》中的金枝；她既能演善良敦厚、纯洁勇敢的仙女，如《天仙配》中的七女，又能演立场坚定、泼辣大度的老年妇女，如《丰收之后》中的赵五婶。她不仅在影片《夫妻观灯》和《女驸马》中塑造了个性纯朴、乐观开朗的王妻，仪态大方、机智聪明的闺秀冯素珍等艺术形象，而且在现代戏中，还塑造了襟怀坦荡、大义凛然的江姐的光辉形象。这些人物形象，她都刻画得逼真、入微，达到了高度的艺术境界，给观众留下了非常深刻的印象。

严凤英同志不仅在表演艺术方面造诣很高，她在丰富黄梅戏的声腔、发展黄梅戏的音乐方面也做出了很大贡献。仅以传统花腔小戏《打猪草》为例，其中的一个主要曲调是根据已故老艺人胡玉庭同志(1881 年生)传谱的。这段比较完整的民歌体唱腔,是典型的五声民族羽调式演变为徵调式,旋律虽比较流畅,但尚欠优美。严凤英于 1944 年从师严云高学唱黄梅戏,《打猪草》经她在多年的舞台实践中不断丰富,曲调既明快流畅,又朴实优美,这里除了她在润腔手法上有所丰富之外,在旋律的发展创造方面,也做出了优异的成绩。

黄梅戏的主调[平词]唱腔,多为级进下行,在处理感情起伏跌宕较大的唱词时有局限性。严凤英同志在新中国成立初期排演移植古装戏时,为了解决这个问题,她把男[平词]的[迈腔]糅合到女[平词]的[迈腔]中去,形成了旋律上的大跳和节奏上的拉宽,使唱腔既保持了黄梅戏的特色,又在曲调上出了新意,博得了同行与观众的赞许。为了巩固这一成果,她又先后把这一新的女[平词迈腔]用到《柳树井》和《天仙配》中。

严凤英同志在艺术创造的道路上,从不墨守成规,她总是既注重传统,又敢于标新立异。她开始学唱黄梅戏时,大多数的班子仍一沿旧习,只用较简单的锣鼓伴奏,没有丝竹等旋律乐器。后来班子里试用胡琴伴奏时,她是最积极试用的一个。新中国成立后,在"二百"方针的正确路线指引下,黄梅戏发展得很快。在唱腔方面,从内容到形式,为了能更好地表达剧情和人物,都做了不同程度的改革。如唱腔的旋法,结构的创新,节奏运用的重新组合,腔体的连接不拘泥于旧法,以及吸收借用兄弟剧种音乐、民歌乃至外来的音乐形式等,严凤英同志总是满腔热情地带头试唱,参与改革。如《天仙配》中"槐荫别"的那段唱腔,作曲组用传统的唱腔和经过改编的唱腔做了几个方案,总觉得表现人物的深度不够,感到不满意。在导演的建议下,打算吸收评弹和婺剧等兄弟剧种的音乐试试看。于是,严凤英同志每天都抽出一定的时间,跟着唱机认真地学唱评弹和绍兴大班等剧种的唱段。最后新腔定稿了,经过她演唱和再创造,曲调愤慨哀怨,缠绵悱恻,如泣如诉,把人物内心世界的复杂感情展现无余。作曲者有时在风格掌握上有所欠缺和忽略,经她在旋律上的必要改动和润腔手法上的巧妙处理,所达到的艺术效果,往往就能使人心悦诚服。再如她在排练《江姐》的第二场,看到敌人杀害彭松涛烈士后,悲情的大段咏唱,唱腔的风格虽然解决了,但她认为人物感情的分量不够,深度也不够,于是就推荐了她在移植《红霞》时的一段唱腔的几个乐句,经采纳后,她在演唱中又做了较细致的处理,使这段唱腔达到了良好的效果。

严凤英同志在演唱艺术上坚持刻苦钻研,勤奋学习,善于吸收,富于创造。

1960年,严凤英(右四)在《刘三姐》剧中饰刘三姐,王少梅(左三)饰媒婆

她的唱腔朴实圆润,深情明快,吐字清楚,音色优美动人,独具一格。因为她在演唱时特别注意揭示人物的内心世界,所以她的唱腔能做到声情并茂,对黄梅戏的声腔艺术发展,起到了很大的推动作用。她对自己学生的演唱提出要求:"声音出来要轻松、柔和,用气要深而厚实,这样唱起来才能不紧张,送得远。"还教育青年演员:"不仅要下苦功来练嗓子,而且要用科学的方法来练嗓子,使声音洪亮、优美、动听。"其实她自己就是这样做的。和严凤英同志相处过的人,都知道她热情、开朗、大方、谦逊。在合作中,她对别人的劳动一向是很尊重的。她对自己在艺术上要求极为严格,一个戏的新腔谱出来交给她后,她经常是废寝忘食,在学唱中反复琢磨。她在练唱新腔时遇到的一些别扭的地方,作曲组的同志提出要改动,她总是说:"等我唱会了,有了感情之后再说。因为我感到:别扭的地方往往就是有创造性的地方,不能任意否定,要尝试。"在她生前移植的传统剧目《打金枝》《女驸马》和现代戏《江姐》中,都有这种情况。当传统剧目《女驸马》搬上银幕时,有一些新腔出现,其中有一段,我用花腔小戏里的曲调改编为对唱,用在郊外一场戏中。新腔出现后,引起一些争论,有的同志建议我重写,当时我感到很为难。正在踌躇中,严凤英同志亲切地对我说:"你的创作道路是对的,既要批判地继承传统,又要革新创造。这段曲子用在这里合适,我支持你!"

一番热情肺腑语，说得我心里热乎乎的。严凤英同志不仅对这段曲调支持先进行艺术实践，在关键时刻给我以战友般的力量，而且在演唱上精心设计，着力体现，丰富了曲调的感染力。实践证明，这段曲调恰到好处地表达了人物当时复杂的思想感情，得到了观众的认可。

我和严凤英同志并肩工作了十五个年头，合作过大小二十多部戏，朝夕与共，团结战斗。一同到工厂，下农村，奔赴海防前线，遵照党的指示送戏上门，执行“三同”。在数九寒天的农村，严凤英同志和大家一起，裤脚一卷，下塘挑泥，农民编歌赞扬说：“七仙女下泥塘，秋后千斤有保障。”失去了这么一位好战友，使我深感痛心。严凤英同志那可敬可亲的音容笑貌，永远留在我们战斗行列中。

（选自1978年9月3日《安徽日报》）

严凤英演唱艺术特色

方绍墀

今年是严凤英诞辰七十周年，基金会在省城举行了研讨会、演唱会和电影展等一系列纪念活动，是很有意义的。因为演唱要素中不可忽视的重要部分旋律、语言及其艺术表现也正是戏曲作曲家所依据的最重要的内涵。据此，和严凤英共事多年的我，作为一个黄梅戏作曲家，想谈谈严凤英的演唱艺术特色。

严凤英的演唱是同时通过两个声——乐声与字声（旋律与唱词）的同步进行来表达感情的。

《女驸马·洞房》中冯素珍的唱段“误你终身不是我”是严凤英极具魅力的唱段之一，是乐声与字声同步进行的最佳结合的范例。这个主要由[二行][三行]构成的唱段，它的每一个字几乎都是在拍子上和旋律上唱出的，在快速度的节奏进行中，严凤英充分协调和运用好呼吸、喉头、共鸣和位置等，使每一个字都吐得很正很圆，字头字尾十分清晰，每一个字都得到气息的支撑完全融化在声腔之中，词和曲水乳交融，词中有曲，曲中有词。由于它是民族的，符合我们民族的审美习惯，群众是接受的、喜欢的；由于它是科学的，她用腔体的咽腔共鸣，有很好的力度和穿透力，所以在舞台演出时，即使不用麦克风等扩音设备，也可以把字和声送到剧场最后一排听众的耳朵里。

《到底人间欢乐多》是严凤英演唱并喜爱的一首极具抒情性的唱段，在这个唱段里，我们可以看到严凤英对我国民族语言规律和特点的掌握及其对声调变化的运用和驾驭的能力。

在和严凤英的艺术合作中，她一直非常尊重词曲作者。在《到底人间欢乐多》这个唱段中，有这样两句华彩性的行腔“谁能和我赛喜歌”和“到人间巧手同绣好山河”，在研究这个唱段时她说：“这两句行腔是梭坡韵，不便于进行长大的行腔，如果在后面加上一个‘啊’字，就能够很自然地行腔了。”“啊”字实际上是语气助词，它既能使行腔获得流畅、连贯、轻巧、圆润的效果，同时又强化了感情的色彩；由于“啊”字是母音，从演唱技巧上讲，它利于在共鸣腔体里去扩展、延长、修饰、美化。这个“啊”字含金量很高，不愧为点睛之笔。也是在这个唱段的第三部分小快板中：“闻一闻瓜香心也醉，尝一尝新果甜透心窝，听一听乡邻们问寒问暖知心语，看一看画中人影舞婆娑……”这是极具表现力的四个排比乐句。演唱时严凤英用富于弹性的适度力度的吐字强调了闻一闻的“闻”字（这是嗅觉上的），尝一尝的“尝”字（这是味觉上的），听一听的“听”字（这是听觉上的），看一看的“看”字（这是视觉上的），和“心也醉”“甜透心窝”“知心语”“舞婆娑”的语音、语义、语气、语势的变化，这个由金芝同志执笔的具有鲜明艺术形象的唱段，通过严凤英的演唱和运用语言功能的调色板的细腻的描绘，使歌唱的语言——“字”和歌唱的旋律——“声”相互交融，构成一个更为生动、更为形象的音乐性的语言，韵味十足。《红色宣传员》中“夜露降”这个唱段是严凤英演唱的又一力作，在第一、二部分中有 2×2 的四个问话语气的乐句，也是排比乐句：“谁不爱家乡的山和水？谁不爱祖国的稻花香？谁不盼祖国早日统一？谁不盼祖国繁荣富强？”严凤英的演唱，将唱词中蕴含的某些想象的因素及人物的心理意向，演绎得既内在含蓄又生动开放，尽管是问话语气的乐句，但给人的印象却是肯定的回答。这里使我想起中国有句俗话叫“听话听音”，中国的语言内涵十分丰富，听人说话不能只拘泥于表面的字意，而要去体味说话者声调中蕴含的丰富内涵和言外之意，何况欣赏演唱呢？

1963 年，严凤英在《红色宣传员》剧中饰李善子

《春香传》是安徽省黄梅戏剧团进行音乐改革的第一部力作，由上海越剧院庄志改编自朝鲜民主主义人民共和国国家古典歌舞剧院的本子。尽管它是古典的，也是东方的，但毕竟是两个不同的国家，有不同的文化背景，演绎起来（特别是作为改革的剧目）是会遇到困难的，但通过剧组全体的努力，演出取得了很

大的成功。所以我说,《春香传》是安徽省黄梅戏剧团进行音乐改革的第一部力作。这其中严凤英在演唱上的表现,得到了广大观众、听众包括国外专家的好评和赞扬。日本一位研究中国现代戏曲的专家波多野太郎说:"1962 年秋天,我访问中国的时候,买了一张严凤英、王少舫演唱,安徽省黄梅戏剧团伴奏的留声片《春香传》(《春香传·狱中歌》中国唱片 M—561 甲,1959 年录音),之后忙里偷闲听到,现在就觉得比另外的剧种唱腔更浑厚优美,简直像一条山间淙淙不尽的流泉,韵味清新,别具一番风味。"

通过以上几个唱段的简略分析,可以说严凤英的演唱既大方又秀气,既含蓄又热情,格调高雅,韵味十足。

(选自《黄梅戏艺术》2000 年第 4 期)

介绍严凤英演唱的“董郎前面匆匆走”

潘璟琍

已故黄梅戏著名演员严凤英是名扬中外的表演艺术家。她的演唱艺术至今仍然令人怀念。她那甜润的歌喉、动人肺腑的唱腔，再加上那朴实感人的表演，形成了黄梅戏唱腔的一大流派——严派。

严派唱腔的特点是：朴实、甜美、流畅、宽厚、别具一格。她的演唱字正腔圆，声情并茂，能非常准确、深刻、生动地刻画出人物的内心世界，给人以美的享受。

这里，我介绍一段严凤英在《天仙配·分别》这场戏中的一段唱腔：“董郎前面匆匆走”。这段唱腔是由黄梅戏的传统唱腔阴司腔改编而成的一段完整的唱段，共八句。阴司腔属于黄梅戏板腔体中彩腔类，在传统戏中多为鬼魂专用。它的特点是行腔多，旋律下行，常用于悲伤、叙述的唱词。因此，“董郎前面匆匆走”这段唱腔选用阴司腔为基调非常合适，利于表现七仙女在父王逼她回天庭而她又舍不得离开董永时的悲切怨愤的心情。这段唱腔的前二句是对称句，第三、四两句是数板句，第五、六两句是改编的数板句，第七句是迈腔，第八句是改动较大的结束句，整个唱段是商调式的。为了突出七仙女这段唱，在它的前后还安排了董永欢快的唱段“衣衫破了有人补”和“龙归大海鸟入林”。这样在音乐上、人物感情上都形成了鲜明的对比。

在演唱这段唱腔时，舞台是净场，董永刚下场，七仙女双手捧着董永脱下的刚补好的衣衫，忧伤地清唱（原来加了琵琶或三弦伴奏）。这时严凤英扮演的七仙女，眼里饱含泪水，望着董永前去的方向，用甜润含情的嗓音，在中低音区唱出了第一句“董郎前面匆匆走”。最后的“走”字，从高到低回旋流畅地行进了五小节的花腔，非常好听。在第二句“七女后面泪双流”中，进行了改革，用留头留尾改中间的手法，改造了原来的旋律。尤其是“泪双流”三个字，在“泪”字前面的一小节第一拍，用过板唱的手法，把“后”字从7̣滑到第二拍的6̣，表现出压抑着的悲伤。而在唱到“泪双流”的“双”字时，把压抑着的悲伤从内心深处喷到嘴里，眼泪随之像泉水般地流出，行腔则从 3 到 5（这个 5 是全曲的最高音，时值最长，达到了高潮），然后“流”字便一泻千里地流了下来，直到全曲的最低音2̣上，动人心弦。严凤英演出过几百场《天仙配》，每唱到这句，都满脸是泪，铁石心肠的人也被她唱哭了。现在每当我演唱这段唱腔时，就想起她，想起她在舞台上的形象，泪水也忍不住流了出来。下面的两句“他那里笑容满面多欢喜，哪知道七女心中无限忧愁”，旋律是原来阴司腔中的数板，没有什么改变，是叙述性的。唱这两句时，严凤英两眼痴情地望着前方的董永，声音不大地唱出。第五句“今日他衣衫破了有人补”，在“有人补”三字上，严凤英打破原来唱腔的格式，慢而自由地吟唱出有内心节奏的散板。“补”字前面有一个小换气，唱到“补”字时，气和字刚好由低音5̣字喷出，继而迂回至2̣再到5̣，用得非常巧妙、非常合适。第六句“又谁知补衣人也不能久留”，前面三个字用了很多装饰音，其中采用了从♯4到 5 的半音进行，充分地发挥了她演唱的技巧。这一句中，还运用了哭腔吸气的技巧。在唱“不能久留”的“久”字之后，出现一小停顿，唱到“留”字时便恢复原速，让第七句较快地，一字一板一眼地唱出。“心中只把父王恨”这句，运用了彩腔类的迈腔，当唱到“恨”字时，是以气带声，咬着牙齿，把内心的恨有力地唱出。“何不让我夫妻同到白头”这一句，改变了黄梅戏旋律下行的特点，根据人物感情需要把结尾扬了上去，以表现七仙女对她父王的质问。这一句的“白”字，用了老黄梅戏所没有的 4 音，是严凤英的创举。

在演唱“董郎前面匆匆走”这段唱腔时，严凤英不是为唱而唱，而是唱人、唱情，她用她的唱把观众的心和七仙女的心紧紧地连在一起了。她的确是难得的戏曲演唱艺术家。在黄梅戏的唱腔中，过去是五声音阶，正由于她大胆创新，把 4 和 7 加了进去，以后又把♯1、♯2、♯5、♯4等音加了进去，这就大大地丰富了黄梅戏的唱腔。她对黄梅戏的贡献是巨大的，她遗留给我们的严派唱腔是极为宝贵的。

（选自《黄梅戏艺林》）

严凤英唱腔初探

申非伊

20世纪60年代初，严凤英与王少舫在研究黄梅戏唱腔

每当人们谈起黄梅戏那丰富多彩、委婉清丽、具有荡气回肠艺术魅力的声腔，无不十分自然地与严凤英联系在一起。在她短暂的三十八年的人生历程中，她的艺术才华闪耀着夺目的光芒。她所塑造的时代各异、性格各异的人物形象，至今仍不时出现在银幕上，她那甜美的声音，仍在长空中回响，她的音容笑貌，时时浮现在广大观众的记忆里。长期以来，她已成为中青年演员学习的楷模。

严凤英表演技巧的娴熟与精湛，得益于她在声腔方面的造诣与创造。老一辈的黄梅戏艺人、与她同时代的演员以及受益于她的中青年演员，大都有这样一个共同的认识：她善于学习，敏于思考，勇于继承和创新，在熟练掌握本剧种唱腔的技巧、风格、特点的同时，广采博纳、兼收并蓄各兄弟剧种、兄弟艺术的精华，举一反三，融会贯通，经过长年的舞台实践和独具匠心的艺术加工，与戏曲音乐工作者亲密无间地合作，创造性地发展了黄梅戏声腔艺术。继承、借鉴和创新，是我们民族戏曲艺术的优良传统。毛泽东同志在《在延安文艺座谈会上的讲话》中说："有这个借鉴和没有这个借鉴是不同的，这里有文野之分、粗细之分、高低之分、快慢之分。"对于严凤英声腔的探讨、研究，近些年来日益引起我省戏曲音乐界同行们的重视，理应列入我省的科研项目。

基于此，我作为民族声乐工作者，在接触了有关严凤英部分录音资料，并结合辅导教学做了较为广泛的调查访问后，试图对她的声腔特点及其表现技法做一些初步的探讨。

一

关于严凤英的唱腔特点，一直是个热门的话题。有人认为，她嗓音沙甜，经唱耐听；有人说她唱得"嗲"，可爱动人；有人说她韵味甘醇，朴实无华，飘溢着泥土的芳香；也有人说她善于唱情，极富感染力。在众多的议论中，使人困惑不解的是，像她所具有的这些特点，其他演员也并非没有，然而，却何以达不到她那样的艺术效果？或许还有人提到她的嗓音在表现某些剧目的声腔方面，并不是完美无瑕，尽管如此，她依然受到同行和观众广泛而又热烈的欢迎、爱戴。这令我想起了美国歌唱家詹姆斯·绅兰契斯·库克的一段话："似乎矛盾的是，公众好像并不需要那种'完美的'嗓音，而是需要那种'有人情味的'声音，公众不满足于听一个没有瑕疵的声音和技巧上正确的歌唱，而是要求有那种人性的特质，就像灵魂通过眼睛焕发出来的一样，通过每个普通人的声音，焕发出来的那种奇妙的东西。正是这种东西赋予声音以个性和特点，并给最大量的听众以最广泛的感染力。"

严凤英那具有强烈个性的嗓音，不正像灵魂通过眼睛焕发出来的"那种奇妙的东西"，给听众以最广泛的感染力吗？单从技巧的角度出发来追寻她的特点，是不能找到满意答案的。虽然在她的演唱特点中蕴含着丰富的技巧，而她那从心灵深处中流淌出来的真情挚意，才是真正使听众入迷并久久不能忘怀的。我以为，这正是一个表演艺术家必须具有的不同凡响的特质及其获得成功的秘诀。

熟悉严凤英的人,都有这样的印象:她个性爽朗,待人热情,对艺术执着追求,极易动情。有位同志介绍说,她每拿到一个剧本,总是反复阅读,深刻理解,然后把剧本的故事情节、人物的性格及遭遇,与自己的生活阅历或亲身经历、感情色彩及变化,紧密地联系在一起,并在不断熟悉的过程(排练、演出)中,自然地与角色融为一体。“唱者必先设身处地,模仿其人之性情气象,宛若其人之自述其语,然后其形容逼真,使听者会心神怡,若亲对其人而忘其为度曲矣”。(清·徐大椿《乐府传声》)

我以为除了她具有很好的艺术气质外,当有正确的审美标准指导着她的艺术实践。我们戏曲传统中有一个最深入浅出的道理,即“装龙像龙,装虎像虎”,并以此作为出发点,调动唱做念打及一切可以掌握的艺术手段,以达到曲尽其妙的境地。如果偏离了这条标准,过分地热衷于纯技术的追求,那只能是舍本逐末。“虽腔板极正,喉舌齿牙极清,终是第二第三等词曲,非登峰造极之技也”(清·李渔《闲情偶寄》)。

二

在严凤英的唱腔艺术中,有许多丰富的表现技巧,值得我们研究和探讨,正由于她对这些表现技巧运用得十分娴熟、巧妙,才使她的唱腔达到了很高的艺术境界。

按照我国戏曲传统的标准要求,那就是“字正腔圆”和“声情并茂”,具体说就是吐字行腔和以声传情的方法。

听严凤英的演唱(包括唱片、录音),绝对无须借助字幕,却字字清晰真切,酣畅流利,她在咬字吐字及字声结合方面确有许多独特之处。

首先从字形谈起,我们都知道,戏曲传统讲究咬字分头、腹、尾,字像是一个橄榄形,或谓枣核形。我经过一段较长时间多种方法的试验、比较,发现严凤英的咬字虽同样讲究头、腹、尾,而字形却不相同。她不是这种两头小中间大的枣核形,而是丰满的枣子形,甚至有些像是圆珠形。也就是说,她的咬字没有出字、引长、归韵、收音等一系列过程。起初我用学习京、昆剧种的咬字方法,去唱严的唱腔,觉得很不对味。我知道她有过唱歌的经历,于是用民歌演唱方法去试唱,韵味仍然体现不出来。经过一段时间的探索,当我在练唱赵开琛的评弹《情探》时,竟然发现评弹的咬字方法与严凤英的咬字方法非常相像,主要表现在出字的喷口(爆发力)以及字头与字腹的衔接关系上。我又试用苏州小调《九连环》的唱法加以比较，亦颇多类似之处。继而在沪剧、锡剧唱腔中，受到了启发。我曾这样设想，同属江南一带的戏曲、曲艺、民歌，其间是否有某种亲缘关系？再后，我从评剧《刘巧儿》、曲剧《卷席筒》的唱腔中，惊奇地听到了诸多近似的咬字技法，便否定了局于一隅的江南特点这个推断。经过反复思考，我才得到了这样一个认识：严凤英的咬字，是属于说唱或者说唱性很强的戏曲的共同技法。

说唱性强与吟唱性强的不同之处在于字与音的关系上。吟唱性强的剧种，曲调音多字少，偏重以声传情，字与音的结合适应其自身的要求；说唱性强的戏曲，大抵字多音短（一般在句尾拖腔），其字与音的结合则别有要求。清朝李渔《闲情偶寄》云："字头、字尾及余音，皆为慢曲而设，一字一板，或一字数句板者，皆不可无。其快板曲，只有正音，不及头尾。"其理可鉴，所以它不受地域限制，南腔北调，虽声调各异而口法类同。黄梅戏除[平词]外，它的[花腔]小戏大多来自民间小调，有纯朴浓郁的乡土韵味，演唱形式属于花鼓戏体系的说唱，以言情为主，皆以其清晰的咬字使观众于喜怒哀乐的剧情中，产生强烈的共鸣。前辈名艺人丁永泉、潘泽海等无不讲究嘴上的功夫。在说唱性强、字多音短的前提下，不但要求字字清晰，且讲求优美动听。有人在评价京韵大鼓名艺人刘宝全的说唱艺术时，说他"七成唱，三成说，听上去味就薄了"。严凤英师承了黄梅戏的说唱风格，同时追求声腔上的优美，形成了她圆珠般丰满的字形。

就其演唱技术上的特点，我们可做一些具体的分析。

有人说，严凤英之所以唱得好听，是因为她学过唱歌，从她增强漂亮声音的角度（或者说声音得到了很好的修饰）去判断，是颇有道理的。但也有些演员，学了唱歌之后，脱离了黄梅戏风格，歌味重戏味不足，这恐怕就是"说"与"唱"的关系处理不当，重"唱"而轻"说"之故。

严凤英在唱念时，很讲究口形的美。一位很注意研究唱腔的青年演员，曾同我谈到这样一个问题："为什么某些模仿严凤英唱腔的人，韵味比较相像时，口形也很相似？"她指的是一种略带微笑，双唇似开似拢，稍露前齿，牙齿似张似咬的口形。有人以为，这只是为了求得外形上的美观，或者说是为了"藏拙"。其实口腔是咬字的主要器官，口形在相当程度上反映口腔的内部状态，口形过紧，则出字拙，声音硬，口形过大、过松，则字音散，咬字含混，声音不美，韵味不浓。而一种介乎两者之间的口形，恰可得到良好的效果。在西洋歌唱发声教学中，很强调口形的微笑状。我国戏曲传统则说"笑不露齿"。京剧中也有"喜口"的说法。我曾听到一位女演员的练唱，唱腔中遇到"一七"辙时，出现了尖、细、亮的刺耳声音，行话形容谓“玻璃脆”。老师纠正她改用“喜口”来唱，果然声音变得圆润些了。由此可见，这种口形也是一种咬字发音的方法，它的功用即在于：一、人在微笑时，牙关是自然打开的，口腔内的各部分肌肉同样是处于兴奋的弹性状态。二、微笑时口腔变形，似由长形变短、变宽，易于调动后半口腔的积极作用，加强咬字时口腔的共鸣。三、可以使易紧张僵硬的唇、舌和下巴得到缓解，变得灵活、轻巧，在咬字时只积极发字头而无过多的发音负担。严凤英在唱喜悦段落时，几乎是笑着唱。

附带说一下，也许有人会产生疑问，微笑口形在唱悲剧时怎么办？会不会哭笑不分？其实这个问题在严凤英的全部演唱中，已得到了回答。那就是哭诉的口形和内部状态，与微笑并不矛盾，而是十分接近的。她在唱悲剧时，往往是带哭带唱的。这种口型形成的发音作用，是不容忽视的。分析严凤英的唱，我们可以得到这样一些印象：

一、她将字的韵母做了较大的夸张，但这种夸张，绝不使字音有所改变。在y、i、ye的发音尤为明显，她把这类母音改尖、细为宽、立，把撮口字u、ü的发音改小、紧为圆、大，或是开口字a、o也超过了纯口腔范围，用上了咽部，这样，字半音依然而声音却浑圆浑厚了。

二、她运用口腔和咽腔共鸣，就能使每个字达到最佳的发音状态。对于戏曲中的十三辙，某些演员往往有所偏长而不全擅，如发“一、七”等窄口字佳，发“发、花”等字便觉吃力，或者发阔口字好，发窄口字则显得尖、挤。严凤英却比较全面，即使发闷在里面的“姑苏”辙，如《牛郎织女》中“再问篱边老枫树”的“树”字，行了一个较长的腔，音调多次转折，仍然准确、完美。《路遇》中“你我都是苦根生”的“生”字行腔，这n音就发得很好。还有zhi、chi、shi等字，如《牛郎织女》中“不知人世是何年”这一连串的紧口字发音，也是流畅圆润的。在她的唱腔中，所有辙口的字几乎都不会遇到任何阻碍。

如何处理头、腹、尾关系，是造就字形的关键。前面我谈到了字腹(韵)的变形，这里着重分析一下严凤英对字头、字尾的处理。乍听起来，好像她咬字时口松，其实她是认真对待的，因为字头不紧，必然导致字音的模糊不清，我们从她在唱念中经常出现“尖字”，可以看出她所做的努力。例如将“母亲”的“亲”字，不念qin，而念成cin；“休要”的“休”字，不念xiou，而念作siou。只要仔细听听，就会觉得她咬的字头准确，喷口好，得力于舌的功能。戏曲传统中说字头为“五音”(唇、舌、齿、牙、喉)之法，严凤英只用了唇、舌，而将齿、牙、喉皆归入舌音(包括舌头前音、舌尖后音、舌面音和舌根音）。她将舌的前、中、后各部位与腭形成必要的气阻，由此发出正确的声母，避免了追求齿、牙、喉的发音容易造成的字紧、字拙、字僵的弊病。

她的字尾收音特色是饱满而轻圆，有力而潇洒，不是戏曲传统所大忌的“虎头蛇尾”，而是像书法所要求的“虎头豹尾”，既不能飘，又不可拙。严凤英在处理字尾时，着意将字腹（主要母音）尽可能拉长，至该字音必须结束的前半拍四分音符甚至八分音符，同时随延长音接近终点，运用气息和共鸣将母音发得更充沛，然后轻轻一变口形或舌位，不显不露收住尾音，似以一个音浪吞没了字尾。

她还常常将句子中间的一些字尽可能连接起来，把前一字的收音动作与后一字的字头发音动作相连接。《天仙配·路遇》中“单等春来又发青”一句比较典型。“单”字收 n 音是舌面抵腭；“等”字字头 d 也是舌音，n 单即是 d 音做了引发的准备，“等”字按安庆方言也为舌面收音，“春”字字头是舌尖后间，收舌面音，“来”字是边音，卷舌发音。出于用舌习惯，她在“春”字收音中会出点 r（儿）音，这是因为舌尖已经在为“来”字字头做准备时，无意带出来的。

我们都知道，声母为噪音，韵母才是乐音。严凤英的唱腔中，通过咬字尽量延长乐音，缩短噪音，恰似汩汩流淌着各种母音的音流，字头的子音只是在这个音流上轻轻地划一下，碰一下，以充分的时间去展示乐音，因此它是悦耳动听的。

三

严凤英的唱腔华丽朴实，婉转流畅，丰富而不花哨，令人欣羡，但学起来却不容易。许多小腔几乎是在旋律的缝隙之间游动，似有似无，或隐或显。同一支曲子，在几次演唱中，可能会出现大同小异。同一段录音，每听一次感觉上似乎又不尽相同。那么，她的润腔特点究竟如何形成、如何体现，有没有规律可循，能否被认识呢？我从她现存的音响资料中，反复地阅读、鉴赏，并试唱一些唱段，再研究一些相像的演员的唱法，并在辅导青年演员发音时，做多种试验，最后进行了认真地记谱、核对、校订，大致找到了一些端倪。

我以为她在演唱方面突出的特点是吟唱性强，即唱中说的比重较大。她运用音乐化了的艺术语言，向观众倾吐心声，倾诉剧中人物的欢乐与悲哀、愤懑与抗争。那乐谱上的音符，似乎不再是 Do、Re、Mi，而是活脱脱的平白如话。这一特点，是我国戏曲及说唱艺术所共有的，她掌握、运用得十分得体。

在词多音少的句子或段落中，吟唱性尤为明显。《桃花扇》唱段中“我也曾桃叶渡口将他找，我也曾燕子矶头等过几遭……”，唱时用气口将句子连接得既紧凑又流畅。《蓝桥会》中“热人是吃不得冷凉水”，“倘若是我的婆母娘她亲眼得见”，简直是在说话而非唱曲。

汉语是声调很强的语言，一个字往往因声调升降高低的差别而变更其原来的含义，欲做到“字正腔圆”，必须“调正字音”，即正确地运用阴阳平仄四声。我以为严凤英是很重视字的声调的，该平则平，该升降的做出升降。大量而准确地运用前倚音，造成下滑、上挑的效果，以适应某一字字调升降的需要，同时还因语气的不同，倚音的长短显微也各有差别，使唱腔生动而不呆滞。如“满工对唱”：

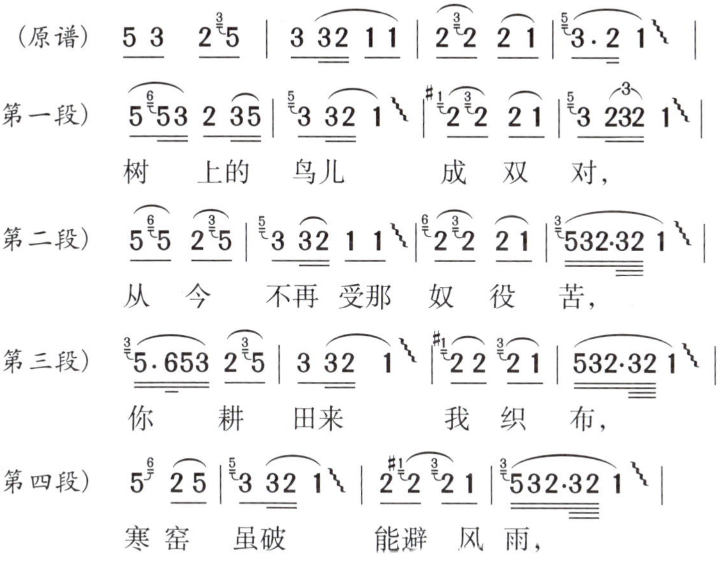

谱例中四段唱的第一小节第一拍的音符，由于字调和字情的不同，她就唱成了四种样式。同样第四小节第一拍，因为声调关系，第一段的“对”字和第三段的“布”字是降调字，所以加前倚音 5，而二、四段的“苦”“雨”二字，则为升调字，不能用 5̲3̲2̲3̲2̲ 1 ，而唱作 3̲5̲3̲2̲·̲3̲2̲1 或 3·532 1 。其中值得注意的是“奴役”的“奴”字，在 2 音前面加的不是一个明显的#1，而是带有气声性质的倚音，使其内涵更加准确而深沉。

将字上配的音符声调化，也是她常用的手法。前面曾谈到在一字一音时，她几乎是说出来的，那么在一个字上有两个到三个音符时，如何处理呢？我以为她依然是说出来的。按前面谱例对照录音，用韵白的感觉，随乐谱旋律的高低去试唱，就能明显地体会出来。有些演唱者唱得不够味，原因在于唱的只是一个个音符，而不是字或语句。由于将音符声调化，有一些音，就不完全是很准确的音高，《天仙配》中“来年春暖花开日，槐荫树下把子来交，把子交”，这两个“子”字，第一个 3 31 2 2 的 3 、1 两音，就不可能唱得很准，而是 3 3 ♯1 2 2，第二个“子”字是 1 3 5，若唱成三个音，就不够味了。严凤英仍唱成：1 3 5 或 1 ♯4 5，这样的唱例是很多的。

三个以上的音或是有一个拖腔，她多半做这样的处理，即一个字基本结束，后面还有音符，便按照依字行腔的道理，把住字韵，结合情感的起伏，完成字面和字意。《打猪草》中“对花”，就是一例。

3 3 2 1 2 | 3 ³1 2 2 35 6532 | 1 23 21 6 5 - |

一对 对到 田埂（en） 下（a）。

“埂”字在 3 ³1 2 处已经完成，后面的 2 35 6532 就用“埂”的 en 韵来延伸，“下”字在 1 音上完成，后面用 a 音拖腔是字的延续，更是神和情的延续。唯其如此，才能做到“千转百转，本音不变”。在严凤英的唱腔中，几乎很难找出在哪一个行腔里有背离字音的痕迹，即便在声音终止的一刹那。由于她的收音与收字相结合，往往带一点或显或微的下滑感。

如果说吟唱性是我们许多戏曲剧种共有的传统特点。那么，平声唱法的变异，应是严凤英的独到之处。

中央电视台曾播放过一个介绍民族唱法的节目，撰稿人认为中国的民歌、戏曲都采用平声唱法，系指歌唱时声音平直而无颤动，它与欧洲歌剧唱法在声音的审美要求上是不同的。我同意这个分析，这乃是民歌、戏曲建立在传统的说唱基础上的缘故。唱就是说话的音乐性夸张，如吟诵古典诗词与散文，按照其叙事、抒情、言志等内容，将声调夸张，音值加长，在长音或行腔时，声音是干净平直的。黄梅戏的传统唱法也是这样，我们从老一辈艺人的演唱中能得到证实。但到了严凤英时，就产生了一些新的变化，虽然十分遗憾的是，我们很难找到她在新中国成立前或新中国成立初期的音响资料，但仅凭着 1952 年以后的一些录音，足可以认定她不完全是平声唱法。从电影《天仙配》“天宫岁月太凄清”的唱腔中，便能听得出自然的颤音。恐怕也正是因为这一突破（当然不仅仅是这些），给人以至深的印象，以致时至今日，几十年过去了，在当时那样简陋的录音条件下留下的声音，依然优美动人。

严格地说，她在唱腔中出现的颤音，并不等同于歌曲唱法，也不同于京剧，而是心灵的颤动在声音中的反映，是情之所至的一种自然流露。客观地分析，那是由正确的气息振动，而不是拉得过分紧的声带所发出的自然波音。从主观上看，是她在平声唱法基础上，出于需要的感情表达：它有时平直得如二胡的空弦；有时优美得像揉弦；有时在平直声的尾音上略带一点涟漪，似古筝轻微振动的波音。有时强烈得几乎又像擞音；而且时有时无，忽隐忽显。这就是单用歌唱（颤音）方法或单用戏曲（平声）方法去演唱，都难以唱出她那样韵味的原因之一。

擞音也是她润腔的常用技法，是使唱腔圆润的一个方面。当年我曾问过她是怎样唱擞音的，她笑着用手指了一下喉部说，就是这里轻轻一动，就唱出来了。以后我在多次实验中，体会到这嗓子的"一动"必须是在气息与发音器官正确配合下（尤其是舌部的自然、灵活）才能奏效，如果舍此而用力振动，即使强制做出擞音，也不可能是理想的。

她改变了平直的唱法，加了较多的颤音和擞音，尤其在激情的地方，更增强了唱腔的表现力。但是她并没有脱离平声唱法，比如在宁静、惆怅、悲凉的情绪下，她又保持了平直的声音，说唱式的亲切与朴实，所以我说她的唱法是平声唱法的一种变异。在20世纪80年代的今天，不论民歌或戏曲，大凡动听的演唱差不多都有这一特点，而严凤英却早已躬亲力行了。在她的演唱中，着意追求唱腔圆润。下面的例子，是她按照人物的性格和心情，对曲谱中的长音及音程过渡，做了适当的处理，有的句子甚至加花较多。如《女驸马·洞房》的一段，原谱与实唱记谱可供比较（注：原谱系根据安徽戏剧丛书《女驸马》主旋律谱，实唱记谱系根据盒带《严凤英演出剧目选》记谱）：

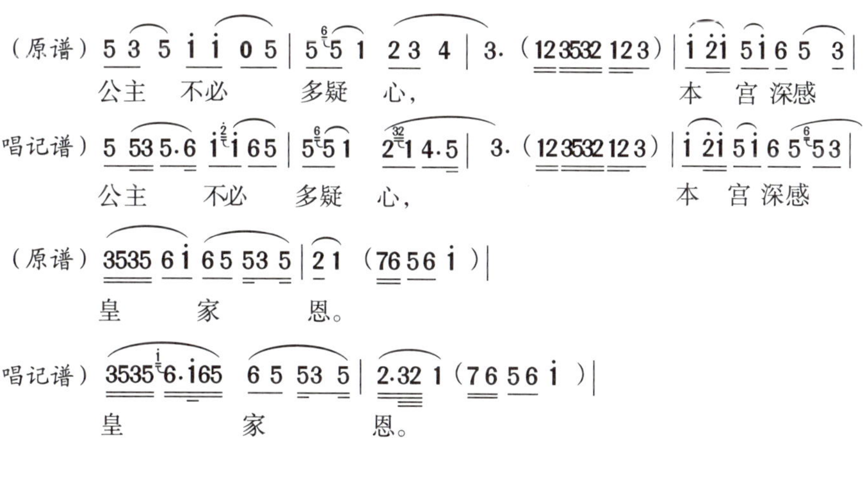

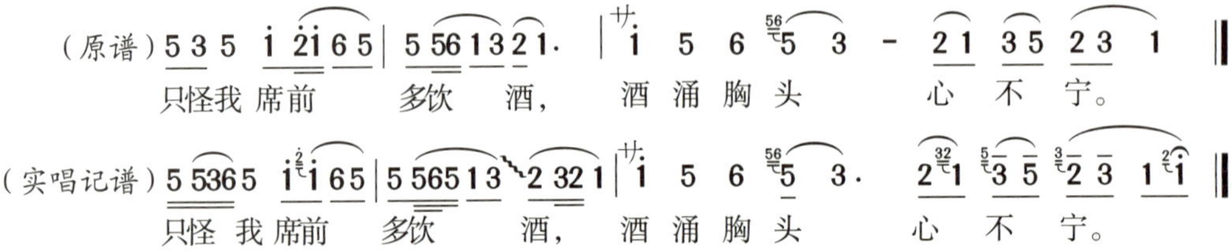

为追求行腔圆润，她还有一些习惯表现手法。

例一，《蓝桥会》中“我本当不把姻缘献”：

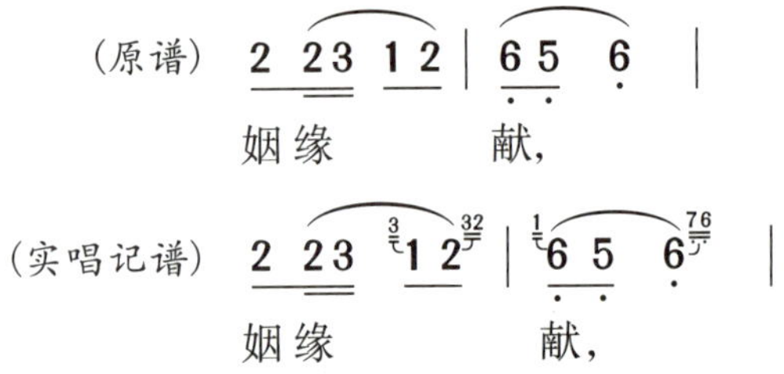

有时也唱成：

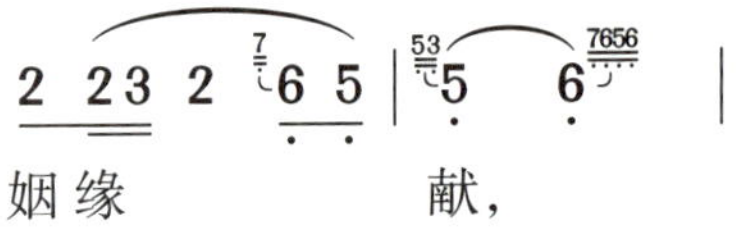

例二，《女驸马·洞房》中“谁知被召入深宫”：

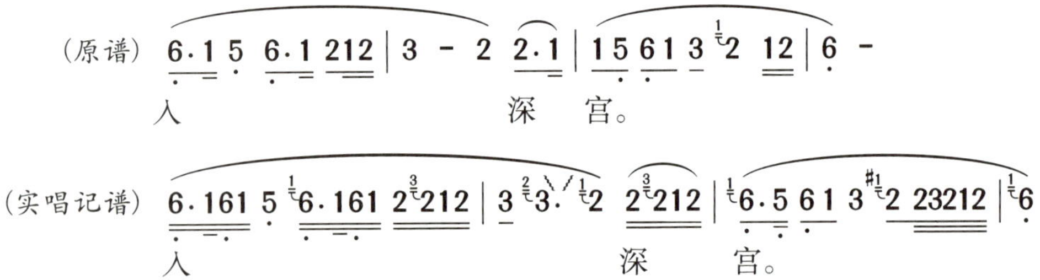

假若这样记谱，就更容易比较出来：

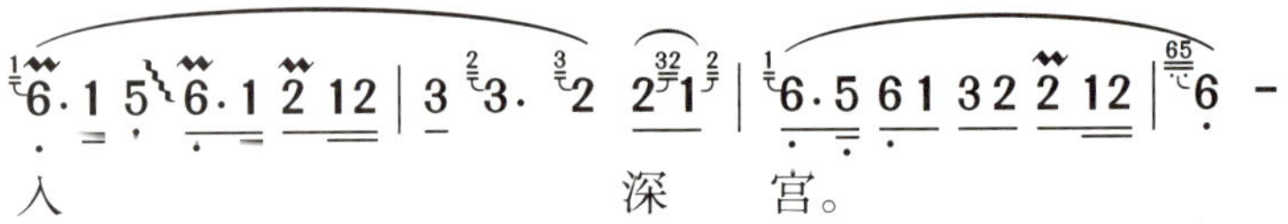

例三，《女驸马·洞房》中“难道你不念素珍救夫一片心”：

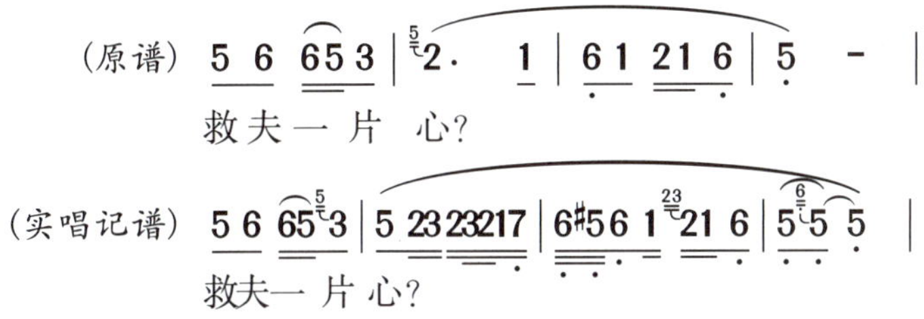

此外，她对顿挫的作用领会颇深，运用很妙，如《女驸马·状元府》中“帽插宫花好新鲜”：

第二小节第二拍的“哇”字，声音轻轻一顿，收得很有弹性，至下一小节第一拍的后半拍（甚至更长一点），使停顿的时间增长，随着后半拍3音的出现，带出“好新鲜”三字，唱得活泼、欢快，表现出剧中人夙愿得遂、喜形于色的情状。

再如《蓝桥会》中的“报花名”：

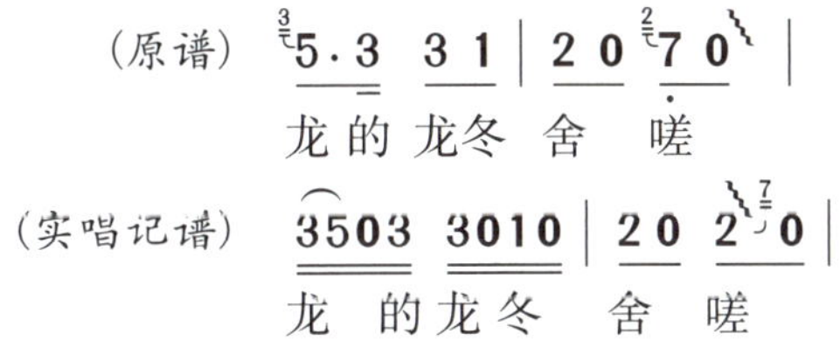

这种实唱的弹跳效果，是收字技巧所形成，而非内横膈膜的弹跳，即字要收得快速、干净、有弹性，最后的“嗟”字，是因声调和结束语气形成的些微下滑，如果强调了 $\overset{2}{\smile}\underline{\dot{7}\ 0}$ 的 $\dot{7}$ 音，就不够味儿了。

再如《蓝桥会》中“天色不早我要转回还”的唱句：

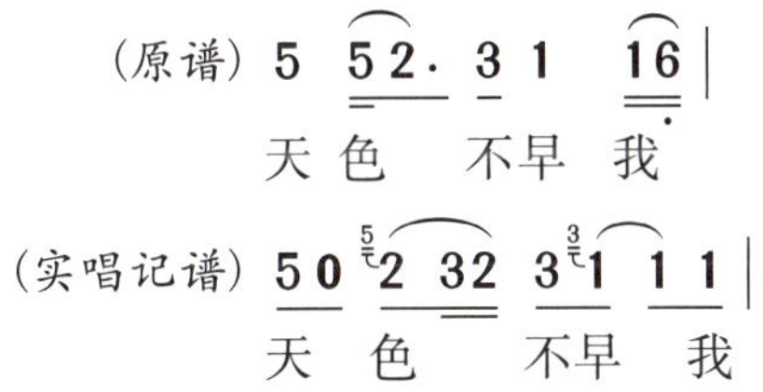

将“天”字做顿音处理，再配合速度转稍快（像是催板），表现一种突然从迷恋中清醒，显得有些慌张、匆忙的情状。

她还善于通过语气、语调、气势渲染，达到画龙点睛的效果，以增强唱腔的感染力。如在表现喜悦心情时，适当地加上高挑音，在《天仙配·路遇》中唱“我若与董郎成婚配，好比那莲花并蒂开”，她突破了黄梅戏曲调的一般规律，将“花”字的音调由2·365·唱成2·565·，高上去一个三度，另在《满工对唱》中，也将“比翼双飞在人间”的“人”字做了挑高处理：

原谱是：

1·2 53 2
在 人 间

她唱为：

1·212 $5^{\dot{1}}3$ 2·3
在 人 间

有时表现悲伤情绪，她也用了高挑音，只是这种高挑音又加上了一点哭腔，便出现了如泣如诉的效果。《女驸马·洞房》唱“难道你不念素珍救夫一片心”的拖腔中就是这样。有时为了表现剧中人的愤怒，她以强度的喷口和斩截的收音来增强那种咬牙切齿的效果。《桃花扇》唱段中“恩爱仇恨全在心头绕”，着意于“仇恨”“全”“绕”等字的迸发，表达了香君极度的怨愤。

当然，行腔的优美流畅，与气口的恰当安排是分不开的。因为“善歌者必先调其气”，气是声之本。唱段中间的气口，应以唱念表演适宜于剧中人的情绪、情感而设置，气息饱满则唱腔舒展而形神不散。听了严凤英的许多唱段，我感觉她在气口的运用上是十分得体的，无论速度快慢，声调高昂或低沉，语气、句子都是完整的，唱句的间隔、气口的转换，浑然一体，了无痕迹。许多大的唱段，自始至终给人以一气呵成的印象，这是因为她做到了蓄人物之气，续感情之气，“未成曲调先有情”，意念走在嘴巴前面的缘故。以《补背褡》为例：“忙把椅子拖几拖，叫声干哥呀儿哟你请坐。”这段唱她在“你请坐”后面用了一个气口，即或气不够也只能在“呀儿哟”的后面做偷气安排，而决不会在“拖几拖”的后面吸气，把两个七字句连接起来，既流畅，又表现了干妹子对干哥哥久久企盼和迫不及待的心情。在《打猪草》的“对花”和其他许多唱段中，我们都能找到类似的气口安排，这里不再一一举例。

四

要唱好一个段子，准确地把握住节奏、速度，是必不可少的。节奏、速度是由环境、气氛作用于人的心情而定的。换言之，一定的节奏、速度，反映出人物的心情，创造一定的环境气氛。所谓“分寸”，也就是说增之一分则长，减之一分则短，必须是适度的。荷伯特·凯萨利（Herbert Caesari）说：“一个作品的速度属于‘歌曲解释’范围。作曲家在写一首歌或咏叹调时，把头脑中想到的一定速度用适当的标记标出来，即使没有标记出来，音乐本身也说明了应采取的速度。那么，如果速度即使在很小程度上慢下来或加快，它大概也将失去它的特点，和音乐自身的很多特质、魅力、吸引力、气氛、个性、形式、色彩等等，甚至不再是作曲者头脑所要求的东西了，此外，更微妙的效果可能完全消失。”（《心的歌声》317页）我国戏曲传统历来强调演员要有“心板”，并谓：“曲品之高下，大半在徐疾之分。”

节奏之快慢，固然是曲作者按照对剧本主题内容及人物的理解，审慎地设计出适当的速度，标记在乐谱上的，但演员对乐谱上的快、稍快、渐快、突快，慢、渐慢、突慢、回原速等，又是如何理解并体现在唱腔中的呢？或许有人认为节奏速度是由乐队司鼓定下来的，启唱之前，大致都有前奏（过门，或器乐，或打击乐），似乎无须去关心它。然而也许还有这样一些情况：或启唱与乐队同时开始，或乐器演奏的是一种气氛音乐，其节奏与唱腔无直接关系（甚至是反衬的），因此需要演员张嘴来定节奏。再者，乐队的伴奏起烘托作用，演员怎能心中无板完全去依赖乐队？果真如此，就可能出现赶节奏或拖节奏等情况。一个有修养的演员，她的节奏感应该是准确的、合理的，她能带动乐队，使乐队能与她更好地配合，两者的合作如水乳交融，亲密无间。

从鉴赏严凤英的唱腔中，可以得到这样一个认识：她善于捕捉准确的节奏，并巧妙地运用节奏变化来渲染环境气氛，刻画人物感情，与曲作者的意图是吻合的，与乐队的配合是默契的。

下面举一些例子来说明：

抓节奏基调和总的气氛。

一些生活小戏，描写一个事件，一个情节，必须抓住一个基调。《打猪草》写两个农村少男少女，在劳动中产生了一点误会，经过友好的争辩而冰释，唱着"对花"的山歌，高高兴兴地回家。她抓住了天真活泼、纯朴可爱的基调。《补背褡》写一对青梅竹马的干兄妹，通过补背褡沟通了相互隐藏的爱慕之情，她抓住了热情欢悦和向往的基调。《夫妻观灯》写一对年轻的农村夫妇，在灯会上的所见所闻，其中有新奇、惊讶，也有小小的不快，但总的基调的气氛仍是欢快和谐的。

通过节奏变化反映心情变化。

《蓝桥会》中蓝玉莲上场自报家门的一段唱，速度稍快，节奏平稳，音色平直清淡，表现出终日劳碌、虚度青春年华的压抑心情。在担水的路上，由于环境的变化，压抑的心情有所缓解，于是唱起了"报花名"的小调，随着"一子呀一哟""咙的咙冬舍"的跳跃、跌宕，脚步显得轻快，速度虽无明显改变，却增强了节奏的弹性。音色转而明朗，透出了蓝玉莲对美好生活的渴望与追求。这一小小的不甚引人注意的变化，却改变了沉闷的舞台气氛，并为后来她与魏魁元的定情，做了极好的铺垫。

《天仙配》"钟声催归"这段唱腔，有些演员无论在演出或清唱中，总爱把速度处理得很慢，似乎是"天宫岁月太凄清"的情绪延伸。而严凤英的速度处理却并不慢，尤其是开头两句还多少有些快，与众姐姐离去的速度是相同的。我以为她这样的处理很有道理。因为当时的环境是天宫钟声已敲响，大姐、二姐连连催促并已带领众姐姐回去了，容不得她犹豫、彷徨，然而她对董永依然放心不下，决定再去看他一下。时间紧迫，心情急切，缓慢的速度便不能准确地反映这一特定情境。严凤英把握了此时剧中人的矛盾心理，从稍快的速度开始，直至看到董永后产生了无限同情，速度才渐渐舒缓下来。

准确的速度，反映出真实的生活(劳动)。

在《蓝桥会》的结尾处，魏魁元唱"助妹一担清泉水"，蓝玉莲接唱"凉水上肩"，按曲作的规定是个结束句，应将速度放慢。严凤英在此处转腔极妙，似乎使人从唱腔中感觉到一担水桶压在她的肩上，那颤悠悠的扁担，既显出了重量，又显出了满怀喜悦之情。

速度的变化层次分明，合乎情理。

清朝徐大椿在《乐府传声》中说："曲之徐疾，亦有一定之节……然徐必有节，神气一贯。疾亦有度，字句分明。倘徐而散漫无收，疾而糊涂一片，皆大谬也。"下面，我们来分析一下《女驸马·洞房》那段[三行]的唱腔。这段词曲俱佳的唱腔，素为人所称道，而严凤英的演唱尤令人击节赞赏。当我听过了另一些演员的演唱之后，才深深体会到她对这个唱段在速度上的处理，是十分准确而又层次分明。

这段唱在速度变化上，有三个紧要之处，一是“误你终身不是我”，这是对公主“大不该进宫来误我终身”的反应，曲调从四分之二拍转为四分之四拍，而且是一句[迈腔]，很容易将速度放慢。但严凤英唱时速度仍保持了公主演唱的原速，这样既符合当时的紧张气氛，又表达了冯素珍急于辨明是非的心情。二是紧接下来的十几句唱腔，从板式上要求由慢到快，因为是说理、申辩直至以死相求，这就需要演员的口齿伶俐——嘴皮子功夫。虽然这是个容易叫好的地方，但严凤英并不单纯追求剧场效果和热衷耍嘴上的技巧，而是压住速度，一字一句，清晰有力，说明自己迫于圣命无可奈何的苦衷，速度自然加快，回到了原来的速度，至“倘若公主不肯饶，我到金阶领罪刑，处死素珍……”，达到了快速。冯素珍的哀告没有引起公主的反应，决心以自己的死求得对未婚夫李兆廷的宽恕。此处情势紧张，速度应该是快的，但从演唱的要求出发，又无须过快，因为曲谱上已经做了加快的调整，就是前几句每句中有一个闪板(空半拍起)，如“乞求”的“乞”、“只要”的“只”及“我”字等，在音乐上已造成紧迫感，演员此时不仅要表达人物的急切心情，还要考虑到每句话的分量，如何去打动公主获得赦免。如果只顾加快，快到“糊涂一片”，观众就会出戏了。三是最后一句的“也甘心”三字，为全段的结束语，速度放慢到什么程度也值得斟酌。不放慢结不住句，而且亮高的尾音(叫好的地方)得不到充分的发挥，但拉得太宽就会失去了分寸。此处虽是唱段的结束句，但不等于这场戏已结束，因为矛盾并未解决，如果为了亮嗓子任意放慢拉长，那就妨碍了公主接唱“听她言来有道理”的速度，戏就会显得不够紧凑。从现有的录音听，电影与舞台演出本不同，由于时间限制，电影做了一些删减，曲调由慢到快的变化不太明显，基本上是快的，因此，我有这样的认识：这一场戏的速度基调应与公主的速度相适应，这里的公主是决定命运(解决矛盾)的关键人物，冯素珍身处险境吉凶未卜，她既不能有半点言辞上的疏忽，也不能逾越君臣名分。慢，是申诉而不是评理，快，是恳求而不是斥责，必须考虑到特定的环境、气氛、情势，准确地运用速度。

五

语言作为沟通人类感情的重要工具，是十分丰富的，而音色融入其中，使得

语言的色彩尤为斑斓多彩。音色变化因人而异，用之于表演艺术，却能获得极为美妙的效果。我国戏曲传统理论中所要求的“语肖其人”，不仅是指语言上的雅俗之分，也包括音色上的各种变化，用以判别各类人物的外形特征或复杂的感情因素。曲艺、评书艺人令人着迷的魅力所在，即是他不仅口齿伶俐、娓娓动听地讲述故事，更善于运用不同音色，描绘各种人物的音容笑貌、七情六欲，变抽象的语言为形象的实体，使听众闻其声如见其人。一位声乐专家曾这样说：“人类变换着他们的声音的音色和音响，以反映该时的不同思想情绪和情感，根据他安静或是大声说话或是喊叫时的特殊音调，我们用不着看见他就能立刻判断出他所具有的情绪。快乐、悲哀、欢笑、忧伤、痛苦、文雅、仁慈、同情等等，各自都由一种不会被误解的特殊的和有特点的音色表现出来。有口笑眼不笑的有礼貌的语言，有公开和隐蔽的恫吓，有公然的怒语和冷酷，有锐利遏止的低声愤怒，这一切都由一种很快就能被别人识别出来的具有特殊性格的音色反映出来。在日常生活中，很多人把这些不同音色注入他的语言中去，有些人则比其他人渲染得更重一些。然而奇怪而明显的是，看来好像只有很少几个歌手，能把这些不同音色注入他们的歌声中去。”(《心的歌声》)

严凤英很善于运用声音色彩的变化来渲染唱腔，使所表达的内涵更易为听众理解，从而更能感人至深。下面选出几段唱例来加以剖析。

首先，从她的多段录音中，我们可以感受到她所演唱的每一个角色，在声音上都有人物造型，就像演每个角色都有表示身份、年龄的服饰一样，她赋予了他们各自不同的符合其身份、年龄及心境等基本特征的音色。《打猪草》中的陶金花与《夫妻观灯》中的王小六妻，俱用方言小白。前者是农村小姑娘，天真未凿，稚态可掬，音色于明亮中透出童稚的奶腔；后者为一洒脱能干、爽朗热情的少妇，音色宽亮而深厚。《天仙配》与《牛郎织女》中的两个女主角，同是追求人间幸福生活的仙女，但因环境、际遇、性格的不同，在音色造型上又各有差别。七仙女是玉帝的掌上明珠且深受众姐的庇护，不免骄纵和娇憨，《路遇》一场尤表现其主动和自信，严凤英在演唱中音色华丽明亮，神采飞扬；而织女深锁云房，坐待青春年华空逝，沉郁而压抑，音色上的处理亦不相同。《桃花扇·空楼卧病》的香君与《春香传·狱中歌》的春香，同是青楼妙龄女子，又同是在病中期盼心上人归来。一个是苟安难世，身世凄凉，“恩爱仇恨全在心头绕”；一个是身处危境，悲愤难遏，“手中苦无三尺剑，恨不能自报大仇诛强凶”。严凤英赋予春香的音色就比香君更凝重、深沉，对白中时常出现一些“气声”，以显示其在病中的情绪激动，呼吸急迫。《党的女儿》中的玉梅与《江姐》中的江竹筠，同是为党的事业英勇献身的优秀党员，她俩不但共同区别于仙姬佳人，由于时代环境不同，出身教育和文化素养的差别，在声音造型上自然不能完全模式化。

让我们具体地赏析《牛郎织女》中“瑶池相会”这个唱段，它感情起伏较大，色彩变化鲜明，给人印象尤深。从“牛郎呵”开始的三个上下句唱腔，织女认定牛郎即牵牛星，便一往情深地期盼，从轻柔深情又不无哀怨的音调中，去引导牛郎对往事的回忆，其中有幽会、受责直至诀别。当这一切不为牛郎所理解时，织女的思想感情强烈地波动着：“莫非错将路人当知己”，表现出明显的怀疑和失望。按一般的常规处理是减慢速度、减轻力度、减淡音色，但严凤英此处的处理，并没有改变速度和力度，只是将音色变暗以增加感情的浓度，这不但造成自语自问的效果，从中领会到“她”内心的矛盾和不安，且能想象出音调中饱和着的凄楚泪水。接唱“要不然他牵牛忘了旧时情”，从“要不然”开始转弱渐慢，满腹委屈又不敢置信，至“你到底知道我是哪个”，声音的急切程度几乎是发自肺腑的呼喊！当听到“我知道你叫织女”时，严凤英脱口而出的一个“对”字，充满了惊喜之情，“他既能唤出我织女名，不是牵牛是何人”。此时云消雾散，雨过天晴，声音中饱含着喜悦的明亮和激动的颤抖，浓醇似甘泉，令人心醉。接下去又出现了转折，牛郎对往事仍然一无所知，织女在唱词和夹白中，透出了再度的失望、冷漠甚至警惕。这一段唱腔中，情绪大起大落的明显性、准确性、合理性，严凤英的把握、运用是十分成功的。

综合我这里所谈的色彩，并不是直观的视觉色彩，而是心感身受的感觉色彩，可能它比前者更微妙、更丰富、更精美。色彩对比，对表达感情、美化音乐语汇是必不可少的。然而，过分鲜明的色彩对比——突强突弱，甚明甚暗，用以渲染唱腔，以期达到强烈的感染力，其结果只能是事与愿违。反差对比太大，将会刺激观众，破坏审美情绪，形成纯技术的游戏而失去生命力。严凤英似乎并不理会声音变化的本身，而致力于开掘人物的心理状态，她唯一要做的是将真挚的感情倾注于嗓音，并检验由嗓音传达出来的感情是否准确，是否符合观众欣赏要求，并对之加以修正或肯定。

或许有人以为，对于演员来说，今天已经没有创腔任务了，只要唱准曲谱上的音符和节拍就够了。其实不然。准确地领会作曲意图，独到地体现乐谱，把“死谱唱活”，这本身就是一个创造，是一种不可替代的、需要付出智慧和劳动的创造。严凤英毕生的演唱，为我们提供了大量的范例，虽然没有一段声腔是她谱

曲或配曲的，但经过她那令人难忘的演唱，无不深深地打上了属于她自己所有的标记。

这篇文章至此可以结束了，但对严凤英唱腔的研究还有待进一步深入。我以为她留给我们的不是一个仅供模拟的画本，而是可贵的开拓与创造精神。学习她的艺术精华，更新戏剧观念，以适应新形势下戏曲自身发展的要求与观众的审美意识，也许这正是戏曲振兴的关键所在。

（选自《黄梅戏艺术》1988 年第 4 期）

浅谈严凤英对黄梅戏声腔艺术的卓越贡献

周　理

严凤英以她那卓越的艺术才华，在二十多年的艺术实践中，成功地塑造了七仙女、冯素珍、织女、蓝玉莲，陶金花等性格迥异、感人至深的艺术形象。她主演的《天仙配》《女驸马》《牛郎织女》等剧搬上银幕后，使黄梅戏这个鲜为人知的地方小戏名扬全国，饮誉海外。

严凤英的艺术成就，突出地表现在黄梅戏声腔艺术方面。为适应时代和黄梅戏本身发展的要求，她广搜博采，从兄弟剧种中汲取了丰富营养，并将民歌、说唱音乐与黄梅调有机地糅合在一起，与戏曲音乐工作者密切合作，对黄梅戏女声腔进行了卓有成效的改革和创造。

从严凤英整个声腔艺术来看，她是按照新奇、熟悉、好学、好听、合理布局和使声腔完整规范的原则来提炼、改革黄梅戏声腔的。经过严凤英提炼、创新后的唱腔，一改过去那种粗犷、平淡、单调的旧貌，变为柔和、悠扬、流畅，使黄梅戏声腔表现力更为丰富，更为优美动听，从而使黄梅戏形成一个具有强大竞争力的新型剧种。

严凤英在声腔音乐上的卓越贡献，大致可以归纳为如下几点。

一、提高黄梅戏女声腔音域

黄梅戏在很长的一个历史时期，旦角大都由男性演员扮演，声腔的音高、旋律的发展，都是按照男性的生理条件而形成的。虽然早期也曾出现过胡普伢以及后来的桂月娥、丁翠霞等女性演员表演旦角，由于“锣鼓伴奏”无丝弦过门，演唱不受“调门”的限制，仍是“各打各的板，各唱各的调”，沿用男演女所形成的女唱腔。

男演员所形成的女[平词]是这样的：

花亭会

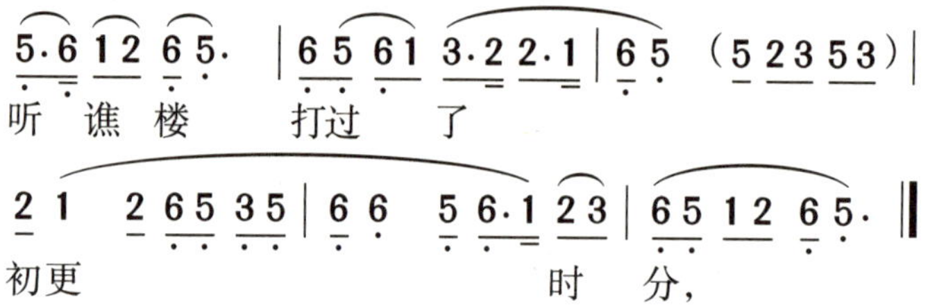

这段按男性的嗓音条件设计的唱腔，它的旋律一直在低音区徘徊。在狭窄的音域中设计的唱腔，其旋律难以伸展，自然就简单且单调，不能完整地表现纷繁复杂的女性心理感情，还使女性演员的嗓音受到压抑、限制，不能得到正常的表现。

严凤英对这种流传已久的唱腔进行了大胆的改造。经她改进后的女[平词]是这样的：

花亭会

（凌祖培记谱）

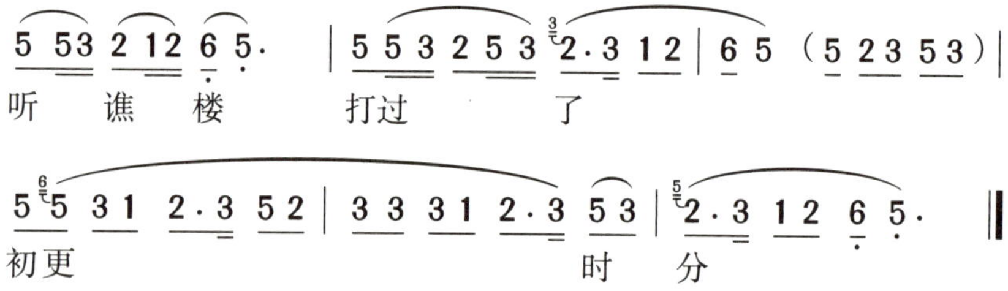

严凤英按照女性嗓音的生理特点，扩宽声腔的音域。扩宽音域的处理方式，是将每一腔节的前部分提高八度，然后级进的向下行腔，回到原来的落音上。经这样处理后，每句唱段都由上向下发展，增强了声腔的起伏流动性，不仅适应女演员演唱，而且其旋律流畅动听。这种旋律走向方式，后来成为黄梅戏女[平词]旋律进行的基本模式。

严凤英根据不同的人物、不同的性格、不同的形象，设计出许多脍炙人口的唱段，对后来黄梅戏的声腔发展起到了很好的示范作用。例如：

西楼会 （凌祖培记谱）

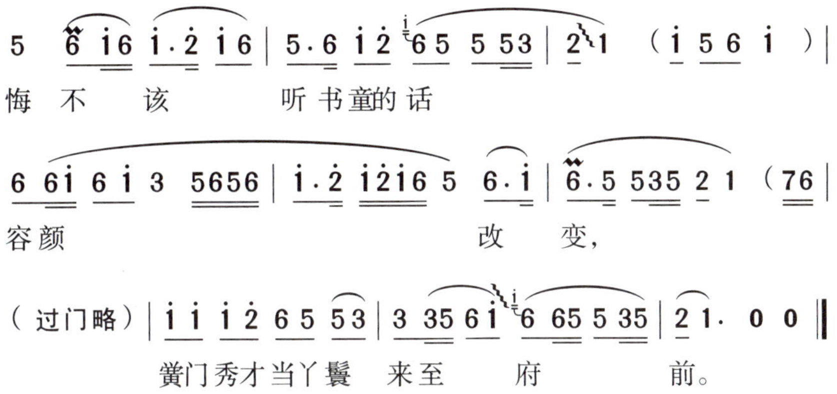

此段唱腔是剧中人物洪连保男扮女装、女唱男腔的唱段。严凤英“反串”之前，扮演洪连保的男性演员都按男腔演唱。由于男腔旋律比女腔旋律低四度，女性演员演唱势必嫌低，过低的音域使嗓音受到压抑。为了解决这一矛盾，严凤英创造性地把整个声腔提高四度来演唱男声腔，从而使这段唱腔明亮、新颖。改革后的声腔既符合剧情需要，又使女性嗓音得到正常发挥。这样的处理方式，在后来的《女驸马》“手提羊毫喜洋洋”唱段中得到了运用和发展，成功地表现了冯素珍女扮男装，考中状元后那种欣喜欢快的情绪。重要的是为后来解决黄梅戏男女同度演唱探索出一条崭新的思路。

二、丰富黄梅戏的声腔板式

在严凤英之前，黄梅戏的声腔板式主要以民歌联唱为主要演唱表达形式。虽已形成[平词]板腔系列，但其内部的板式还是不丰富的。能够完整地表现复杂的人物心理和情节发展，进而完善黄梅戏的板腔，已成为黄梅戏艺术工作者的首要任务。严凤英和一些立志于黄梅戏的音乐工作者，为此做了大量工作并获得了丰硕的成果。

严凤英主要的方式是借鉴其他姊妹艺术的板式，在保持黄梅戏风格的基础上，将其创造性地融化于黄梅戏板腔之中。

她创造了黄梅戏[平词倒板]。例如：

玉堂春

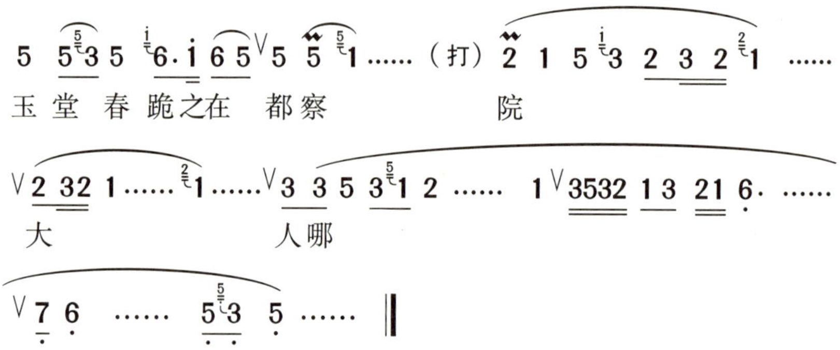

黄梅戏过去没有[倒板]，在移植京剧《玉堂春·会审》这场戏时，严凤英巧妙地把黄梅戏[男平词][女平词]中的[迈腔]与[哭板]糅合在一起，在这些特色腔的基础上进行创造。她模仿京剧“大人哪”行腔节奏的情绪，创作出了这段婉转下行的黄梅戏[倒板]板式，完整、准确地表现了玉堂春的一腔怨恨之情。接着与黄梅戏已形成的其他板式连接，形成了[倒板]—[二行]—[三行]—[八板]—[火攻]这套由散板到原板、由慢到快的完整的板腔。把苏三女绝望、痛苦、怀念、激动的心理表现得淋漓尽致。

在现代戏《柳树井》中，严凤英与音乐工作者王兆乾合作，根据剧情的发展需要，有意识地将[彩腔][单哭板][双哭板][平词][二行][三行][八板]等唱腔板式有机地联结运用，为丰富黄梅戏的板腔体唱腔做了进一步尝试。这种运用板腔、发展板腔的作曲手法，对后来黄梅戏的音乐改革和表现现代生活，显然是一个良好的开端。

黄梅戏善于将不同的民歌联套使用。特征与调式相近的民歌可以套用，但也有很多禁忌，一些专用腔则不能随意与唱腔联套。例如在传统戏中特征腔[哭板]与[彩腔]是不能联用的。但在现代戏《柳树井》中，根据情节与人物的需要，严凤英与王兆乾合作，首次将[哭腔]与[彩腔]联用，成功地塑造了挣脱买卖婚姻的封建枷锁，追求幸福生活的等郎媳招弟的音乐形象，为发展黄梅戏[彩腔]提供了典型范例。又如在《玉堂春》一剧中，她将[阴司腔]与[平词]联用，打破了[阴司腔]一般只用于鬼魂出场时的陈规，扩大了这个板式的运用范围，增强了[平词]的表现力，为这个板式的广泛运用提供了范例。

三、美化黄梅戏声腔的旋律

在民间流传中形成的黄梅戏，融化了民间歌曲的精华，形成了丰富而颇具特色的音乐声腔。但是不可否认，早期的黄梅戏并不都像现在这样优美动听，那些产生于民间的曲调大多没有经过专业人员的提炼加工，还保留着原始的形态，表演者也没有受过专业训练，基本没有掌握正确的演唱技巧。因此，早期的唱腔旋律，粗犷质朴有余，柔和优美不足。严凤英针对这种情况，为美化黄梅戏声腔做了大量的工作，这也是严凤英为黄梅戏声腔的发展所做贡献的主要方面。现分述如下：

（一）注意美化黄梅戏现有声腔的旋律，使其曲调更为合理、动听。黄梅戏《游春》中的［菩萨调］一般人是这样唱的：

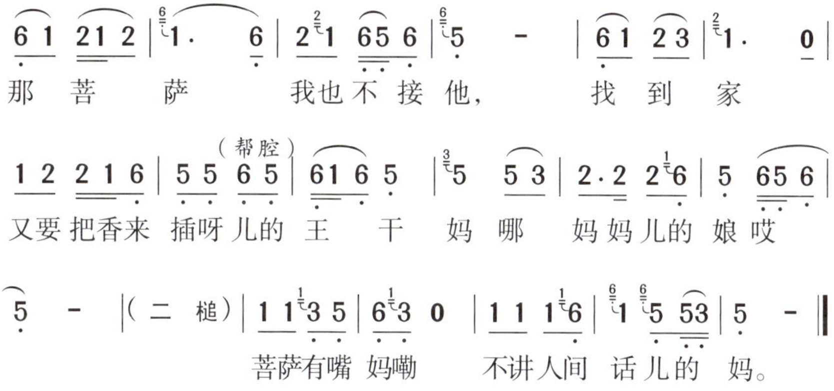

这段唱腔保留着浓郁的民歌特色，但也存在着美中不足的地方。其一，它注重报字，而忽视旋律的流畅性，几个乐句长时反复在低音处运行，有时又突然提高八度，使旋律显得平淡、生硬，缺少美感。其二，乐句落音不合理，四个乐句全部落在“5”上。其三，整个唱段没有一个完整的抒情乐段，无法表现人物的感情。经严凤英处理后的这段唱腔是这样的：

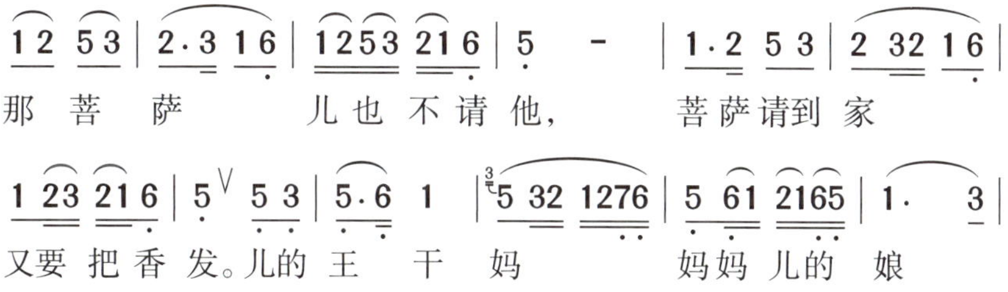

处理后的这段唱腔明显优美动听多了。它运用了这样几种方式：一是提高音域。在乐曲中一改过去平行发展和突然拔高的方式为由低向高，又由高向低的级进发展，使整个唱腔在反复平缓的起伏中前进。二是把第三个乐句的落音改为6，使整个唱腔有了对比变化，符合民间音乐起承转合作曲原则的要求。三是增加了几个小节的抒情段，用于抒发人物的感情。四是十六分音符节拍X XX节奏型及附点音符的反复运用，增强了曲调的表现力，使之能更细腻地表现人物感情。

（二）吸收其他剧种的特征腔和演唱方法来美化黄梅戏声腔。黄梅戏音乐有很大的包容性，严凤英借此对其他剧种的一些优美的特征腔进行吸收运用。在《送香茶》“春风飘荡，雨水调和”唱段中，严凤英就唱出了，

这样的乐句是典型的评剧特征腔，由于运用得自然、合理，使它融化到了黄梅戏音乐之中，丰富了[女平词]乐汇。严凤英还善于借鉴其他剧种的演唱方法，丰富和发展自己的声腔艺术。例如在《女驸马》“绣楼”一场戏中唱“羞人答答难下楼台”时，就运用了豫剧著名演员常香玉“笑里带唱”的唱法：

它的特点是：休止符的连续出现，四度音程模式，装饰音的运用和轻重缓急的处理。使豫剧的这一演唱方法，成为黄梅戏的一种重要的刻画人物内心活动的表现方法。

（三）突破五声音阶的界限，引进偏音，增加旋律色彩的变化。早期的黄梅戏声腔，运用的是五声音阶，它的特征音程2 651，53 21等都是由五声音阶组成的，就

是到了20世纪50年代，仍用五声音阶来发展旋律。以王少梅的[女平词]为例：

渔网会母

（王少梅演唱　王兆乾记谱）

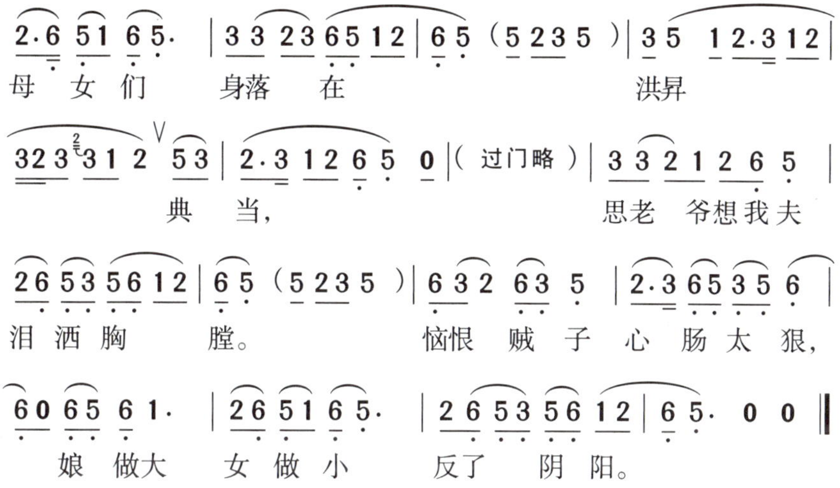

随着人们欣赏水平的提高，仅用五声音阶就显得呆板而单调了。为了使黄梅戏声腔更细腻、柔和、优美、动听，严凤英首先在黄梅戏声腔中引进了偏音7（变宫），下面将引进了偏音和未引进偏音的[汲水调]进行对照。未引进偏音的[汲水调]如下：

蓝桥汲水

（潘璟琍演唱　王兆乾记谱）

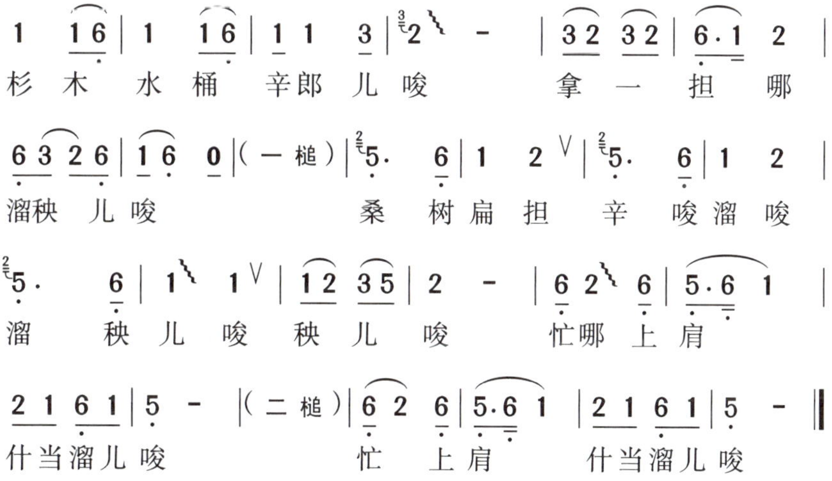

这个[汲水调]旋律进行得很呆板。如后一句唱词的前半句，是由三个小乐句组成的，落音都在2上。每个乐句旋律发展的方向都是由下向上发展，即5→2、5→2地前进。这样就显得很生硬，单调。在没有引进偏音之前，它也只能如此。如想达到由低到高，再由高到低起伏前进的效果，就会成为5 6 2 5，5 6 2 6，这样还是生硬地反复，不仅不好听，而且咬的字还不准了。

再看引进了偏音的[汲水调]：

蓝桥汲水

（严凤英演唱　王兆乾记谱）

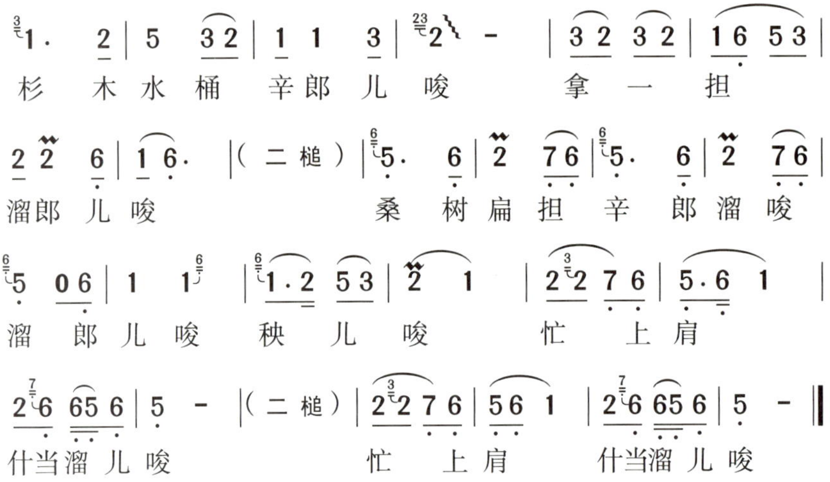

这个[汲水调]已在五声音阶的基础上对旋律进行了修饰，加之运用了大量的偏音，其旋律就动听多了。从这段唱腔来看，严凤英从三个方面运用了偏音：一是把偏音当作过渡音，如：5· 6 | 2 76 |。在上面例子中，这一小乐句只能向上，不能向下发展，因为没有过渡音，就显得太生硬，有了过渡音后，旋律就可以由下到上再到下地起伏前进了。这两个小分句落到6上，与第三分句落到2上，就有着很强的对比了。二是把偏音作装饰音，起到正音的作用。原来[汲水调]的21 61 | 5 - |字咬的太硬也不准，而改成2 6 65 6 | 5 - |，经过装饰音的处理后，字咬正了，旋律也美了。三是运用偏音造成一些临时性的转调，以增加旋律色彩的变化。如《送香茶》中的[女平词]：

严凤英在《夫妻观灯》剧中饰小六妻，王少舫饰王小六

送香茶

（严凤英演唱 王兆乾记谱）

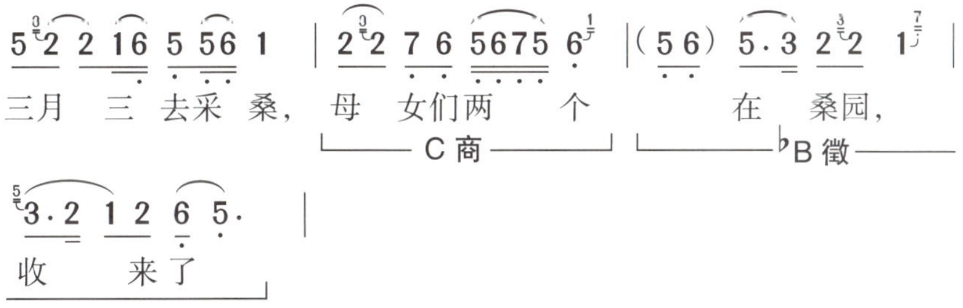

严凤英大胆、巧妙地运用偏音，使黄梅戏声腔的旋律更为优美动听了。严凤英对黄梅戏的贡献远远不止以上几点，本文只是笔者从现有资料学习中所得到的一点体会而已。通过以上几点，可以看到严凤英及老一辈黄梅戏艺术工作者

为发展黄梅戏确实做了不懈的努力，贡献是巨大的。严凤英演唱的[平词]被人誉称为[花腔女平词]，形成了独特的演唱风格，至今还受到广大群众的欢迎。我们要学习严凤英的演唱技巧，风格，但更重要的是要学习她对黄梅戏艺术勇于继承、善于借鉴、敢于创新、刻苦钻研的精神，发展创新黄梅戏声腔，使之更适应时代的要求。

（选自《黄梅戏艺术》1981 年第 4 期）

余音绕梁忆当年

——纪实点滴

潘汉明

为了研究严凤英在表演艺术方面所取得的卓越成就，现将我和她在《碧玉簪》剧中的合作实况，回忆记录，以作纪念，并供参考。

1957年，剧团分两队活动，一留合肥演出，同时排练《北地王》；一往庐江、舒城农村演出，同时排练《碧玉簪》。《碧》剧由我和丁式平编曲，严凤英、查瑞和主演，后来，王少舫和查瑞和互为A、B角。在庐江晚上演出《拉郎配》等剧，白天行军移点，自带行头、道具，自搭舞台，自行管理。不移点时，为排《碧》剧，就抓紧时间熟词、练唱、排练、走场。严凤英是主演，由于日夜用嗓过度，声带发炎、出血，而演出、排练又离不开她，只有用吃药、打针来消炎止疼，坚持工作，她的精神令人感动。

在练唱过程中，我们合作得非常好。严凤英饰演李秀英的第一个唱段是：“夜来灯花结双蕊”，这个唱段是以[彩腔]做基调的。前四句乐幅、旋法有少许变化，后四句乐汇有了伸展，节奏、旋法做了点调整。经严凤英声情并茂的演唱，将大家闺秀李秀英看到未来夫君王玉林书写的、作为聘媒的对联“字字珠玑有大才”，联想到“我今与他婚来配”：

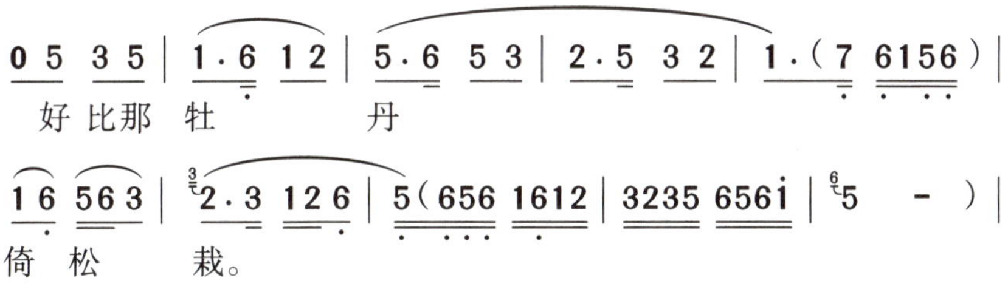

严凤英在这两句唱腔里融进了轻松欢快的情感，又做了适度的加花音乐处理，李秀英的喜悦心情，充分地展露出来。由此曲调就动听、鲜活起来了。

李秀英的表兄顾文友对表妹早生垂涎，见秀英他嫁，心怀妒恨，串通媒婆孙氏借来秀英的闺房私物碧玉簪，并伪造情书一封，蓄意离间，企图央媒再娶。洞房花烛夜，王玉林无意中拾得孙媒婆丢下的玉簪和情书，又气又恨，不问情由，不分皂白，对秀英百般冷落。此时，李秀英唱道（前段略）：

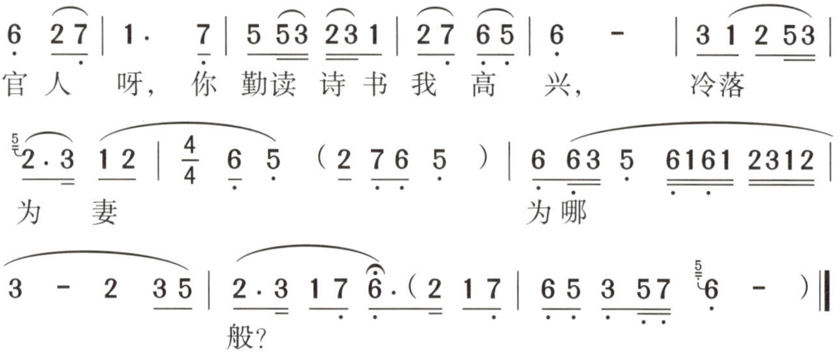

严凤英（右）在《香罗帕》剧中饰赵蕊芝

这个唱段是根据[阴司腔][平词]等旋律做了较大程度的改编，我在试唱给严凤英听时，心里是没有把握的，准备不行再重写。但她听我唱后说："你先不要动，我来唱着看。"结果，在排练过程中，她唱得寂寞冷落、凄凉婉转，将李秀英内心情感充分地表现出来了，戏剧效果很好，大家都接受了。

"慢慢再来报娘恩"唱段，是用[平词]改编的。它韵味既浓，音律又新。严凤英在母女离别、秀英委屈至极的情况下唱道（前段略）：

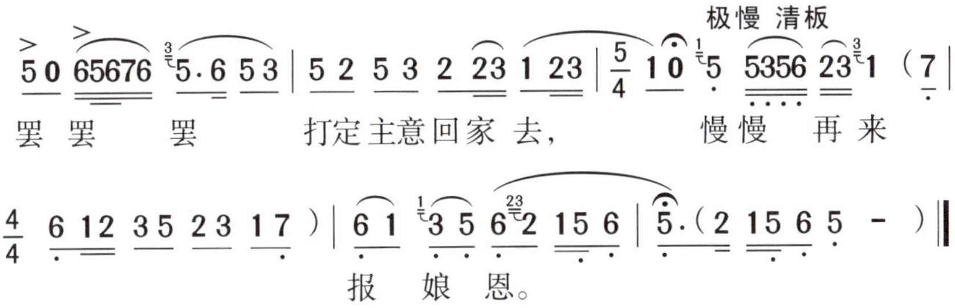

清板处，乐队全停。严凤英唱得极轻、极慢，情绪极真、极细，上千人的剧场，寂静得几乎能听到人呼吸的声音。她将李秀英内心委屈痛苦，母女情深似海的情感，表现得淋漓尽致，催人泪下。

"三盖衣"是《碧玉簪》的重头戏。李秀英虽然受尽王玉林百般冷落、凌辱，但是，她是受过家训的名门闺秀，为了年迈的婆婆，三次欲为王玉林盖衣御寒，转而复止。这是个多段相连、跌宕起伏的约有六十多句唱词的大唱段，是用[平词][对板][彩腔][二行][八板]等转接、糅合而成，风格浓郁，组合生动，旋法别致，华彩多出。严凤英情真意切、感人至深、抑扬顿挫的演唱，创造了非常好的效果。其中一段如是：

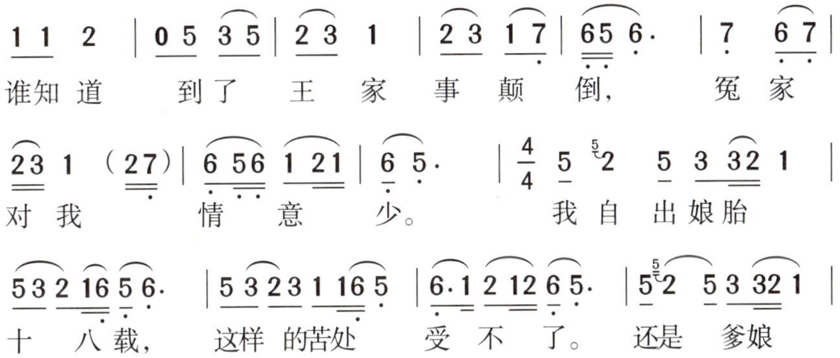

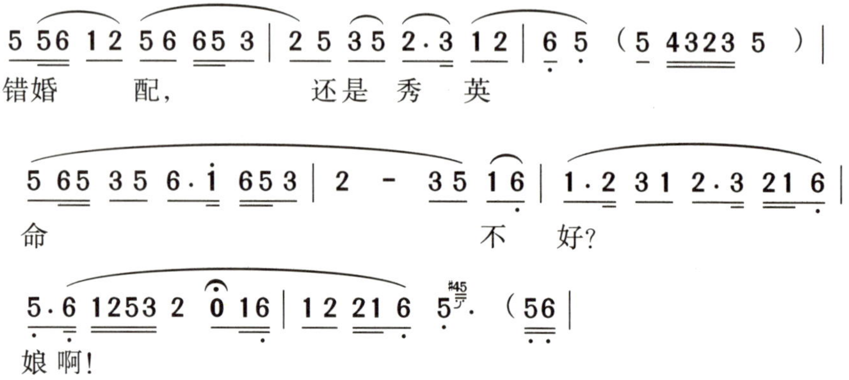

李秀英感到自己“命不好”，伤心至极、悲痛欲绝，一声“娘啊”哭声刚出，严凤英的大眼珠一闪，突然见到王玉林撑持而卧，她的眼神里像是在说：“如这哭声惊醒了冤家，又要惹生是非”，于是慌忙强压悲痛，忍气吞声。可是悲从心起，欲抑难平，在断续抽泣中，将 0 16 | 12 21 6 5 ····· 这悲哀凄凉的余腔吐出。此时，台下观众的哭泣声也层见叠出啊！可见，严凤英饰演的李秀英是如何的投入传神、声情并茂了。

（选自《严凤英、王少舫的艺术历程》）

严凤英的人品艺德

Yan Fengying De Renpin Yide

我们的榜样

——纪念梅兰芳同志逝世一周年

严凤英

梅兰芳先生逝世一周年了，许多往事又一幕一幕地出现在我的脑子里。1960年，我到北京去参加文教群英大会，梅先生演出他最新的，也是最后的杰作《穆桂英挂帅》，恰巧那天我和麻彩楼同志到另一个地方去演出，没有看到他的表演，心想梅先生以后还要到安徽来演出，有机会看到，不想梅先生不久竟和我们永别了。这真是最大的憾事。

严凤英祝贺梅兰芳演出成功

当我还是孩子的时候，就知道有个梅兰芳。后来我也唱戏了，跑的码头多了，接触面也广了，关于梅先生的事情听到的也就多了。当时我并不知道梅先生的艺术到底好在哪里。以后看了他的演出，才逐渐体会到他在艺术上卓越的成就。

日本帝国主义侵略中国的时候，梅先生留起胡子，不给日本鬼子和汉奸演戏，靠卖画来维持生活，这件事是很多人都知道的。作为青年演员，梅先生对我影响最深的是他不断追求进步，严格进行自我改造的精神，他在65岁高龄时，参加了中国共产党，这是我们所有戏剧工作者的光辉榜样。

京剧艺术大师梅兰芳

梅先生虽然有这么高的成就，这么大的威望，然而却是那样的谦逊，特别是对我们这些戏剧界的后辈，更是关怀备至。1958年，他到合肥来演出，不仅在百忙中抽空来看我们的戏，并且怀着极大的热情给予我们鼓励。譬如他谈到我和少舫同志演出的《蓝桥会》，除了指出我们应该努力的地方之外，还指出我们用绸带模拟扁担挑水是个好创造。说老实话，当时我们自己并没有意识到这一点，经过他这一点拨，明白了很多道理。少舫同志到北京开会，他总要问到我和剧团里的其他同志，并且询问最近排了什么戏；我到北京开会，他也是向我问起少舫同志和剧团里其他同志的情况，并鼓励我们努力学习。他如此念念不忘地关心着我们，现在每当想起这些事情，我心情还十分激动。梅先生对待艺术老老实实，一丝不苟。戏剧界的同志都知道梅先生的练功、吊嗓，甚至连平日的作息制度，都是数十年如一日，一直坚持到底的。梅先生在他的《舞台生活四十年》中，提到他自己的天赋并不高，甚至作为演员最重要的条件——眼睛，也并不太好，按照一般的说法，就是学戏的“本钱”不足，而梅先生坚持勤学苦练，凭“真功夫”演戏。联想到我们自己，我们有些青年演员，“本钱”的确不错，因此就满足了，凭“本钱”唱戏，而功夫呢？练得不到家，不深不厚。我看过好几次梅先生演出的《贵妃醉酒》和《奇双会》，也看过很多其他演员的演出，然而每看一次梅先生的演出，总是使人深深惊服。为什么60多岁的老人演出来的妇女，竟比我们身为女性的演员还要像些呢？《奇双会》中的李桂枝，这个少见世面、文墨不多，处在新婚燕尔中的七品县令的新媳妇，被梅先生演得那样惟妙惟肖，栩栩如生。她的一颦一笑，甚至连坐态都恰如其分，使我立即想起生活中所遇到的类似的人物。可是梅先生塑造的艺术形象，比我在生活中所接触到的那些人物更为丰满、生动。他在《贵妃醉酒》中扮演的杨贵妃，天生丽质，雍容华贵，而内心却是那样空虚。梅先生的演出，不仅使人看到一个封建社会的贵夫人，而且从她身上看到了那个社会。这也只有对那个社会做了深刻研究，才能创造出这样的艺术形象，由此可见梅先生的渊博的学识。梅先生值得为人称道的事情太多了，我们纪念梅先生，就要学习他那种热爱党、热爱人民的高贵思想和品德，学习他那种谦逊待人、老实学习的态度，学习他那卓越的表演艺术，接过他遗留下来的火把，向社会主义戏剧艺术的高峰奋勇前进！

（选自1962年8月8日《安徽日报》）

严凤英复观众来信

严凤英

严凤英生活照

贵州省贵阳市木市路304号　交
刘昆华　小同志 收
安徽省合肥黄梅戏团　严寄

亲爱的刘昆华小弟弟：

接到你这封洋溢着热情的来信，真使我高兴万分，你这样对我爱戴与关心，怎能不使我由衷地感谢。

是的，我们的剧种今天能在银幕上和亲爱的观众见面，是党对我们的培养，是毛主席光辉的文艺方针标志。今天，我个人在艺术上还很年轻，对人民的贡献还没有什么，即使是有点儿成就，也应归功于党和你们这些对戏曲艺术热爱并督促的观众们。

我团在农村巡回演出刚回来，现正在投入省戏曲会演的阶段中，工作较忙。虽然在这样紧张的情况下，我还是高兴利用一点一滴的时间来回答你对我的爱戴与关心。

因时间和水平的限制，其他问题恕我不一一作答。

致以

革命的敬礼

严凤英草上

1956.2.26

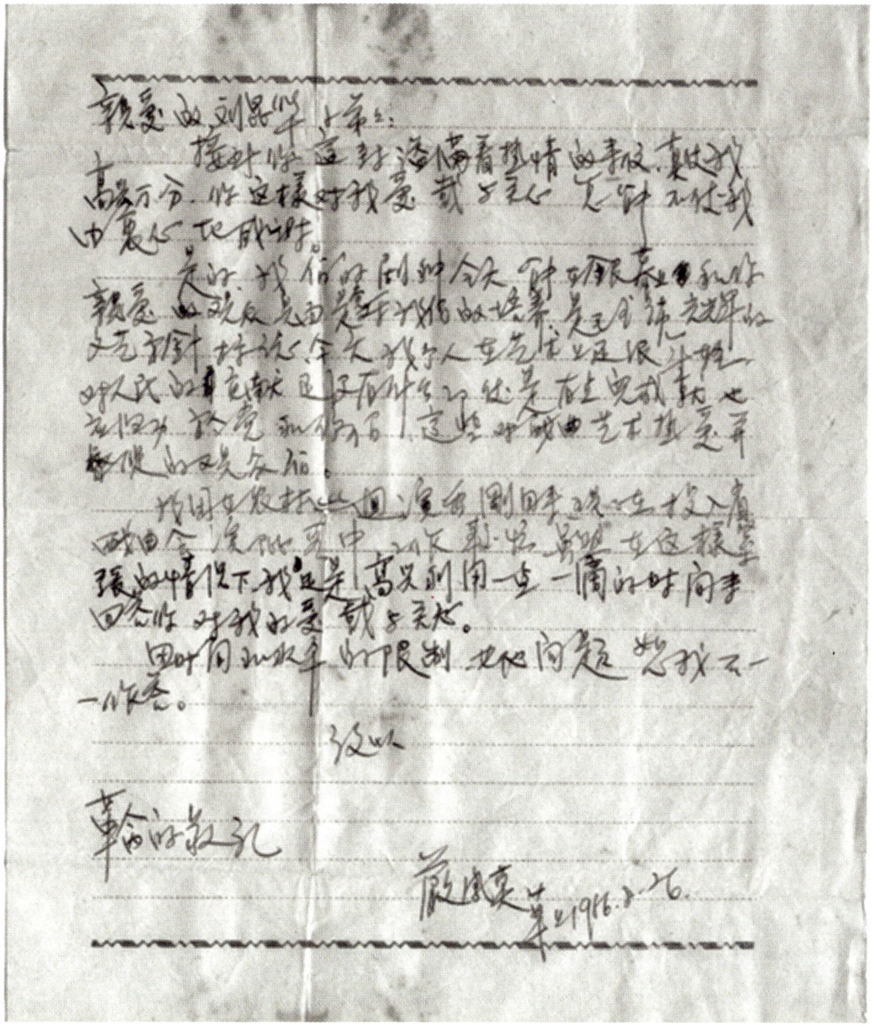

亲爱的刘昆华小弟弟：

接到你这封充满着热情的来信，真使我高兴万分。你这样对我爱戴与关心，真叫我不能表达我由衷的感谢。

是的，我们剧种今天能发展，和你亲爱的观众是分不开的，是在毛主席革命文艺路线的指引下，全国人民在党的领导下，……这些都是我们的艺术植根于群众的结果。

我团在农村巡回演出剧目时，你也在校入宣传队，演出样板戏中的片段，在这样紧张的学习下，我还是高兴利用一点一滴的时间来回答你对我的爱戴与关心。

因时间和水平的限制，其他问题恕我不一一作答。

致以

革命的敬礼

严凤英 草 1966.8.26.

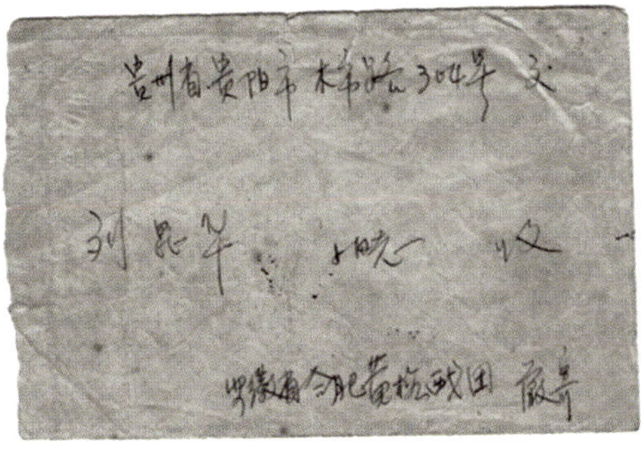

贵州省贵阳市 木材路304号 交

刘昆华 小朋友 收

安徽省合肥黄梅戏团 严寄

严凤英复刘昆华信（现藏安庆中国黄梅戏博物馆）

母亲严凤英

王小英

母亲在儿子的心目中永远是抹不掉的。将来有一天黄梅之花如像有人预言的那样，会枯萎了，如一切落红一样被人埋葬掉，但在儿子的心里，母亲永远是鲜艳的。

我今年40岁了，母亲只活了不足38岁。1966年，“文化大革命”时，她才36岁，基本上不能演戏了。可是从16岁正式进城唱戏起，二十年她竟唱了大小新老七十多出戏！还拍了电影，还上街演活报剧，下农村拉洋片，古装的、现代的，各式各样不同年龄、不同身份、不同性格的人物，像《打猪草》里活泼天真的小女孩陶金花，《看灯》中粗犷年轻的农民媳妇，《春香传》中为爱情宁死不屈的古朝鲜的艺妓春香，《桃花扇》中秦淮河畔碧血写桃花的李香君，《柳树井》中敢于争夺自己幸福的招弟，《江姐》中气吞山河的江姐，《红色宣传员》中和乡亲们心贴心的朝鲜少女李善子，《碧玉簪》中忍辱负重的李秀英，《丰收之后》中朴实敦厚的赵五婶，《白毛女》中从人到鬼又从鬼到人的喜儿，还有大家熟知的七仙女、冯素珍、织女，等等。她首先是黄梅戏演员，主要在舞台上演出。1958年，她曾对毛主席讲过，她一年要演出365场，就是一天至少演一场。有时像放电影一样，一天两场到三场。毛主席说：“要劳逸结合啊！”那时候几乎天天演出，而且场场客满。有人说这是因为那时人们没有电视看，只有看舞台演出。但是那时也有剧种、也有剧团演出卖不掉票的。

有一个卖席梦思的广告说：“一个人的一辈子，有半辈子是在床上。”母亲的这一辈子有半辈子是在舞台上，她上了舞台就灵活自如，下了舞台就普通平凡，生活中我一直把她看作是个和所有妈妈一样的好妈妈，工作上她是一个处处为观众负责的勤奋的好演员。她希望我们学习好、思想好、身体好，和当时的所有好妈妈一样，希望我们长大了能做“革命的接班人”。她对我们要求非常严格，打小就把我们兄弟俩送到幼儿园和小学住宿，星期天才能回家一次。我们多么盼望周末的到来，周末我们又可以回家看到妈妈，又可以看到妈妈演的戏了！过完周末，我们又要回到学校，这时我们舍不得妈妈，妈妈也舍不得我们，千哄万劝，一步一叮咛，把我们送回学校。此情此景，终生难忘！这个时候，我们领悟到妈妈的深情。

严凤英一家人，左起：王冠亚、王小英、严凤英、王小亚

妈妈演的戏，留在我脑中的，就是一个“情”字，是深情，更是真情。可以说妈妈有三个儿子，除了哥哥和我以外，还有一个“儿子”是黄梅戏舞台，离开黄梅戏舞台她就不知道如何活下去了。妈妈没欺骗过我们，也没欺骗过观众，她动的是真情。每当演完《天仙配》一类的悲剧回来，她还沉浸在戏里，不能自拔，她要坐在床上哭个够。她说她对观众从不弄虚作假，哭就真动情，不靠点眼药水。那时科技条件不如现在发达，在农村草台班子的草台上，当然谈不上有麦克风等扩音器之类的东西。妈妈的师傅丁永泉说过，他们那时练唱，要唱得前后左右的观众都能听得见才行，因为农村的草台四面都有观众，假若后面观众听不见，他们就会喝倒彩，用石头砸你，那时哪谈得上打幻灯字幕，全靠咬字清楚，要不然观众讽刺你嘴里含着一个大萝卜。所以，妈妈从小就养成一个习惯，演完下来，总要找最后面卖香烟瓜子的小贩，问他们听不听得见，听不听得清。竞争是非常残酷的，妈妈就是在这种残酷的竞争中成长起来的。妈妈常对我们说，人家讲我有天才，其实我是怕在竞争中被淘汰，吃的苦流的汗下的功夫只有自己知道。那时也没有现在这样高级的录音设备，全靠在台上凭真功夫唱，像《小辞店》男女两个演员在台上硬是要唱一个多小时，光旦角一人就要唱五十多分钟。有“男怕《会母》，女怕《辞店》”之说。《会母》全称《鱼网会母》，饰鱼网的小生在台上也是一出戏全靠唱，也是一口气要唱几十分钟。这两出戏令男女演员生畏。黄梅戏中

还有一种唱腔，像《女驸马》中的《洞房》，冯素珍唱的“误你终身不是我”，唱词长，而且越唱越快，还不能掉板，和妈妈合作的长辈们常常说：“荒(黄)腔一半，掉板全无。”不像现在有的人唱着唱着调子就飞了。那只有靠平常的苦练了。原来这段唱腔唱词很长，越唱越快，唱到最后高潮处，还要拔一个高调非叫人鼓掌不可。拍电影时为了控制时间就砍短了。这段唱腔是妈妈拿手的唱腔，是从老旋律中发展出来的，妈妈狠下过功夫。爸爸还记得1959年5月剧团到北京演出时，剧场离北京市京剧团演出的剧场不远，妈妈演完戏就赶去看张君秋的京戏，张君秋演完戏就赶来看妈妈的《女驸马》，互相观摩学习，都放得下架子，进了场就站在最后一排看，那时北京人讲究“听戏”，其次才是“看戏”，听到过瘾处就鼓掌叫好。他们都是从心底互相鼓掌叫好。尊重兄弟剧种，学习兄弟剧团，这样的艺术家，这种作风，真叫我们晚辈难以想象！现在条件好多了，可以在家看电视，那时还没有。现在有些难唱的唱腔可以事前把音录好，一次录不好，可以分几段录，演出时把录音带一放，不出声，对对口形，省劲多了，而且场场嗓音嘹亮，叫人难辨真假，就不存在“男怕《会母》，女怕《辞店》”了。

不过我最喜欢听的是妈妈不带任何扩音器的唱，那是她真正的声音。在家里练唱，在排演场排戏，在田头演出，等等，那是她真实的声音，用了扩音器就多了一种说不出的金属声音和电磁声音，就觉得感情上隔了一层，黄梅戏老前辈说“金不如丝，丝不如竹，竹不如肉”，肉就是人的嗓子。有的人说妈妈嗓子的“本钱”好，其实这也是误会。妈妈在新中国成立前跟戏曲前辈“吊嗓子”。后来我长大了，妈妈经常还带着我上剧团去“吊嗓子”。那时剧团练功制度比较严，每天要练功，要吊嗓子，非常认真。虽然妈妈那时已出名了，但是还拜很多前辈做老师。妈妈应工是花旦，不翻跟头，但是还练剑、练云帚、扇子、水袖等身段。周信芳有位昆曲的搭档张慧聪奶奶在安庆黄梅戏学校，妈妈就拜她为师。还有驰名大后方的刘家班的著名演员刘千金，妈妈也拜她为师，她们都教了妈妈很多好活。特别是刘千金对妈妈特别好，她说：“小凤又聪明，又好学，成了名演员却没一点架子。”她把她的“私房活”都毫无保留地教给妈妈，胜过亲人，妈妈生我的时候，她还一直守候在一旁。唉，十年浩劫中她也不幸去世了！

妈妈一方面按传统戏曲方法“吊嗓子”，一方面还跟搞科学发声的老师和朋友学科学发声法。学得最多的是部队歌舞团的吴枫叔叔。他和爸爸是一个部队的，都是学声乐的。吴枫叔叔在林俊卿先生那里学习声乐，回来就和妈妈爸爸一起研究一起探讨“咽音”。他们认为妈妈的中声区好，共鸣点集中，气通，呼吸对头。同时也告诫她学科学发声法不要把自己黄梅戏的韵味搞丢了,吸取好的方法,但不能替代,他们劝妈妈不要乱喊乱叫地“喊嗓子”,一定要注意方法。那时剧团提倡喊嗓子,天不亮就跑到后门的塘边大叫大喊,据说喊哑一次嗓音就高一次。精神是可嘉的,所以领导经常表扬。妈妈就不去喊,养精蓄锐,休息好了,按科学发声法来练,因此就受不到表扬,有的人就说她不练基本功。妈妈任人去说,依然我行我素,因此就“脱离群众”。后来,又有种论调:嗓子越高越革命,认为声乐里只有女高音才算有本事,其他像女中音、女低音都不算本事。妈妈依然故我。那一段时期,评论演员的演唱艺术,大多是既不会唱又不会演的权威,不听就会犯“外行不能领导内行”的大错误。而歌唱艺术和表演艺术是很微妙的,钢琴音不准不美,还可以拆开来检查检查、修理修理,人的嗓子唱得不好听,就无法拆开来检查检查。表演更微妙,一个科班为什么只出一个梅兰芳,为什么不能多出几个梅兰芳?有的人长得比梅兰芳还美,为什么梅兰芳人老了反而“炉火纯青”,有的就“人老珠黄不值钱”?这远不是三言两语说得清的问题,更不是发动一场什么运动就能解决的问题。你要知道梨子的滋味,你得亲自吃一口尝一尝,妈妈那时虽然还不是自觉地理解“实践是检验真理的唯一标准”,她就是练、演、唱,进行舞台实践,演一场提高一步。刘千金最喜欢妈妈的是,有的人在科班练几年,有的人在艺校练几年,毕业进了剧团就不练了,而“小凤真正做到了‘曲不离口,拳不离手’,她的基本功练了一辈子”。

她喜欢看赖少其作画,回来也画兰竹、写字。她也喜欢和菡子阿姨谈写作,菡子阿姨讲她是可以当作家的。她喜欢买书看书,像莎士比亚、契诃夫、巴尔扎克、鲁迅等等都按全集买。她非常爱读托尔斯泰、郭沫若、巴金的作品,她读书不仅为了提高文学修养,她时常萌生奇想,一会想扮演这本书中的人物,一会想扮演那本书中的人物。她还从安娜·卡列尼娜身上受到启发,深入挖掘她的拿手戏《小辞店》中卖饭女柳凤英的心灵。所以,她的戏一天一个样子,不断在变化加工。她的确是用心去唱去演的。她的心究竟怎样?

爸爸最近将妈妈最后的绝笔复印件送给老诗人徐味做纪念,那是 1968 年 4 月 6 日造反派“勒令”妈妈检举揭发 1964 年全国京剧现代戏观摩演出大会期间,安徽省委、省委宣传部、省文化局负责人和安徽省赴京观摩团,特别是团长徐味如何攻击江青的“革命样板戏《智取威虎山》”的,并且“勒令”4 月 8 日交出检举揭发书,不许隐瞒,不许包庇,要“戴罪立功”。妈妈宁死也不出卖同志,用生命写下了这个绝笔信:我和他们没有来往,“特别是和徐味没有任何来往”!三十年后，也就是妈妈逝世的三十周年，爸爸将妈妈亲笔写的这个绝笔送给徐味，白发苍苍的老诗人老泪纵横，他说："凤英呀，你太老实了！你为什么不检举我、不出卖我呀！那时大家都被迫出卖人，都能理解呀！只要你不死，随便出卖我是个什么罪名我也不会怪你的呀！你不该死啊！"妈妈大概是看那些忠臣烈士的书影响太深了，就走了那条路。菡子阿姨有篇文章评价妈妈的人和戏说："她太纯真了，太认真了，太天真了！"我想这很中肯，妈妈的心、妈妈的为人和做戏就是这样，她把演戏和做人合二而一了！

（选自《黄梅戏艺术》1998 年第 3 期）

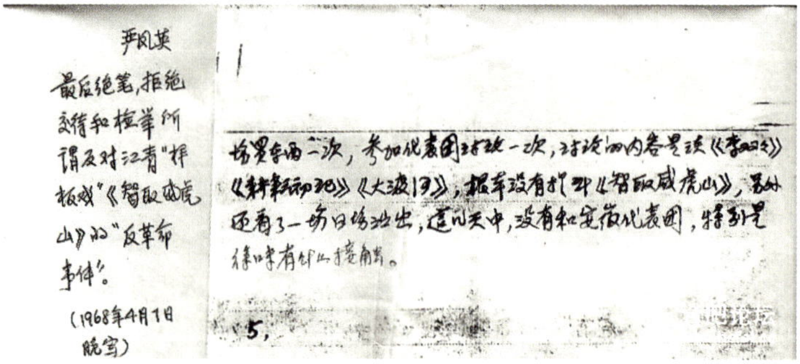
严凤英
最后绝笔，拒绝交待和检举所谓反对江青"样板戏"《智取威虎山》的"反革命事件"。
（1968年4月7日晚写）

严凤英绝笔

忆凤英

秦　怡

盛夏的一个黄昏，我随《风浪》摄制组从青岛拍摄外景回到家里，看到王冠亚同志寄来的一份杂志。我翻阅了他追忆凤英同志的文章《青山不老水长流》，看着，看着，字迹模糊了，泪水滴到了纸页上，此刻我是多么想念凤英同志啊！如果她还活着，如果她就在我们身边，如果我们又在一起畅谈，那该多好。我多想看看那双明亮的眼睛，那活泼的笑容；我多想再听听那微带沙哑，而又圆润的嗓音啊。可是，她不在了，万恶的“四人帮”夺去了她的生命。

十年前，当我关在“牛棚”，失去自由，受到监禁的时候，我常常想念一些熟识的同志和朋友，借以陪伴我度过那些可怕的日子。其中，我想到了凤英，她会不会和我一样，现在也……我的心情无比沉重，我为她的命运而担忧，后来果然得悉凤英无辜被诬陷并遭残酷迫害而含冤死去的噩耗，我怎么能相信？这样一个热爱党，热爱毛主席的文艺战士竟和“反革命”联系在一起！这样一个热情奔放，朝气勃勃的人竟然和死亡联系在一起！她竟然躺下了，她竟然永远闭上了那双明亮的眼睛，她竟然永远不再唱了……我拍案而起，泪水夺眶而出，我怒不可遏、悲不可止呵！这时，凤英的形象、声音、笑貌又清晰地闪现在我的眼前。

秦　怡

我记得，在电影厂的摄影棚里，我看着她在水银灯下那样生动自如地表演，使我敬慕不已。

严凤英

我记得，1957年初，我随中国电影代表团去芬兰访问，在电影周的开幕式上，我们放映了影片《天仙配》，芬中友协的朋友特地请了一位著名的演员来翻译唱词。这位芬兰演员富于感情的解说，深深地打动了观众，影片受到了热烈的欢迎。当我们向这位翻译得这样好的演员表示感谢时，他谦逊地说："这是由于有这样优美、动人的故事，有这样优秀的演员生动的表演，便使我自然地随着唱词的感情走了。"在远离祖国的土地上，当我看到国际友人对黄梅戏这样欢迎，看到他们对凤英同志这样热爱，我心里感到无比的激动和由衷的喜悦。

我记得，与凤英在北京参加全国政协会议时的情景，在小组会上，我听到她热情洋溢的发言。她谈到敬爱的周总理对我们文艺工作者的教诲，她谈到工农兵的殷切希望，谈到为工农兵演出的幸福、光荣，同时也谈到了自己的打算和理想。她的富于感染力的发言把大家的心烧得热乎乎的。有时，她在同志们的掌声中，落落大方地站出来，为大家演唱一段，这些优美的黄梅戏曲调多少年来仍萦绕在我的耳边。最令人难忘的是，当我们列席了全国人民代表大会，见到了伟大领袖毛主席和敬爱的周总理以后的幸福情景。我们流着激动的泪，走呀，想呀，谈呀，怎么说得尽呀！当时我和凤英不坐在一辆车上，但我们透过两层厚厚的车窗玻璃比画着，她时而鼓掌，时而指着前方，时而举起双手。我完全理解她的手势、她的表情和她的心。她在倾诉她的万分激动，她在倾诉她对毛主席、周总理的无比热爱，她在倾诉她永远献身革命文艺事业的决心。

（选自《安徽戏剧》1979年第1期）

公祭勿忘告乃翁

张瑞芳

严凤英同志是一位极有艺术才华，勇于实践，勇于革新创造，深受国内外广大观众欢迎的、优秀的无产阶级文艺战士，也是敬爱的周总理生前经常提到的、非常关心的人民艺术家之一。

我和凤英认识较早，多次和她一起受到周总理的亲切接见和关怀。

记得1958年，周总理有次讲到，文艺要迅速反映社会主义建设的火热斗争；创作实在来不及的话，先搞艺术纪录片。鲁彦周同志很快就把宿县三八人民公社的事迹写了个电影《三八河边》。我也立刻赶到安徽来参加《三八河边》的拍摄。凤英也赶来了，我们积极地投入这个片子的拍摄中。

艺术纪录片又不完全是纪录片，由我演女社长，故事片又不像故事片，会不会失败？凤英那时，《天仙配》已载誉国内外了，她扮演参观者，戏不多。但是，我们当时心里只想到是总理叫干的，是响应总理的号召，所以什么私心杂念也没有，不怕失败。特别是凤英，从不计较戏多戏少，生活中把我当姐姐，工作中她甘心当配角。我们的关系比亲姐妹还亲。这部片子记下了她严肃认真的工作态度和我们深厚的情谊。这一时期我们在一起拍了不少生活照，使我现在一看到这些剧照和生活照，她那充满青春活力的形象就展现在我的眼前。在这部片子中，凤英还专门演唱了一段黄梅戏，那是她自己作曲、自己演唱的。当时同志们听了就说："严凤英同志唱的黄梅戏，又甜，又亮，又圆润。"如今凤英已离开我们十年了，她那感人的歌喉却仍在我耳边回旋。

1963年，周总理要严凤英同志多演革命现代戏。凤英非常热爱周总理，非常听周总理的话，回来以后就积极上演现代戏。1963年到1964年的一年中，她

在电影《三八河边》中、张瑞芳(左四)饰女社长,严凤英(左二)饰参观者

的任务特别紧张,既要到广交会上为国外的朋友演出,又要完成拍电影的任务。但她从来没有放松执行周总理的指示,在不到十个月的时间里,接连排练演出了《丰收之后》《红色宣传员》《战斗在险峰》《党的女儿》和《江姐》等一批大型的革命现代戏。这个生产效率真惊人啊!她还排了一些小节目,一并送到农村去演出,深受广大群众的欢迎。

敬爱的周总理关怀严凤英同志的事情很多,特别使我感动的是,在1973年4月14日下午9时至12时,周总理在人民大会堂接见以廖承志同志为团长的中日友协访日代表团全体成员。当周总理看到好多熟悉的演员都在,唯独看不到严凤英同志时,总理很心酸地问到严凤英……

严凤英同志是被林彪、"四人帮"残酷迫害致死的。她留下的遗书是:"我严凤英是热爱党热爱毛主席的,我生是毛主席的人,死是毛主席的鬼!"她还含着眼泪对她的爱人王冠亚同志讲:"我的冤枉搞不清了!我死后你一定要想法告诉周总理,他老人家了解我!"

是的,周总理是最了解严凤英同志的。我们的好总理也是受到"四人帮"的残酷迫害,过早地离开了我们!他老人家未能亲眼看到严凤英的冤案得到平反昭雪!

总理逝世三周年了。公祭勿忘告乃翁。在敬爱的周总理离开我们的这三年里,在华国锋同志为首的党中央领导下,国家面貌大变,文艺面貌大变。为了实现周总理的遗愿,我一定向严凤英同志学习,发扬她光明磊落、严直无私、刻苦钻研、精益求精的革命精神,多为人民拍些好影片,繁荣社会主义文艺,为早日实现四个现代化贡献自己的一生!

姜永峰　包素兰　李晴川　记

(选自《安徽戏剧》1979年第1期)

张瑞芳写给王冠亚的信

张瑞芳

王冠亚同志：

你8月6日写的信，前不久才转到我手中，又因我每天抢拍外景，没有立即回信，请原谅。

凤英同志是我很熟的朋友，是观众非常喜爱的好演员，我曾多次和她一同在北京开会，她又几次来上海电影厂拍电影，我们一起在《三八河边》影片中拍戏。对于她的逝世，我们感到非常悲痛和遗憾，使我们对"四人帮"更增加了仇恨。"四人帮"不仅想害死凤英，而是要打击迫害受到党和敬爱周总理爱护的许多人！对于凤英同志的不幸逝世，我们更是别有一番滋味在心头。

今年悼念周总理逝世一周年，我曾多次到各区的工厂、学校追念周总理。当我谈到周总理对文艺工作者的关怀时，我都提到凤英同志，因为这是我听到的周总理最后一次的讲话内容。当时周总理心情激动地谈到"应当关心人"……

总理叫着×××的名字说："你是安徽人，你们安徽有个人死了，你知道吗？"

她说："……不知道……"

总理说："你不知道？"

我说："是不是严凤英？"

总理说："你看，她知道！要关心人！……"

总理还强调说："要有人关心哪！"

我当时听到敬爱的周总理的话，心里真是激动万分。周总理对逼死凤英同志的人，虽然没有指出他们的名字，但总理当时的语气和声调，是表示很大愤慨的！

如今，“四人帮”的滔天罪行已经大白于天下，凤英同志的冤屈也终于得到昭雪了。凤英同志如有知，也当含笑地下吧！我们活着的人就应当更多地努力做工作，以补偿“四人帮”造成的损失，来纪念凤英同志，回答党和敬爱的周总理的关心爱护。

听说凤英留下的孩子一直由你一人照料，我们都很受感动。孩子们通过亲爱的妈妈的死，当更懂得应当爱什么恨什么！相信他们在你的照料下，定能成为为四个现代化贡献力量的好的接班人。

我现在开封拍《大河奔流》的外景，戏很重，困难不少。但我感到各方面都在支持我，使我感到很大的鼓励和鞭策。现在，老同事中体弱多病的、故去的都不少，我虽已 59 岁，但精神、身体尚好，我应为我们的电影事业贡献自己所有的力量。

开封外景之后，我们还将去安徽蚌埠拍外景。如有机会和可能，我定要看望你和你们的孩子。

现先让我对你们全家表示衷心的祝愿，愿你们工作进步身体健康！

张瑞芳

1977 年 8 月 20 日

忆严凤英

范瑞娟

最近，黄梅戏剧团来沪演出。我从一位同志那里见到一张照片，那是1965年1月黄梅戏演员严凤英、越剧演员竺水招和锡剧演员沈佩华在北京开会时的合影。看到这张照片，真是感慨万分，照片上的三个人至今只剩下沈佩华一个了。严凤英在十年动乱初就遭到残酷迫害，于1968年4月8日含恨逝世，终年仅38岁。过了一个半月，竺水招又惨死，终年47岁。40岁左右，正当她们艺术生命十分旺盛的时期，真是：一代名伶黯然逝，斑斑血迹留人寰。

我认识严凤英同志是在新中国成立后华东戏曲研究院将黄梅戏调来上海内部演出时，那时她还是个20岁左右的姑娘。我比她大几岁，一见到她就感到十分亲热，好像是自己的亲妹妹一样。在接触中，我了解到她的许多情况。严凤英出生于安徽省桐城县，3岁没娘，从小就在劳动中学会了不少民歌小调，成了当地农民喜爱的一名小歌手。14岁开始学唱黄梅戏。为了学唱戏，她曾被捆绑起来丢在水里几乎淹死。在15岁那年，她还是从家里逃出来跟着黄梅戏剧团走了。在旧社会相似的苦难遭遇，使我与严凤英更接近了起来。

新中国成立以后，严凤英的艺术才华得到了充分显露的条件。新中国为各种戏曲打开了广阔的天地，黄梅戏发展很快。严凤英在1952年演出了《打猪草》《柳树井》等戏，博得广大观众的好评。1953年，严凤英第一个报名参加新成立的国营安徽黄梅戏剧团。此后，她在艺术上日益猛进，她除了主演一批优秀的传统戏外，还成功地主演了一些优秀的现代戏，如《江姐》《白毛女》《党的女儿》等。1954年，她参加华东地区戏曲会演，荣获演员一等奖。她主演的《天仙配》《女驸马》《牛郎织女》还被拍成电影，得到国内外观众的热情赞扬，为黄梅戏这

左起：全采风、严凤英、王毓琴、范瑞娟

个剧种扩大了影响，赢得了更多的观众。后来，严凤英被选为全国政协委员。

令人难以忘却的是她第一次到我家的一番谈话。她对我说："我们这一代演员，既是旧社会的末一代演员，又是新中国的第一代演员。"我深有同感，便对她说："对！我们身上担负着承前启后的重任，有许多事情还要从头学起，有好多课要补。"我俩相互表示要把全部热忱和精力都倾注到祖国的戏曲事业中去。

严凤英在艺术上一贯努力实践，勇于革新创造。黄梅戏是从民间小调发展而成的剧种。安徽人称它为"黄梅调"，新中国成立后改称黄梅戏。严凤英大胆地吸收了民歌和其他剧种唱腔的长处，极大地丰富了黄梅戏音乐的艺术感染力。她发音自然，音色甜美，咬字清晰，行腔流畅，韵味隽永。严凤英演剧有浓郁的生活气息，她的精湛的艺术赢得了戏剧界同行的赞赏。她为黄梅戏的发展付出了辛勤的劳动，做出了有益的贡献。

严凤英是一位敢于反抗封建压迫而又吃得起苦的硬姑娘。但十年动乱给她带来的灾难，她却难以忍受，失去了活下去的精神支柱。她的去世是我国戏曲事业的极大损失。

1973 年，周恩来总理在接见张瑞芳、筱文艳等同志时问道："你们知道安徽少了个什么演员？"张瑞芳同志回答说："严凤英。"总理讲："还是你记得。"并深切地说，"这是个好演员。"周总理的评价，是对严凤英一生的最好总结。60 年代初，女作家菡子为严凤英写了个电影剧本《两姐妹》，打算让她演妹妹，请白杨同志演姐姐。确实，白杨同志和严凤英的面貌很像，真开拍的话，一定是部极受观众欢迎的好电影。可惜这件好事被十年动乱冲掉了。如今严凤英的丈夫王冠亚写了一个电影剧本《严凤英》，叙述她短促然而丰富曲折的一生。我深切希望这个电影早日开拍。

1965年1月在北京，左起：沈佩华、竺水招、严凤英

1979年春节，邓颖超大姐接见著名评剧演员新凤霞时，对她说："'四人帮'害死了多少演员哪！""不要哭，眼泪不能战斗，死去的人没有做完的事，我们接过来，做下去，好好地活着……"邓大姐的话是对我们每一个文艺工作者的巨大激励。

"安息吧！凤英妹妹。"我对着照片默默地说。

（原载《舞台与观众》1982年1月2日）

我与严凤英

戚雅仙

安徽黄梅戏的杰出表演艺术家严凤英，早已成为故人，离世多年了。可是她的甜美的唱腔、俊美的扮相，却在戏曲观众和戏曲同行中留下了久久难忘的美好印象。我在照相簿中翻到了两张和严凤英的合影，这已经是四十多年前的旧照片了。黑白照，尺寸小，色泛黄，微不足道。然而却引起我对当年“风华正茂”时期的美好回忆，同时对严凤英这位“美的化身”过早毁灭有无限感慨。

1954年，华东戏曲会演。这是新中国成立初期我国戏曲界的一次盛会，也是中国戏曲史上的一件大事。当时，华东几个省和上海市的戏曲演员都来演出拿手戏和新戏。记得演出的戏，有福建的闽剧《炼印》、山东的吕剧《李二嫂改嫁》、浙江的甬剧《两兄弟》、江苏的锡剧《双推磨》等等。而安徽的黄梅戏《天仙配》《夫妻观灯》更是引起上海戏曲观众和戏曲同行的高度赞美和无限欣赏。这两个戏都是由严凤英主演的。她才20来岁，风华正茂，风采正好。黄梅戏的曲调非常优美动听，严凤英在舞台上的形象又是非常娇美动人，再加上《天仙配》的故事又非常精彩动情，美音、美人、美戏，真可以说是“美的化身”。难怪这个戏后来很快就被搬上银幕，拍成电影，由石挥导演，风靡全国。有些唱段，如《夫妻双双把家还》等成为在民间到处流传的“戏歌”，直到现在，还是卡拉OK的保留节目。严凤英为黄梅戏的崛起和风行立下了汗马功劳，而华东戏曲会演则为她提供了走向成功的最好机遇。

我与严凤英的相识，就是在华东戏曲会演期间。本文中的两张照片，也就是在当时的合影。那时，她是安徽代表团的青年演员，我参加演出的剧目是越剧《屈原》，由尹桂芳主演屈原，我演婵娟。《屈原》这个戏原来是由芳华越剧团演

严凤英与戚雅仙

出的，后来就作为上海代表团的越剧参演剧目，演员则从上海各越剧团抽调，加强阵容。当时袁雪芬、范瑞娟、傅全香、徐玉兰、王文娟等都已参加华东越剧团，代表华东团演出《春香传》等剧目，不参加上海代表团。记得是芳华越剧团的尹桂芳演屈原，徐天红演张仪，许金彩演南后，尹瑞芳演宋玉。合作越剧团我演婵娟，胡少鹏演子兰，云华越剧团商芳臣演渔父，新新越剧团许瑞春演靳尚，等等。《屈原》这个戏在华东戏曲会演中受到了好评。桂芳大姐和我都获得演员一等奖。大姐评一等奖，这是理所当然的。她演的屈原，既是主角，又是突破行当，小生戴髯口，在表演上、唱腔上都大有创造，在越剧舞台上树起古代大诗人的光辉形象。我演婵娟，是个配角，戏并不太多，居然也评上一等奖，这里边大概多少有点照顾和鼓励的成分吧。当时以我为团长的合作越剧团演出《白蛇传》《琵琶记》《相思树》等戏后，正在兴旺时期，所谓"戚派唱腔"也开始在越剧观众中有些影响，正是一个青年演员振翅腾飞之时吧，所以也给了我一个高奖。记得好像文化局领导还派了一个干部找我谈过话，希望我要珍惜这个荣誉，不要骄傲云云。严凤英自然也评上演员一等奖，她是星光灿烂，众望所归。想来是用不到照顾鼓励和谈话的。这两张照片，大概是在华东戏曲会演期间，在一个什么公园里开联欢会时拍摄的。我们当时都年轻，她更显得热情。另一张照片，是她和尹桂芳大姐、我，还有在《屈原》中扮演宋玉的尹瑞芳一起合影。说明她对越剧、对《屈原》

左起：尹瑞芳、严凤英、戚雅仙、尹桂芳

这个戏、对我们这些年轻的同行，都是很有好感的！

华东戏曲会演以后，她随着电影《天仙配》的轰动全国，成“仙”了，飞“天”了。我也戴上“华东戏曲会演一等演员奖”的桂冠，合作越剧团观众越来越多了，影响越来越大了。我们都从当年的“青年演员”成为“著名演员”，各为其团，各奔前程。直到“文化大革命”，各受冲击、各陷苦难之时，我才得到了严凤英已经自杀而死的消息。我是在“牛棚”里听到这个消息的，是一位原在北京文化部工作的老干部苏浙告诉我的。我开始以为这是个谣传，或者是误传。因为“文化大革命”到处动乱，谣言纷起。温柔美丽的“仙女”怎么会“自杀”？就像我开始听到言慧珠和竺水招自杀了的消息都不相信一样。谁知，这竟然是事实。“文化大革命”是一个是非颠倒、黑白颠倒、人妖颠倒的黑暗年代，它使多少人丧失了生命，丧失了理智。黄梅戏舞台上的“美的化身”，甚至可以说是戏曲舞台上的“美的化身”严凤英就这样在她正处在美好年华的日子里，还不到40岁吧，永远地离开舞台、离开人间了。今天，当我翻看这两张严凤英亲切热情的照片，当我们重看《天仙配》影片，当我们再听《夫妻双双把家还》唱段，怎能不引起无限感慨。让戏曲舞台更多一些“美的化身”吧！让人们留下更多美好的回忆吧！

（选自《上海戏剧》1997年第3期）

我和严凤英

新凤霞

三八妇女节那天，我被邀去看电视连续剧《严凤英》。当我看到严凤英死去盖上那块白被罩，我再也无法控制自己，失声痛哭不止。我想念你啊，凤英！凤英是我的好朋友、亲密的好姐妹，我俩的友谊是20世纪50年代开始的。

那时我俩都还年轻，记得她好像比我小一两岁。我俩都是先在电影银幕上认识的对方。她拍的《天仙配》，我拍的《刘巧儿》，那是1956年，她刚结婚不久。

1958年我们两人见面，我和凤英可说是一见如故。凤英待人亲切热情、胆大，性格倔强、有魄力，美丽、漂亮。一见面我就喜欢上了她。

她来北京看我，住在我家。那时，她是一帆风顺的红演员，可我却是政治压力非常重的倒霉旦儿！我说："凤英，你来看我，不害怕吗？"她干干脆脆地说："怕什么？你在台上唱戏，观众买票来看都不害怕，我也不过是个唱戏的，怕什么，光明正大！你太胆小了！"

我家那时住在王府井帅府园马家庙一个四合院。凤英给我的孩子带来安徽特产：油丝、豆糕等。她亲手交到孩子手里，亲切地叫着："宝贝儿，你们好好地跟着妈妈，爸爸一定会回来的。"她把带来的板栗、茶叶亲自送到我的公婆手里，老人们都得到很大的安慰。

我俩睡在一张床上。共同从旧社会过来的女艺人有共同的苦难经历，话一开头，就像流不完的小溪。我们俩抢着话说，不让"盖口"。她讲从小流浪卖艺，在南京受侮辱、受迫害的艰苦岁月；我讲从小被卖、挨打，为了吃饱闯荡江湖的经历。小时听人说："宁交妓子，不能交戏子。"妓子是妓女，戏子不如妓女？说妓子是"坐娼"，坐等客人，戏子是"游娼"，流浪四方游送唱戏。多么难听的话呀！

新凤霞的生活照

我们一夜夜地说。她会抽烟、喝酒,气愤了就劝我说:“你太老实了,一点乐趣都没有,太苦了! 走,咱们去吃点好的。”我俩一同去东安市场内的和平餐厅喝咖啡,吃冰淇淋。我俩一起散步谈心,她讲话声音比较高,引起人们的注意,看出她是演《天仙配》的严凤英,我是演《刘巧儿》的新凤霞,群众热情地请我们签名,她和我都为大家签了。我抱怨她不要这样无所顾忌地说话,她说:“怕什么? 咱们是演员,生来就是给观众看的! 你宁愿这样谨小慎微地做人吗?”

谈起家庭生活,她对新婚不久的王冠亚同志非常满意。冠亚为人善良、老实,对凤英照顾备至,在业务上虽说比不上凤英的声望,但有很大帮助。在旧社会中吃尽苦水的凤英总算找了个真心相爱、称心如意的好丈夫,得到了幸福美满的家庭生活,凤英谈起来很知足满意。

我们又回忆起旧社会那些著名演员,在台上红极一时,可在生活中,不过是个被人欺辱、玩弄、任意摧残的“花瓶”,好演员被糟蹋、熏染,抽上大烟、“白面儿”,最后死在白骨堆中。李金顺、高玉姑,那是多么好的演员呀,最后就是被拉尸车拉走了的……

当然,我们谈得最多的还是戏。谈她的《天仙配》《打猪草》《女驸马》,谈我的《刘巧儿》《杨三姐告状》《花为媒》。有时说着说着,兴奋起来,凤英就拉起我来:“院子里说!”我们就在院子里手舞足蹈。说起身段、脚步,她总是兴致勃勃,有次对我说:“你教我唱评剧吧,我特别爱听那段‘巧儿我’!”于是,她唱起了“巧儿我自幼许配赵家”,我跟她学了那段“树上的鸟儿成双对”……

那时,上海一位评论家把我们称为“南北双凤”——南凤就是凤英,北凤指我。我们俩的名字都正好有个凤字。我开玩笑说:“凤英,咱俩也是树上的鸟儿成双对呀!”她笑得开心极了。

凤英要强好学,能吃苦,谦虚直爽,痛快豪放。电视剧里有这样一场,一位昆曲艺人说她:“上半身不错,下半身不行,只能算半个演员。”她一气之下不吃饭、不说话,然后,自己去找这位昆曲专家跪地磕头拜师求艺。很对,这就是凤英的性格,她的真实心理!不怕不成,就怕自满,凤英正是这样求师访友,刻苦努力的。从小调民歌中脱胎的黄梅戏,登上了大舞台,拍成电影得了奖,成为有国家影响的一大剧种,凤英是有功的,这种精神值得后人永远学习。

那时我被错划成右派,戏虽然还演,但是不能宣传,不能见报,更别提上电视。她很爽气地说:“别想这些,不宣传你也是新凤霞,观众买票还是看你!你看,我到北京来,不是头一个就先看你来吗?”我叹气说:“凤英,跟我交朋友,你吃亏呢!”她开朗地笑了:“怕吃亏算什么朋友?”她是个特别讲义气的人,这几句话我至今刻在心上。当时,我俩拍了一张合影,洗了两张,她一张我一张。可惜“文革”抄家,我的一张从此失去,凤英那一张,命运也同样。这是永远无法弥补的损失了。近来和冠亚同志谈起来,我们相对黯然,好久说不出话来。

“文革”前,凤英的命运比我好得多,什么运动也没沾上。十年动乱开始,我当然又是在劫难逃,这时又传来一个坏消息:言慧珠自尽了,小白玉霜自杀了……我心里一阵阵发紧,想到了凤英:她不会有什么事吧?她能够“正确对待”吧?凭她的坚强,总能咬牙挺过去吧?谁知,这时听到一个传闻:严凤英吃了大量安眠药自杀,已经去世!“造反派”强加给她的罪名是“特务”,死后还要剖腹验尸,硬说她肚子里有电台……我不相信,我不敢相信,我不愿相信!“四人帮”被粉碎后,王冠亚同志来北京看我,我才当面问清凤英惨死的情况。凤英,你再也不会重叩我家的门,教我唱“树上的鸟儿成双对”了……然而,其人虽逝,其声未绝。应当高兴的是电视连续剧《严凤英》的主演马兰等新一代“南凤”

又腾飞了。我为黄梅戏后继有人，“南凤”健美的翅膀飞腾而高兴！今天的黄梅戏，年轻的演员在老演员的帮助教导下，排出了不少好戏，也继承了一些观众熟悉、喜爱的原有传统剧目，在国内外受到了广大中外观众的欢迎。凤英啊！你在九泉之下含笑瞑目吧！凤英，我想念你！

（选自《戏剧电影报》1988 年 4 月 3 日）

凤英，你这刚直、泼辣的好人……

新凤霞

十五集电视连续剧《严凤英》我全看了。唉，真像在回忆自己的苦难史！凤英那一幕幕苦剧我也都演过，我为凤英流了多少泪呀！

闯荡江湖、流浪卖艺我有亲身感受，艺人的义气我懂得。凤英在旧社会上过吊，我在旧社会也自杀过。凤英被旧社会恶势力欺辱，我也受过。记得20世纪40年代初，我在天津南市中华茶园唱戏，那时我已做了主演。黑旗队的一个头头来后台，我没有给他端茶倒水，要我陪他去吃饭，我也不去。他说，角儿不大，架子不小。甩话要向我脸上洒镪水，说要新凤霞瞎一只眼。当时跟我同台清唱京剧老生的李想蓉大姐对我说："小凤啊！你见着他们也应酬两句，别躲在一边不理睬。今天散了戏你跟我一块走。"大姐上人力车我也被大姐拉上了车。拐弯转角走了一会儿，忽然有哗哗的泼水声，果然有人泼镪水来了！人力车的棉棚子烧了很多洞洞。我们没有受伤，吓得我缩成一团，用力抓住大姐的手。旧社会就靠姐妹义气相互帮助。李想蓉大姐在登瀛楼饭庄替我请了两桌席，要我当面赔礼道歉才算了事。

凤英聪明漂亮、勇敢坚强、谦虚好学、讲义气，这在电视上大家也都看到了。我和凤英最早是在电影上相互认识。后来见了面，她教我《天仙配》，我教她《刘巧儿》。凤英比我泼辣，敢说敢撞。我们谈起旧社会戏曲艺人的苦难史一同流泪。旧社会人分三、六、九等，剧种也分大、小、高、低，因此演员就随着分等级了。京剧是京班大戏，被说成"国剧"，我们评剧、黄梅戏就被说成是"地方小戏"。我们是"小班的小戏子"，是不能登大雅之堂的人，所以一交谈起来，特别对脾气……我常想，像我和凤英这样苦出身的演员，怎么新中国成立后还要遭受这么多磨难呢？不应该呀。

电视上严凤英不忘关先生对她的帮助，这也是她对关先生有知识的爱慕，对事业的追求。她跟梁先生要好，是她热爱共产党的表现。小梁是党的干部，在政治上、艺术上能帮助她，但也很遗憾都没有遂了她的心愿。我作为凤英的朋友，也感到她脾气太大，有点任性，可是我又佩服她勇敢果断的性格。她说过："咱们解放了，是新社会的主人了，不能再被人欺负了。你们欺负我，就是站在旧社会的旧立场！文艺工作者一点也不比别人低嘛！"凤英这种宁折不弯的倔强个性，决定了她后来在横暴面前必然以死来表示抗争。

电视屏幕上有一场叫凤英和另一演员背对背交代对样板戏的议论，逼问："你要是不说，人家说了你可就被动了，谁先交代谁先立功……"这种运动中的诱供、骗供的恶劣手段，在 1957 年我就领教了。我在 1957 年就被轮流审问、诱骗，但我宁死也没有照着逼供人的意图去写，别人替我写了我也不签名。"文革"中我因为受逼供挨打、挨踢，但我心里明白，我挨打是一时，签了名，白纸黑字是一辈子，终于没落进他们的圈套。

凤英也讲过："1957 年前，本来是好好的嘛，这一大反右派，多少人倒了霉呀！搞伤了知识分子的心啊！我是很幸运的。"凤英是那样真诚、坦率、爽直。她因我也被戴上右派帽子而鸣不平："要是我，我就不戴，没有道理嘛！凭什么给我戴上右派帽子！旧社会一人犯罪灭门九族，这是新社会，谁犯罪谁当嘛！你告他们去……"可我吓得说："不戴行吗？上哪里告谁呀？给我戴上右派帽子，还给规定了不许对外说，还降了我薪金，我就老老实实答应了。民拧不过官呀！

严凤英饰演的七仙女

新凤霞饰演的刘巧儿

胳膊拧不过大腿！旧社会吃不饱穿不暖，咱们还当的是顺民哪！新社会吃饱穿暖了，咱们更得当个顺民了。我相信共产党是相信咱们这些受苦人的，只要共产党是顺民意的，我的冤总会被人知道、同情的……”后来周总理在一次晚会后，见到了我们剧院的人，问道：“新凤霞如何了？”回答说：“新凤霞也被戴上了右派帽子，还降了薪金……”周总理立即给剧团领导带口信说：“新凤霞是党解放的民间受苦艺人。吴祖光的事，新凤霞不应当受株连……”果然我当天就被党委叫去写一个申请摘帽子的请求，过了一天就宣布我摘了帽子，恢复了薪金。凤英知道后高兴地跳起来拍手说：“周总理太好了……”凤英在 1957 年虽然没有被戴上右派帽子，可她是有看法的。到了“文化大革命”，我是想过：“随便你整、你打、你斗，让你整死也决不自杀！我还是我，共产党是要顺民意的，因为我是人民的血汗培养出来的。人民在一定时候要出来为我讲话，我自信整人的不会长命！我不是一个孤立的人，现在也不是随便被欺辱的旧社会了！”

电视屏幕上凤英跟王冠亚同志结了婚，她说：“可有了一个美满幸福的家庭了……”这是她的肺腑之言哪。凤英在旧社会也很想有个真心爱她、尊重她、疼她的知心丈夫。可是在那个不合理的社会里，凤英和我这样的民间艺人，谁能看得起，又怎么能够真心相爱呢？

王冠亚同志也真是事事依从她。凤英脾气不好，喝了酒有时发火，得罪了人，冠亚去替她赔礼道歉……善良、老实的王冠亚同志，可真是生下来就是为了严凤英的。看他写的《严凤英》，就可看出他的为人了。他如实地把自己写成一个窝窝囊囊的老实人。凤英已经吃了大量的安眠药了，他不是赶快把人送到医院抢救，出了门东转西转，却找来了那个作恶多端的军代表，结果耽误了对凤英的抢救，这是作为丈夫内心的自我谴责吧。

喜的是安徽领导对黄梅戏大力支持，办了戏校，培养了大批青年演员。这次电视剧《严凤英》主演马兰表演得很成功，还有一些青年演员也都演得不错。这是一部感情片，不带着对凤英的同情，和对那个十年灭绝人性灾难的痛恨，拍不出这么感人肺腑的好戏！凤英在九泉之下也许仍不瞑目，但她的遭遇能教育后人增长见识，明辨是非，不再受骗上当，不再任人宰割。整人、害人的坏蛋没有市场了。悲剧再也不该重演了！

（原载《红旗》1988 年第 8 期）

永恒的纪念

——严凤英同志十年祭

菡　子

不见凤英已经十六年了。1962 年夏天的分别，想不到竟成永别。那时我们在上海，是一次最愉快的相聚。听说敬爱的周总理指示：像“刑场上的婚礼”这样的故事，可以编剧。我立即把入伍以来听到的包括这个故事在内的女英雄的事迹，融合在一起，构思了剧本《两姐妹》。那时我正在上海做关于打狗队的调查，在一个友人的家里，我们谈起这件事，凤英满怀激情谈到她正在摘抄周总理这次谈话的纪录。她很高兴李纳同志与我把总理同时提到的悲壮的“皖南事变”写成电影剧本《江南一叶》；这次她更有兴趣听我讲《两姐妹》，并希望为了周总理的嘱咐，完成这个创作。我看着凤英，说完了这个经过综合改编的故事，随着她表情丰富的变化，我忽然充满信心，觉得一定可以把本子写出来，接着我就这样做了。那是在她走后一个月的事。在我埋头完成这个剧本的一个多月中，身边没有一个人做伴，但我觉得凤英时时坐在我的身边。她的音容笑貌，充满了我的头脑，我是为她而写的呵！

我们相约着如果《两姐妹》能搬上银幕，请白杨演姐姐，由凤英演妹妹，为此我们还悄悄地去看过白杨同志。那些天我们几乎天天在一起，至今我还保留着那次相会的纪念照。今天突然接到凤英的爱人冠亚寄来的那时她在沪拍的照片，还提到他们一同听故事的情景：“而今物在人亡，凤英是完不成这个任务了，不是她之过呵！”我想我也没有多大过失，有人认为这个本子太“修正主义，临死还要结婚”，后来索性作为我的罪证而被“禁锢”起来。十年来我每想到她的去世和为她写的本子，就不禁泪潸潸然。

想到她死前的惨状，我的眼中涌出的不仅是泪水，好像还有血！她死得惨烈

严凤英化妆照

呵！正在她危急之时，冠亚独自借板车去了，三个抢救医生被关在门外，而凤英的床前却在进行什么“床头批斗”，还诬陷她在“演戏”。那个丧心病狂的所谓军管人员，居然认为对凤英的死不能等闲视之，说她是围攻江青特别严重的反革命分子，这次又是特务头子命令她死的，于是强迫医生用开刀的斧子从锁骨中间一劈到底，把五脏六腑都掏出来看了。那个污损了军帽的狂人，拿不出任何“罪证”，却还悻悻地说：“我没看过严凤英演的戏拍的电影，这次倒看了她的原形。”火化以后，他们还扬言要抄查冠亚秘密保存的骨灰。……最近有个连队看《天仙配》，发现演七仙女的严凤英已经死了，他们全体指战员写了一封信，要求处分逼死她的人，这难道仅是一个连队的呼声么？

我为她写这个戏，不仅相信她的表演才能、她的善于吟唱，喜欢她创造性的唱腔（人们说她把黄梅戏唱活了），而且，我更信赖她的是革命的气质。在我们20世纪60年代初期的深交中，我熟悉她纯真、聪慧、嫉恶如仇而富有正义的同情心，这正是戏中主角的性格。她是当我处于困境中主动接近我的，托人送来一条淡黄色的绸巾，有如我《幼雏集》的封面，在一个寒夜里，给我带来无限的温暖。后来在安徽的文代会上，她不避嫌疑地好言宽慰我，当改正了对我的错误决定恢复我的名誉时，她简直唱着奔进我的房间，与我整天促膝谈心。不久我们出现在春节的联欢会上，她是被大家注目的对象，而一个诬陷过我的人，也正死乞白赖地看着她，她倏地挟着我离开了会场。后来她还一直高兴她走得痛快。

凤英对人雪中送炭，何止对我如此。她对群众演出时，宁肯自己吃黄沙，坚持让台下的群众背着风坐，她曾经给坐月子的妇女单独演唱，至于挑行李冒大雨踏着雪地，把戏送到深山僻壤的群众面前，这更是经常的事。平时她悉心注视人们的疾苦，在她无言而别人不觉之中，她夏天给孩子送新蚊帐，冬天给老妈妈送毯子、送糖，祝福百岁的老人，赠衣支援过路的产妇，直到她去世的前三天，她还给剧团患病多年的宣老送钱治疗。她珍惜别人的健康和生命胜于自己，可在她危难的时候，她还是那么天真，认为有人见证，就可以推翻对她的诬陷。可那时没人敢这样做，没有法子作了反证的倒有，她也是太认真，想到这太可怕了，因此含冤饮恨而死。

她用好多时间给我唱感人肺腑的黄梅戏的传统节目，商量着怎么推陈出新，有时她直截了当地向我提出要我学会写戏，给她演我编的戏中的妇女英雄，她的诚挚的要求常常使我汗颜。她有时也拿她自己写的新诗给我看，诗和字都写得不错。她似乎拥有语言的宝库，能用各种方言描述人物。我相信她是能写小说的。而她从来没上过学，《打猪草》《小放牛》正是她幼年生活的写照。有次在江淮戏院，剧场人头济济，但我一走进去立刻为一个带大口罩穿了件毛蓝布上装的女同志所吸引，即使我眼睛近视，我还是发现她目光顾盼中生动的神情。

她最动人的还是在群众之中。1961 年夏，我们偶然在她的故乡桐城罗家岭一带相遇。在途中，她被阔别多年的乡亲包围着。她带着童腔尊呼年长的妇女，对她的同龄人，她也记得他们的昵称，她还是他们熟悉的牛背上的小歌手。她随便走多远多久，都是他们心上的人呵！她自己也是如此，对乡亲的依恋，使她演的农村戏带着浓厚的乡土气息。今年冠亚写凤英的文章:《她，是属于人民的》引起大家的共鸣。就在她逝世的那年，我就听说:“听到她的死讯，安徽人都哭了。”

正因为我所熟悉的凤英是这样一个人，我写《两姐妹》剧本的妹妹，比较顺利。她对待同志和人民的态度和感情，与我设计的剧情仿佛有内在的联系，我是为她而写，也是想着她而写的，至今我仍然要把这个本子献给她，即使它也许始终不能成为一个上演的本子。不幸凤英已经死了，这本子更可当作对她永恒的纪念。

1968年4月8日她含恨而死，不过38岁，她青春的活力和她的艺术生命还是十分旺盛的时候。她是我们百花园中四季开放的奇花异葩。她死得太早，死得可惜！每当听说她死前含着眼泪，我更心痛她的屈死。据说她最大的罪名是什么"围攻江青"，这就休想虎口余生！由于触犯这个作恶多端的女巫，文艺界被致罪名丧失生命和健康的，何止凤英而已。凤英不过是死得最早的一个。在四害横行的日子里，我对凤英只能沉默地悲思。在沉思默念之中，常常在我眼前重现的是凤英英姿风发，飘舞在天上人间。"忽报人间曾伏虎，泪飞顿作倾盆雨"，这个日子到来的时候，我又看见了她。而今《天仙配》又上演了，看到她所创造的艺术形象，在银幕上重现，固然是一种安慰，但也有茫然若失的痛楚之感，她死得太早，死得可惜呵！

（原载1979年2月18日《光明日报》）

光　点

鲁彦周

十九年过去了，我已逐渐呈现老态，可你仍然站在我们面前，脸上仍然是那魅人的笑靥，仍然是那双闪着聪慧之光的眼睛，仍然是充满活力的矫健婀娜的身材！

生活对你不公，然而我几乎没有听到你抱怨过生活，你把创痛遮掩起来，用你所创造的美给别人以欢乐。你像天女散花那样，把你那艺术种子洒在人间。你一生是在追求一种光，一种理想的永生的艺术人生之光。这种追求很少有人知道，也许连你自己都不那么清楚，现在写你的文章、电视、戏剧太多了，可又有多少人能探索你的矛盾、你的追求、你心灵深处的光点！

是的，光点，那犹如星星镶砌在你的心灵上的光点，那才是你心灵上的宝石，是你的动力，而你的痛苦矛盾也是由于这光点常被吞噬，该有光的却未能闪现出来，虽然，在别人看来，你的光点已经太亮了！

十九年过去了，我没有为你写过一篇文章，我当然想写，可是这笔太重，拿不起来，负荷太重了，我不想用轻飘飘的文字提到你。这当然不完全是因为你，因为你我的友情，而是我感到自己的光点暗淡了，我知道而又不愿触及自己的软弱惰性，没有勇气冲破习惯这种暗流，我不想把你和我做对比，因为这很令我痛苦，甚至难堪。我自觉我不如你，所以我就逃避接触你的文字了。

你走了！我认为你仍然是强者！你是为了保护你生命中的宝贵光点而愤然去死的！

“你好吗？”你问我。

我摇摇头。你打量我，我像那离了枝干的新叶，只有一点残存的生命的颤抖。你泪光莹然，然而你的脸上却闪现着阳光，你笑了，你说："他们开始整你了！"

"嗯！"

"不要这样！不就是那一套？我都经过了！你看你，不要这样，不要让人感觉到你已经垮了。"

我看看你，奇怪你怎么能笑出来，你是想用你的笑给我点燃生命之火吗？就如同你用你创造的美给人民以愉悦？

"你可别往绝处想！"你说，你的表情变化迅速，你忽然变得严肃认真，几乎是警告，"要挺住，不会太久的，日子长着呢！"你又放低声音，"说不定，明年我们就可以合作做那件事了！"

你说的那件事只有你我明白，你想主演一部电影，是一部故事片，而不是戏曲片，你要我给你写电影剧本，就用你自己的经历，你就演你自己。你在此时怎么还想起你我这个约定，那是什么时候，是 1968 年 3 月，就是我今天忽然决定要写一篇关于你文章的日子，乌云滚滚，一片恐怖，你怎么还说这件事？我记得我惊愕地看着你，你的眼睛那么眨了眨，那么自信，甚至有点小姑娘式的调皮。我今天想起你，仍然是你那一刹那间的模样，我怎么会相信，不到一个月你就离开了你这么深深爱着的人世?!

那是在合肥省立医院附近，你我一次偶然相遇，你我都已经是"专政"的对象。是上帝安排的机缘，使你我完成了最后的诀别吗？

从那以后，无论世事多么纷纭激烈，我总会想起这一天，并且由此想到你的短暂的一生，想起你的生命之光。

我认识你的时候，你并不认识我，我是在你和你姐妹诉苦会上认识你的！你泪水纵横，你恨、你哭，你恨不得把你的热爱艺术而又横遭利刃戳戳的胸腔扒开，让它接受新的阳光，让它为党所理解，你当然不可能注意到有一个青年人坐在你的前面，为你颤抖。坦白地说，你为我打开了另一种人生之门，让一个不谙世事的青年看到旧世界的黑暗人生窗口。尽管我已经知道了那些事，那些在"文革"中又被低劣的罪恶的人用作侮辱你的武器的事，他们用极其下流的手段，去摧毁你的不可触犯的自尊，从而置你于死地，他们用污水泼你，把美变成丑，把善变成恶。但是，我从一开始，从你在三十多年前的那次倾诉，我就始终认为你是洁白的！是一朵亭亭玉立的白莲花。因为那一切都不是你自愿的，是被恶势力摧残而你又反抗过的，因此污泥只能是污泥，而你的心仍然是洁白的。

严凤英和王少舫合影

从那次艺训班之后，我才开始在舞台上看到你。第一次看你的戏，我记得是《蓝桥汲水》，我惊诧不已，我为你的唱腔喝彩，为你的精湛表演喝彩，但使我更为激动的是，我从你所创造的真挚、明朗、单纯、热情而又有点稚气的角色中，印证了我心灵深处的判断。我认为你有一颗纯净的甚至是贞节的心，虽然当时很少有人会同意我这种看法。

之后，我接连看了你很多节目，《柳树井》《砂子岗》《打猪草》《闹花灯》和使你知名全国的代表作《天仙配》等等。我对你的私下判断更加得到确认，没有一颗纯真的心你是创造不了这么众多有代表性的人物形象的。但我还是没能了解你，我的看法也还是停留在薄薄的表层上面，我不了解你心灵中的光点，不知道你的矛盾，因而也不知道你偶然迸发出来的痛苦！

这时我们已经认识了，但我们并没有接近，由于你我都知道世俗的飞短流长，也由于我那时的羞怯和自尊，我从没有主动去找过你。即使你我都在上海的时候，即使你穿了件长长的黑旗袍出现在一个舞会上，引起轻薄文人喝彩并要我介绍认识你，而你又向我微笑的时候，我也不愿走到你的身边。真是有点莫名其妙啊！

又是一个春天，是初春的叶芽和蓓蕾萌动的时候，你来找我了！那时的你是红人，用现在的话说，是“严凤英热”，是“严凤英狂”，特别是在我们这个小小的合肥城，你几乎已成为一些戏迷的偶像，我以为你即便不会飘飘然，也会是喜悦充溢于全身的人，然而你却穿了件毛蓝布上衣，带着一副惶然不安的神态来了，这使我深感诧异。

"你现在红了!"我说。

这是一句很俗气的话,说出口我也有点懊悔。果然,你脸上立即出现了恼怒,你用你那表情丰富的眼神望望我,我赶忙解释:

"别生气,我说的是事实,你……"

"我找你有事!"你很快岔开我的话,开门见山,"你给我写一个剧本。"

我大吃一惊,写剧本?写黄梅戏剧本?我不明白你此时此刻为什么要我这个不懂黄梅戏的人写黄梅戏剧本!我连忙摇头:"你怎么要我写剧本,我不懂黄梅戏!我写不来!"

"你会写出来的!"你固执地说。

"可是……"

"你写吧!这是我求你的!"

你的诚恳不用怀疑,你的明媚的大眼直视着我,充满着期待,我惶然了,我不好意思再推却,可是,我还是弄不明白:为什么找我?你看我那副惶然不安的模样,立即笑了,你说:"这有么事不明白?我想演一部大型现代戏。你是反映现实生活的作家,我不找你找谁?""演现代戏?"我说,"为什么?你现在正走红,观众都知道你是七仙女,你不怕搞砸了,影响你的声誉?"

"你这个人!你认为我被人一捧,就飘到云里来了!就睡到那上面了?告诉你,我不想再演仙女、小姐、公主、丫鬟了!我想演现在的活人,演我们同代人、我们的姐妹,我想创造我们社会里的新人。"

你说得有些激动,你生怕我不信,又补充说:"我拿定主意了,这次省首届戏曲会演,我严凤英一定要用一个新的形象出现在舞台上。我认为,黄梅戏不改革就没有可能发展,一个演员,不敢尝试创新,这个演员也就完了。要想保持艺术青春,就得不断创造新的人物形象。"

严凤英在《宝英传》剧中饰韩宝英

你说的内容，严格说来，也并无奇特之处，但是这些看来很普通的语言，从当时具体的你的口中说出，还是使我受震动了。你身处人们交口赞誉所谓走红的时期，却能保持如此清醒。你毫无沾沾自喜之意反而有意让自己向困难冲刺，这是很不容易的，而我又知道你此时面临个人问题，正是心灵的创痛严重，自尊受到极大伤害，很容易使软弱的人变得消沉、放任和无所追求的时刻，可你把这一切都抛开了，你在追求一种新的生命、一种永恒，也就是从这一天起，我发现了你生命中的光点，也是从这里开始，我开始用我自己的眼光来看你。

然而我有时还是做蠢事，我自以为我在你身上有独特的发现，其实我还是很肤浅。你该记得那年春天，有几位好心人，包括我在内，为你介绍起“朋友”来了！我们把你请到淮上酒家和那位同志见面，宴席上，自然免不了玩笑，你开始还有点腼腆，可很快你豪饮起来了。你旁若无人，一杯接一杯，你失态了，醉了，你被人抬走了。当时，别人怎么看你，我不清楚，我只知道我很不满意你，我不愿看见你醉酒的模样，我以为那是在旧社会沾染的一种恶习，我没有注意到你醉眼里流露出的凄清、孤独，直到事后，你向我解释你醉酒的原因，我才知道，你的内心蕴含着多大的苦闷。

像对待事业一样，在感情上你也有自己执着的追求，生活中的伤痕没有使你疲惫或放任，反而使你更向往一种圣洁的真诚的燃烧的爱，这种爱是生活中不可能给予你的，于是你痛苦，你苦闷，你仍在向往。这种向往和追求是你的同行或是和你有着类似身世的人很少有的，更多的是自我麻木，是平凡的无情的心灵的泯灭，而你仍保持着一种类似朦胧的爱的情操。

严凤英（右一）在《红色宣传员》剧中饰李善子

严凤英(左三)在《红色宣传员》剧中饰李善子

我绝没美化你的意思，是你的心灵中又一个光点，照亮了我的眼睛，才使我得出我的结论，我认为这才是你的与众不同之处，才是你真正的严凤英。而你，也正是因为这一点，才有你自己的矛盾，你比别人多了一层不易觉察的痛苦，这种痛苦，来自艺术、来自爱情，一句话，来自一种追求光明的人生。

啊！岁月匆匆，浪淘尽千古风流人物，可是真正的风流人物是时间的浪潮淘不了的。我心中的记忆喷涌，往事历历在目，许多过去被忽略的琐事，现在都赋予我新的理解，从而使我沉入深深的悲哀之中，为什么当初不及时探索你丰富的心灵，从而使你把它更加自觉化？相反，我被世俗所囿，自觉躲避和你接触，我自己亵渎了我们之间的纯洁的友谊！

你记得吧！从1956年我们那次难忘的合作之后，你曾劝我再次和你合作，你看了我的电影《凤凰之歌》之后，还曾抱怨过我，没像写电影那样努力去写黄梅戏，我听了也只一笑置之，我不理解你渴求创造的心。这一段时间你我几乎很少往来了，你为我另一部《三八河边》配唱并去客串演出时，我也没有和你见面。1959年，我住在上海大厦，你住新雅酒店拍你的新戏《女驸马》，你又主动常到我的住处来了，你谈话的主题，仍然是渴求新的创造，你说："别看黄梅戏很红，但是黄梅戏不发展是不行的，要发展就得有新的尝试。"你还说，"我总是想演新戏，我们的舞台应该有时代感！我有时真想从那些程式动作里跳出来。我很想做一个话剧和电影演员，他们演得多么真实……"你说得很真挚、很激动，可我又是一笑置之,我没有听你的陈述,更没有为你提供什么有益的建议,当时赵丹和张瑞芳同志正在拍《聂耳》中的外白渡桥一段戏,也常到我的住处来,你说:“瑞芳和阿丹的天地比我广阔。”他们和观众的心更贴近,你说你总感到自己和观众隔了一层。对你的这些想法,我也没有认真思考,我不理解你那颗要求有广阔的创造天地的心,你想摆脱传统的束缚,你想立足舞台而又走出舞台,这当然不是说你不热爱你的本行,而是一种无法遏止的天才创造欲的推动。

我真是混啊!当时为什么就不理解?我反而开玩笑地对你说:“你别见异思迁,各有各的行当嘛。”你用失望的眼睛瞪着我,我又继续开玩笑,我说,“你别说这些,你够红了,安心拍你的《女驸马》,别一个人到我这里来诉苦,来多了又会有是非口舌了!”

这几句庸俗的话一出口,我就有点懊悔。果然你发怒了,瞪了我好一刻,你起身走了,而且从此你也不再来了。我看着你的身影,不知说什么才好,我明白我触犯了你的自尊,我错误地理解你了。

是的,自尊,我应该说是了解你的自尊的心的。记得有一次,你到我家来,眼睛红红的,你哭过了,我问是怎么回事,你哽咽着,过了好一会,你才告诉我,一位同志开你的玩笑,开得太粗俗太过火了。我笑着说,开玩笑嘛,认真做什么。你立即生气了,你说,能这样开玩笑吗?他敢对他所尊重的人、对有权威的人开玩笑?他这是不尊重我,把我当戏子……那次你因自尊受到伤害而流泪,我应该记得啊!可这次,你因为渴求理解而到我这里来,我却把你的自尊伤害了。

我说过,我不如你,的确是不如你啊!白云悠悠,天空茫茫,你去哪里,你还能听到我的忏悔吗?

这以后,你倒也没见怪,不久,你我一同出席1959年召开的全国文教群英会,你含着眼泪告诉我,你已被批准入党了!我郑重地向你道贺,你说:“从今后,我要格外严格要求自己了,我的事业、我的生命从今后就属于党了!”

你的话绝不是一般的表态,我十分明白,你是从心底里热爱党的,你的话也就是你的誓言。以后,你是确实履行了你的誓言的!你心灵中的光点从此变为一盏明灯,你的艺术蒸蒸日上,也是从此开始,我听到对你除了艺术上赞美之外的其他言行的赞美也日渐多起来了!

1963年,你大胆地实践你的主张,你登台用黄梅戏方言演出话剧《丰收之后》。在这前后,你又演出了朝鲜剧《红色宣传员》,演了《春香传》。你在这些戏里的火花猛烈地喷发出来,我每看一场,回来都为之激动不已,一个真正的名副其实的表演艺术家诞生了。

1964年，你仆仆风尘，打起背包下乡搞“四清”，你在乡下被大娘们当作女儿一样爱护，你来自农村又回到农村，你和农民建立了血肉相连的感情，这种感情在你来说，是那么真切而自然。我听到很多关于你的表现的赞美，你回来后我问你，你却笑而不答，再追问，你只说：“那不是应该的吗！”啊！“应该的”，这三个字说说容易，但又有多少人能够真正做到啊！也就是这期间，你谈起我在本文开始提到的要我为你写一部电影剧本的事，你雄心勃勃，决心在另一个艺术领域显显你的身手了！记得吧，那是一个早春的寒冷的天空，窗外天空堆起浓云，春寒料峭，像是要下雪了，你低声诉说着你的身世、你的遭遇和你追求艺术的决心，你说得很坦白、很客观，没有隐瞒，没有装饰。你从爱戏、听戏、学戏说到你的第一次登台，你说到一个十六七岁女孩子备受凌辱，说到你被关进“金色牢笼”后逃出的悲惨而又刚烈的故事，说到你从安庆到青阳，又流落到金陵，秦淮河水没有使你沉沦，反而使你在苦难中开拓了艺术视野，你心灵中的光点始终没有熄灭……你说得很多很多，我时而感到身上阵阵发冷，时而又觉得心里发热，我望着窗外开始飘落的雪花，我的眼睛湿润了：未来的银幕形象，一个坚强的艺术追求者的形象，经过你的叙述自自然然地在我心中形成了，这个形象来自人民而又为了人民，经历苦难，永不衰竭，她已经远不止是一个艺人的形象了！“能写吗？”你低声问我。“当然能！”“我相信你能写好，你别藏假，我要真实。”你说完又满怀信心地微笑，“这是第一部，第二部就该跳出我自己了。我还想演好革命家，你也不妨先想想，暂时别和人说，算是你我之间的秘密协定，好吗？”

啊！“秘密协定”，它是永远无法实现的协定了！当我还没来得及动笔的时候，对《海瑞罢官》的批判就开始了，第二年一场风暴就降临到中国大地，而你也在这场风暴中被卷走了。

如今，已经满头华发的我，还能对你的死因说些什么呢！夜凉如水，芳魂渺渺，在我心头不熄的只有那犹如星星的光点，这个光点，照亮过你，而你的光点也照亮过我，但现在了解你心灵上的光点的人，又有多少呢！我不知道电影、舞台上演员是怎样扮演你，而写你的书的作者又是怎样塑造你的，我很有些担心，别把你搞“俗”了！而你是不“俗”的！因为你有心灵中的光点，你是一个演员，而又是一个用光点照亮自己和别人的人，你的苦闷，甚至你的死都与此有关，而这又有多少人能体会到呢！

我希望人们都能体会到你的光点的存在，而在今天，人们的心灵又是多么需要这种光点啊！我之所以直到十九年后才写这篇文章，我是确有所感的。这篇文章是为了悼念你，也是为了鞭策我自己，我真希望世间真有灵魂的存在，那样的话，你的灵魂也会为了今天的现实感到欢欣吧！

啊！光点，永不自满的灵魂……

（选自《鲁彦周文集》）

流落南京时的严凤英

甘律之　口述　　董宁宁　整理

严凤英是著名的黄梅戏表演艺术家，黄梅戏这个地方小戏走向全国成为家喻户晓的剧种，与严凤英精湛的表演艺术是分不开的。

南京，是她艺术道路上一个重要的起点。为此我特地采访了严凤英的前夫甘律之先生。他沏了一杯茶，娓娓而深沉地向我叙述了严凤英流落南京时的情景——

大约在1949年左右，凤英辗转流落到了南京。当时的南京正处于人民解放军大军压境之际，失业人员激增，社会动荡不安。人生地疏的严凤英只身一人，迫于生计，经人介绍在上乘庵米高梅舞厅（位于今四环路市政协大楼处）当了舞女。米高梅舞厅当时是南京第一流的舞厅，出入都是一些显贵富商。为了避免被安徽的仇人认出，凤英不得不隐姓埋名，化名严岱峰在正洪街租了一间平房住了下来。凤英在米高梅舞厅时间不长，就被舞厅老板发现她不但舞跳得好，而且嗓音圆润，乐感很强，即聘请她伴舞之余兼职演唱。这样，凤英在米高梅舞厅既伴舞又演唱，逐渐成为米高梅舞厅一个比较走红的歌舞女。但是，她从心底厌恶这醉生梦死、强颜卖笑的舞女生涯，渴望能够重新回到戏剧舞台，去精心塑造自己喜爱的艺术形象。

1950年年初，我与兄长甘南轩及几位名票友在市军管会文艺处的领导下，在太平南路安乐酒家（现江苏酒家）内创办"友艺集"京剧茶座，以切磋京剧表演艺术，交流技艺，联络感情，繁荣京剧创作。凤英常常与同伴前往安乐酒家观看票友演出，偶尔也上台唱上一段，多为《甘露寺》《淮河营》等马派唱段，虽水平不高，却引起观众注意。

甘律之

同年4月,“友艺集”在中华剧场做首场公演,大轴戏为汪剑耘、甘南轩、李松年、刘人杰和我演出的《龙凤呈祥》。散场后,经人介绍我与凤英相识了。甘家是南京名门望族,江南著名的藏书楼“津逮楼”即为甘氏先人所筑。我父亲甘贡三是南京著名的京昆票友,诗词书画、戏曲音律无一不精,所交者都为学者名流,如吴梅、梅兰芳、溥侗、王熙春、童芷苓、言慧珠等。当时我正新丧不久,心情较忧郁,介绍人私下向凤英详述了我的为人、家庭及爱人去世的情况,劝她好好与我相处。从此凤英常常单独到“友艺集”参加基本功训练班,跟武生名票友章耀泉学打把子、跑圆场、起霸,又跟汪剑耘、管公衡学梅派唱段。由于家庭的熏陶,我亦酷爱京昆艺术,京昆功底自然比凤英高出一筹。在“友艺集”这个艺术天地里,凤英经常向我求教,我总是尽我所知指点她。凤英聪慧过人,天赋极高,接受能力很强,只要略一点拨,便能心领神会,是难得的艺术人才。对艺术的共同追求,使我们的心靠得更近了。我父亲见凤英人品不错,就让她与我在甘府大院结侣。凤英从此结束了多年坎坷的流浪生涯。

当时甘府上下百余口人,人人酷爱戏曲艺术,凤英到此真是如鱼得水。她原先所学的黄梅戏大都是由师傅口传身教的,而那时的黄梅戏在艺术上还是相当幼稚的,特别是有些身段、唱词,许多是靠演员在舞台上即兴创作,没有一定的规范。京昆戏曲优美高亢又变化无穷的唱腔、雍容典雅的唱词、根据剧情精心设计的身段等,使凤英大开眼界。京昆戏曲的博大精深和无穷奥妙让凤英陶醉了。她拼命地学习,常常废寝忘食,孜孜不倦。当时,我父亲正为子媳说昆曲《游园惊梦》,谁也没觉察旁边多了个有心人。一次我父亲无意中听凤英也在哼昆曲,就吹起笛子让她试唱。不想短短两三个月的耳濡目染,一出《游园惊梦》,从唱腔到身段竟给她“偷”到八九成,乐得父亲捋着长髯哈哈大笑,连呼:“好!好!”从此,凤英加入了甘家弟子学习京昆戏曲的行列。不到一年,她先后学会了《大登殿》《御碑亭》《梅龙镇》《游园惊梦》《春香闹学》《琴挑》等京昆名剧。凤英在南京这段时间对京昆艺术的刻苦学习，为她后来表演黄梅戏奠定了厚实的基础。

一次，"友艺集"筹备一场全体反串的堂会戏《黄鹤楼》。严凤英扮演张飞，随着紧促的锣鼓点，凤英扮演的张飞快步出场，一声带炸音的"哇呀呀"赢得全场观众热烈的喝彩。接着那铿锵有力、节奏鲜明的快板唱腔和干净利落的"扑蝴蝶"，把个憨厚爽直、是非分明又鲁莽急躁的张飞性格演得淋漓尽致，博得全场阵阵掌声。

1950年夏，凤英与我合演《梅龙镇》。她扮演的李凤姐天真活泼，毫无轻佻之态，获得观众一致好评。后来，凤英将这出戏改名《李凤姐》移植到黄梅戏舞台，唱词、身段均按京剧路子，舞台效果极佳，还给我寄来剧照。

凤英在我家这段时间，常穿一件黑丝绒旗袍，领口带上红白相间的别花，显得落落大方。她勤快能干，操持家务井井有条，又极好客，对有困难的亲友总是倾囊相助，而自己生活俭朴。我父亲对她关心备至，亲切地唤她"岱峰"，每次排戏必亲临指点。

1951年，安庆剧场的同志辗转托人找到凤英和我，想请凤英重返安庆。不久，我为凤英购置了部分"行头"，送她回安庆。1951年年底，凤英回到了久别的故乡安庆，不久就蜚声剧坛。

1953年，安徽成立黄梅戏剧团，凤英随剧团来宁演出《打猪草》。为了感谢我在艺术上的培养和经济上的帮助，凤英买了许多礼品来看我。以后又请剧场安排一场《梁祝》，让我了解她在艺术上的进步。尤其令我感动的是，1954年，凤英顶着各方压力和干扰，毅然来宁与我正式结婚。那天大三元酒家热闹非凡，甘家亲友及南京票友均前往祝贺。郑山尊同志在酒宴上半开玩笑地对凤英说，你是我们南京人的媳妇，欢迎回到南京来。当时，凤英已在排演《天仙配》，准备参加华东地区戏曲会演。她将《天仙配》的身段演给我看，请我为她出谋划策。我发现她手中的云帚很不顺溜，弄不好可能缠在"头面"（旦角头上的装饰）上，特请胞妹纹轩教她一出昆曲《思凡》，让她将《思凡》中色空的云帚功移用于七仙女。后来，《天仙配》在华东地区戏曲会演大会上获奖，凤英也获得了演员一等奖。

婚后，我与凤英同去合肥，夫妻感情一直很好。后因历史原因夫妻离异。尽管如此，离婚后，凤英还多次在朋友面前称赞我为人忠厚，对她体贴关心，在艺术上对她帮助极大。而我在内心也时时关注她，希望她在艺术上更进一步，更希望她生活得美满幸福。谁知“文革”中传来她自杀身亡的噩耗，消息传来时，我与友人潸然泪下，至今忆及，意犹怆然。

（选自陈济民主编《金陵逸事》）

从严凤英的个性说起

朱玉白

天才的著名黄梅戏表演艺术家严凤英与世长辞已三十余年了。每当我想起她，她那热情待人和孜孜追求艺术的精神，她那求真求实的品格，她那纯洁真挚的情感所构成的独特个性，都活生生地闪现在我的眼前，给我留下了深刻而永远难忘的印象。她之所以在黄梅戏表演艺术领域里取得无与伦比的、与众不同的巨大成就，正是来源于她的这种个性和她对“个性化”的理解和捍卫。这里，请允许我从她的一桩历史轶事说起。

一、“南京风波”起始

大约在1953年，安徽省黄梅戏剧团去南京市演出。在演出期间，严凤英因与过去男友会面而引发一场争执。在当时极“左”思潮影响下，严凤英遭到了人们的误解和责难。党支部要我以团支书名义召开团支部小型会议，对严凤英进行批评教育，责令严凤英写出书面检查，否则暂停她的演出活动。

二、严凤英的“保卫战”

我首先传达了党支部的要求，敦促严凤英在会上做自我检查。严凤英拒绝检查。她说：“我认为团支部小题大做，我没错误，我没必要做检查。”在这种顶牛的情况下，我指出严凤英的态度是不端正的，并要求与会人员对严凤英开展批评与帮助。大家发言比较热烈。那时候的观念与今日不同，党支部就是设在基层的党，不听党的话是原则问题。为了执行党支部的指示，我在会议小结时，指出严凤英同志所犯错误的严重性。当我说到“你身上穿的是列宁服，像个革命者的样子,可脑子里装的是资产阶级思想,不配穿列宁服……”时,严凤英蹭地一下子站了起来,气愤地大声嚷道:“我是资产阶级……我不配穿列宁服,也不配上台演出,从今以后我穿姨太太、大小姐的衣,也不上台演戏,行了吧!”她离开了会场,到家后真的换上了高跟鞋、长旗袍,披肩散发还抽起了香烟。从此拒绝排戏、演戏有三个月左右。党支部曾多次找她谈话,丝毫解决不了问题,她还扬言:“团支部书记朱玉白一天不给我道歉,我一天不上台演出。”

这事越闹越大,惊动了省文化局领导。有一天,省文化局局长杨杰同志把我叫到局办公室,找我谈话说:“小朱呀,你就向严凤英做个自我批评吧,不然她老是思想不通,一不利于团结,二不利于工作,这样不好。你姿态放高一些,好吧?”我听了杨局长的话,觉得出乎意料,说:“我想不通,这是党支部指示我这么做的,我是执行党支部指示去帮助她的,怎么反而我错了呢?”杨杰笑着说:“小朱你听我说,你按支部意见开会帮助她没有错,可是你是党组织的积极分子、发展对象,又是共青团书记,要不要讲究一点方法呀?你想,帮助人家总得要有好的效果吧,要解决好问题吧!效果不好,没解决问题,反而顶了牛,说明方法不好呀!你就从方法上自我批评批评,也是可以的嘛。”杨杰局长的真诚启发和提示,使我恍然大悟。对,效果不好说明我的方法不好。于是我立即表态:“我明白了,我回去就找严凤英谈,向她表示歉意,做自我批评。”杨杰很高兴,拍拍我的肩膀说:“这就对了,对自己要求高一些,这样有利于团结、有利于工作嘛。”

三、化解矛盾,畅谈黄梅

我从局里回团就到严凤英家里去找她。她仍然穿高跟鞋、长旗袍,脸上还化了淡妆,见到我还是气鼓鼓的,不理我。我在她门口站了半天才笑着说:“严凤英同志,还在生我的气呀?我今天来想找你谈谈,听取你的意见。”出乎我的意料,她听我这么一说,开了笑脸,让我进屋坐下,她也坐了下来,停了一会儿坦诚地说:“我对你是有意见,你太不公正了。我严凤英不是资产阶级,我出生在贫苦人家,旧社会唱戏也是受人压迫,我从没做过坑人的坏事。我在南京遇上我过去的朋友,是碰上的,不是我去找他的,碰上了总不能不理人家,礼节上讲几句话,怎么就是犯立场错误,就是资产阶级思想了呢?如果一个人不分好人坏人,一听人家出身成分不好就不理人家,这还是人吗?我是重情感的人,叫我不讲情,不讲义,不讲礼节,不讲好坏人,一见到家庭成分不好的人就翻脸,我办不到。还有在大桥,我的恋人责怪我,我向他解释,后来声音大了,就算争吵了几句,这算什么呢？是件很平常的小事情。团里人不说，谁知道我是严凤英？看热闹的人说是严凤英了吗？有什么大不了的坏影响？你是共青团的书记，是我们青年人的领头人，党支部不了解情况你应该调查一下事实，根据实际情况，公正地判断是非，为青年人撑腰。可你恰恰相反，不调查不研究，不了解实际情况就按党支部的框框，举起棍子就打，说我犯立场错误，还在会上丑化我不配穿列宁装，我受得了吗？”她流出了眼泪，哽咽得说不出话来。严凤英十分真挚的一席话，给我不小的思想震动。我觉得她讲得有情有理，有事实有观念，给我上了一堂活生生的实事求是的课，我受到了感动。我动情地改口喊她一声“严大姐”（她比我大4岁）说：“严大姐，你这番话我很受感动。很抱歉，我过去对你了解不够，对这件事情的真相也了解不够，我的方法也不对。今天，我受到很大启发：第一，你很坦诚；第二，你不记仇；第三，你不违心承认不是错误的‘错误’，求真求实，这是一种可贵的好品格；第四，你有非常真挚的情感，充满着真诚和友谊精神。我从你身上学到了好的东西，今后我一定遇事冷静，尽量做到调查研究，实事求是。请你原谅和相信我。”我看得出，我这么一说，她也受到了感动。她诚挚地握着我的手说：“对不起，我的态度不好，也请你原谅。我明天就上班排戏，参加演出。希望我们是朋友。”她走进里屋拿出一盒比较高级的糖果放到我面前茶几上说：“吃吧。中午在我这里吃中饭。”气氛一下子轻松下来了。我俩开始了话题广泛的谈心。诸如，她问我对她当时那位恋人的看法，对党支部决定的看法，等等。谈得兴致好的时候严凤英剥了一块糖递给我，她问我：“有人说我个性不好，你对我的个性有什么看法？是好还是坏？”

那个时候我很喜爱哲学，看了不少哲学书籍，最乐意用哲学的观念议论问题。严凤英这一提问，正好打开了我的话匣子。我就跟她侃起了哲学。我说：“个性是个哲学名词，是指一事物的个别的特殊的性格或特性，它和共性是对立的辨证的统一体，是一个概念性的东西，不存在好与坏的区别。至于人所表现出来的与众不同的性格即个性，也不能机械地下结论是好或者是坏，而要看它表现出来的性格对事业发展——特别是本人所从事的事业有利还是不利，如果对事业有利，这种个性就是好个性，如果不利，这种个性就是坏个性，要看它对你从事的黄梅戏艺术事业是否有利？我认为你严凤英的个性——求真求实、真挚重情，这种求真重情的个性，正是表演艺术所必需的性格。因为你求真，才能孜孜地去寻求剧中人物的真谛；因为你重情，才能体验剧中人物的内心情感，从而把角色的真谛（最高任务）和情感表现出来。所以我觉得你之所以在黄梅戏表演艺术上取得很大的艺术成就,正是你的个性和黄梅戏剧种个性的完美结合。因此,我认为你的个性是可贵的。”严凤英高兴极了。她又进里屋拿了一包香烟,递给我一根。我说:“我不会吸烟。”她就点上火自已吸起来。她有些激动地说:“你讲到我的心里来了。我就是这么想的,演员没有个性,就演不出有个性的戏,我演戏的时候,就是想要演出个性来。”我急忙追问一句:“你讲具体一些,你是怎么演出个性来的?”严凤英说:“我想的是:我演的是黄梅戏,黄梅戏有黄梅戏的特点。黄梅戏是安庆地区的地方戏,首先要有地方特色,一要有地方语言,纯粹的地方语言是很好听的,即便是大白韵白戏,也要用地方语言讲韵白,地方语言讲好了,老百姓就喜欢看、喜欢听,就有了特点,就有了黄梅戏的人物形象。二要继承黄梅戏的传统唱腔和唱法(注:严凤英这里讲的是两个问题,一是唱腔即曲调,二是唱的方法。这说明黄梅戏演唱方法上也有传统)。”严凤英强调说,“黄梅戏唱腔很丰富,有36本大戏的板眼唱腔,还有72本小戏像民歌小调那样的唱腔,一个戏一个特点,一个角色一个特点,抓住唱腔特点,就能唱出生动的人物形象来。三要从生活出发,地方戏的本子多数具有地方特色,所以一定要熟悉地方生活。我演《打猪草》小陶,就是家乡罗家岭小女伢子的性格;即使是《天仙配》的七仙女,变成村姑之后,也要演出具有安庆地方色彩的村姑性格来。”我打断她的话:“你讲得这么多,归纳起来,能不能说演地方戏一定要演出地方特色,是不是?”严凤英,点点头说:“对。”

我和严凤英越谈越投机,不知不觉已经到了吃中饭的时候,她硬要留我吃中饭,我因为有母亲在家,就和她愉快地告别了。

从这次交换意见之后,严凤英第二天就又穿上列宁服,脱下高跟鞋,欢欢乐乐地投入了工作。从此我们同志式的关系,比以前更加亲密了。记得在我结婚的那天,那时我已入党,按党支部要求,共产党员结婚,不准任何人送礼,也不举行结婚典礼。可是严凤英、王少舫、潘璟琍晚上演出回来都12点了,还跑到我的洞房里来表示庆贺。严凤英送我一个我最喜爱的、漂亮的竹编书架。这在当时算是一件贵重礼品了。1960年,在我调离省团、下放铜陵的时候,她还特意到我住所,送我一张她与儿子合影的照片。她说:“希望你和小苏离开省团别忘了我们母子。”我说:“应该倒过来说,希望你不要忘了我和小苏。”她说:“我严凤英不是那种人。”我说:“那就好,愿我们永久成为朋友。”她深情地点点头。

四、怀念与思索

人生,既平凡又奇妙。有的人虽然活着,但他已经死了;有的人虽然死了,但他仍然活着。严凤英就是虽死而活着的人。她虽然死了，但她始终活在我们的心中。今天，当我拿笔回忆她的时候，我念念不忘她的形象，念念不忘她所创造的艺术形象，念念不忘她和她的艺术伴侣，将黄梅戏艺术推上了至今尚未能超越的艺术高峰。

首先，戏曲艺术从古到今、从外到中，都是一种艺术个性的表现，没有个性就没有戏曲艺术。对于黄梅戏来说，没有自己的个性就没有黄梅戏这个剧种。其他各类剧种之所以能独立存在，也是由于它们具有自己的个性。而严凤英以她不高的小学文化程度，23 岁的年龄就能认识到：戏曲是综合性的个性艺术，地方剧种的传统性加地方性就是戏曲的个性化表现，黄梅戏的地方语言、传统唱腔与音乐、地方特色浓郁的表现手段，是黄梅戏表现个性的根本要素。认识到继承传统的重要性，从而把继承与发展统一起来。这是很不简单的思维水平，可以说是一种超人的聪慧。

其二，严凤英的聪慧更突出地表现在她的实践上。她在实践中把黄梅戏的继承和发展统一得那么好，也是空前绝后的。即便是一小段唱腔，她都不忘继承和发展的统一。我记得曲作家时白林曾跟我讲过这样的话，他说："我写《天仙配》唱腔时，鹊桥一场的'钟声催得……'一句唱腔吸收了梆子戏唱腔元素，可到了严凤英的嘴里一唱，就成了黄梅戏。"实际上这是一段发展了的黄梅戏，正因为以严凤英和王少舫为代表的一代艺术家走的是一条继承和发展相统一的改革之路，才有可能出现《打猪草》《闹花灯》《天仙配》《女驸马》等红了几十年的黄梅戏精品，这是任何人也否定不了的历史经验，如果忘记这一历史经验，将会是黄梅戏剧种的悲哀。

其三，正因为严凤英走的是一条继承与发展统一的改革之路，她才有可能创造出与众不同、具有个性的各种类型的人物形象，才获得无可比拟的成功。她表演的《小辞店》中的卖饭女一角，那种不愿让蔡鸣凤走而又不得不让蔡鸣凤走的又爱又怨又疼又恨、爱怨交加的情感，和她那"来来来，来来来来来来（九个'来'），拉住哥的手，叙叙你我当初"的唱段，真是令观众身临其境，同情者哭，怨情者骂，她表演得如痴如迷，如醉如梦，陷入情海而不能自拔。《天仙配》中的七仙女、《女驸马》中的冯素珍、《打猪草》中的陶金花、《碧玉簪》中的李秀英以及现代戏《柳树井》中的招弟……哪一个角色不是活灵活现，哪一个人物不是让观众或泪水满面，或笑声朗朗，或骂声不断，或声泪俱下。舞台上的戏已经结束了，观众还依依不舍，不愿离开剧场，还想看一眼严凤英。在安庆演出时，她一上台，

严凤英（前排右）与粤剧演员交流

人山人海，剧场窗外都站满了人，挤不到窗口就在剧场门口站着听。她演完下妆后，成群结队的观众跟在她的后面，一直把她送到家才离开。有的观众爱她又“骂”她：“这小妹儿严凤英演得我饭都顾不上吃，天天来看她的戏。”

从本质上讲，人类文明的进步过程正是人类对过去文明的继承和发展过程，没有继承就没有发展，没有发展就没有人类的进步。这是一个放之四海而皆准的真理、规律。所以，文化艺术和戏曲领域里的进步，丝毫不能例外地也要沿着继承和发展相统一的改革之路前进，只有这样才能获得真正的成果，否则，就必然会走弯路，或者事倍功半。那种“传统悲哀”“黄梅戏还来不及形成传统”（即根本没有传统）等观点和言论，是违反客观事实的，违反地方剧种发展规律的，因此是很不科学的。在这种思想指导下的戏曲产品，要么就是变了种的另类，要么就是不伦不类、不三不四的“四不像”产品，这样的产品，群众是不会欢迎的。

严凤英同志，我常常思念你，并思念你所创造的黄梅戏艺术。

（选自《严凤英、王少舫的艺术历程》）

回忆严凤英大师生前二三事

方起凤

新中国成立初期，我与黄梅戏表演艺术家严凤英同志在安庆大观亭剧团、胜利剧团共事几年。她那高尚的品德和对艺术不断追求的精神，给我留下了不可磨灭的美好印象。

严凤英一生为人谦逊好学，平时总是说："我没有什么，都是观众捧场捧出来的。"她那个时候已经大红大紫了，可是不管什么人的意见，她都能虚心听取。记得在1951年，北京的昆曲表演艺术家白云生先生来安庆看严凤英演出的黄梅戏，在文化局举行的座谈会上，白云生直言不讳地说："严凤英同志唱、念、表都不错，可惜腰腿功弱了点，需要努力。"

通过那次座谈会以后，她每天坚持勤奋练功，努力学习，在表演身段方面进步很快，演出水平有了很大提高。

严凤英除有高超的演艺外，她的敬业精神也是值得称颂的。1950年夏，在安庆西门大观亭剧团，那时都是日夜两场。记得有一天日场是《山伯访友》，夜场是全本《送香茶》。严凤英在日场《山伯访友》中饰演祝英台，因那天天气十分炎热，她中暑了，在演出中途突然晕倒在舞台上。当时我们乐队还在伴奏，台下观众不知发生什么事，这时后台坐中（即舞台监督）张奚发上台把情况向观众讲明，观众爱护严凤英，并未刁难她，结果英台角色由陈月红（即陈凤凰）顶替。

夜场的全本《送香茶》由严凤英主演陈月英，海报早已贴出，严凤英不顾自己身体还在发高烧，为了不使观众失望，她克服了重重困难，带病坚持演出。她的这种敬业精神不但激励了团内人员，看戏的观众得知后都纷纷流出感激的热泪。

严凤英在艺术革新方面也不甘落后。1951 年，在胜利剧团，一天，有个热心的戏迷对我提出个意见，要求把［平词］中的锣鼓过门去掉，我当时感到很为难，后来我把这个意见告诉了严凤英同志，她非常重视，说："可以试试嘛！"我就把原来的"另匡乙另匡台"改成小锣的"另台乙另台台"，在一次演出中试用后，得到她的同意和支持，这种演奏方式沿用了好长一段时间，以后改为胡琴过门那又是新的发展了。

（选自《黄梅戏艺术》2000 年第 4 期）

怀念严凤英同志

——在拍摄《牛郎织女》的日子里

潘　奔

著名黄梅戏表演艺术家严凤英同志，离开人间已十多个春秋了。回顾在1963年拍摄《牛郎织女》影片前后的相处中，她给我的教益匪浅，让我难以忘怀。

封山季节上黄山

为了能让编、导、演集中精力，尽快把《牛郎织女》电影剧本写出来并感受剧本所展示的神话色彩，陆洪非、金全才、岑范、严凤英、时白林和我一行六人专程前往黄山。在山下宾馆里，花了一个多星期的时间，把创作意图透彻交换以后，编剧留在宾馆里写作，其他人就去登山。当然各人本着各自的专业要求，希望在登山中有所发现和收获。

黄山的清晨，宾馆前后薄雾缭绕，人们还在沉睡，严凤英同志已穿上练功衣，在轻纱般的薄雾中练功了。她弯腰、踢腿、练身段、走碎步，蒙蒙晨雾，随身飘荡。有时她远离宾馆走进林中吊嗓子，直到我去叫她回宾馆吃早饭才会停止。

黄山上，住有一位老拳师戴老，他擅长华佗"五禽戏"拳术。严凤英得知后，专程上门拜师求教，戴老见她真诚好学，欣然传授。从此，她早上比前几天起得更早，总是练完功后再去学拳。由于她聪明好学，两天就能把拳术口诀记熟，动作又准确利索，深受戴老赞赏。

在回宾馆路上，我好奇地问她："严大姐，学拳术准备演武打戏吗？"她谦逊地说；"搞表演的多学一种拳术，对表演会有帮助。况且华佗先师是位名医，他创造的'五禽戏'拳法流传至今已有一千多年历史，自成一派，其中必藏学问。如要知其奥妙，得先学会它，再通过实践，才能慢慢悟出其道理所在。学拳学艺，

在黄山研究《牛朗织女》剧本时，时白林与严凤英向戴老学了华佗的健身拳“五禽戏”　左起：时白林、戴老、严凤英、岑范

同出此理。正如一个剧种的演员，除精通本剧种的业务外，还要学习别的姊妹剧种的长处，因为只有兼收并蓄，才能触类旁通，提高表演艺术。你说对吗？”她简单扼要、深入浅出地阐述了自己的学习体会。我连连点头称是，她这种“观千剑而后识器，聆千曲而后晓声”的敬业向学精神，使我由衷敬佩。

从戏中学历史　从唱中学诗词

严凤英同志是安徽桐城人，自小酷爱山歌和黄梅戏，新中国成立后得到党的重视和培养，加上自己锲而不舍的学习精神，学识素养、艺术造诣与日俱增。

在上山路上，她谦逊地说：“我学历很浅，是从戏中学历史、从唱中学诗词的。”其实她是个知识渊博，生活阅历很深的人。她把我当成小弟弟似的，一路上谈笑风生，频频发问。“你也许知道，人们常说‘桂林山水甲天下，阳朔山水甲桂林’吧？”我点点头：“知道。”她又问：“黄山自古闻名于天下，明代有位旅行家徐霞客，也有过这样的名言你知道吗？”我摇了摇头：“怎么说？”她说：“‘五岳归来不看山，黄山归来不看岳’，听说过吗？”我坦率地说：“还是第一次听到。”她又说：“有人把黄山称为世界上最大的公园，你知道黄山有什么特点吗？”她见我答不上来，就接着说：“有四大特点。”我用等待的目光看着她：“请讲给我听。”她从容地说:“苍松、云海、怪石、温泉,是黄山的四大特点。”我很感兴趣地“哦”了一声。

突然,一阵山风吹来,随之天色骤变,走在前面的戴老回头叮嘱我们说:“天要下雪了,快走! 去找个地方躲躲。”不一会,从山上飘来一阵雪花,随之整个山谷满是雪花飞舞,我们躲在崖石洞里观看,真是难得遇上的景色:山上的树枝上都沾满雪花,不一会,树枝上的雪花都变为冰凌了。我们马上把景色拍摄下来。我又问严凤英同志:“严大姐,这算不算是黄山又一特点?”她想了想说:“因为不常见,算不上特点。”

天转晴了。我们继续登山,戴老年虽80岁了,由于经常练拳,老当益壮,健步如飞,走在前面引路。岑范导演与时白林走在后面,也许是利用上山途中交换作曲意图吧。严大姐与我走在当中,经过一番峰回路转,来到“百步云梯”前,只见一条沿崖边用石块铺筑的路,蜿蜒朝上通向一处隘口,甚为壮观。严凤英同志颇有兴趣地问我:“《三国演义》你一定看过吧!”我点点头。“你记得曹植作的一首诗吗?”我说:“是不是那首‘煮豆燃豆萁’的诗?”她点点头说:“据说是走了七步就吟成的。”我点头称是。她风趣地指着前面的“百步云梯”对我说:“你来黄山好几天了,有一定感受了吧? 你来一首怎样?”我推却说:“我不是诗人,怎么成?”她说:“你走完‘百步云梯’总可以了吧?”我说:“我对诗韵、平仄都不熟,来首打油诗可以吗?”“是诗就行。”我愁眉苦脸地边走边冥思苦想,她不时回头看看我。当我快要走近隘口的时候,她已站在隘口上回转身来问:“怎么样,作出来了吗?”我像丑妇也要见家翁似的只好鼓起勇气凑了一首七言。当时她居然认为还不错,而我却不得不急忙掏出手帕,擦去脸上渗出来的汗珠。翌日,我们又步上另一处隘口,两旁崖石上刻满历代名人墨客的题字,目不胜收。她指着一幅刻有“果然”两字的石刻问我:“你认为这两个字怎样? 我觉得这两字意蕴很深。”我说:“对! 这两字含意虽虚,但能让游客根据自己的感受去补充,就变实了。也许有人认为‘果然不出所料’,也许有人认为‘果然名不虚传’,等等。”她也说:“两字是虚中填实,可让人各自发挥。”严大姐对我的“路考”,使我受益良多。我觉得严大姐爱好广泛,学识渊博,特别是她所表达的艺术观点,头头是道,切中事理。

谈家史　姊妹失散又重圆

严大姐在拉家常时对我讲过,她从小家贫,父母连一个妹妹都无力抚养,以致卖给了别人家,从此,姐妹分散东西。由于自己从小喜爱唱山歌,后来被一位

严凤英与妹妹严鸿鸾合影

黄梅戏老师看中,收为徒弟,走上了演唱黄梅戏这条路。

1959 年夏天,她偶然听到一位乐师说起:有次在某地曾见过一位评弹女演员,脸形真像严凤英。这句话引起了严凤英的注意。托人去一查问,最后证实,果然那位评弹女演员就是被卖掉的亲妹妹。于是她就设法争取见面。当她妹妹获知亲姐姐在上海拍摄电影《女驸马》,住在新亚饭店时,就来寻她。一天下午,严凤英接到底层柜台转上来的电话,心情异常激动,忙乘电梯下楼,闸门拉开,定神一看,那个站在门前瞪大双眼、满脸惊喜交集的女子,正是失散几十年的亲妹妹,两人不约而同地相抱痛哭起来。

1963 年,《牛郎织女》在上海拍摄完毕,正遇严凤英的妹妹在上海演出,摄制组特邀她妹妹来参加我们的联欢晚会。她妹妹欣然手抱琵琶,充满激情地高歌一曲,庆贺亲姐妹在新社会获得新生和重逢。

相互鼓励　共同进步

严大姐向我介绍,她丈夫王冠亚同志是黄梅戏剧团导演,与她志同道合。由于工作忙,两人经常分离,但也经常相互鼓励。在上海拍摄《牛郎织女》时,导演为了使对白精益求精,做了某些修改,为了方便工作,我把严大姐的剧本拿来准

1963 年，电影《牛郎织女》主创人员在黄山　左起：金芝、陆洪非、潘奔、严凤英、时白林、岑范

备替她写上。当我翻开剧本扉页时，一首用毛笔书写、字迹工整的秦观的《鹊桥仙》跳入我眼帘，当我默读此词时，严大姐脸上泛出一种幸福的神色。是的，王冠亚同志选这首词书赠妻子，是蕴含着两层意思：一是神话中只有七月七日牛郎织女才能在鹊桥相会，这与拍摄《牛郎织女》有密切联系；另一层意思是他想借最后的“两情若是久长时，又岂在朝朝暮暮”，来鼓励严大姐专心致志地把织女形象塑造好，这是在艺术上对妻子的有力支持。

太可惜了！在那场“史无前例”的浩劫中，严凤英同志被迫含冤离开了人间。

严凤英代表了黄梅戏的一个时代。她为黄梅戏而生，为黄梅戏而死。她的名字和音容将同《天仙配》《女驸马》《牛郎织女》等影剧联系在一起，长留人间。人民将永远怀念她！

（选自《黄梅戏艺术》1985 年第 2 期）

刻骨铭心的回忆

许自友

一、初见老师

我生长在黄梅戏的流行地区——桐城县。父亲是个戏迷,不论是京剧、黄梅戏,只要有名角登台,他都要去看,还经常把我带去。我从小就看到不少老前辈的演出,如黄梅戏著名老艺人丁老六、潘泽海、丁翠霞等。

1952 年,我在桐城中学读书,有一天下课后,我和同学们在操场上玩耍。忽然从广播里传来了我最熟悉的黄梅调,一下子我听呆了!我从来没有听到唱得这样动听的黄梅戏。这是谁在唱呢?大家都不知道,我急忙跑到办公室,想从老师那里了解一下,看到桌上有份报纸,拿起一看才知道:她是安庆胜利剧团的演员,唱的是老舍新编的现代戏《柳树井》,她的名字叫严凤英。从此这名字就深深地刻印在我的脑海里了。原来她跟我是同乡,是桐城罗家岭人,我为家乡出了这样一个好演员感到骄傲。

说来也巧,1953 年要成立省黄梅戏剧团。省里来人在桐城招生,我积极地报了名,听说这次要从安庆"民众""胜利"两个团里选调一些优秀演员到省里去,如严凤英、丁老六等。我听到这个消息后十分高兴,心想:若能考取省团,同严老师在一起工作,那有多好啊。不久,招生组通知我到安庆复试。到达安庆的当天,听说严凤英正在胜利剧场演出,晚上,我迫不及待地同大家一起跑到剧场去看戏。严老师那天主演《江汉渔歌》,我坐在后排,心情特别激动。当前奏曲结束,大幕拉开,首先出来四位渔民打扮的姑娘,并列站在台侧,紧接着出来一位手上拿着桨、一身渔姑打扮的姑娘。只见她急步走到台中,一个漂亮的亮相,台下立即爆发出一片掌声和喝彩声。啊！不用说，这就是我早已崇拜的严凤英老师了。她的形象那样美丽，那样光彩照人，真令人赞叹不已。当她开口一唱，又是一片叫好声。这次看严老师演出使我大饱眼福，大开眼界，我接连看了五场。虽然看了严老师演出，得到很大满足，但好奇心促使我想看看她在台下是个什么模样。后来得知严老师就是我们这次复试的主考官时，我们一个个都傻了，又喜，又怕，又激动，又增加了压力。从此谁也不敢放松，都在积极地练唱、认真地排戏，一天三班，累得满身大汗也没有人叫苦叫累。

严凤英(前)与许自友合影。

复试那天，大家心情都十分紧张，都在默默地准备着自己的角色。这时，突然有人喊“严凤英来了”，我急忙跑到侧幕边，将侧幕掀开一角，偷偷地往台下看。严老师坐在观众席正中，上身穿灰色列宁装，两根又粗又黑的辫子搭在胸前，洁白的面孔，高鼻梁，大眼睛，胸前还挂着许多奖章，五彩缤纷闪闪发光。听人说那些奖章都是英雄、模范和热心的观众送给她的。我复试的剧目是《戏牡丹》，这是严老师的拿手戏。通过这次复试，我幸运地被录取了。后来，我常到严老师家去玩，她很亲切地对我说：“你演的《戏牡丹》还不错，很有戏味，就是语言上今后要下功夫改，桐城土音太重，不好听。”我表示，以后一定向严老师学习。她虽然是桐城人，可一点也没有桐城腔，说一口流利的安庆话。

二、亲切的教诲和鼓励

到省黄梅戏剧团后不久，在组织的关怀下，师傅收我为徒。师傅常把我叫到她家，教唱腔，教身段，谈论如何塑造人物形象。有次教我《西楼会》，这是她的拿手好戏，在唱腔及表演上都有新的创造和发展。唱到“我若与方小姐在西楼会面,我把你就供在我的祖先堂前"时,左手托着茶盘,脚下一个套步,一个漂亮的亮相与唱腔紧密结合,非常潇洒。她反复多次,不厌其烦地教我,那样认真,那样真诚,似乎要把她最好的技艺传授给我她才放心。有时在旅途中也不辞辛苦,利用休息时间教我们唱《小辞店》:"花开花放,花花世界……"

有一年,师傅演方言话剧《丰收之后》,戏曲演员演话剧,她是首例。上演后,得到观众及同行的热烈称赞。她在排练过程中,为了一个"筛米"的动作,艰苦地练习,甚至在开演前还在练习。筛子里没有米,可要表演出里面有米,由于她刻苦地磨炼,在台上表演得既生活,又贴切,就像农村老大娘做的一样。我当时在戏里演了一个群众角色农村姑娘,我脸上涂了油彩,可手上未涂,手与脸的颜色不一样,师傅刚从台上下来看见了,生气地批评我:"你演主角要搽手,演群众角色也要搽手,对观众要负责,观众现在已经认识你了……"她没有客套,只有无限的真诚和爱护。20世纪60年代初,青年演员在江淮大戏院演出《红楼梦》,这是一次展览演出,领导很重视,师傅更是关心青年演员的成长。她把自己当作观众,每场都去看戏,听观众的反映,到后台提醒大家要注意的一些事项,时刻关心演出的效果和质量。我在戏里演丫鬟晴雯,师傅看在眼里,记在心里。有一天我在《安徽日报》上看到她写了一篇评论文章:《演出人物性格来——谈黄梅戏青年演员许自友的表演》。我不敢相信,能得到严凤英老师如此厚爱!心里顿时波涛涌动起来。(以下引文略,见严凤英《演出人物性格来》)这是师傅第一次写戏评,我捧着报纸,不知道读了多少遍!后来,她见到我时什么话也没有说,我也连一句感谢的话都说不出来。她只是微笑,她笑得那样真切、那样深沉。在她的笑脸上,我感受到了她对我的关怀和期盼。有一次广播里播放我演唱的《谢瑶环》选段,她特地把我叫到她家,怕我在外面没听见,叫我认真仔细地听,有没有唱得还不够好的地方,她说:"有观众问我,'是你唱的吗?'我说,不是的,是我徒弟许自友唱的。你听了可不要骄傲呀!"我知道这是她对我的鼓励,更是鞭策。

三、可贵的学习精神

师傅的学习精神是十分感人的。不管是徒弟还是合作者,老的少的,只要有机会,她都主动向人请教,她那如饥似渴的学习精神,永远是我们的榜样。

她学过庐剧《借罗衣》生动、优美的跑驴身段,还曾经演出过,得到了好评。她学过《梅龙镇》等京剧,用学来的东西丰富自己的表演技巧,学习昆曲的园扇、折扇，并学唱过评剧、越剧、吕剧等。特别是在学川剧身段时，她学得快，学得好，而且是向一个年轻的徒弟——我学的。事情发生在20世纪60年代。周总理号召广大文艺工作者要认真学习文艺政策、学技术、学本领，要姐妹艺术相互学习，当时全国各大文艺团体来安徽学黄梅戏。有东北的评剧，有北京、南京、西安等文工团。

我省也不例外，在钱丹辉局长的指示安排下，从全省挑选优秀演员去四川学川剧的表演技巧。我有幸被选上，随队赴四川，到南充地区川剧团学习，与他们的演员同生活、同演出、同练功，共学了七个多月，带回大量的川剧身段及小戏。

我们回来不久，我团正排练《香罗帕》。师傅主演花旦，陈文明演小生，我演丫鬟，潘霞云演夫人，香罗帕为定情之物。这是一出优美的喜剧风格的戏。有一场小姐与丫鬟在花园游玩，表现赏花、扑蝶的戏，这个情节要用身段来体现。王冠亚导演说："大友，你刚从四川学习回来，是否把川剧的身段做给我与你师傅看看，我们也可以从中挑选一些好看的动作，融会到剧情里面来，这样你就学有所用了。"当我正准备做时，师傅在一旁看着，我有点不自在，导演说，不要紧，你做吧。师傅也在一旁督促我，做哇！有什么不好意思，扭扭捏捏的。于是我接连做了五六个动作。我在做身段时，师傅在一旁很自然地学着做起来，并不时问我，这腿是否套在另条腿里，身子是否要斜式，手是否要抬高……我一边应答一边做，她一边做一边问，接连做了好多遍累得她直喘气，但她没说一个累字，不停地问、学、练！

《香罗帕》公演后，效果不错，观众常有笑声、掌声及赞叹声，师傅表演得非常出色。仅有一次，当丫鬟、小姐同时做"卧鱼"动作时，她稍微晃了一下，我正为她担心，她马上一个急转身掩盖过去了，聚精会神的观众竟没有发觉。我真佩服师傅的敏捷、灵活，在台上，哪怕刹那间的误差也不留给观众。

师傅这种难能可贵的学习精神，在戏剧界名家身上是不多见的。她没有"师道尊严"观念的束缚，视艺术如生命。哪怕是徒弟、平民百姓，她都不耻下问，以来没有那种名演员的派头和架子。正因为如此，大家更尊重她、敬爱她。她给后人留下的精神财富，将永远在人世间长存。

（选自《严凤英、王少舫的艺术历程》）

她爱她心中的艺术

江明安

我这一辈子，最难忘的人是老师严凤英，最难忘的事是与她同吃、同住、同演出、同劳动的三段感人的经历。最难忘的印象是：观众对她着迷，她也对观众着迷，她一辈子都热爱心中的观众，热爱黄梅戏艺术。

一、观众对她着了迷

且不说严凤英老师在安庆胜利剧院演出时期，观众对她疯狂的热爱和着迷程度，仅就她到省团演出以来的观众反应，便可看出严凤英老师艺术的超群魅力。

1954 年，华东戏曲会演，《天仙配》在上海引起极大轰动，各界人士称赞不已，获得巨大成功。

上海音乐学院洪达琪教授都着了迷，他像发现瑰宝一样询问严凤英老师："凤英，你是用什么方法演唱的？怎么那么优美、流畅、充满山乡风韵呢？我们这些专门研究音乐的人，也得好好向你学习呀！"

1955 到 1959 年，《天仙配》等戏搬上银幕。不得了，城乡电影院无不争相放映。一时间，全国各地无处不是"黄梅戏热"，无人不喜黄梅戏。在乡间小镇，在农村田野，在江河湖海……到处是"树上鸟儿成双对""夫妻双双把家还"。黄梅戏的优美歌声，在祖国大地上到处飘扬。那时的安徽真是扬眉吐气，出尽了风头。据统计，《天仙配》放映了 15 万场以上，有近 5 亿人次观看了《天仙配》。那时中国人口还不到 6 亿，而且电影还在港、澳、台地区以及东南亚、英国等国家放映过，严凤英的名字在国内和海外华人中几乎家喻户晓。1959 年在北京西单剧

严凤英(右)与江明安(上)和观众合影

场演出《天仙配》时，有一位辛亥革命老人、曾在日本留学的王新民老先生到后台看望严凤英老师，他拉着严老师的手连声地说："演得好，演得真好！今晚我看《天仙配》着了迷，一定要看满一百场，这叫百看不厌。"

严凤英老师创造的黄梅戏艺术形象受到的赞美和颂扬可以说是数不胜数，就连艺术家田汉大师都说："严凤英的表演艺术把我征服了。"文化厅老领导纪培君同志听到严凤英逝世的消息时，拉着我的手动情地说："明安哪，严凤英死得真可惜呀！她演《碧玉簪》三盖衣，唱得多好呀！我是看一次哭一次呀！真感人哟，现在再也看不到她演的这样好戏啰！"

二、她也对观众着迷

我常想，为什么严凤英老师能让观众对她如此着迷呢？这当然是她的戏演得太好。为什么严凤英老师的戏演得那么好？我认为这与严老师爱观众有着密切的关系。

严凤英老师不止一个“妈”。她除自己的亲妈之外，还有比亲妈更亲的“妈”。有一次剧团到寿县农村中兴公社演出，一位103岁的五保户老太，在别人的搀扶下，兴致勃勃地朝村头搭的舞台慢慢走来。这一不大引人注目的镜头被严凤英看见了，她急忙迎上去拉住老太太的手亲切地问：“奶奶多大了？”老太说：“103岁。”严凤英关切地说：“开演还早着哩，快到我们宿舍歇歇。”严凤英把老太太扶到宿舍坐下，掏出自己的手帕，给老太太揩鼻子、揩眼睛，又倒开水又递烟。那老太太看她很亲切、很贴己，接过水和烟，边喝水，边抽烟，看着严老师绽开的爱的笑脸。晚上演完戏后，严凤英又把老太太留在宿舍里睡了一晚上。第二天，严凤英亲自把老太太送到公社，告诉社长说：“今后我每月给老太太寄5元钱，希望你们交给老太太。”从那以后，严凤英月月都给老太太寄钱，一直寄到“文化大革命”她被批斗扣发工资为止。

1964年，剧团到望江县宝塔大队去体验生活，她对老百姓的关爱让我非常感动。她对谁都亲切、体贴、帮助，喜欢所有的人。当时我和她同铺，住在一家三代同堂的农民家里。每天早晨6点钟她就起床跟农民一起出工劳动，锄草、点种、摘棉花，样样农活都干。她头顶烈日不怕晒，汗流浃背不叫苦，农民不歇她不歇，农民不停她不停。她心系农民，情系群众。她看我有点吃不消时就鼓励我说：“乡亲们不歇我们不能歇，坚持就是胜利。”房东家有位70多岁的老太太，人老体弱，耳聋眼瞎，卧床难起，吃饭都得送到床边。严凤英老师每到收工回来，放下农具就去帮老太太洗衣，洗完衣又到锅灶间帮着烧火做饭。我累得不想动，她却像不知疲劳一样，有用不完的劲，我心里深深地感到佩服。有一天，严凤英老师在灶下烧火，那老太太在屋角床上说：“我家住了七仙女，这真是老天爷送仙女到我家了。可我老了，眼睛看不见，耳朵听不清哟。”严凤英老师听到了老太太的话，立即走到老太太床边，坐在床上握住老太太的手，亲切地说：“奶奶，我不是仙女，我是农家的孩子，到你家参加劳动来了，你若想听黄梅戏，我唱给你听。”严老师就唱了起来。这时房东回家了，赶快拉住严老师说：“严团长，你下地劳动很累的，怎么还给妈唱呢！快休息休息吃饭。”全家人都高兴得不得了。从此以后，严凤英和房东家成了朋友，把老太太看作了自己的妈。

由于严凤英老师心中热爱人民群众，热爱自己的观众，这种宽广的胸襟和爱心，时时沁透到她的艺术灵性里，所以才塑造了许许多多美丽而感人的艺术形象。

三、她心中的艺术

1955 年拍《天仙配》电影，我当时演五姐，与老师同住一个房间，床挨床。老师为了塑造好七仙女的艺术形象，不分早晚，都潜心于艺术创造之中。与我或不停地哼唱切磋唱腔，或不停地推敲琢磨身段表演。最难得是她倾注了满腔真情、柔情、激情来塑造七仙女这个人物，并取得了成功。《分别》一场，导演问她可需要点眼药水，她摇了摇头，很快入戏，六七分钟长镜头一气呵成。唱完后，摄影棚内寂静无声，导演石挥大喝一声："好！"摄影师、灯光师、场记等一起围了上来，眼眶里都含着眼泪……

1962 年，周恩来总理有个讲话，意思是说：目前戏曲舞台都被帝王将相和才子佳人们占领了，为什么不能演演反映现实生活的现代戏呢？

严凤英听了周总理讲话之后，立即提出自己的意见，要求团里按周总理的指示，排演表现现实生活的现代戏。

在严凤英老师的积极倡导下，那几年团里接连排了几个现代戏，先后上演了《丰收之后》《红色宣传员》《江姐》、《党的女儿》等戏，都获得了很大成功，受到了各界观众的极大好评。她演的"江姐"一角，对同志爱得那么真，对敌人恨得那么深，真是爱憎分明，深深地打动着观众的心。

这里我想着重提一下《丰收之后》。周总理提倡演现代戏时，我团正准备排练《牛郎织女》，剧本都已发到演员手里。由于严老师坚持要演现代戏，《牛》剧就停了下来。但一时又找不到现代戏本子。当时山东省话剧团演了《丰收之后》，很红。严老师就建议用安庆方言排演话剧《丰收之后》，一是能更快地演出，为社会服务，二是能锻炼演员演现代戏，三是周总理的话一定要听。她的建议得到领导支持和演员们拥护，大家觉得演方言话剧是个新鲜事，很快就把角色分配下去。严凤英演赵五婶，王少舫演五婶老伴，我演生产队长的女儿王小梅。排练前，严老师请来话剧团几位同志传经，话剧团的人说："演话剧要注意两条，一是讲好话，要讲出情感，二是生活化，像平时生活一样，一切从生活出发。"严老师带头勤学苦练，日夜琢磨，令我感动。那时王冠亚不在家，严老师又要我和她住在一起。赵五婶有段台词有 3 分钟的时间，她反复练习了无数遍。有天晚上我早已入梦乡，酣酣熟睡，她突然把我叫醒，要我听她念赵五婶的台词。她用了几种不同的情感和语气念给我听，问我哪一种更好，更能打动人心。此时已是凌晨 3 点了，当时我就想：是什么样的力量让严老师如此认真、如此执着呢？那时我还不太理解，现在我明白了，这是她的一种责任心，对观众的高度责任，对艺术的责任，对响应周总理号召的责任。她爱观众，爱国家，爱党，爱领袖，这种深沉的爱凝结在她的艺术之中。很明显她心中的艺术不是打造自己，不是沽名钓誉，不是好大求奇，不是哗众取宠，她心中的艺术是一种实实在在的、为社会为群众服务的美学行为。所以，严凤英老师的艺术成就是伟大的、无与伦比的，是永远映照在我们心中的一盏璀璨的艺术明灯。

（选自《严凤英、王少舫的艺术历程》）

怀念凤英老师

张 萍

1953年春天，正是百花盛开的时候，随着安徽省黄梅戏剧团的建立，我和凤英老师会集到一起来了。我们都是桐城人，可她是由安庆市调来的。当时，她只是20出头的青年，但已是一位很有艺术造诣、享有盛誉的黄梅戏演员了。而我呢，只不过是个不满15周岁的普通中学生，黄梅戏的业余演员。她为人热情、诚挚，我幼稚、单纯，但我们相处得很投机。出发演出时，她常要我和她睡一个房间，谈得没完没了。她对我无话不谈：谈她的身世，谈她的童年，谈她如何背米糊口，谈她如何在祖母面前逗气。每当她谈起旧社会的遭遇总是痛心疾首，声泪俱下，而谈到新社会党使她得以发挥才能时，又是那样满怀感激之情。

1954年，我们为参加华东地区第一届戏曲会演而积极排练。一天，在排练《天仙配》之余，黄梅戏的老演员桂月娥、张胜英、陈凤凰等同志和凤英老师在一起，谈她们各自如何投师学艺、如何收徒传艺的佳话，无意中谈到了我。凤英老师很认真地说："小萍，我喜欢你的性格，我要收你做徒弟。"

我当时只是幼稚地含羞微笑，不知如何表示。桂月娥同志接着说，"你这个孬妹儿，人家想找师傅都找不到。现在师傅想找你，你还不赶快趴下磕头啊！"大家你一言我一语的，房间里顿时热闹非常。我高兴得真想跑过去磕头，可老师一把拉住了我，大家都哈哈大笑起来。从此我就开始向她学戏了。1956年，全国戏曲界掀起了名师收徒的热潮，我也在党支部和领导的主持下，投纸立约，举行仪式，正式拜凤英为师。她给我的教益，至今铭刻在心，永世难忘。

我在业余剧团时，曾经演出过黄梅戏传统小戏《游春》，而这出戏是凤英老师经常演出的拿手戏。因此，来省团后一遇她演出，我就认真观摩，细心学习。

只是我多从外形模仿，内心很少有戏。对“生病”那段戏，我根本不理解，因此对人物的内在情绪便无法掌握。凤英老师看后就和我说戏，谈她是怎样演的，她说：“赵翠花那样的‘二八’少女，很早失去了父母。游春时在郊外碰见一位书生，两人一见钟情。回家后，将爱情的种子深深地埋在心里，思念成疾，饭不思，茶不想。当她听到有人敲门，就以为是意中人吴三保前来约会。因此，虽在‘病’中，仍高兴地‘抖抖精神开开门用目来观看’，一见面前站的不是梦寐以求的人，而是王干妈，就失望地唱出‘唉呀！只见我的妈妈不见他，也是枉然’。这是赵翠花的内心情绪，怎么能给王干妈知道呢？应该避开王干妈，面对观众‘背躬’演唱，才能表现出此时此地这个少女的失望心情。这样，人物才演得真，戏才演得活。”我听后很受启发，当我再演出时，就不是那样干巴巴地对着王干妈傻唱了。

我在排练折子戏《送香茶》时，对青年男女谈情说爱的戏，更是怕羞得要命，不会做，也不愿做。她看到后说：“这是排演嘛！怕什么？演戏就是要把它做出

严凤英与张萍、江明安、丁俊美

来。”并教我表演陈月英送香茶给私下爱恋着的义兄张保童时的动作形态。当唱到“母命我送香茶哥哥解渴”这句落板时，张保童接茶。此时，陈月英左手托茶盘，右手用折扇调皮地将茶盘一撬，盘边碰在保童的手腕上，茶泼在盘里。保童向月英看去，月英将秋波斜视保童，传递爱情。我这样做了，戏果然就出来了。1959年去北京，一次在中南海紫光阁为中央领导同志演出，也有此剧。演出结束，首长接见，李先念副总理握着我的手问：“小鬼，你十几岁了？……演得很好，演得很好嘛！”如果说，真是演得很好，那也是与凤英老师的指导分不开的。

“作为一个演员，不光要有精湛的演技，也要有好的戏德。”这是她常对我说的一句话。她不但是这样说的，也是这样做的。十几年来，我和她同台演出不少戏，使我最难忘的是1954年在江淮大戏院演出朝鲜古典名剧《春香传》。她主演春香，我扮演香丹。一次，演到《爱歌、别歌》，春香的爱人公子李梦龙在月光下乘马前来约会，春香闻到马蹄声响，催促使女香丹出门相迎。朝鲜的生活习惯是，进屋须脱鞋，出门才穿鞋。我因鞋子没有放好，一时穿不上，音乐伴奏已经快完了，急得我一身大汗，只得倒拖着鞋，往上场门走去，相迎公子。就这样，拉长了时间，耽误了戏的正常节奏。以后，一到此处，我就紧张。凤英老师每次演出时都要看看我的鞋子放好了没有。一次，放好的鞋子被别的演员挪动了，她就悄悄地、巧妙地将鞋子放好，并增加了扶我下台阶穿鞋的表演动作，既表现了春香和使女们亲如姐妹的善良温柔性格，又解除了我的紧张情绪。这使我感到和她同台演出，是件非常愉快、高兴的事。

我第一次和她演《女驸马》时，她扮演冯素珍，我扮演公主。《洞房》一场，当公主发现驸马是个女子，心情非常愤怒，唱着“想我金枝玉叶体，怎能遭受这欺凌，越思越想越恼恨，随我进殿面圣君”时，驸马惊恐，坐地亮相。此时，公主应怒视驸马。而我杂念很多，缩手缩脚，拘谨得很，不敢正眼怒视她。散戏后，她很严肃得批评我：“驸马被公主发现是个女子，这是犯了欺君杀头之罪的。此时，公主应是愤怒之极，怒视驸马。你是怎么演的？公主反倒怕起驸马来了，在台上连眼睛都不敢看着我。”我说：“不知怎么搞的，我一看到你，想到你是师傅，就生不了气，有时反而想笑，更怕看你的眼睛。”她听后，很亲切地对我说：“我们虽然是师生，但是，上了舞台，我们就是剧中人了，就要按人物关系和剧情发展来演戏。今后演戏再不要有私心杂念，胡思乱想了。”在以后的表演生活中，我就很注意塑造人物、创造角色了。

严凤英老师对自己的表演艺术是从不自满的。她一有机会就虚心向前辈请教，有时也向徒弟们虚心征求意见，学习身段，来改进自己的表演，提高艺术质量。一花独放不是春，她不单是只注意自己的艺术提高，更关心青年演员的成长。20世纪60年代初期，组织上为了培养青年演员，举办了青年演员演出周。我团新排了古典名剧《红楼梦》。当时，凤英同志年龄只不过30岁出头，也只是中青年演员。很多同志说，她若扮演《红楼梦》中的贾宝玉，一定会演得非常出色。但她不愿去压制青年，更不怕多出人才，主动提出不参加这次青年周的演出，让青年演员多实践，多成才。而她自己却在台下认真看戏，提意见，写文章，宣传青年演员，为青年演员的茁壮成长而费心出力，也为他们演出成功而分外高兴。凤英老师就是这样诚恳热情地关怀青年的。

写到这里，更使我想起一件永远不能忘怀的事来。1978年，组织上为凤英老师昭雪沉冤，召开追悼大会。那天，我和庐剧团的邱枫林同志相遇，我们在谈到凤英老师的为人时，她问我："你的生日是9月份，对吗？"我暗暗一惊，说："是呀，你怎么知道的？""我怎么不知道？我还知道你20岁的生日是1958年呢！"

我更吃惊了。因为我从来也没和同志们说过我的生日。后来，还是邱枫林同志告诉了我："你16岁拜严凤英做师傅时，严凤英就把你的情况记下了。不仅记得你是哪年生的，而且连月、日都记得清清楚楚。那天下班，严老师拉着我说：'今天是萍儿的生日，你陪我上街买件纪念品给她吧！'她挤出中午休息的时间，把合肥几家百货公司跑遍了。9月的秋老虎，使她跑得浑身汗淋淋的，最后才买了一个她欣赏，也合乎你脾味的金色的和平鸽小别针送给你了，是不是？"

听了这话，我激动万分，泪珠像泉水一样涌了出来……

（选自《黄梅戏艺术》1981年第1期）

言传身教的良师

符广美

20世纪60年代初期，我曾有幸担任严凤英老师主演的两出农村题材现代小戏《烘房飘香》和《怎么谈不拢》中角色的B角。一个才跨进艺术门槛四五年的黄毛丫头，与成名已久、受人爱戴的著名表演艺术家同演一个角色，这是我想也不敢想的事情。排练任务宣布时，我既高兴又惶恐。组织上的信任、培养，学艺良机难得，但艺术上的天壤之别我更清楚，这能行吗？那时我对严老师是既尊重又敬畏。为努力学好这两出戏，我每天都提前赶到排练场，拿着剧本带着笔，默坐在近旁的木凳上。我一边细心观看严老师排戏，一边揣摩硬记，回来就刻苦练习。对于严老师精湛高超的表演技艺，我早就想学、想问。现在机会来了。自己幼稚的心里反而疑虑起来，怕老师不说不教，会碰钉子难为情。有时想硬着头皮去登门讨教，又怕打扰老师休息，说不定会吃"闭门羹"。谁知这许多隐藏在自己心底的活动，并未逃过严老师那双清澈明亮的眼睛。她为了指教我，常常主动让人喊我到她家，教我唱腔，给我说戏。有时为了消除我的拘谨和怯意，她还故意讲一些诙谐风趣的笑话，来松弛我绷紧的神经。

记得头次到严老师家，她上前拉着我的手，叫着我的乳名说："小美子来着，我要是不让人去请，你恐怕还不敢来吧？你看，我家里除了有两个'竖鼻子横眼睛'的大人，没有吃人的狮子和老虎嘛，你怎么吓得手都冰凉的？"严老师原来是这样亲切和蔼、平易近人，没有一点装腔作势的"名家派头"。传艺时她毫不保守，像对待自己孩子一样，既严格又耐心。她让我坐在内房里靠墙摆放的一张小长桌边，给我泡了杯热茶，指指桌上早已摆好的两份曲谱说："你识谱吧？"我摇摇头。她笑着说："那可不行，不识'1234567'，就像不识字的'睁眼瞎'没法子读

严凤英在街头演出

书一样。演员不识谱，就不懂得处理好‘乐句’，再没有好的‘乐感’，是很难唱好戏的。你要多实践，加把劲学会识谱。现在不强求你，也莫要多担心，我一句句教你，只要你好好学，包你把这出戏学会、唱好。”说着她坐到桌前，用手在桌面上敲击起“板眼”，开始教《烘房飘香》中林里香的唱段。当教到“萧队长三番两次细叮咛，团结可贵不可闹纠纷……”和“捧茶叶，似火燎，茶叶烘焦我的心更焦……”时，严老师边唱边说：“你听好，这两段都是‘散起’，但人物心境不同。一段是对技艺好、私心重、常爱‘挪盘扳翘’的宋乔贵这个人，唱时要在思考中慢起，板式上后转[平词]。后一段是求学技艺人不教，自己决心头一次试着烘烤一级茶遭到失败的这件事，唱时是心潮起伏、焦灼万分的急起，板式上后转[八板]。所以演唱时虽是同样的‘散板’，节奏上应有明显的区分。要注意精心安排，处理好腔随情变时的轻重缓急和起伏跌宕，千万不能‘一道汤’地去孬唱。”为了我能演好《烘房飘香》这出戏，她不但指点我唱念运气的法门、吐字润腔的意蕴，还细细说透林里香在剧中的每一段戏。

由于我缺乏农村生活实际体验，在表演中就“照葫芦画瓢”，极力模仿严老师的形体动作和神态变化的一笑一颦，连自己都觉得“虚有其表”“干巴”“造作”。在排练中，有时心里一急就会不自觉地流下眼泪。每逢这时，严老师就会用家乡的土话来哄逗我说：“看看，眼睛里又掉小虾子出来了。”“滴麻油，不能吃，口涩心苦没出息。”“这学戏呀不能急，排练要有好情绪。只要勤学多留意，日久自会解难题。我也是在艺途上摸爬滚打，尝过许多酸涩苦辛一步一步走过来的。”针对我们青年人普遍存在的弱点，她曾语重心长地对我说：“艺术表演的‘灵感’，来源于对生活的真情体验和积累。一个演员，要想演好戏，就要热爱生活，深入生活中去观察、了解，熟悉社会上各色各样的人，才能在舞台上塑造好不同人物角色。”严凤英老师是这样说的，也是这样做的。

1965年岁末，剧团为配合开展农村社会主义教育，赶排了大戏《白毛女》。这次我更有幸能与严凤英老师同演一个角色，我演前面的喜儿，她演后面的白毛女。朝夕相处，同台演戏，先后出场，合演一人。为了人物创造的连贯和完整，严老师不但在排练场看我排戏，私下里更是给我加“小灶”，精心地辅导、说戏、磨戏。她还以她自身年少时在乡村生活的悲伤苦难经历，来启发我对喜儿形象的认识和塑造。正是在严老师的关怀指点下，我渐渐明确了演员演戏就是要根据自身现有的条件，把平时苦练的所有技巧，最大限度地运用到自己所扮演的角色中。经过一段时间的实践，彩排后团里的老演员们都说我演戏“开窍了”。临下乡前，严老师又特意叮嘱我说：“这次下到最基层演出，要好好留意去体察农民的生活状况，学习他们勤劳质朴的良好品行，争取思想艺术双丰收。”春节一过，严凤英老师就率领着我们自挑背包行装，不畏劳苦，每天步行数十里，巡回在皖南广阔的深山老林里，深入到社社队队，为农民送戏上门。

在旌德县山村演出的一天上午，北风裹挟着纷扬的小雪，四野一片银白，天寒地冻。我们几个女演员，同住在一间农家小屋。醒来后见如此天气，都捂在“大通铺”的热被窝中不想动。这时听到一阵急促的脚步声，我睁开迷蒙睡眼，只见严凤英老师从外面匆匆回来。她未及拂去满头的雪花，便喊着说：“起来，起来，都莫睡了。刚才我出去转了一圈，听说村里有个产妇，叫汪家娣，生小孩后一直咳嗽不止。丈夫叫吴荣喜，是个双目失明的盲人，还拖带着好几个伢子，生活十分清苦。我想带你们到她家去看看，大伙儿也增添些对实际生活的感受。”我们一听，赶忙都钻出了热被窝，穿好衣服、洗完脸就跟着严老师出了门。走进那农户家，破旧的房舍四处钻风，寒气逼人。产妇和她丈夫带着那刚出生不久的婴儿，都躺在昏暗屋角一张简陋破损的木板上。走到近前，我

1964年，严凤英与江明安在望江县宝塔大队体验生活时为农民洗衣服

们这才看清，在这样的数九寒天，那床上垫着的竟是一张因年久睡磨而变得通红的竹篾凉席。眼前景象十分凄惨，大家默然无语，心酸得只想掉泪。谁也不知道严老师什么时候跑去了村供销社，用自己的薪水，买了一床八十多元钱的高级羊毛毯和几斤红糖回来，送给了他们。当盲人双手接过毛毯时，泪水直流，哆嗦的口中喃喃自语，不知在说些什么。那产妇好像是听清了丈夫的话语，撑起身子坐了起来，她紧紧拉着严老师的双手，仔细打量了好半天，边流泪边说："我认出来了，你就是唱黄梅戏《天仙配》出了名的严凤英。好人，好人哪！你，你真是个活在人世间的七仙女啊！……"看着严老师真诚无语的亲切微笑，和她雪中送炭把温暖送到贫困农民心里的动人情景，在场的每个人的心灵都被震撼了！

就在当天晚上，小雪未停，寒风刺骨，生产队喇叭通知《白毛女》演出照常进行。村旁空地临时搭起的露天戏台下，早就挤满了顶风冒雪前来看戏的男女老少，孩童嬉笑不停地在人群里穿梭玩耍，人声鼎沸，像逢年过节庙会赶集一样热闹非凡。我记着老师教的"行话"："早扮三光，晚扮三慌"，一吃完晚饭就早早地化好了妆，在木凳上默戏。谁知越坐越冷，冻得连指头都伸不直。化妆时我未脱毛衣线裤就穿上了喜儿的服装。身边的严老师，见我穿得臃肿，笑笑对我说："这就扮好啦！你不是想做好演员吗？过去班社里有句戏谚叫'冻不死的花旦，热不死的花脸'，你演的喜儿是个小花旦，是一个苦伢子。好演员一扮戏，就要想着所扮演的人物，就要开始进戏。白天我带你们到那个农户家见到的现实，你总该会长点记性吧！生活与舞台演出不同，舞台演出都来源于生活。你现在上台扮演的是喜儿，不是日常生活中穿戴随意的自己。以后你要记着：'无情不叫戏，无美不成艺'。"严老师的教诲，像一股暖流注进我心。我羞愧地悄悄走到一边，赶忙脱掉了毛衣线裤，重新装扮好喜儿。上台演出时，我尽力去展现人物在情境中的内涵，虽然身着单薄，却丝毫未感觉到寒冷。戏一演完，我就披了件棉大衣蹲在台角，仔细观看严老师的演出。那山村旷野漫天飞舞的雪花，那露天戏台清冷明亮的汽灯光芒，映照着严凤英老师扮演的白毛女。她躲在深山洞里，满头散开的白发随风飘动，那凄苦悲凉、激昂动人的演唱句句催人泪下，我仿佛也被融入那戏的情境之中。回味严老师的教导，这时我才深切感受到艺术的真和美的巨大魅力。我心中也更加崇敬在戏里戏外情高艺精，处处对我们青年言传身教的良师——严凤英！

（选自《严凤英、王少舫的艺术历程》）

怀念凤英

王亚梅

黄梅戏虽然是安徽的地方剧种，但我所以能到黄梅戏剧团工作，也是因为我喜欢黄梅戏的音乐，更爱听严凤英的唱。后来在工作中，我们又建立了深厚的友谊。

严凤英的悲惨遭遇使我多年不愿意看她演的电影和电视剧，因为看到了就使我心痛难忍，平时也不愿意多想，但这样也是不现实的。回想起我在黄梅剧团那一段工作中，生活是紧张的，但心情是好的，使我深受感动的是戏曲艺人的深情谊意。我和严凤英每次外出演出，不论坐船坐车或是住宿，我们都在一起，如同姐妹。她真诚待人，无所不谈，有些事真使我终生难忘。

记得我带《女驸马》剧组在上海拍电影时，文化局要我为严凤英写一篇报道。为了写报道，她给我谈了很多她过去的苦难生活，真是苦生苦长苦出身，有时谈得泣不成声泪流满面，都说不下去，使我非常感动。我写完后给她看，她认为报道稿中对党的深情写得不够，她说："是共产党救了我，我对党的深情是一言难尽。"这句话，多年来记在我心中。

我到黄梅戏剧团后，听到各方面介绍的情况，都说的一个话题，只要严凤英演出，戏票就卖得很快，总是排长队，排在后面的同志就买不到票。在实际工作中，我也深深体会到这一点。当时我主要负责业务工作，所以在排练或正式演出中我都到场，每次演出，我都要到台下看看戏。记得有次在安庆演出《女驸马》，严凤英的唱，观众多次鼓掌，我看到有几位年纪大点的观众看戏非常认真，有个别观众还在大腿上打拍子。这样的场景我一个做文艺工作的人都从未见过，观众对演员热爱的心情，真是难以描述。

严凤英化妆照

演员在观众中的影响，是演员在台下认真排演，全身心地创造角色使然。记得在排《桃花扇》时，她整天在排演场里，非常辛苦。但晚上回到宿舍，总要把戏里的很多舞蹈动作表演给我看，她说她要使扇子的表演如何更好地结合人物感情，充分发挥扇子的艺术作用，她设计出好几种表演动作给我看，还不断地问哪种表演更有情，又美。所以我们在一起住，有时谈到很晚才睡，使我学到很多东西，真正感受到她将戏曲的程式动作和人物的感情结合得非常紧。

（选自《黄梅戏艺术》2000 年第 4 期）

怀念恩师严凤英

江明安

1953年3月3日，从安庆地区各县挑选来的一批年轻演员同一天到安徽省黄梅戏剧团筹备处(安庆市文化馆)报到。晚饭后，我和许自友到街上去逛，走到胜利剧场门口，看见海报上写着:《江汉渔歌》，主演:严凤英。好多人在排队买票。我俩都知道安庆有个严凤英，在上海演出黄梅戏，一炮打响。我们来不及请假，立即排队买了两张票，就进剧场看戏。她一出场就把我们镇住了，一个美丽、聪明、调皮、活泼的渔家少女呈现在我们的眼前，再开口一唱，嗓子甜润，真好听。我们觉得她表演真实，全身都是戏。我们知道她也要到省团去，高兴极了。第二天上午，她一个人到文化馆看大家，身穿蓝色工装裤，一件白色上衣，袖子卷得很高，左臂夹一只篮球，笑容满面，神采奕奕，一进门就自我介绍:“我叫严凤英，以后我和你们在一起了。”大家好高兴，一下子就围了上去。我问:“我怎么叫你呢?”她说:“你这小鬼，以后叫我小姑好了。”她没有一点名演员的架子，很快就和我们打成一片了。这时我眼前又浮现昨晚舞台上渔家女的动人形象，暗暗地把她当作我心里的偶像，坚定了我献身黄梅戏事业的信念。

建团初期的那段时间，大家都忙着学习、练功、练唱、排练演出，大家相互关心、相互帮助。当时排戏多在室外，一组一组，分开排练。严凤英不排戏时，常到别的小组去看排练，我们休息时也跑到她那边看。星期天她主动找我们一道玩，跳舞、打乒乓球、篮球、游泳，沉浸在团结友爱的气氛中。

1954年，华东戏曲会演，《天仙配》在上海引起了轰动，中央来的领导、文化界的专家、上海文化界人士和华东各省市代表，在看了《天仙配》演出后，无不感到惊喜，尤其对严凤英赞不绝口。上海音乐学院洪达琪教授几次到我们住地来

师徒合影：严凤英与江明安

访问严凤英，称赞她："你是用什么方法演唱的，那么优美、流畅，充满山乡风韵，我们这些搞声乐的人，也得向你学习。"

1955 到 1959 年，《天仙配》《女驸马》《夫妻观灯》相继搬上银幕，城市农村争相放映。据统计，仅《天仙配》就放了 15 万场之多。严凤英的名字在国内人民及海外华人中家喻户晓。1959 年，我们在北京西单剧场演出《天仙配》，散场后，有一位参加过辛亥革命，曾在日本留学的王新民老先生到后台看严凤英，他拉着她的手，连说："演得好，演得真好！今晚我看《天仙配》刚好是第一百场，当然，包括电影和舞台演出。"并当场赠给她一个戒指作为纪念。过两天，这位老人请她到家里做客。他的日本夫人对严凤英说："我先生看你演的《天仙配》着了迷，一定要看满一百场，这叫百看不厌。"

1964 年，我们在安庆演出，演完戏我和凤英老师回到宿舍，正要关门，听见门外有个人在"啊……啊……"地叫，到门口一看，那个人又"啊……啊……"地叫，对着严凤英伸出大拇指比画起来。他端着一口锅，硬要往凤英老师手上送，老师笑着对他摆手，表示不能收，哑巴把锅放到地上转身就走了。我把锅拿进屋，打开一看，原来是炖了一锅老鸡汤。以上两件事，说明黄梅戏和严凤英多么深入人心。

严凤英老师在艺术上获得了如此重大的成就，从主观上讲是她天赋超常，聪慧过人，再加上她一副甜润歌喉，端庄的扮相，一双会说话的水灵灵的大眼睛，这些资质是我们一般人不具备的。田汉先生在上海看了她的戏后说:“严凤英把我征服了。”假如一个人只是天赋优越,却懒惰成性,是不会有任何作为的。凤英老师则是才气加勤奋,对黄梅戏表演艺术刻苦钻研,呕心沥血,确是我们的榜样。她每排一个戏都非常投入,尽力去把握人物的思想感情,甚至人物心理的瞬间变化,他都用声腔和表演来细腻刻画。譬如:“我本住在蓬莱村,千里迢迢来投亲”这个唱段,原是[平词],她把唱腔加以处理,唱成:“我本住在”四字渐慢、渐低,用了一个眼神,稍作停顿,带出了后面三个字“蓬莱村”。表现出她的机灵聪慧,真是声情吻合,丝丝入扣。严凤英老师常说她不是用嘴唱戏,而是用心唱戏。记得在上海拍电影《天仙配》中的《分别》一场时,有一大段唱腔:“董郎昏迷在荒郊……”石挥导演问:“凤英,需要点眼药水吗?”她回答不用,导演立即喊开拍,一个长达4分钟的镜头一气呵成。这时,七仙女已是泪流满面了,整个摄影棚鸦雀无声,人人都沉浸在戏里。这时导演喊:“好!”顿时全场热烈鼓掌,只见灯光师、场记都热泪盈眶。石挥导演走到严凤英身边说:“凤英,太好了,出乎我的意料,今天就奖励你一盘红辣椒炒肉丝(这是严凤英最爱吃的菜)。”这时全场又一次热烈鼓掌。她的钻劲和勤奋我是做不到的,拍《天仙配》时我和她同住一间房,白天拍戏,晚上睡在床上她还在练戏,我有两次起夜,还听见她在帐子里轻轻哼唱。1964年,我团排《丰收之后》方言话剧,她扮演赵五婶,我演王小梅,当时王冠亚不在家,凤英老师要我住到她家去,吃住排练都在一起。五婶有一段长达近8分钟的台词,她反复练习了许多遍。有一天晚上我早早入睡,她突然把我叫醒,要我听她念五婶的台词,她用了几种不同情绪和语气,问我哪一种好,哪一种更能打动人,此时已是凌晨3点了。严凤英有一颗金子般的爱心,不但一定要把自己的戏演好,更关心剧团一大批男女青年演员。她对我们说:“你们的条件都很好,也有才华,我希望你们多演戏,演好戏。”根据省委决定,剧团搞了一次青年演员演出周,移植了一台上海越剧《红楼梦》,剧中有十几个角色,个个都有戏,参加演出的演员都是20—30岁的青年人,在舞台上分别展现了他们各自的风采,受到观众的一致好评。从上海来的记者平原同志说:“群星灿烂,满台生辉。”严凤英看后到后台来祝贺我们,连说:“演得好,我为你们高兴。”几天后,她为这台《红楼梦》写了一篇文章,登在《安徽日报》上,给了我们很高的评价。她平时对我们要求很严格。我是宿松人,有时咬字不清,在《打金枝》中,常常把“公主”,念成“公举”,她纠正了多次,并告诉我,舞台上的道白是很讲究的,要咬准,这是作为一个好演员的起码条件。同时,她也对许自友、张萍进行过指导,她俩是桐城人，乡音也很重，她们常常在演唱中“灯”“东”不分，她耐心为她们纠正。凤英老师对我们的言传身教，使我们终身受益。

她对周围同志的生活也很关心。熊少云同志当时家境很困难，八口之家只有他一个人工作。严凤英老师到他家看他，只见床上四人盖一床被，垫的是草，草上只铺着一条旧床单，帐子也是破旧不堪。凤英老师看在眼里，难受在心里。当时就从口袋里拿出了钱，叫熊少云同志去买棉被和帐子，熊少云同志不好意思收下，她说：“不要客气了，还要我去买呀？别让家里人冻着。”

记得在三年困难时期，有一天我们在排戏，有位同志到排演场告诉大家说，楼下猪圈里有个妇女在生小孩。当时严凤英也在，她是热心人，急忙问：“生了没有？”有人说：“生了。”严凤英老师立即转身下楼，回家拿了红糖、鸡蛋、面条、小孩的衣物和一些现金送给那位产妇，在她的带动下，许多人都伸出了同情的手。

凤英老师本应为黄梅戏做出更多的贡献，却被“十年动乱”的黑色风暴摧毁，我们永远不会忘记这一页，因为忘记过去就意味着背叛。我们可告慰凤英老师的是，你给黄梅戏留下的精神文化财富，将会一代一代传承下去。

（选自《黄梅戏艺术》2000年第4期）

忆严凤英老师

张艳兰 口述 李柏芳 林志宏 整理

1958年我进入安徽省黄梅戏剧团时，严凤英老师就已经是著名的演员了。作为学员——一个不谙世事、在艺术上还未开窍的17岁姑娘，严凤英老师确实给了我许多终生难忘的教导与启迪。

她对艺术的一丝不苟、谦虚好学，无时不在感染着我。她虽然是名演员，但从不摆架子。记得演《春香传》时，她演春香，我演春香的贴身丫鬟香丹。“狱中歌”那段戏，她带着沉重的枷锁，演到伤情激动之处，声泪俱下。我作为丫鬟去狱中探望她，但感情始终上不来，把握人物性格也不是很准，演到哭时爱流鼻涕。我偷偷地把清凉油涂在指缝间，上场后悄悄地抹在眼角上，心想这样既能让眼泪下来，又不至于流鼻涕。眼泪是下来了，结果却弄得眼睛无法睁开，就更跑戏了。严老师知道后，并没有责怪我，而是爽朗一笑，说：“演员不仅要细心体会剧中人物的思想感情，还要有丰富的生活阅历，要学会借用感情。我之所以能动感情，是因为我有过许多悲伤的经历。我演过很多苦戏，哭时也会流鼻涕，但为了舞台形象，我不知吃了多少鼻涕。小兰啊，作为演员，演戏时要逼真，要进入角色，也要注意舞台形象美。”为了帮助我借用感情，她还向我叙述了她坎坷的生活经历，帮助我酝酿戏剧的多种情感。

严老师在艺术上严以律己的品格也使我终生难忘。在排练《宝英传》时，她饰演韩宝英。剧中有一段韩宝英和曾国藩“对剑”的表演。她本来没有这方面的基本功，便刻苦练习。有一次由于对方出手太快，一剑挑破了她的上眼皮，她“啊”的一声，双手捂住眼睛，泪水顺手而下。对方吓得不知所措，但她丝毫没有责怪，反而安慰说：“我自己出手太慢了，没关系。”在场的同志，无不被她这种谦

严凤英在《宝英传》剧中饰韩宝英，王少舫饰石达开

逊豁达的态度所感动。还有一次演《春香传》“与李梦龙夜会”一场，春香正在闺房中翘首盼望，远处马蹄声渐近，她不禁叫了一声：“香丹，快去看看可是公子来了？”她感情随即而来，一把抓住我的手（剧情是要香丹去开门的），当时我在台上还未来得及穿好鞋子，就被她激动的感情、真实的表演急急地催着下场了，而我当时也并未感到有什么别扭的地方。刚下场，严老师马上向我道歉：“今天我太激动了，使你没有顾上穿鞋，实在对不起。”在艺术上，她总是这样严格地要求自己，宽以待人。在上海拍摄《牛郎织女》的时候，特邀了一位60多岁的老师来教她身段（宫扇）。她对我说：“小兰，老师这么大年纪，你也来一起学，帮我代记，不要叫这位老人家反反复复，怪吃力的。”她生怕自己学得慢，而影响了别人的休息。

在教唱腔时，严凤英老师对我的要求很严格，甚至不放过每一个字。我跟她学过《碧玉簪》《天仙配》《女驸马》等剧的唱腔。严老师本人唱腔路子宽，京剧、越剧、评剧等许多剧种的唱腔她都会，这对丰富她的唱腔艺术有很大的帮助。她告诉我，在演唱《碧玉簪》中有些唱段的落板，要借用点京剧旦角的落腔，味道会更足一些。在教我唱《天仙配》时，她说如唱时嗓子不舒服，可以临时改变唱法。比如唱“看天上阴森森，寂寞如牢监”时，“阴森森”也可以用低回手法。唱《女驸马》的“纵死黄泉也甘心”的“甘”字，也可把高音唱成平音。

严凤英老师在观众的心目中享有很高的威信。有一次我和妹妹买了一块布料打算做连衣裙。她看了以后说：“你们穿这个太老气了，我有一块泡泡纱，白底子红点，挺漂亮，给你们吧。”还带我们去安庆路一家服装店剪裁。她一进门就为我们翻找图样，老师傅也没看见她。我把布料递给师傅，可他说布不够。严老师上前递过一支香烟给师傅，他一见是严凤英，便非常客气，知道是她带我们来做衣服的，不但布料够了，还同意照严老师找的图样做。几天以后我们去取的时候，刚做好的连衣裙已穿在橱窗里的模特身上了，挂着的纸条上写着“严凤英”三字。我妹妹穿上这合身的连衣裙，老师见了很高兴，对我们俩说：“怎么样？小姑娘嘛，还是这块布好看吧？穿着多漂亮！”有一次我和严老师走在大街上，突然有一辆小轿车停在我们边上，一个人伸出手来向严老师打招呼：“凤英，你要的东西买到了，去拿吧。”她把我也拖上车一起去。东西拿到以后才知道，是她托人为王冠亚买的贵重药品。回来后，她对我说：“做一个女人真不容易啊，在生活里还应做一个贤妻良母。”老师也常和我谈她个人问题，说到伤情之处，也不禁泪流满面。她的婚姻历经坎坷，她说，一个女演员，要找一个理解自己的丈夫真难哪。当时我正和男友相恋，老师知道后，劝我千万慎重。见我犹豫不决的样子，她叹了口气说：“小兰啊！你是不见棺材不掉泪，以后你会后悔的，让你自己碰碰钉子也好。”后来，我发现，那人感情飘移，才佩服老师的眼力，也感激她对我的诚心帮助。严老师随团下农村演出的时候，唯一的补品是白水煮蛋，但她还常常分给大伙吃。她为人坦诚、大方，对老年人尤为尊敬。有一次演方言话剧《丰收之后》，她演赵五婶。中场休息时，她特意向观众中的几位老太太请教，并且说自己不熟悉赵五婶这样的人物，演得不好，请她们给提提意见。几位老太太很受感动，都说她演得好。还有一次在寿县演出，严老师听说县里有位百岁老太太，特地把老寿星请来看戏，买好吃的，临别时还送零用钱给她。老师望着老人的背影对我说：“我从小没有得到多少母爱，只要见到老人，我就觉得是我的亲人。”就是这样一位平易近人的表演艺术家，只在人生的道路上度过短暂的三十八个春秋，便被迫害致死，怎不令人悲愤、令人惋惜！但她的高尚品质和艺术风范，将永远激励后人不断地攀登新的高峰。安息吧，老师！

1986 年 10 月第一稿

1987 年 7 月第二稿

（选自《黄梅戏艺术》1988 年第 2 期）

严凤英为办学义演

章志贤

“章校长，莫着急，我为你们义演一场，凑点钱。”四十多年来，黄梅戏表演艺术家严凤英这一慷慨而又亲切的言语和她义演资助兴办大通小学的行动，时时激起我对她的怀念。

那是1946年，抗日战争胜利后，原大通小学在敌人侵占时被摧毁。铜陵县教育局介绍我到大通镇兴办小学。当时那里是一片荒凉，建校首先要解决校舍，解决校舍的唯一办法，就是向产业管理处购买房子，而一幢楼房要价法币二百七十万元。这钱从何处来？我思考再三后，去找地方商会主任崔沅甫先生及大通镇一些开明绅士商量，在大通镇长的支持下，组织了筹募大通小学校舍基金委员会，在大通各商店劝募，仅募得一百六十多万元，仍差一百多万元。

当时，蜚声江南的红角——严凤英正在大通镇演出，观众四方云集，演出盛况空前。我的同屋邻居佘贻春先生和严凤英是朋亲，我通过佘贻春先生介绍，结识了严凤英。她是那么纯朴豪爽，和蔼可亲，使我们一见如故，亲密无间。

她，大概是从佘先生那里知悉我正在为筹募小学校舍资金而苦恼，那天她见到我，很关心地问：“章校长，我看你快要临月了（当时我怀孕在身），还在日夜操劳，购买校舍的钱凑足了没有？”我毫不掩饰地对她说：“还差一百多万元。”她略有所思地“啊”了一声，顿时满面愁容。我接着说：“添置课桌、板凳的款子还要另想法子去筹集呢……”话音未落，她就毫不犹豫地紧握我的手说：“章校长，莫着急，我为你们义演一场，凑点钱。”这话掷地有声，也叩开了我情感的闸门，感激的泪水潸然而下，半晌不知说什么好。她又连连安慰我：“莫着急，莫着急啊！”话毕便匆匆离去。当我望着她那瘦弱苗条的背影，不由得联想起那天下午在戏院里找人时看到的情景：戏院里座无虚席，前两排坐的都是国民党军队的长官。他们看到乐处，不仅歇斯底里地狂叫，同时还将银圆、铜钞朝台上乱砸，演员稍不小心就被砸得头破血流。他们哪里是在欣赏艺术，简直是捉弄演员，拿人开心。我目不忍睹，气愤不平地离开了剧院。凤英是个急性子人，当天她就找班里的师傅和同行们商量好了，又去找班主和前台佘老板，经过她再三恳求，终于赢得为资助兴办大通小学举行义演的机会。次日义演后，凤英刚刚卸去戏装，就跑到前台结账，包括打彩的钱一起，共计八十多万元，分文不留，全都送交于我。她说："章校长，这钱少了些，表示我们演员对你们办学的支持，请收下吧。""谢谢，我知道这钱的分量有多重啊！"我感激地说。凤英的这一行动，有力地驳斥了"戏子无义"的污蔑之词。这件事，在大通传为美谈。经历几十个春秋的大通小学，在共产党和人民政府的关怀下，校舍几经扩建，学生一批接一批地从这里毕业，升入中学、大学，走向社会，为"实现四化，振兴中华"劳动着、工作着。每当人们回顾这所小学校史时，也都谈及这件往事，无不敬佩严凤英这位杰出的黄梅戏表演艺术家热心教育事业的胸怀和义演资助的美德。

（选自《黄梅戏艺术》1990年第1期）

与严凤英共事的日子

李济民

有人说：一个杰出的领袖，可使一个国家强盛；一个有才华的企业家，能让一个企业扭亏为盈。同样，一个优秀的演员，可以救活一个剧种，严凤英、王少舫就是这样卓越的艺术家。黄梅戏有着深厚的群众基础，它来自民间，是群众喜闻乐见的地方小戏。新中国成立前简称为黄梅调，不能登大雅之堂。新中国成立后在党的文艺方针政策的指引下得以翻身壮大，一跃成为全国人民所喜爱的五大剧种之一。

著名黄梅戏表演艺术家严凤英、王少舫，他们对黄梅戏的继承和发展都有着卓越贡献！我是在1953年安徽省黄梅戏剧团建团时调来的一个老演员，与两位战友、老师相处共事了数十年，直到他们相继永远离开了我们。记得1956年，经党支部推荐，我和朱玉白同志正式写了师徒纸，拜在王少舫名下为徒。因此，我有幸亲身经历、学习了解严凤英、王少舫两位天才演员的表演、唱腔、身段以及如何刻画人物、创造人物的许多艺术实践，点点滴滴都看在眼里，记在心里。

严凤英同志是放牛娃出身，幼年就喜欢唱山歌。她的唱腔富有浓郁的乡土气息，朴实、抒情、生动、好听。她的形象端庄秀丽，又富有卓越的表演才能，善于刻画不同艺术形象。她真实形象地刻画了七仙女这位美丽勇敢、聪明善良，不怕天规重重，毅然来到人间追求幸福的个性，塑造了一个纯朴善良、敢爱敢恨的少女形象。她的表演、唱腔细腻入微，真可谓栩栩如生、委婉动听。另外严凤英同志性格开朗、谦虚好学，平时总是取众家之长，补己之短。她来安徽省黄梅戏剧团后，就积极、热情地请安徽省歌舞团青年歌唱家申非伊同志辅导练声、练音阶、学习乐理知识。她坚持参加练功，刻苦、虚心地向当时的练功老师刘慧娴（乔志良导演夫人)、雪寒梅(王少舫老师夫人)学习请教。刘慧娴、雪寒梅二位都是从京剧改行的,是当时很有名气的文武花旦。1959年,在上海电影制片厂拍黄梅戏电影《女驸马》时,剧团领导要求除拍好电影外,还要抽空排太平天国戏《宝英传》。严凤英扮演韩宝英,该角色需要有扎实的基本功。其中有场戏要在台上表演舞剑,于是她请上海京剧院老师教她剑功,虚心地学,刻苦地练,每天都是汗流浃背,那种对艺术追求执着的精神实在令人感动。最终她以扎实的唱、念、做、打功夫,很好地刻画出韩宝英巾帼英雄的形象。她为了演好《女驸马》女扮男装戏,每天都穿着厚底靴、水袖衣,到小礼堂练水袖、跑圆场,请乔志良导演帮她练身段。凤英同志平时就会唱京剧、评剧、越剧、沪剧,还会唱歌曲。她总是以谦虚、好学的精神学习兄弟剧种的长处,根据角色的需要,有机地融合到黄梅戏中来。她扮演过很多角色,除《天仙配》中的七仙女外,还有《江姐》中的江姐、《党的女儿》中的李玉梅、《碧玉簪》中的李秀英、《小辞店》中的刘凤英、《打金枝》中的公主等不同人物,她都能准确地把握住人物,从唱腔到表演,均能将人物的内心情感表达得淋漓尽致。一句句唱腔,能叫你听得心花怒放,能叫你听得痛哭流涕,让人回味无穷!严凤英同志不但在艺术上精益求精、刻苦钻研,在生活中也是平易近人、助人为乐。逢年过节,她总是悄悄地到单位中那些生活困难、家庭小孩多、经济负担重的同志家里去送上几十元钱,她从不要你还或者感谢她。我们剧团熊少云家孩子多,生活困难,夏天的蚊帐破得不能再补了,严凤英同志就悄悄地买了新蚊帐送上门,亲自给他们挂好。查瑞和同志和我家,当年也因生活较困难而得到过她的帮助。“文革”期间,听说在她离开人世的前几天,还把身上仅有的十元钱送给宣老(宣老是我们剧团老炊事员,家庭生活很困难)。严凤英同志每次到农村去演出,总是要上门看望五保户老人,送钱或者送上毛主席画像,这些事情大家都是有目共睹,数不胜数。

在艺术上,她乐于帮助别人。我们剧团在20世纪50年代,排练朝鲜古装戏《春香传》时,她和王少舫是剧中主角春香、李梦龙的A组扮演者,王毓琴同志和我则为春香、李梦龙的B组扮演者。但我和严凤英老师合演比较多,王少舫老师和王毓琴同志合演较多,这是出于老演员带新人的安排。那时我还是一个新文艺工作者,调进剧团不久,要和著名演员严老师合作演出,思想上很紧张,不好意思放松地去做戏。当时凤英同志看出了我的心情,她说:“你没有投入角色里去,没有刻画好人物,按人物的感情去演,怎能演好呢?你一定要丢掉自己,体验角色感情,才能演好李梦龙这个角色。”她一针见血地指出了我的弱点。在她真

严凤英在《春香传》剧中饰春香，王少舫饰李梦龙

诚的帮助下，我逐渐地进入了角色。这充分说明，严凤英老师在艺术上也是高尚无私的。

有一年，在上海锦江饭店为敬爱的周恩来总理演出《打金枝》。戏演完后，周总理高兴地上台，接见我们时说："黄梅戏很好听，戏中的两位主演公主（严凤英）和郭暧（王少舫）演得很成功，一个是辣椒，一个是生姜，真是辣对辣，很有味道。"当时我也在戏中演"三哥"，这幸福难忘的时刻，直到现在仍然记忆犹新。

还有一桩事，可博大家一乐。电影《天仙配》上映后，严凤英每天都收到来自全国各地的信件，其中不少是求爱信。严凤英都一一回复，说明自己已婚。一位部队里的上校军官，不辞辛苦，执着地来到了合肥，并买了很多贵重礼物找严凤英。严凤英只好将自己的儿子带给那位军人看，以证明自己确实已婚，那位军人才遗憾地离去。像这样的生活插曲，真是不胜枚举。

（选自《严凤英、王少舫的艺术历程》）

我和凤英大姐

吴春生

我和凤英大姐，同住桐城县罗家岭一个村子。大龙山脉菜子湖水哺育着我们，这里是有山有水的鱼米之乡，凤英大姐从小就喜欢唱山歌和黄梅调。

罗家岭在新中国成立前有一个黄梅戏班子，我们的师傅严云高就是这个戏班子的班头。凤英大姐和我就跟着严伯伯学唱黄梅戏。那时村里人都叫大姐的小名“鸿六”。夏天夜晚，人们聚集在凉床边乘凉，大姐总是乐呵呵地给大家清唱几首山歌、几段黄梅调。她那质朴甜润的歌喉、清脆优美的歌调，不时博得大家阵阵掌声和赞扬声：“鸿六唱得真好听。”“小鸿六这伢子真有本事，真聪明！”谁说不是呢？凤英大姐起初只是个农村小姑娘，后来却成了黄梅戏艺术大师。我这笨拙的笔是写不好，也写不全她的聪明才智的。这里我想给大家讲一个有趣的小故事。

大概在1952年间，凤英大姐在安庆胜利剧院演戏，有次在传统戏《金钗记》中她扮演春香。其中有场戏是小姐与众丫鬟在花园观看百花，要让众丫鬟把各种花用比喻的方法逐个报上来。戏中规定每人报两个花名，是事先安排好的，如“老子打儿娘讨保，名字叫作护子花”，“十八岁大姐拦门站，名字叫作望郎花”，“姑娘头上插金钗，名字叫作玉簪花”，等等。平常每人报两个就结束了。可那天演老丫鬟的演员开了个玩笑，她要加报一个，并指名要春香也来加报一个。说时迟那时快，不等春香表态，那位演老丫鬟的演员便加唱起来了：“报了一个花，又报一个花，再把花名往上加，洗澡盆里放个屁，名字叫作水仙花。”紧接着大家一起指向春香：“春香来一个。”这时凤英大姐有点为难了，因为一点思想准备都没有。老丫鬟一把拉着她的手说：“今天你不报就不给你下台。”凤英大姐觉得

严凤英（右）、吴春生（中）、许自友（左）合影

今天不报是躲不过去了，于是脑子一转，将手帕向空中一抛："你们听着：你报花，我报花，春香再报一个花，手榴弹甩到美国去……"大家惊讶地问："这叫么事花啥？""炸得美国鬼子头开花。"凤英大姐一曲即兴报花名，把人们从戏台剧院引向了战火纷飞的抗美援朝战场。一时台上台下掌声不绝，齐声叫好。

1953 年凤英大姐调进省黄梅戏剧团时，就是一个"角儿"（名演员）。但她从不摆角儿架子，艺术上十分刻苦钻研，谦虚好学。1955 年，在佛子岭水库排练《借罗衣》一戏，凤英大姐主演二嫂，我演憨宝子。这个戏是庐剧传统剧目，丁玉兰同志演得很精彩。大姐学排这个戏非常认真，毫不含糊，尤其是"跑驴"一场。她每天起得很早，专门到台上练这一段。她让我坐在 5 排以后 10 排以前，从不同角度看她跑驴像不像。深秋的佛子岭水库，早晚比较凉，而凤英大姐每次只穿一件衬衫却练得满头大汗。我看她练得直喘气，禁不住说："好着，好着，不要练了，歇一下吧。"只见她用手抹去额上的汗水，笑着说："春生，台下十分功，台上见三分，不苦练，怎见功？……好！喝口水再练，台上没有镜子，你坐在台下，给我做面镜子，给我好好地找找毛病。"

1962 年，凤英大姐在《谢瑶环》剧中扮演谢瑶环。其中"大公堂"一场，要穿厚底和运用甩发。这一类戏她过去演得很少，确实有一定的难度。在排练过程中她又吃了不少苦头，下了不少功夫。早早晚晚，她在三楼练功房对着镜子练甩发，穿着厚底跑圆场，还不断地问我戏中所用的锣鼓经。最使我感动和难忘的是：演出中，每次“大公堂”这场戏下来，她虽一身大汗，却顾不得休息和改妆，拉着我问：“春生，今天锣鼓配上没有？什么地方没配上，可要给我讲啊！”凤英大姐这种谦虚好学、精益求精的态度，至今我还记忆犹新。

1956年10月，严凤英在《借罗衣》剧中饰二嫂，吴春生饰憨宝子

凤英大姐能唱许多剧种的唱段。我曾听她唱过京剧《苏三起解》中的“苏三离了洪洞县”，越剧祝英台唱段“久别重逢梁山伯”，吕剧《李二嫂改嫁》唱段“李二嫂含泪关上房门”，评剧《刘巧儿》唱段“今日我要自己找婆家”，等等。1954年，我随团到上海演出，我们住在一品香旅社。当时，正赶上观摩著名歌唱家郭兰英演唱《清粼粼的水来蓝莹莹的天》。回到住处，凤英大姐和我们一起在房里拿着说明书唱起来。我们当时只能先唱一遍曲谱，再唱一遍词地学。谁知唱了几遍，凤英大姐便能从头到尾很顺利地唱下来。我记得她当时很高兴，随即又唱了一段沪剧《罗汉钱》“金光闪闪罗汉钱……”。我手拿钢笔在茶杯上为她敲着节拍，气氛好极了。突然，凤英大姐脱口而出地说道：“侬看阿拉唱的宰不？”她那一口熟练的上海话和对许多剧种唱腔的精通，我真佩服极了。我凑到大姐身边：“凤英姐，难怪人家说你聪明，你真是一个了不起的大天才。”这时大姐认真

地说道:“聪明在于学习,天才在于积累,我也不是在娘胎里就会的呀。”那时我刚15岁,这两句话成了我人生道路上的座右铭。

凤英大姐待人心肠可好了,她大方好客,接济穷人。每每遇到什么灾情,团部号召捐赠,她总是把我叫去:“春生,快去打听一下大家捐款的数字。”于是大院红纸上的捐赠名单中,她都是排在第一。如在大街上遇到困难老人和残疾者,她总是慷慨解囊,乐于帮助人,身后不时传出:“谢谢好心的大姐。”20世纪60年代,凤英大姐到歙县南乡参加“四清”工作。她住在一个五保户老大娘家里。有天清早,老大娘喊工作组同志吃早饭,可推开凤英大姐房门,床上的被子叠得整整齐齐,人却不见了。老大娘走出大门,只见屋前不远的秧田里,一位女同志卷着裤脚,在那里插秧哩。大娘跑到田边,好不容易把她叫了上来,心疼地拉着大姐的手说:“工作组同志,听说你还是个大名演员哩,这活哪能让你干?”大姐笑着说:“大娘,没事,我也是在农村土生土长的。”后来凤英大姐特地到深渡镇买一床绒毯悄悄地留给了大娘。多年后,歙县剧团到那里农村演出,乡亲们还传颂着这件事。

20世纪50年代,安徽省黄梅戏剧团成立了三个篮球队,即男子甲乙队和女子篮球队。大姐还是女篮球队的副队长哩!男甲队水平不错,经常参加外单位球队的比赛。大姐是个球迷和热心的啦啦队员。每次比赛,她是逢赛必到。她常常要我拿只提包,放两包香烟和一些糖果、糕点。要是打赢了,就给队员发糖、发烟、发糕点。要是输了,队员们可就不好受了,不仅没有东西吃,大姐一路上会喋喋不休:“真丢人,不给剧团争脸……”我看着她那较真的样子,真是说不出的高兴和感动——她干什么都那么认真要强!

1963年,我因故从安徽省黄梅戏剧团调到歙县黄梅戏剧团工作。和大姐在一起工作十年之多,感情深厚,就此分别。1967年“文革”期间,我们上北京串连路过合肥,借宿在安徽省黄梅戏剧团的小礼堂里。一天,我看见凤英大姐迎面走来,我正想冲上前去叫她,大姐穿着一套半旧的黄军装,连忙给我使了一个眼色。原来在她身后跟着两个看管她的造反派,我只好闪身一旁,看着大姐从我身边走过。我抬头看着大姐越走越远的背影,我的眼睛模糊了,谁会想到,这就是我和师姐见的最后一面……

(选自《严凤英、王少舫的艺术历程》)

人品艺德话凤英

王文龙　口述　　石天明　整理

人们谈论黄梅戏，必然要想到严凤英。严凤英创造了黄梅戏的辉煌，使黄梅戏享誉海内外。“没有严凤英就没有黄梅戏的今天”早已成为人们的共识。

严凤英在短暂的一生中，主演了五十多个大小剧目，塑造了许多个性鲜活、栩栩如生的艺术形象。她饰演的七仙女（《天仙配》）、冯素珍（《女驸马》）、织女（《牛郎织女》）、春香（《春香传》）、江姐（《江姐》）、王妻（《夫妻观灯》）、陶金花（《打猪草》）等众多艺术形象，被视为黄梅戏的宝贵财富，不可多得的艺术珍品。半个世纪过去了，人们仍以她的艺术水平为黄梅戏的标准而评之，后学晚辈仍以她为黄梅戏的楷模而学之。

我和严凤英共事多年，我们在生活中相处融洽，在艺术上配合默契，对她的人品、艺德都有深切的亲身体会。她是黄梅戏表演艺术家，在生活中是一个平易、热情、开朗、直爽、诚恳、助人为乐的人。

严凤英十分好学，她博采众长、勇于借鉴、敢于创新。她喜欢京剧、昆剧、越剧、评弹，但她决不生搬硬套。她不是把黄梅戏京剧化、昆剧化，也不是把黄梅戏越剧化、评弹化，而是吸取它们之长为黄梅戏所用。她要充实自己，丰富黄梅戏。

在多年合作中，无论是打击乐在舞蹈身段中的运用，还是对唱腔情绪内在节奏的处理，严凤英都给我很多帮助和启迪。她常鼓励我要注重继承传统，也要善于吸收众家之长，敢于创新。

20 世纪 50 年代，我团排练移植剧目《打金枝》，严凤英饰演公主。在公主出场时用了一段音乐，当时我把这段音乐处理为中快板节奏。排练后，她跟我讲：“龙儿（她平时喜欢叫我乳名），这段音乐情绪很好，你打快了，我的步子、身段都

严凤英在《夫妻观灯》剧中饰王妻

跟不上,音乐好像还少了点什么,你想想办法吧。”我问道:“想什么办法呢?”她说:“能不能加点什么东西?”我脑子转了一下:“加上大堂鼓吧,就像京剧反[二黄]那样。”她说:“好,我们试试。”由于节奏稍慢点,又加上大堂鼓和碰铃的效果,使这段出场音乐表现出皇家气势、宫廷风格。严凤英在音乐中,用云步、水袖、眼神、亮相把公主的显赫、高傲、娇气充分地展示出来了,得到王少舫的肯定,导演、作曲都拍手称好。

20 世纪 60 年代初,我团排演新创作的历史剧《宝英传》,是写太平天国翼王石达开和他的义女女丞相韩宝英的故事。其中一段“你遇国祸与家难”是剧中重点唱段。这是时白林把男[平词]的音乐特征与目连戏青阳腔的某些音调结合起来创作的一段新腔。旋律优美大气，与人物和剧情都十分贴切，特别是在唱腔中重新使用了帮腔这个传统形式。在学唱时，严凤英就感觉到这是一段非常好的唱腔。她对我说：“龙儿，帮腔中要加锣，但不要‘三打七唱’那个老办法，要有新意。”她的话音刚落，就得到王少舫、时白林的赞同。于是，我按帮腔的情绪、唱腔过门的节奏，创作了这个戏中特有的帮腔锣。我借鉴芗剧打击乐的[长沙水钹]，代替“三打七唱”帮腔中的土锣，因而奏出来的效果很有女状元、女将军的气派和特色，得到大家一致的好评。严凤英的唱腔表演也在这段帮腔中发挥得淋漓尽致，整体意境也得到了升华。

这个帮腔锣的运用，给我在打击乐创作上打开了一条新的思路。后来在排《罗帕记》《玩会跳船》《戏牡丹》《无事生非》等剧时，我吸收了川剧、高腔锣鼓、十番锣鼓等并将它们加以改编运用到戏中来，对烘托剧情起到了很好的作用。可以说，这与严凤英、王少舫、时白林等人对打击乐的重视、启发和高要求是分不开的。

当我们在艺术创作中遇到不同意见时，严凤英的可贵之处在于：她不摆主要演员的架子，从不盛气凌人，从不固执己见，而是通过切磋讨论得到统一。

记得在排《党的女儿》时，为了一个上场动作中锣鼓的运用，我们俩发生了

1958年元旦，严凤英率安徽省黄梅戏剧团来到327队慰问演出，并在钻机前和工人们合影（前排左五为严凤英）

争执，甚至影响到排练无法进行，导演只好宣布休息。第二天早晨，我还在家吃早饭，严凤英就来我家，一进门，她便说："龙儿，吵归吵，争归争，戏还是要排的。"然后她又坐下来很认真地说，"告诉你，昨天佬佬都批评我了（'佬佬'是指王少舫。佬佬是安庆方言，意为叔叔，严凤英尊王少舫为长辈），讲我不该跟你争，讲你的意见是对的，今天排戏，我跟你点子走好吧。"她的话说得我心里热乎乎的，于是，饭也不吃就跟她去了排练场。由于严凤英谦虚大度的高尚艺德，给黄梅戏剧团营造了一个团结融洽的艺术创作氛围。

严凤英对唱腔情绪和节奏的处理十分讲究，她常常要求我打的节奏要和她的内心节奏统一。比如《女驸马》中的"忽听李郎投亲来"和"想当年与公子同窗共砚"这两句唱词，旋律是一样的，但前一句的情绪是突然的惊喜，后一句的情绪是对美好往事的回忆。前者稍快，后者稍慢，板和唱的节奏统一，才符合人物的情绪。虽然这些都只是一点小的变化，但她都要经过认真揣摩而丝毫不马虎。再比如《路遇》中"我本住在蓬莱村"这句唱，严凤英在石挥导演的启发下做了非常精彩的处理。石挥导演对严凤英说："你唱这一句时，是在撒谎，而且是边想边撒谎。"于是，严凤英在唱"我本住在"四个字时，把节奏放慢，头稍微扭动一下，眼睛也随之眨巴眨巴几下，表现了她在想：我是七仙女，住在蓬莱岛，但对董永不能直接讲蓬莱岛。然后再稍加思索，脱口唱出蓬莱村。这个过程仅几秒钟，严凤英的表演惟妙惟肖，把唱腔和表演的内涵统一了、美化了。

"董郎前面匆匆走"是《分别》这场戏的重点唱段。严凤英在石挥导演的要求下，吸收了评弹的演唱技巧，在[阴司腔]的旋律和节奏处理上做了新的尝试。唱到"今日他衣裳破了有人补，有谁知补衣人也不能久留"时，她不用板，节奏稍自由，便于感情的抒发，表现出七仙女对董永的爱和不得不离开董永时的悲愤心情。这段唱腔，唱者动容，听者泪下，十分感人。

严凤英的高尚品德也是有口皆碑，她豁达大度、乐于助人。无论是对剧团内、剧团外的人，认识的、不认识的人，别人有困难只要她知道了、遇到了，她都给予热情帮助。

记得有一次，我为一件琐事在家和爱人争吵起来，一气之下，顺手把桌子上的一套茶具摔碎了。这件事被严凤英知道了，她一声不吭亲自买了套茶具送到我家，并对我爱人说："告诉龙儿，这是我买的，以后不准再摔东西。"她那严肃又关爱的话，我至今牢记心中。

一次，严凤英在剧团的门口，遇到一位陌生人说是要找严凤英，她对陌生人说:“我就是严凤英,你找我有什么事?”当知道找她的人是无钱买车票回家时,她毫不犹豫地拿出五十元给了这位素不相识的人。那时候,五十元是很多人一个月的工资啊!那人走了,严凤英连姓名都没问,因为严凤英做好事从不图回报。

1956年,我团在皖南地区演出,我们住地的附近住着一位五保户孤寡老人。严凤英知道后,主动买了一床毛毯给老人送去。她还建议团员青年,帮老人打扫卫生、洗衣做饭。老人对严凤英十分感激,这在当地也传为佳话。

1968年4月的一天,大地寒气逼人。在“四人帮”淫威下,沉闷的气氛压得人们喘不过气来。此时的严凤英,身上挂着“反动学术权威”的牌子,每天拿着扫帚在办公楼一带打扫卫生。当她打扫完贴满大字报的排练场时,她停住了,站在那里深思:《天仙配》《女驸马》《打猪草》《夫妻观灯》……都是在这个只有五十多平方米的排练场排出来的。她留恋,她迷茫,她不解,她默默地看了最后一眼,像是和排练场告别,拖着沉重的脚步下楼、回家。路上她遇到我团退休职工宣兆祥老人。宣老体弱多病,已风烛残年,严凤英摸摸口袋,还有十块钱,她把十块钱给了宣老,嘱咐他买点吃的补补身体。老人拿着十块钱的手在颤抖,眼里滚着泪水,目送严凤英走远,走远……

就在这天夜里,我们的人民艺术家严凤英含恨离开了人间。噩耗传来,宣老对天号啕大哭:“老天怎么不长眼,怎么不死我这个老头子,怎么要这么好的人去死啊!”

严凤英走得太早,因为她还年轻;严凤英走得太匆忙,因为她还有很多事要做!

(选自《严凤英、王少舫的艺术历程》)

拍摄《牛郎织女》二三事

黄宗毅

一、先期录音

1963年,拍摄电影《牛郎织女》,严凤英已是中外驰名的表演艺术家了。她的唱腔甜美酣畅,无人企及。可在先期录音时,"云房"那一大段唱腔,连录了几遍都没能通过。

那时的录音设备还很落后,一次不行,连同乐队都要重新再来。几遍下来一般人都会不耐烦,可严凤英不,是哪个音符没唱对?是哪句腔没唱好?还是哪里嗓音不够纯净?她很诚恳地主动向导演征询意见,究竟是什么原因几遍都通不过?导演岑范略加思索后说:"凤英同志,你这段唱,按一般要求,已经非常好了。可我认为,这一段是牛郎已经被贬下凡尘,织女被锁在云房,整日织云彩,天地两隔,二人恐怕永无相见之日。所以这时的织女,犹如生了一场差点送了命的大病,是久病初愈,是有气无力,你看这一段是不是不要按一般唱腔那样处理……"严凤英顿时明白了,一切从塑造人物出发,只要符合人物此时的情境,哪怕嗓音有点沙哑,哪怕行腔中气不足、时断时续……她逐字逐句琢磨着、试验着,终于得到了导演的肯定:"OK!"

二、化妆

时年33周岁的严凤英,因长期"大扮""吊眉"等原因,面部皮肤有些松弛,有些皱纹了。为了将织女扮成一个青春美丽的仙女,化妆部门想尽了办法。在上影厂最权威的化妆师陆羽候亲自指导下,经多次试妆,觉得光靠一支画笔还不

电影《牛郎织女》摄制完成后集体合影(1963 年 9 月 26 日)

能达到预期效果。因此决定在拍摄中、近景时,用七根带子,将面皮绷紧。这七根带子分别粘贴在前额和耳后,往后向上拉紧、固定,再戴上头套。粘一两天还能忍受,可一部电影要拍几个月,若连着几天都有中、近景镜头,就受大罪了!到后来,每次卸妆时都可看到严凤英脸上皮肤都粘烂了,可拍摄不能停啊。只要今天这一处烂了,就往旁边移一点,明天那一处烂了,再往另一边移一分。有时严凤英疼得眼中含满泪水,我在一旁看着心里都很不忍。可为了银幕上的形象更接近人物,也为了与比她小九岁的牛郎缩短年龄上的差距,严凤英真是咬紧牙关强忍着。这种为艺术献身的精神,至今回想起来,仍使我感动,更值得后人学习。

三、放下架子学艺

想当年,严凤英并没有受过专业训练,因此,初拍《天仙配》时,水袖还运用得不够自如。到《牛郎织女》时,她已是一个全国著名的演员了,仍然一招一式认认真真地向昆曲传字辈的方传芸老先生学习。不管是"云房"的水袖,还是"架上累累"的团扇舞姿,都练习得十分娴熟,可圈可点,真是令人佩服!她使我们悟出一个道理:搞艺术就要踏踏实实,放下架子,一步一个脚印地走,别想一步登天,更不能来虚的。

(选自《严凤英、王少舫的艺术历程》)

严凤英同志二三事

刘炳生

我出生在黄梅戏之乡——怀宁县石牌镇，从小就仰慕严凤英的大名，但真正与她接触还是1958年的事。那时，我们省艺术学校黄梅戏班一行十人来到省黄梅戏剧团"协助工作"（实习）。我们刚刚放下行李，严凤英同志就来了，她衣着朴实，满面笑容地说："艺校同学来啦！欢迎！欢迎！"我们见到严凤英同志非常高兴，但在这样一位蜚声国内外的"大演员"面前，却有些拘谨，不约而同地站立起来喊道："严老师好！"严凤英同志连忙回答："同学们好！"她同我们一一握手后，和我们一起坐在床铺上，亲切地询问着我们的姓名、年龄和所学的行当。她说："你们来了，给我团增添了新的力量，我们很高兴。你们从学校来到剧团可能还不太习惯，过过就好了，有什么困难和要求只管讲，不要客气，往后我们就是一家人了……"严凤英同志的一席话使我们真像三九天喝了一杯热茶，心里暖乎乎的。这次见面时间虽然不长，但她却给我们留下了极好的印象。我们原以为她一定像个"骄傲的公主"，谁知她竟是这样的平易近人，和蔼可亲。

我们在省团实习期间，先后参加了《桃花扇》《宝英传》《女驸马》《牛郎织女笑开颜》等剧的排演，严凤英都担任女主角。在《宝英传》里，她扮演韩宝英。虽然是武戏文唱，但韩宝英毕竟不是一般的闺秀，而是一个带兵打仗的女将。严凤英同志为了塑造这个巾帼英雄形象，常常是身穿练功服，腰挎宝剑，利用排练的空隙和休息时间进行练习。有一次她趁大家休息时，独自在排练场对镜练剑。我们好奇地悄悄围在门口观看，只见她专心致志一招一式反复练个不停。原先我们只知道她唱、做俱佳，却未料到在武功方面她也是得心应手，运用自如。当她发现我们在"偷看"时，把我们一齐"请"了进去，要我们给她提意见，纠正动作。这下子可就难为我们了。说实在的,我们虽然在学校里练了两年基本功,但在这样一位演员面前谁敢开口呢?严凤英同志看出我们的心理活动,笑眯眯地说:“你们是从省艺术学校里来的,受过专门训练,武功底子比我好,我们要互相帮助,互相学习,不要怕难为情。我再来一遍,你们看到有不准确的地方就给我纠正。”说着,就拿起宝剑舞了起来……事情虽然过去二十多年了,但严凤英同志那种谦虚好学、不耻下问和对艺术精益求精的精神,至今仍给我们留下极深刻的印象。

1959 年夏,我随团赴京演出归来,准备回校参加毕业考试。省团领导安排我同薛月秀同学排演由王冠亚同志整理的黄梅戏传统剧目《小辞店》。我们接到本子时感到很为难,这是一个唱工戏,全剧三十多分钟没有一句道白,全靠唱,而且曲调变化又不多,如果没有很好的演唱技巧,即使演员的嗓子很好,也是很难把戏演好的。我和薛月秀同学虽然经过了一番努力,但仍然没有信心,想另排一个戏。严凤英同志得知这一情况后,把我们找到她家里,先把老本《小辞店》的故事给我们讲述了一遍,然后又把整理的《小辞店》进行了比较和分析。根据两个人物当时各自不同的心理活动,提出了每段唱腔的要求。她边讲边唱,表情和动作也随之而出,十分感人。她说:“唱戏,唱戏,就是要唱嘛!要想唱得好,就要唱出感情来,卖饭女心爱的人要走了,她想把他留下来,可蔡鸣凤还是要走,她心里当然难过喽!你要把她那种难过的心情唱出来,用动作表现出来,这才能打动人,如果像小孩子唱歌那样,就没有味道了……”她教我们如何处理安排唱词唱腔,纠正我们咬字、发音和怎样达到字正腔圆,等等。她那诲人不倦的精神和耐心启发、示范的情景,至今犹历历在目,宛如昨天。记得在彩排的那天晚上,她很早就来到后台帮我们化妆,整理服装,并一再嘱咐我们:“要沉住气,不要紧张,努力把戏演好。”直到第二遍开演铃响了,她才下去看我们演出……

1959 年年底,省黄梅戏剧团和省艺校奉命组建一个以青年演员为主的剧团支援西藏。严凤英同志对此十分关心,不仅热心给我们辅导了《天仙配》《女驸马》《打金枝》等戏,还把她珍藏的许多照片赠给我们,鼓励我们进藏。她说:“你们是受党的委托,带着安徽省三千万人民的深情厚谊到西藏去的,是非常光荣的。你们要做到又红又专,以藏为家,让黄梅戏在西藏高原开花结果。要经常来信,不要忘了娘家呀!”经过两个多月的筹建,我们赴藏黄梅戏剧团于 1960 年 2 月 15 日离肥。这一天,严凤英同志和省文艺界的同志一道,冒着凛冽的寒风和鹅毛大雪,把我们送到车站。直到火车徐徐开动,她才依依不舍地与我们挥手作别。

1962年秋，我们西藏黄梅戏剧团集体回省学习、探亲，严凤英同志得知我们的住地，抱病来看我们。大家见面非常高兴，有谈有笑，十分亲热。她仔细询问着我们的工作和生活情况以及西藏的风土人情，表示以后有机会一定到西藏去看看。谈话时有一个从西藏豫剧团调来的同志（河南人）悄悄地对我说，想请严凤英同志唱一段黄梅戏。严凤英同志当时身体不太好，但毫不推辞地清唱了一段。事后这位同志感动地说："严凤英同志是位名演员，可是一点架子也没有，真是了不起！"

是的，严凤英同志不仅在艺术上有很高的造诣，对黄梅戏的艺术和发展有着巨大的贡献，而她的人品和戏德同样也是值得称颂的。如果说一滴水珠能反映出阳光的灿烂，那么，我们从严凤英同志生前的几件小事上，也可以看出她那高尚的情操。

（选自《黄梅戏艺术》1983年第1期）

"七仙女"挑水

赵家瑶

那是1966年"四清"时候的事。

农历二月下旬的一天清早，旌德县乔亭公社汤村大队团结生产队女社员缪秀意，正在床上坐月子。这时，只听门吱呀一声响，从外面走进来一个人。缪秀意伸头一看，是位女同志，生得漂漂亮亮，标标致致，上身穿件普普通通的蓝布褂，下身穿条黑布裤。没等缪秀意问话，女同志笑嘻嘻地走进房来：

"大嫂，你坐月子？"

"嗯。"缪秀意招呼她坐。

"不坐了。"女同志走到床边，仔细瞧瞧孩子，"这孩子长得真好玩。"又关心地招呼缪秀意"好好调养"，便去找了一根扁担，担起水桶出门去了。

缪秀意见此情景，哪能忍心，大声叫道："这怎么对得起人？快别挑！快别挑！"

不管缪秀意如何谢绝，女同志还是把一担又一担的水从井里挑来，倒入缸中。一直把缸挑满，女同志才笑着向房里招呼："放心吧，大嫂！我是苦底子出身的，挑几担水不会累坏的。"

吃过早饭，这位挑水的女同志又领着八九位同志来到缪秀意家，老远就笑着说：

"大嫂，你坐月子在床上，不能出门看我们演戏，我们姐妹们特地到你家来，为你唱几段，好不好？"

"那，那……"缪秀意激动得说不出话来。

于是，挑水的女同志带着大家，一下唱了几支歌子和几段黄梅戏给缪秀意听，把个缪秀意乐得合不拢嘴，连身边未满月的孩子，也像懂事似的睁着乌溜溜的大眼睛，静静地听着阿姨们唱。

第二天，挑水的女同志又来到缪秀意家，把孩子抱起来玩耍，还特意到供销部买了一大包红糖送给缪秀意。缪秀意非常感动，问她的姓名，她怎么也不肯说。

后来，缪秀意终于打听到，给她家挑水、抱孩子、送红糖的同志，不是别人，正是电影《天仙配》里扮演七仙女的严凤英同志！

两个月后的一天，缪秀意到旌德县城办事，路过新桥大队时，又遇到严凤英同志。严凤英老远就跟缪秀意打招呼，像是久别相逢的老朋友一样问长问短。

直到今天，缪秀意还经常向人们谈起这件事。她说："严凤英同志真是个大大的好人啊！这样的好人却含冤自杀了，多可惜呀！"

（选自《黄梅戏艺术》1982 年第 2 期）

严凤英省亲

金美林

严凤英同志是第三届全国人大的潜山县代表。所以,潜山人民把她看作自己的家乡人。

1962年春,春暖花开的好时光,凤姑娘随着黄梅戏剧团,回到娘家潜山梅城演出。真个是“车水马龙人如潮,皖山潜水皆欢笑,百鸟争鸣迎佳客,群芳斗艳分外娇”。购票的队伍好似长龙,从傍晚排到天明,还有人就地拥被睡觉。部长、局长维持秩序,帮忙售票,把栅对号。凤姑娘连演三个花旦戏——刘三姐、李秀英、金枝公主,虽然都是少女,但身份有别,性格各异,而她的表演也就迥然不同,博得人们赞不绝口。

时值三八妇女节,县文化馆内广场上开庆祝大会,凤姑娘与王少舫合演了一曲《闹花灯》。你看那,墙头屋顶,楼阁窗台,无处不是笑脸,呼声掌声,时起时落,真可谓人山人海。结束后回招待所的路上,围观人群水泄不通,人人举首踮足,但愿一睹芳容为快,只不过百丈之远,居然花了个把小时才得到达。

凤姑娘还特意开了老艺人座谈会,虚心向前辈们学艺求教,并建议县委要多多关心艺人生活。后由县委文教书记朱俊陪同,他们一行驱车游了览野寨胜景——石牛古洞,远眺了天柱风光,还合影留念。

凤姑娘七天后离潜,她赠旗致意,文曰:“回娘家看母亲深受教益,愿今后雨露长施!”此旗和照片都毁于十年浩劫,可她的音容笑貌却长存在潜山人民心中。

(选自《黄梅戏艺术》1986年第2期)

严凤英轶事（三则）

张 亭

著名黄梅戏表演艺术家严凤英，她的祖籍虽然是桐城县，然而她的出生地却在安庆。她虽不幸离世，但黄梅戏之乡人民，至今还深切地怀念她，有关她的轶事，广为传诵。

向郑绍周学《游春》

郑绍周，艺名郑红霞，怀宁县黄墩镇人，是杰出的黄梅戏花旦。他与同行柯三毛、丁老六（丁永泉）等在抗日战争前把黄梅戏唱到了上海，当时被誉为黄梅戏花旦的“天牌”。严凤英在抗日期间和抗日胜利后，在石牌、安庆等地与郑绍周同班共台献艺，那时的严凤英在戏曲舞台上已崭露头角，是受人们青睐的黄梅戏新秀。她很想拜郑先生为师学艺，而郑先生也很喜欢凤英勤奋好学的精神，但因世俗偏见，他不能收她为徒。郑绍周认为凤英是一个不可多得的可造之才，于是潜心教凤英的戏，他们虽不是投纸立约的师徒，但他们的师生关系类似父女关系。在石牌的一天，郑先生把凤英叫到身边，说道：“我先教你《游春》，可好？”凤英高兴地回答：“您教什么，我就学什么。”这是一出折子戏，戏中赵翠花与书生吴三保在游春中相遇，一见钟情，互换信物（扇子），后经王干娘说合，有情人终成眷属。《游春》是黄梅戏优秀传统剧目，行家称之为“四句回头的花腔戏”，演员只要唱错一句调子，锣鼓点子就要打乱，但凤英唱得很熟练。如赵翠花唱：“风吹杨柳条条线，雨打桃花朵朵鲜。今乃不却三月天，众姐妹邀翠花去把春坑。”她唱得字正腔圆，深受观众欢迎。1955 年夏，怀宁县文化部门请郑先生来县介绍黄梅戏发展历史，其间，他看了县剧团青年演员演出后，说起了他当年如何手把手教严凤英演《游春》，从唱腔到表演，失扇、拾扇、换扇、戏扇等表演动作的一招一式，认真细致地教，所以后来，人们认为严凤英《游春》一出戏，怀腔味道甚浓，成了她久演不衰的看家戏。

在石牌演唱《西楼会》

《西楼会》是黄梅戏传统剧目《鹦哥记》中的一折。秀才洪连宝因失落鹦哥鸟，找到方府花园，撞见小姐方秀英，二人情投意合，私订终身，并约定三日后在西楼会面，但苦无机会进入方府。恰逢方家要买丫鬟服侍小姐，于是洪连宝便男扮女装卖身进了方府。据严凤英在石牌结识的好姐妹陈爱珠、宁双英二位大娘介绍："严凤英在《西楼会》中扮演洪连宝，惹人喜欢。本来男扮女装就有点传奇色彩，又加上这出戏是戏抬演员，而演员又是年轻貌美、唱做念舞俱佳的严凤英，此戏又是以唱功为主，更使扮演者得心应手，一出场亮相就博得'碰头好'（演员尚未开口，观众就叫好）。凤英时而唱小生的男腔，时而又唱花旦的女调，逗得观众喜笑颜开。"她唱："悔不该信书僮容颜改变，黉门秀才装扮作侍女丫鬟。"这段用男腔唱的[平词]，使观众听起来耳目一新。还有一段"我这里上前去把大脚来现，你看我是连宝还是丫鬟"的[平词]，唱得韵味十足，令观者叫绝。所以《西楼会》也成为严凤英的拿手戏之一。笔者有幸曾在20世纪50年代于安庆钱牌楼胜利剧院看过凤英大姐演出的《西楼会》，直至今天还记忆犹新。

学简谱

从旧社会过来的黄梅戏演员大多数人是目不识丁的，即使是读过几年私塾的人，能认识一些常用的汉字，但学戏都是由师傅口传心授。这样对演传统剧还可以应付，若排演新创文学剧本，如定腔演唱，就难以刻画人物和表现剧本的主题思想，只有由音乐工作者（县以上专业剧团都配有作曲专业人员）按照剧本要求进行谱曲或叫作曲，这样演员就要先把自己担任的剧中人物的唱词学会，然后再学唱腔。这就要求演员不仅要识曲谱，而且还要会识唱曲谱，这样就必须要先学会简谱。据最近怀宁腊树小学洪灏老师介绍："我家住在安庆钱牌楼胜利剧院隔壁，严凤英家住在二郎巷，其后门对钱牌楼，严凤英在胜利剧院唱戏，结义我母亲金翠英（著名京剧文武花旦）为干娘，其目的是向我母亲求艺。她为演好创作的文学剧本，向我五哥洪胤学简谱（时洪胤为二郎巷小学教员）。她积极学，我五哥认真教，她的悟性好、接受能力强，学了两个月，不仅能识唱简谱，还学了五线谱,这是 1952 年或 1953 年的事。”

须知一名演员如不演文学剧本,是出不了名的,剧种也得不到大的发展。换言之,严凤英之所以能成为著名黄梅戏表演艺术家,就是因为她主演了文学剧本《天仙配》《女驸马》《牛郎织女》等,继而又拍成电影。电影发行放映,严凤英声名鹊起,而黄梅戏也随之驰名中外,成为全国著名优秀剧种之一。严凤英的成名,是与她勤奋好学,刻苦钻研,不断进取分不开的。

(选自《黄梅戏艺术》1998 年第 3 期)

永恒的星座

——回眸严凤英仙逝三十载

朱志恒

严凤英

严凤英（1930 年 4 月 13 日—1968 年 4 月 8 日）是安徽桐城人，中国戏剧表演艺术家，黄梅戏一代名伶，她 12 岁起学艺，15 岁登台崭露头角，20 岁即蜚声海内外，38 岁不幸去世。

严凤英一生中主演了几十部大小剧目的黄梅戏，其中《天仙配》《女驸马》《牛郎织女》《夫妻观灯》等被拍成电影。20 世纪 60 年代，严凤英荣获国务院文化部颁发的金质奖章，1989 年获首届中国“金唱片”奖。

七仙女、冯素珍、织女这一系列栩栩如生、艺术魅力无穷的人物形象，随着《天仙配》《女驸马》《牛郎织女》的广为传播，人们记住了黄梅戏，更记住了严凤英这位一代梨园名伶。虽说今天她离开人间已整整三十年了，三十年春秋冬夏周而复始，三十年花开花落岁月了无痕迹，照片旧了，纸张黄了，可人们对她存留于心底的记忆却崭新如昔。

架上累累悬瓜果，
风吹稻海荡金波。
夜静犹闻人笑语，
到底人间欢乐多。

——《牛郎织女》中织女唱段

10年前，严凤英写给造反派的遗书，那是用铅笔写在一张白纸上的，内容是："红卫兵小将们，黄梅戏剧团的阶级斗争是复杂的，人言可畏！我生是共产党的人，死是共产党的鬼。我永远忠于共产党，忠于毛主席！毛主席万岁！万岁！万万岁！严凤英1968年4月7日。"这一纸遗书我过目难忘，也使我感慨颇多。"人言可畏"，历史何以会如此惊人的相似，这是旧社会一代艺术家阮玲玉被逼死前留下的一句惊世之语，而在灭绝人性的"十年浩劫"中，一代名伶严凤英告别人间前发出的愤怒的呐喊，竟然也是同样的话语。

严凤英在《牛郎织女》剧中饰织女，黄宗毅饰牛郎

弟子眼中的师傅

有人说知徒莫如师，而知师又莫如徒。三八节前夕，在安庆集贤路安庆市黄梅戏剧院大院内的宿舍楼里，我见到了严凤英的大弟子，安庆市黄梅戏剧院原副院长田玉莲，她如今已当上外婆，有了两个外孙女。

忆往事田玉莲心情很复杂。1951年，13岁的田玉莲经人介绍在安庆西门外大观亭严凤英的老宅院内拜她为师学艺，那年严凤英也仅21岁。田玉莲在严凤英家一待就是3年，师徒俩吃住在一起。跟严凤英学戏时留给田玉莲的印象是她事业心强，对艺术很执着，她创立的严派唱腔之所以独特，是因为她集众家之所长，严凤英喜欢唱评剧、京剧、评弹、越剧、扬剧，特别爱唱京剧和评剧，她吸取这些剧种的优点来丰富黄梅戏唱腔。她的屋里别的东西不多，最多的就是各种唱片，她一天到晚地唱着，排戏、演戏都很认真。她演戏从来没觉得累，那时她一天三场戏，有时两场戏，晚上散了戏还要排戏，但她从来不叫一声苦，只要有戏，她什么都抛开。这点田玉莲那时每晚后半夜往剧场送夜宵时看得最清楚。严凤英在教戏上，更多的是用自己学戏的经验和方法。严凤英学戏不像现在戏校教戏，而是自己时刻观察师傅的表演，戏班里叫“偷戏”。严凤英经常叫田玉莲多多看自己的演出，让田玉莲自己去悟。因而严凤英的戏，田玉莲几乎都是在这种耳濡目染中学会的。

1952 年的一天晚上，严凤英突然“病倒”，一时不能登场，戏班里的人都很焦急。那晚的戏是《梁山伯与祝英台》，情急之下大家要 14 岁的田玉莲上，她连说自己没排过戏不行，怕因而砸了师傅的牌子。大家一再坚持劝她救场如救火，田玉莲只好硬着头皮上了。她从头一直演到“十八相送”。从“楼台会”“哭灵”到“哭坟”，由身体稍好了些的严凤英接过去演完。台下观众议论：“这孩子是谁呀?”“她是严凤英的徒弟。”“哎，这小孩子不错。”那天晚上严凤英很高兴，她拍着田玉莲的头说：“挺好，挺好，我这徒弟没有白教，以后要好好学。”在这“一病”“一好”之间，严凤英以自己特殊的方式把徒弟推上去，而不怕徒弟超过她，更不怕因此被别人抢了饭碗，这点也就是严凤英戏德的体现。

张萍是严凤英在安徽省黄梅戏剧团收的弟子。我在省黄梅戏剧院一幢写着大大的“拆”字的老楼里找到了张萍。这位老黄梅戏演员，在她条件简陋的家中，若不是我耐心劝说，她还不愿提及往事，因为一想到过去就很容易伤感。

1953 年 4 月 3 日，还不满 15 岁的张萍作为省黄梅戏剧团的一批新生力量，从桐城被抽到安庆集中，也就是那一天第一次见到了严凤英。

她俩一个为人热情、诚挚，一个幼稚、单纯，因此，她们相处得很投机。出发演出时，严凤英常要张萍和她睡一个房间，谈得没完没了。她对张萍无话不谈：谈她的身世，谈她的童年，谈她如何在祖母面前逗气。每当她谈起旧社会的遭遇，总是痛心疾首，声泪俱下；而谈到新社会党使她得以发挥才能时，又是那样满怀感激之情。

“1954 年，我们为参加华东区第一届戏曲会演而积极排练。一天，在排练《天仙配》之余，黄梅戏的老演员桂月娥、张胜英、陈凤凰等同志和凤英老师在一起，谈她们各自如何投师学艺、如何收徒弟传艺的佳话，无意中谈到了我。凤英老师很认真地说:‘小萍,我喜欢你的性格,我要收你做徒弟。’”

“我当时只是幼稚地含羞微笑,不知如何表示,桂月娥同志接着说:‘你这个孬妹儿呀,人家想找师傅都找不到。现在师傅想找你,你还不赶快趴下磕头啊!’大家你一言我一语的,房间里顿时热闹非常。我高兴得真想跑过去磕头,可老师一把拉住了我,大家都哈哈大笑起来。从此我就开始向她学戏了。1956年,全国戏曲界掀起了名师收徒的热潮,我也在党支部和领导的主持下,投纸立约,举行仪式,正式拜凤英为师。”

三年困难中,张萍身体不好,严凤英硬把张萍带到医院检查身体,发现她肝大。严凤英不由分说又将张萍拉到淮上酒家,为张萍加餐补充营养。在那段困难时期,严凤英经常以各种理由带张萍去加餐。

严凤英演戏非常投入,而且投入方式还很特别,这是同行们有目共睹、交口称赞的。1959 年,她到庐江县汤池去演出,台上演《拉郎配》,下了台后就排《碧玉簪》,背台词,学唱腔。由于经常这样用嗓过度,喉结出血,但她还是吃药、打针后继续演出。有同事跟她开玩笑说:“你有什么秘诀能记住那么多新老唱词、唱腔,教教我们怎么样?”严凤英哈哈一笑说:“我这人容易兴奋,尤其是演出回来兴奋睡不着,躺在床上默戏,我就是利用失眠的时间学戏。”

在张萍心中有一件永远不能忘怀的事:

“1978 年,组织上为凤英老师昭雪沉冤,召开追悼大会。那天,我和庐剧团的邱枫林同志相遇,我们在谈到凤英老师的为人时,她问我:‘你的生日是 9 月份,对吗?’我暗暗一惊,说:‘是呀,你怎么知道的?’‘我怎么不知道?我还知道你二十岁的生日是 1958 年呢!’

“我更吃惊了。因为我从来也没和同志们讲过我的生日。后来,还是邱枫林同志告诉了我:‘你 16 岁拜严凤英做师傅时,严凤英就把你的情况记下了。不仅记得你是哪年生的,而且连月日都记得清清楚楚。那天下班,严老师拉着我说:‘今天是萍儿的生日,你陪我上街买件纪念品给她吧!’她挤出中午休息的时间,把合肥几家百货公司跑遍了。9 月的秋老虎,使她跑得浑身汗淋淋的,最后才买了一个她欣赏也合乎你脾胃的金色的和平鸽小别针送给你了,是不是?’

“听了这话,我激动万分,泪珠像泉水一样涌了出来。”

严凤英的最后一个弟子,安庆市黄梅戏二团演员,安庆市政协委员王凤枝说起师傅也是满怀感激之情。

“1962 年安庆地委书记把我和另一个唱小生的男演员一起送到省黄梅戏剧

团去拜师，这样我就成了严凤英老师的学生。在近两个月的学习中，她一面教我演‘七仙女’，一面又带我们去上海等地看戏开拓视野。我印象最深的是在师傅家里上的第一课。我坐在沙发上，她拿糖果招待我，很快进入正题后，师傅严肃地对我说，你现在既然是我的学生了，就要对你提出要求，既要演好戏，又要做一个品艺兼优的好人，主角、配角都一样要演，红花还要绿叶扶持。你演主角时别人配合你，别人演主角时你也要很好地配合，演配角也可能学到别人的长处，补自己的不足，作为艺人首先要注意到这点。我就曾在《春香传》的一场演出中演过伴舞的群众演员，在江淮大戏院演出时，观众在台上找不到严凤英。就是演这个不起眼的普通少女，我同样认真负责把她演得逼真，又不抢别人的戏。即使有了成就也不应忘了组织的培养、同行的合作。师傅的这番谆谆教诲我铭记在心，终生难忘，我在自己大半辈子的艺术生涯中，都是按照她说的路子去走的。在那次学习过程中，正赶上三年困难时期，日子过得很苦，每天只能吃一点山芋面的黑窝窝头。师傅每个星期天都在家为我们做一点好吃的。虽然与师傅相处时间不长，但能与她建立师生关系是我的幸运，更是一种幸福。”

伙伴眼中的伙伴

严凤英的成功有多方面的原因，其中一条是与其艺术伙伴的良好合作分不开的。

时白林是著名黄梅戏作曲家。他与严凤英从1954年认识，合作的第一部戏是《春香传》。安徽的黄梅戏能迅速在全国打开局面，产生广泛影响，与他们后来共同合作完成的《打猪草》《夫妻观灯》《天仙配》《女驸马》两大两小四部戏陆续灌唱片、拍电影在全国放映、发行，有着极大关系。时白林（包括与他人合作）的主要作品很多都是与严凤英合作的，他们之间有着深厚的感情。

这次当我提出请时白林先生谈谈严凤英时，这位71岁的老艺术家愣了不到半分钟，即痛哭失声，一开口便是："凤英啊……"哭得他说不下去。过了好一会儿，他才慢慢稳定情绪，说起了难得的艺术伙伴严凤英。

“严凤英演戏，聪明是她艺术人生中的一部分，我认为最主要的是她的认真勤奋，对艺术有着永不磨灭、锲而不舍的追求，努力达到完善的境界。

“在方言话剧《丰收之后》中，严凤英一改过去惯演的青衣、花旦，而演起了老旦——一位北方的老大娘，令人拍案叫绝。她擅于深刻挖掘人物的内心世界。为塑造好自己较陌生的北方大娘的形象，她有意识地找人物模特，看中了我母亲，一个北方农村的小脚老太太。于是她经常到我家里同我母亲聊天观察，亲亲热热一口一个'娘'叫着。

"在愉快融洽值得怀念的合作过程中，我同严凤英、王少舫在艺术见解上的不同看法，常常是在经过互相表达各自意见后求大同存小异，各自修正自己的看法。我和严凤英之间争论最多的是乐队位置的摆放，我们经常为此争得面红耳赤，意见不统一时，几天都不说话。事隔几天后，严凤英和王少舫就会来找我说：'侉子，在一起就吵嘴，不在一起就想你。'我说我也是。事过之后我们还是谁也离不开谁，但这丝毫不影响我们之间的友谊和情感。"

王兆乾，一位在黄梅戏发展史上留下重重一笔的学者，当初若不是为黄梅戏、为严凤英艺术魅力所吸引，这位耿直、倔强、个性极强的山东汉子、新中国成立前的大学生，是不会随大军南下时留在安徽，而放弃进南京军区前线歌舞团的机会的。回首从前，王兆乾说："我跟她的合作非常愉快、顺手，我们合作的第一部戏就是黄梅戏在华东第一炮打响的《柳树井》，当时我作曲。她是我这辈子见过的有这种天才、非常聪明的两个人之一，只要我唱一遍她就会了，悟性极高。她能很快捕捉到生活中一些人的形象，而且能够全身心地投入其中，这是她很不容易的地方。演《柳树井》的苦媳妇招弟，她在农村找到很多这样的苦媳妇。我们俩很容易在艺术上达成了默契，在我搞戏剧的漫长历史中，我至今还幻想着再有同样默契的演员合作的机会，但现在除了严凤英之外，很难找到第二个了。"

今年 78 岁高龄的乔志良老先生，是省黄梅戏剧院最早的导演，是严凤英生前较为重要的艺术伙伴和兄长。新中国成立初期，乔先生和爱人京剧名角刘千金（慧娴）从九江被聘到安庆主演京剧，他开始只听说了严凤英，但其人未见过，演出之余去看黄梅戏，这才知道了严凤英是来自农村民间的艺人。他感觉黄梅戏很好听，有了这种感觉也就有了接触，曾唱过京剧的严凤英主动到旅馆看望乔志良，目的是想向他讨教。后来严凤英他们排演田汉的作品《江汉渔歌》，特地把乔志良请去帮着排戏，这使他俩在艺术上有了更进一步的接触。严凤英很珍惜这学习机会，处处打听学习。1953 年组织上把乔志良从省京剧团调到省黄梅戏剧团改行当导演，帮严凤英排了《蓝桥会》《游春》《打猪草》《夫妻观灯》等小戏。她很用功，知道自己进入国营的省剧团而不是过去的小戏班子，对自己要求更严格了，她这个人及其思想都有了很大变化。这一阶段是严凤英非常重要的人生转折点，她刻苦钻研，四处学艺，求知欲极强。1954 年，安徽省委决定让黄梅戏演台大戏，于是重新改编的《天仙配》的试排工作在安庆展开了。领导决定

严凤英(前排左一)等与湖北蕲春黄梅戏剧团演员合影

由李力平、乔志良担任这出戏的导演,后来王少舫也参与了导演工作。省里把严凤英、王少舫找来分别扮演七仙女和董永,严凤英是刚生完孩子不久就参加了这项工作,别人都已排练好了,她是后加入的,一时间有点跟不上。《鹊桥》一场中有个旋转后的反身大"卧鱼"的舞蹈动作,别人一睡就睡下去了,而没有基础的严凤英一睡就摔在地上，当时同事们逗她：“坏了，你这个饺子散馅了。”她没因人家的笑难为情，而是说：“不好再来嘛！”她身上摔得青一块紫一块，乔志良当即指出：“这样不行，你要跟上去啊！你一个礼拜能不能把这个动作完成？”她说：“你放心，你到时候看好了。”严凤英硬是足足苦练一个星期，终于把这个动作圆满完成了。这出戏在华东文艺会演中又是一炮打响，并确定将这出戏搬上银幕。拍完电影以后她拜乔志良夫妇为师，他们之间合作了《天仙配》《女驸马》《刘三姐》《春香传》《红色宣传员》等大戏，严凤英生前的很多舞台戏都是乔志良导演的。乔志良对我说，严凤英对所有人都是热情、热心的，三年困难时期没吃的，剧团里的人都营养不良，得了浮肿病，严凤英利用自己的影响和关系跑到舒城县武装部找到当时的部长章培禄，请他帮忙现打了一卡车鱼运回合肥，为剧团职工和省文化局食堂职工解决困难。她又找来安徽学戏的湖北蕲春黄梅戏剧团和吉林四平黄梅戏剧团帮着从他们那儿买一些米和大豆。这反映出她能想群众之所想，急群众之所急，这一点是她的可贵之处。

想到这一切，乔先生深情地说：“我很喜欢严凤英这个人，我曾经讲我真爱她，我不是爱她漂亮的面孔，而是爱她对待艺术的认真严肃、虚心好学的态度。”

朋友眼中的朋友

爱交朋友，广交朋友，是严凤英的一大特点，在她众多朋友中，著名作家鲁彦周、张嘉夫妇可以说是严凤英的挚交。

在病房里刚动完手术不久的张嘉老师谈起好朋友严凤英很是动情，搞得我很紧张，因为我知道哭和笑对手术后的人可没好处。张嘉不顾这些说起过去的事，严凤英曾请她去家中吃鸭子，从拔毛到烧全由严凤英一个人包了，不要任何人帮忙，“我想帮她一把也不行，累得一头汗，我实在不好意思。她就是这种性格，既要请你，就全心全意，毫不含糊。忙活半天把鸭子端上桌后，她也成了一个双手沾满油腻的厨师了。”

在严凤英是否有钱的问题上，鲁彦周夫妇挺有发言权，他们知道严凤英在金钱上一点不小气，她能帮助过去有困难的朋友，接济团里经济条件差的同事。在那些年里，搞募捐，买“爱国公债”她总是带头。在三年困难时期，党中央决心“既无外债，又无内债”，把公债全部还给人民。这时严凤英手中有了一些钱，又逢上停止修盖楼堂馆所，安徽唯一的一座新宾馆下马，家具要处理。她为了减轻国家困难就认购了一套家具。但钱不够，她就跑到鲁彦周家找他们借钱去买。

后排左起：纪延玲、严凤英、丁俊美；前排左起：江明安、林青，在佛子岭合影

这一下子把鲁彦周搞愣住了，反问她，你的钱都哪去了？当时她虽有250多块钱的“高工资”，但都帮助别人了，她从无存款。结果严凤英至死都未将借他们的钱还完。

1956年，严凤英找鲁彦周，开门见山地说：“你给我写一个剧本。”他大吃一惊，说不懂黄梅戏写不来。“你会写出来的！”严凤英固执地说。逼得鲁彦周没办法只好答应，并按照她的要求写一部现代戏，这就是《王金凤》，参加了安徽省第一届戏曲会演。严凤英得了表演一等奖。

张嘉忘不了她最后一次看到严凤英的情景。那是严凤英在团里被批斗时，她头发散乱，反穿着一件军大衣，张嘉只能站在远处眺望着这位受难的好友，在心中为她默默祈祷。说这话时张嘉眼睛湿润了，久久凝视着阳光灿烂的窗外。鲁彦周在他为怀念严凤英去世19周年时所写的散文《光点》中这样写道：“1964

年，你谈起你想主演一部电影，是一部故事片，而不是戏曲片，你要我给你写电影剧本，就用你自己的经历，你就演你自己。那是一个早春寒冷的天气，你低声诉说着你的身世、你的遭遇和你追求艺术的心。你说得很坦白，很客观，没有隐瞒，没有粉饰，你说得很多很多，我时而感到身上阵阵发冷，时而又觉得心里发热。我望着窗外开始飘落的雪花，我的眼睛湿润了，未来的银幕形象，一个坚强的艺术追求者的形象，经过你的叙述自自然然地在我心中形成了。这个形象来自人民而又为了人民，历经苦难，永不衰竭，她已经远不止是一个艺人的形象了！‘能写吗？’你低声问我。‘当然能！’‘我相信你能写好，你别藏假，我要真实。’你说着又满怀信心地微笑：‘这是第一部，第二部就该跳出我自己了。我还想演好革命家，你也不妨先想想，暂时别和人说，算是你我之间的秘密协定，好吗？’啊！秘密协定，它是永远无法实现的协定了！当我还没有来得及动笔的时候，对《海瑞罢官》的批判就开始了，第二年一场风暴就降临中国大地，而你也在这场风暴中被卷走了。”

丈夫眼中的妻子

严凤英的情感世界是丰富的，也是曲折的，有幸福，也有痛苦，更有着某种无奈。我访问过她的丈夫王冠亚，问他怎么会爱上严凤英的，70 岁的王冠亚说：“谁见到严凤英，都会喜欢她的。我则是看了她的《游春》爱上了黄梅戏，我认为这是她最迷人的一出戏，严凤英的[菩萨调]叫你在美的享受里，体会到安庆农村山民们的智慧和幽默，使你发出会心的微笑。

“1956 年，为了参加安徽省第一届戏曲观摩演出大会，我们排鲁彦周的《王金凤》，她主演，我导演，共同的合作使我们产生感情，感到很快活，感到志同道合的乐趣，共同的语言多了。鲁彦周和他爱人张嘉讲：‘纸糊灯笼给他们戳戳通吧！’于是很自然地从友谊发展成为爱情。那时结婚没现在讲究，只花了我从部队转业下来的转业费 300 元。也没买任何家具，还是严凤英从安庆旧货店买来个站不稳的铁床。我就只有从部队带回来的背包，就这样合二为一了。正像七仙女唱的：‘寒窑虽破能避风雨，夫妻恩爱苦也甜。’

“1957 年我们双双差点被打成右派。1958 年我被下放到农场劳动去了。

“在我下放农场时，好多好心的同志劝她抓紧大好时机，和我划清界限，离婚。那时她才 28 岁，追逐爱慕她的人那么多，个个条件比我好，何愁没有幸福前程？然而她宁愿随我到农场劳动，也不离婚。她一个人带着两个孩子，抚养着我

严凤英和王冠亚 1956 年于北京合影留念

的老母,坚持着等我回来!我们几乎是两天一封信,通过鱼雁传递爱情。可惜这些信在‘文化大革命’中都被毁了!我在农场染上了血吸虫病,她频频来信安慰我,寄高糖高蛋白的药物来给我补养,甚至决心抛弃一切身外之物,到农场和我一起生活。这时,她演的《女驸马》拍了电影。她饰冯素珍,为救丈夫出冤狱,她女扮男装远离家门,甚至闯进公主的深宫,冒杀头的危险,最后感动了公主,说服了皇帝,救出了亲人。严凤英的冯素珍不像是表演,而是自己真实感情的流露。冯素珍能做的,严凤英都能做到,所以她演来信念极强,理直气壮,感情真挚,自然可信。我觉得冯素珍就是严凤英,严凤英就是冯素珍,演员和角色很难分开了！

“‘文化大革命’中我们夫妻俩一起挨斗，我帮她写检查，她帮我回忆问题。我们俩曾一起跑到北京躲起来，到处打听消息。有些材料都是她口述、我记录，从笔迹上看有些是我写的。就在她给我的遗书中还特别叮嘱我：‘你胆子要大一点，现在他们就是欺负老实人，你要跟他们斗，两个孩子交给你了，你要带着他们好好跟着毛主席干革命。我有些衣料转移到一位姓王的大姐家去了，以后你会更困难，把它们拿回来给孩子改一改做衣服穿。”

儿子眼中的母亲

在座落于安庆的安徽黄梅戏学校门口首次与王小亚见面时，我发现他的眼睛和嘴特别像严凤英，而后又有人告诉我王小亚的神情和待人的热心都极似他的母亲。在宜城还略有些寒意的春夜中，小亚说起了他眼中的母亲。

“我母亲去世时我才 14 岁。我和弟弟小英从幼儿园到上学都住校，同妈妈接触不是很多。我母亲对我们要求很严格，从小不让我们乱花钱，只要我们需要可以跟她讲，她都帮我们买，而不让我们自己沾钱边。不许我们在学校里有某种优越感，要求我们学习一定要好，她希望我们搞好学习，今后能成为‘对国家有

严凤英和王小亚，1954 年 6 月于合肥

一定贡献的勤务员’。小时候母亲常对我们讲这个话。我小学时参加了无线电学习班,我母亲特别高兴地支持我,需要无线电器材她帮我买材料。记得我9岁那年说了一次谎,那是我第一次看见母亲掉眼泪。当时学校中秋节发月饼,我把月饼送人了,回家就说我自己把月饼给吃了。母亲不太相信,她调查清楚后把我叫过去问我,月饼究竟到哪去了?我还是坚持说我把月饼吃了,母亲流着泪告诉我,你不应该说假话,你送给谁就送给谁了,孩子不应该跟大人说谎话。在这以后我再也没撒过谎。平时我们犯错误还挨过打,可那次她没有打我,而是耐心地说服教育,从那以后我再也忘不了这件事。

“母亲把全身心都献给黄梅戏了,没有时间照管我们,从托儿所、小学,我们都是住宿在学校里。只有周末才能回来。在家里我们和妈妈说话的时候也不多,她太忙了,见面机会不多。我记得在我们睡着的时候,晚上她从外面演出回来以后,轻轻地在我们脸上亲一亲,我心里热乎乎的。妈妈喜欢下象棋,星期六我写完作业以后,她经常要我和她一起下象棋。有时我和爸爸妈妈我们三个人打扑克‘争上游’,我老打不好,我妈妈还经常从桌子下面把大小王悄悄塞给我,想起来很有乐趣。”

三年日月浓如酒,
乡中人好水也甜。
我只说永作春蚕把丝吐尽,
一生终老在人间。
又谁知花正红时寒风起,
再要回头难上难……

——《牛郎织女》织女唱段

也许这就是天意,这段唱词高度概括总结了严凤英短暂的生命历程,成了她悲惨的人生结局的真实写照。

我专门走访了电影《牛郎织女》作者之一的安徽著名剧作家金芝先生,这位当年的见证人为我释疑。

“我同严凤英合作比较密切的大戏就是1963年创作的《牛郎织女》(陆洪非、金芝、完艺舟、岑范编剧,方绍墀、时白林作曲),我觉得严凤英这个人有个很大特点,这个人一旦进入艺术创作状态,就把其他一切东西都抛开。那次为了体验人间以外虚无缥缈的生活，1963 年 3 月初我们就上了黄山。上黄山时天很冷，她直接上到了山顶，我们就在山下酝酿创作。她作为演员很认真地参与前期创作中，与我们一起研究、讨论。后来我们又上了九华山，这前后有半个多月的时间，在这两地转悠，编剧、导演、作曲、主要演员都在讨论剧本，她一方面熟悉剧情，一方面以自己的感受也谈出了一些很好的意见。这是那次合作中很突出的一个印象。在剧本讨论阶段，窗外桃花峰的桃花一层一层开，不断变化，与我们剧本一步步趋向成熟几乎是同步的，在我们告别黄山时桃花峰的桃花已开满坡了。严凤英从山上拍下来的照片冰凌子都很长很长。去九华山我们一起跑到当时尚未开放的天台上，很有趣的是送我们上山的小尼姑认出了严凤英，她也跟着唱黄梅戏。严凤英在艺术创作上还有一个特色，最值得现在演员珍惜和学习的，那就是她的生命在舞台上，她演戏从不感到疲惫，从不为演出讲什么价钱，创作很投入。她虽说 38 岁就死了，可她演出的剧目、创作的角色有那么多，她愿意探索和实践，她演过方言话剧《丰收之后》。她从神仙到古代的人、到现代的人、到不是黄梅戏舞台上的人，她都乐意去塑造，乐意去探索，她能够体贴合作者们（包括幕后的工作人员），这就是严凤英能够成为优秀艺术家主要的几个方面。

“《牛郎织女》当时我们都是想从人物出发，写牛郎与织女的分别，要有别于《天仙配》的那种写法，从一个新的角度去创作，所以我们在唱词中表现着一种反差很大的情绪。‘花正红时寒风起’这段唱词我是顺着人物情绪来写的，人物情感达到了这个份上，写的时候我没有很特别地去思考它。这个影片 1963 年底拍成后不久，‘文化大革命’就开始了，1964 年初在合肥市内文艺界放了一场，后来又在黄山放给越南胡志明主席看了一下，随后这部影片就进了仓库，被禁锢了 14 年。

“我在写的时候根本就没想到，《牛郎织女》影片‘花正红时寒风起’的唱词高度浓缩了严凤英的一生，这应该说我们当时浓缩的是织女，但是没想到织女的命运会在严凤英身上同时出现了。这是后来搞电视剧《严凤英》的艺术家们很敏锐地把这段唱词糅进去了。真可谓戏剧人生、人生戏剧啊！这不可能是我们在预示什么，这不是历史的绝对相似，而是历史的某种意义的重复，这是必然的现象。”

在进入影片录音、拍摄阶段，最了解情况的是著名黄梅戏作曲家方绍墀先生。于是我追踪的电话打到了南京方先生儿子的家中。方先生详细介绍了当时的情况，并在电话那头边说边唱。“我和严凤英合作了很多出戏，我觉得她是一个伟大的艺术家，合作起来很愉快，总是感觉到激情发挥出来了。1963 年 3 月我接到通知让我到上海参加《牛郎织女》一片的音乐创作。当时是我与时白林合作，他写前半部，我写后半部的影片音乐。从 4 月份到上海，整个夏天都是在那儿度过的。录《牛郎织女》后半部音乐、唱段的场面我至今记忆犹新。我在看了‘花正红时寒风起’的唱词后差点就哭了，对那段词有些冲动，特别有感情。当我在与严凤英的不断交流中，我把自己的感觉告诉她，她也感觉那段特别好，而且对我说：‘你可要好好写啊！’我用了一天时间全身心投入其中把曲子写好了，并哼唱给严凤英听，她听了认为很好，并当即指出‘又谁知花正红时寒风起’一句的哭腔短了，还不足以淋漓尽致地表达织女的悲伤情绪，她建议我将这个地方能否再伸展一下，并唱了很多种哭腔给我听，让我重新把［哭板］再丰富一下。我答应采纳她的意见去修改，仅这一段［哭板］前后修改了三次。录音那天，我在上海电影制片厂录音棚监听室与导演岑范在一起。她那天唱得特别好，情感特别投入。当时除了上影厂外，中国唱片社上海分社也架了机器同时录，由于严凤英特别动情地唱，那种如泣如诉、撕心裂肺的唱在音乐中大起大落，搞得两边的录音师和工作人员哭得都差点无法继续操作设备了。刚一结束我就和导演岑范从二楼监听室下来，导演按惯例征求大家意见，乐队指挥时白林和乐队同志都说：‘太好了！太好了！’这时严凤英含着泪走过来问我：‘怎么样啊？’我上前激动地拥抱着她说：‘太好了！太好了！’话没说完我自己就哭了。这部影片拍成至今 35 年已过去了，但那时的一幕幕都还在眼前，一想起来心里就难受。这些年来我一直在想着严凤英那时的一举一动，跟江苏作家顾尔镡多次谈过，我们俩人都觉得，她对这段唱特别投入、特别有感情，这种状态是在我们过去的合作中少见的，似乎那时她就有了某种预感。严凤英是用她心弦流出的神韵唱出了黄梅戏，也唱出了她值得骄傲而又令人惋惜的人生。”

惊梦之夜

那个年代的夜晚，在人们的记忆中多半都是恐怖的。作家白榕先生说，那时安徽省黄梅戏剧团大院内会经常发生半夜造反派排着队伍远远地喊着口号，唱着造反歌，大院里敲钟集合事情。我记得批斗严凤英的那一夜就是非常恐怖的，那时我是外单位人住在那个大院里，那天晚上造反派耀武扬威地搭台把黄梅戏剧团上上下下、大大小小的“牛鬼蛇神”全部集中起来跪在院子里，点起汽灯大喊口号。他们连重病在身的老艺人丁老六（丁永泉）也不放过，把他从床上拖下来，用藤椅把他抬出来接受批斗。那天的场面特别大，因为四面八方的普通老百姓都拥来看，他们来看不是对严凤英本人有什么刻骨仇恨，也不是看热闹，而是来看看她的风采，因为过去只在舞台和银幕上见过她，所以来看一看这位一代名伶。而她当时被揪着头发，头被压得很低，他们喊着口号一条一条问她，她硬是一声不吭，那种感觉极像她过去演的《江姐》就义前的场面。那天晚上斗了大概有一个多小时。

回头不见亲人面，
点点血泪洒人间……

1968年4月7日下午，严凤英被诬为“反对江青样板戏”和“严重现行反革命”挨斗后，在对人世绝望之际，还没有忘记给团里经济困难的宣老师傅偷偷送上最后一点温暖，拿出了她身上仅有的十元钱，劝他去看病。

当我问起4月7日那个惊梦之夜时，王冠亚拿出严凤英当时交代材料绝笔的最后一页给我看：“这是严凤英临死前没有写下去的交代材料。”1968年4月6日星期六，造反派逼严凤英交代揭发1964年安徽省进京代表团观看江青革命样板戏（现代戏会演），他们是怎样攻击江青的。代表团团长是省委宣传部文艺处处长老诗人徐味，4月5日《红安徽报》发表造反派的社论，上面点了很多人名，其中多次点了严凤英同志的名字，说他们在北京全国京剧现代戏会演期间疯狂反对江青的现代样板戏《智取威虎山》，这是个严重的“现行反革命”事件，这是众所周知的事了。这个“绝笔”说明了一个鲜为人知的事实：造反派勒令她检举揭发五个问题，其中是和代表团团长徐味有什么活动，实质上是要从严凤英身上打开一个缺口，挖出一些“现行反革命”来，倘若严凤英当时能出卖几个人，这条命就保下来了。但是她说，我什么时候反对过江青？她在“认罪书”中这样写道：“这几天中没有和安徽代表团，特别是和徐味没有什么接触。”她没有出卖任何人！

严凤英死了30年了，徐味看到这个“绝笔”，大为惊讶，大哭了半天，边哭边说：“凤英啊，你怎么这么糊涂呢，要你揭发我你就揭发我，随便编个什么，出卖我都行嘛，干吗不出卖我呢?！你只要活着，讲我什么东西都行嘛，那个年头你不说假话，你就活不成呀，你怎么就这么傻呢？”这位古稀老人老泪纵横。

别时娇儿梦正甜，
只流泪水未留言……

王小亚说，1968年4月7日仍在我们记忆中，那天晚上我母亲从外面回来，情绪不好，我和弟弟跟往常一样赶紧洗脸洗脚后就上床睡觉去了。我们当时小，也没看出来有什么预兆，那天晚上我想妈妈肯定来到我们房间凝视着她的两个熟睡的儿子，也许又和往常她演出归来一样在我们的小脸上轻轻吻着。妈妈那时的心境我们无法体会，但作为母亲她是很难割舍下两个亲骨肉的，她以为这样一走就不会连累我们了。我们一点思想准备都没有，那天就只知道《红安徽报》上铺天盖地的文章来了。我父亲帮着母亲努力回忆那些事情，我母亲临时出去找当时与她一同去北京的人出来作证，他们也都自身难保。我母亲很心寒，晚上回来，她的情绪也变得特别糟。半夜时妈妈出事后，爸爸赶紧把我们兄弟俩叫起来，很焦急又严肃地叫我赶快去把院里的三个医生都找来，一方面又叫弟弟看好妈妈，他就匆匆下楼找人去了。我立刻把院里的三个医生，也是妈妈的好朋友翟、巫、孙医生请了来。她们紧张地拿着药和器械，跟我跑回来。我们小哥俩趴在妈妈身边，看着面色苍白的妈妈，那时还神志清醒的妈妈对我说："你们要听爸爸的话，你要带好弟弟，你们要谨防政治扒手。"这是妈妈生前留给我和弟弟最后的嘱咐，当时我还听不懂什么是"政治扒手"。听了这话我只是冲着妈妈直点头。以后一个姓刘的军代表来了，把医生和我们赶到外面去了。屋里军代表还在带人审问着什么，等母亲从里面抬出来时人都已昏迷了。当时医院很乱，没有介绍信不接收。我又和张贤春同志跑步回剧院找大联委要介绍信，折腾了半天，这才收下来，但母亲已不省人事了。医生又叫送住院部。住院部的老医生都被打倒了，只有两个年轻人值班，我和一个年轻医生一起去取洗胃的用具，那个医生不紧不慢，走到楼梯口还和护士聊天，"你知道那是谁吗？是严凤英。"我催他快点，要救人啊。爸爸求一个扫厕所的老医生救救母亲，老医生身上挂了"反革命"的黑牌子，吓得连连后退，讲："造反派叫我治，我一定治的。"就在这种乾坤颠倒、黑白不分的时代，妈妈终于在早晨6点去世了。爸爸对我们讲了一句："你妈妈已经走了。"我们都傻了半天也没想起来哭，我看了一脸茫然的弟弟，一切来得太突然，我们怎么也不相信这会是真的。一切像做梦！直到妈妈被推到太平间，再见妈妈时，我们才哭起来，一声声呼唤着："妈妈！妈妈！"那时我14岁，弟弟小英才11岁呀！过了两天，爸爸领着我们到火葬场捧着妈妈的骨灰盒回家时，记得那段路走得很远、很久……

严凤英的去世，离她38周岁生日还差5天。

未完的结局

然而就在严凤英含冤辞世当天，在那种以“阶级斗争为纲”的年代，为了搞清她的死因，竟将她的遗体进行了解剖，因为关于严凤英之死在社会上传闻很多，讲她肚里有发报机，有特务的密信。据说，当严凤英的遗体被解剖开一看，发现她的五脏都已下垂，这显然是长期疲劳得不到很好的休息恢复所致。再一看她已胃出血，从中他们找到了很多片尚未完全溶化的安眠药片，这些安眠药都是严凤英过去长期服用积余下来的。由于遗体要火化，为了阶级斗争的需要，他们将严凤英的五脏全部扒了下来。当时执行这一任务的医生们甚至还想解剖严凤英的声带，研究一下她究竟有什么特别之处，为什么她能唱得那么好听？缝合时为了撑起严凤英的腹部，他们将一些棉花、杂草塞了进去。后来严凤英的肾脏等器官被制成标本，过了一些年后这些器官都被处理掉了。当王冠亚和严凤英的师兄弟查瑞和、胡根杰准备送严凤英遗体去火葬场时，他们在太平间里见到的她头发散乱、衣着不整，就连脚上的鞋和袜子都没有了。他们抬严凤英时被她突然弯曲的遗体绊地踉跄了一下。他们原来以为亡者是沉重僵硬的，没有想到严凤英却是个例外，她被掏空的腹腔使她无法像其他亡者那样僵直了。

刘某，当年的那个广大军代表中的败类，他是四川人，小个子，颧骨突出，人品卑鄙丑陋，从一名部队电影放映员混成俱乐部主任，疯狂地残害艺术，残害艺术工作者。在严凤英遗体被解剖之后，刘某非常得意地跟人讲：“我没看过严凤英的戏，也没看过严凤英的电影，这一下我可看到她的原形了。”他的话听得人毛骨悚然。

当年在他离开安徽省黄梅戏剧团被调往别处时，他一个人拉着装有行装的板车出去时，被团里乐队的一位老同志遇见了，说应该要“欢送”刘某，于是这位老同志拿出小锣敲着舞台上小丑表演时的锣鼓点，为灰溜溜而去的刘某送行。还有人说前些年在西南某省还见到过他。

思念到永远

像江河淘洗泥沙，留在心中的是金子般的思念，像种子撒进大地，这思念在人们心中生根、发芽，严凤英的音容笑貌在人们思念的记忆中重现，也在这反复重现的记忆中成为永恒……

时白林忘不了1968年4月8日的那个上午，一清早造反派们突然将他和“鬼棚”里的众“鬼友”从关押他们的布景车间叫出去。一见那阵势似乎很紧张，他以为又要被罚跪了。可他们高声说的一句“不齿于人类的狗屎堆严凤英自绝于人民了……”，使他脑袋猛然轰地一下，感觉非常意外，因为4月6日军代表说严凤英“反对江青”的样板戏把她拉出去审讯了，怎么会就连声招呼也没打丢下老伙伴就悄然走了呢？造反派的高声叫嚷他几乎都没听见。“时白林，你哭什么？”一个声音尖厉地高叫着。愣神间他连忙掩饰说：“我没哭啊。”可泪水已分明将干裂的土地打湿了一片……

又一个10年过去了，1978年已担任安徽省黄梅戏剧团团长、党支部书记的他在结束“说清楚”的工作后，坚决要求离开剧团去省艺研所工作。临走前他抱着整理出的严凤英遗物大哭了一场，因为再也不会有这样杰出的人才了。

在他的眼中，严凤英是一个非常受人民爱戴的黄梅戏表演艺术家，在中国戏曲发展史上，特别是黄梅戏的发展史上，她是个了不起的里程碑式的人物。说她是一代宗师一点也不夸张，因为严凤英用她的一生的心和体共同塑造了她短暂的人生。她的三十八年活得很充实，活得很坎坷，活得令人敬佩又同情，严凤英在他的心目中是一个非常可爱的艺术家。

在以后的日子里他为她写过诗，写过纪念文章，他和爱人、老一辈黄梅戏演员丁俊美梦见严凤英，他曾惊讶地在梦中问她，你不是死了吗？反反复复地梦见她活生生站在眼前，甚至连她曾住过的几个地方都常在梦中出现。

同样性质的梦，田玉莲有过，张萍有过，王凤枝和王小亚都有过，田玉莲说：“我梦见自己和师傅在一起拍摄电影《女驸马》，一起漫步在热闹繁华的上海滩。”

王凤枝说：“我梦见她好像死后还在唱戏。”

王小亚说：“在我20岁左右的时候，有几次梦见妈妈特别真切，感觉我妈妈还在，醒来后让我怅然若失……”

张萍说：“我常为惊讶她没死而从梦中惊醒。”听到噩耗时，她简直不敢相信自己的耳朵，她之所以不相信，是因为在“文化大革命”之初她们几位女同志得知京剧名伶言慧珠悬梁自尽的消息后，张萍曾当众对严凤英说过：“师傅，管他们怎么斗你，千万可莫走这条路啊！”在张萍的印象中性格大大咧咧的她不至于走上绝路。这种感觉，她的伙伴、徒弟们有，她的朋友也同样有。著名作家鲁彦周、张嘉夫妇忘不了1968年的3月。鲁彦周曾这样写道:“‘你好吗?’你问我。我摇摇头,你打量我,你泪光莹然,然而你的脸上却闪现着阳光,你笑了,你说:‘他们开始整你了!’‘嗯!’‘不要这样!不就是那一套?我都经过了!你看你,不要这样,不要让人感觉你已经垮了。你可别往绝处想!’你的表情变化迅速,你忽然变得严肃认真,几乎是警告:‘要挺住,不会太久的,日子长着呢!’”这是鲁彦周与严凤英在安徽省立医院看病时偶然的对话,鲁彦周怎么也没想到这是好友间的最后一面。

病榻上的张嘉忘不了,也就在那年3月,严凤英领着小儿子小英到省文联附近的小吃部买蛋饼未带粮票,张嘉闻听后放下电话就出了门。严凤英未去文联院内鲁彦周的家,是怕连累了朋友,她拉着张嘉悄声说:“你一定要照顾好老鲁,告诉老鲁碰到什么情况都千万别想不开,一定要坚持住啊!”

鲁彦周夫妇怎么也没想到,安慰、鼓励别人的人,她自己却在一个月后走上了不归路。

1962年2月10日,欢送王少舫、严凤英两同志离桐于状元桥合影

“我对这个人的印象是绝顶的聪明。她文化水平不高,但吸收东西的悟性极高,对艺术的感觉特好、特棒,她的戏演出来,别人可以模仿她的唱腔,但那个味道、风度、分量到现在为止别人都赶不上她。我觉得严凤英不该死,她的死是黄梅戏的巨大损失,是我们安徽文艺界的巨大损失。她是个非同一般的艺术家,

不是我因同她有私交才说这个话，我是公平地从艺术的角度来说的，全国的著名演员我认识不少，但像她这样的人不是很多。”鲁彦周如是说。像鲁彦周这样的老友思念她属情理之中，而那些一面之交，甚至同她生前一句话未说过的人，他们思念她也并非在意料之外。

著名词作家方君默忘不了，60 年代他作为《安徽日报》的编辑上门找严凤英约过一次稿，她热情地接待了他，并很快完成了那篇稿件，也就仅是这一面他喜欢上了严凤英这个人，对她的去世深感痛心。20 年前他在严凤英平反昭雪后，从黄山疗养院一位朋友处偶然发现了一张严凤英的照片，他见后爱不释手，将那张照片翻拍冲洗了几十张，只要见到喜欢严凤英的人，他就送给对方一张。那张照片已在他的书橱中摆放了 20 年之久，每每看见照片他就会想起那位“一面之交”的已故友人。

著名作家白榕当年与严凤英同住一个大院，彼此却没有交往，他只是欣赏她的艺术，她的才华和人品。“文化大革命”中，有一次从省体育场参加完集会回来，他在南门口见到散会后的她和潘璟琍一起吃馄饨，他从她身边经过，彼此还相视一笑。

他曾经到过严凤英老家边上的菜子湖畔，在芦苇丛中艰难地行进，有人当时对他说湖对面就是严凤英的老家，她当年就是从这里一跃上岸奔向安庆，开始了她短暂而又辉煌的艺术生涯。听到这话他仿佛感觉到严凤英就在眼前下船上岸，穿行在这片难走的芦苇丛中，仿佛就在他身边匆匆地擦肩而过。为了怀念这位自己欣赏的艺术家，他在应邀去安庆参加严凤英“天上人间”汉白玉塑像的奠基仪式后回到合肥，满怀深情写下了一首散文诗《圣洁》，有家音像出版社在出版发行严凤英的黄梅戏音带时，将此文也收在其间。白榕说：“想让它漂洋过海，让更多的人能简略地了解严凤英，以表达我的怀念与崇敬之情。”

2 月 22 日，我在采访完张萍打车回宿舍的路上，抑制不住的兴奋感驱使我有意同老司机聊天，谈话中获悉 56 岁的他是位还未下岗的老工人。我试探地问他知道严凤英吗，他说：“我知道，1959 年我在部队时还看过她的戏呢！她的扮相、嗓子太完美了，在我看来她的美丽是天然的。”临下车前他得知我在做这样的采访时，认真地对我说：“这是件好事，你一定要写好严凤英，好人啊！”说完，这位老司机又驾车踏上谋生之路。我不知他姓甚名谁，可他的话却久久回旋于我耳畔，深深地撞击着我的心……

作为儿子，王小亚更忘不了，每当妈妈的祭日到来，他都会用传统的方式在自己家门口附近，在菱湖公园妈妈的塑像前烧纸、点燃心香寄托哀思，有一次他和家人在塑像前烧纸，旁边有人问："这是你什么人?"他说："这是我母亲。"那个人默默点头，只说了一句："可惜啦……"

30年来他常想到母亲，尤其是不顺利的时候，很容易使他产生一种怀旧情绪，这种情绪使他又回忆起与妈妈在一起的日子，回想起家里那段幸福与苦难交织的日子。现在别人一谈起黄梅戏或在唱"树上的鸟儿成双对"时，他就会很容易地想起母亲。

王小亚是严凤英的两个儿子中唯一继续从事黄梅戏事业的，他在安庆市黄梅戏一团当演员坏了嗓子后，改在乐队拉大提琴，随后又被单位送到上海音乐学院进修了两年。他曾为广播剧《严凤英》和《黄山情》《朱门玉碎》等几十部黄梅戏影视片配器作曲。弟弟小英现任深圳南油电视台台长。小亚的女儿已是名16岁的高一学生了，小英的儿子也有6岁了。安庆人对严凤英的感情格外深，小亚的女儿在学校里，别人听说她是严凤英的孙女，大家都很关心她。

王小亚感慨地对我说："我妈妈生前最希望有个女儿，偏偏来了我们兄弟俩，而到我们这一代孙女、孙子都有了。如果妈妈在世能看到我们这一家子，看到弟弟一家子，老少几代其乐融融该会多开心。如果妈妈在世我可能会让女儿去学黄梅戏。在妈妈30周年祭日到来的时候，我最想说的话是：如果她能活到今天该多好啊！"

结束语

1998年3月8日，在严凤英逝世30周年到来前一个月，潇潇春雨中我来到安庆菱湖公园。在"天上人间"汉白玉塑像前，我恭恭敬敬地献上了30朵红玫瑰，献上一分心愿，一分爱恋。而对她，我深深地鞠上一躬。

近日从安庆传来消息，连日来严凤英的塑像前摆上了越来越多的鲜花……

1998年3月28日初稿

1998年3月30日修改

（选自《黄梅戏艺术》1998年第3期）

严凤英饰演的舞台形象选粹

Yan Fengying Shiyan De Wutai Xingxiang Xuancui

一、《送香茶》

《送香茶》是严凤英的启蒙老师严云高教授的几出戏中的一折。1945 年春，15 岁的严凤英在桐城练潭镇广场演出《送香茶》，还未上场，前台发现有枪兵闹事，主要是要抢严凤英。严云高师徒让戏班里的烧锅佬江兴和背起严凤英逃跑脱险。

《送香茶》剧照

脱险后的严凤英辗转来到安庆，已是 1945 年的初冬，她投奔了丁永泉(丁老六)的戏班。在丁永泉等老艺人的保护和教授下，严凤英进步很快。此时她会的戏虽然不多，但她的嗓子好、扮相好、极聪明、擅模仿，很快就引起了安庆观众的注意。《送香茶》是严凤英当年在安庆群乐剧场习艺献艺的重要剧目之一。

二、《二龙山》

《二龙山》又名《三宝记》，是严凤英习艺之初常演的剧目，她在桐城县练潭镇第一次上草台就是扮演《二龙山》中的丫鬟。剧中的主角是女寨主佘素贞，丫鬟只是一个下传上报的龙套角色，根本没什么戏可演。15 岁的严凤英顽皮胆大，敢于表现，硬是把一个可以忽略不计的小龙套饰演得形象鲜明，夺人眼球，“抢戏”抢得如此成功，表现出了少年严凤英过人的的情性和超人的天赋。在后来的演出中，观众越来越熟悉和喜爱这个美丽、活泼并有着极其甜美嗓音的小旦演员，以至于久负盛名的文武大戏《二龙山》有时在安庆的演出，海报上竟更名为《丫鬟挂帅》。

《二龙山》剧照

三、《小辞店》

《小辞店》剧照

《小辞店》是严凤英演唱艺术的"绝活"之一

1952 年的一天，严凤英在安庆胜利剧院演唱《小辞店》，唱得正起劲，观众突然鼓掌，叫"文场"停下，只让鼓师一人打鼓，严凤英一人清唱。这种演出对演员是一个极大的考验，因为这段戏的唱腔是一百多句的[平词]，而且始终是[平词]上下句，要让人百听不厌，越听越想听，何其艰难！没有真功夫、真味道、真本事是过不了这一关的。严凤英和鼓师方启凤配合默契，珠联璧合。那天的胜利剧院，台下掌声如雷，彩声四起，让观众过足了戏瘾，至今传为佳话。

四、《西楼会》

《西楼会》剧照

《西楼会》是黄梅戏传统剧目《鹦哥记》中的一折，属小生兼反串小旦行当。建国前，许多老艺人常演此剧。严凤英在学艺时遍识各师辈演唱之精妙，其中怀宁名旦郑绍周先生饰演的洪连宝最令她倾倒，常常在侧幕边看得如醉如痴，所以虽未得郑先生的指点与亲授，久而久之却已尽得郑先生的真传。

1957 年，严凤英主演的《西楼会》上演，她既传承了郑绍周先生的唱腔的精妙之处，又吸收了现代戏曲表演上的大气与规范，在男平词和女平词声腔上的转换潇洒、自如，让黄梅戏音韵美感得以尽情发挥，该剧遂成为经典声腔广为传播而传承至今。

五、《游春》

《游春》剧照

《游春》是传统黄梅小戏中的经典剧目。严凤英饰演剧中主角赵翠花，除了学习继承前人的表演绝技，她借鉴创新了很多表现技巧和唱腔韵味，成为她早期舞台艺术的绝活之一。严凤英饰演的赵翠花，既具小家碧玉式的聪慧、温柔，又具少女怀春时的娇憨、多情，唱腔更是句句柔曼，字字含情，余音绕梁，沁人心脾。

六、《蓝桥会》

《蓝桥会》剧照

严凤英与王少舫两位艺术大师联袂演出的《蓝桥会》堪称绝唱，他们硬是把一出冷清、拖沓的传统小戏表演得满台是戏，令观众痴迷流连。

请看1952年的观众评论："饰蓝玉莲的严凤英同志，演得比较出色。她成功地刻画了这么一个富有热情而受着压迫的少女，在突然遇到一个在多方面都能激起她的纯真恋情的青年时，那种复杂的心情，她做得十分细致而又不流于琐碎。她从关键的交代到一些细节的处理，都非常有层次、有分寸，做到有渲染、有夸张而又入情入理。"

《打猪草》剧照

七、《打猪草》

1952 年 11 月，安徽黄梅戏与泗州戏应邀赴上海演出。这是新中国成立后，黄梅戏第一次进入上海这座国际大都市的城市舞台。上海各大报都用了很大版幅刊载了评价文章，如“相信只要上海的观众们一看到他们的演出，一接触到了那种来自群众中间培养、滋长起来的，带着淳朴、健康的乡土气息，洋溢着劳动人民的生动、活泼、热烈的情操的剧目，一定会爱之若狂的”。

严凤英在《打猪草》剧中饰演陶金花，她以一个活泼、开朗、愉快、好强的小女孩形象出现，登台演罢，旋即轰动上海。上海音乐学院院长、音乐家贺绿汀把安徽代表队邀请到上海音乐学院去联欢演出，代表队走后，“小女子本姓陶，呀子依子呀”立刻在这座高等音乐学府里到处传唱。

严凤英演红了《打猪草》，红遍了大上海，“山野的风”从此吹向全国各地。

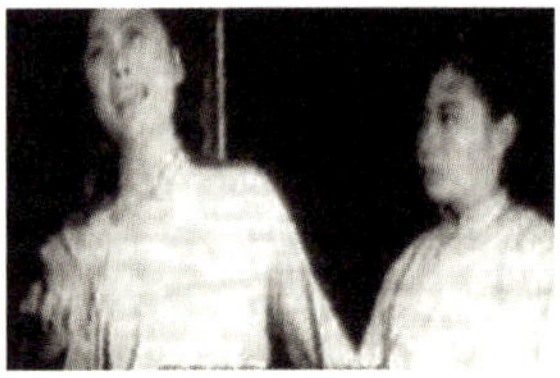

《柳树井》剧照

八、《柳树井》

《柳树井》是 1952 年发表于《说说唱唱》1 月号上的新戏，安庆赴上海参加华东小戏观摩大会的演出剧目中移植了这出现代小戏，其中苦媳妇招弟的扮演者是严凤英。

虽然是一出小戏，严凤英为此做的功课却是不小的，她根据人物所处的时代、境遇，设计出不同于《砂子岗》中苦媳妇四伢的形象与表演尺度。特别是在唱腔的设计上，她更是字字讲究，处处较真，与作曲家王兆乾反复交流、打磨，终于使这出新中国成立后第一次以正规作曲形式呈献舞台的现代小戏大获成功。

九、《江汉渔歌》

《江汉渔歌》是戏曲家田汉先生在抗日战争时期按京剧形式编写的剧本。严凤英在剧中饰演一位反抗侵略、奋不顾身的女英雄——阮春花。她将这个美丽、刚毅的渔家女表演得光彩照人，气度不凡，使该剧成为成功地从京剧被移植成黄梅戏的经典剧目之一。

《江汉渔歌》剧照

十、《夫妻观灯》

《夫妻观灯》是黄梅戏传统小戏剧目，1954 年，严凤英参与了剧本的修改与编排，使这个平平的普通“垫戏”得到了脱胎换骨般的改造与提升。她出演的小六妻质朴可亲、俏媚动人。《闹花灯》自此成为黄梅戏常演不衰的经典剧目。1956 年，中央新闻电影制片厂将该剧拍成电影，发行全国。

《夫妻观灯》剧照

十一、《天仙配》

新中国成立后，黄梅戏得到了迅猛的发展。1956 年，黄梅戏电影《天仙配》摄制完成后公开发行，并输出海外。黄梅戏与电影形式相结合，就像添上了两只翅膀，在无限广阔的天空翱翔，从此出现了天南海北唱黄梅、赞黄梅的新局面。严凤英因成功地饰演剧中的七仙女而天下闻名。

严凤英待人真诚，敢爱敢恨，毫不掩饰她最初不喜欢《天仙配》这个剧本和

《天仙配》剧照

七仙女这个角色。1956 年，严凤英在《我演七仙女》中写道：“黄梅戏的传统剧目，大本戏的舞蹈很少，主要靠唱。《天仙配》这出戏，七仙女唱得不多，人物上台干什么也不明确，当初为了糊口，我虽也演，但心里却不喜欢。1954 年，为了参加华东区戏曲会演，又叫我演七仙女，这一次是经过整理的本子。一开始，我还不很喜欢，后来在排演过程中，才慢慢改变了过去的看法。”

这慢慢的改变过程，严凤英却是经过了一番痛苦的磨炼，随着思想文化的提高、表演技艺的磨砺，她找到了七仙女的主要特征：纯朴、热情、勇敢、聪慧。她同七仙女接近了，同时产生了创造的冲动，七仙女终于来到人间。

《春香传》剧照

十二、《春香传》

严凤英在生活中大大咧咧，宽容随意。唯独在艺术上要求极严，一丝不苟，时时留心吸取众家之长，甚至不耻下问地向徒弟学艺。田玉莲、张萍、许自友、江明安、王毓琴在名分上都是严凤英的徒弟，但有时又成了她的老师。

1954 年，移植朝鲜戏剧《春香传》时，严凤英和徒弟王毓琴被定为 A、B 角。王毓琴受派赴上海向越剧名家王文娟学习了剧中《五月端阳》的朝鲜舞蹈。严凤英后来在徒弟的教授下，认真地学习练舞。她还向田玉莲学习昆剧的扇子功，向许自友学习川剧的舞蹈身段。她的厚德高品，音容笑貌，永远被徒弟和同人们怀念与崇敬。

十三、《砂子岗》

《砂子岗》是严凤英塑造的“苦媳妇”形象的经典作品之一。

《砂子岗》剧照

1954 年，在华东地区第一届戏曲观摩演出时，“各代表团和专家对饰演童养媳杨四伢的严凤英同志和饰演恶婆婆的胡遐龄老艺人的表演，都交口称赞”。1956 年赴北京演出时，也受到了广大观众的热烈欢迎。“京剧前辈荀慧生、昆剧前辈白云生、曲艺名演员魏喜奎和张艾丁同志，都一致称赞这个戏”。

严凤英同志作为苦媳妇杨四伢的扮演者，既要克服自己身胚较大、形象爽朗，与杨四伢外形要求距离较远的局限，努力塑造好这个柔弱可怜的配角小媳妇的形象，又要使自己的动作、表演风格能与胡遐龄相得益彰。为此，她在表演生活化与程式化的结合上做了很多努力，奉献了一台情真、意妙、乡土生活气息特浓的精品小戏给广大观众。

十四、《打金枝》

《打金枝》是黄梅戏的移植剧目，严凤英饰演公主一角。

《打金枝》剧照

尽管有原创剧目的样板表演，严凤英还是创造性地使公主这一艺术形象黄梅戏化。她以华贵中不掩自大、刁蛮处可见善良的小女儿心性，使公主这一形象生动传神，可气亦可爱。对角色思想活动的细致分析与揣摩，只是严凤英成功创作角色的第一步，还要用声音、体态，借助戏曲特有的技巧把人物的精神面貌表现出来，从内到外完成形象的塑造。严凤英所创作的每一个艺术形象，都是经过这样的历程而成功的。

十五、《王定保借当》

《王定保借当》剧照

《王定保借当》是1956年黄梅戏的移植剧目，严凤英主演剧中的花旦张秋兰。

该剧讲述书生王定保闲暇与同学赌博输钱，怕父母责骂，不敢回家。其未婚妻张秋兰知道后，背着父母，将自己的嫁妆给王定保当钱还债。恶霸李武举知道此事后，贪图张秋兰的美貌，借机诬赖王定保是偷盗他家之物，把王定保打入南监。张秋兰闻讯后，星夜赶到县衙公堂喊冤，终于救出王定保。

这是一出唱做戏份极重的戏，也是一出较为冷清的戏，严凤英与联袂主演的王少舫的精湛表演，使这个戏紧凑精彩，好看好听。这就是戏曲界俗称的“人保戏”的真实事例。

十六、《借罗衣》

《借罗衣》剧照

《借罗衣》是1956年黄梅戏的移植剧目，严凤英饰演剧中的主角——二嫂。为了学好，演好剧中重点场次一段“跑驴”——几分钟的戏曲舞蹈，严凤英可是下了大功夫。排练时正值剧团在佛子岭水库巡演，每天清晨她早早起来，在台上台下苦练“跑驴”身段，每次还要请来师兄弟或徒弟现场观看，一段练罢让他们点评像不像、好不好。深秋的佛子岭，早晚十分寒冷，而严凤英只穿一件衬衫却练得满头大汗，辛勤的汗水换来的是正式演出的完美成功。

十七、《宝英传》

《宝英传》剧照

《宝英传》是 1959 年编排的一部黄梅戏新编历史剧，剧中女主角韩宝英由严凤英饰演。

为了演好这位太平天国的女英雄，严凤英下了大功夫，吃了大苦头。剧本大改了十二次，她也一遍遍地跟着修改排练，往往是夜以继日，通宵达旦。此外，严凤英还要“恶补”武功。

严凤英刻苦认真地排练新戏，除作为工作任务去完成外，更多的是为增强黄梅戏剧目而考虑。她想扩大演出题材的范围，塑造出不同于以往扮演人物的独特形象；再者，这个题材与黄梅戏发生地的安庆有关，更使她动了乡情。严凤英，她是深深眷恋着生她养她的故乡安庆的。

十八、《牛郎织女笑开颜》

《牛郎织女笑开颜》剧照

《牛郎织女笑开颜》是 1959 年创编的新戏，讲述的是经过“大跃进”运动后的中国，旧貌换新颜，重返人间的牛郎、织女对人间翻天覆地的变化深为震撼，更增向往之情的故事。

严凤英是怀着对党、对新中国的无比热爱、无比崇敬的心态来创作剧中的织女一角的。

十九、《女驸马》

严凤英主演的《女驸马》是在 1959 年安庆地区黄梅戏剧团首演的基础上改编的。时任安徽省委书记的曾希圣参与了修改方案的讨论，众多的合作者都给予了很多的意见与建议。其中出力最多、功效最显的当属严凤英了。例如剧中《状元府》一场，原本中冯素珍女扮男装中了状元，便忧心忡忡，为犯下欺君之罪而坐立不安。严凤英根据她对剧中人的理解提出：“冯素珍这时候想的是马上

《女驸马》剧照

救出未婚夫李兆廷，而不是什么欺君之罪、杀身之祸。她帽插宫花，身穿红袍，会像乡村小孩穿花衣、戴花帽过新年那样按捺不住快乐的感情想唱、想跳。这还正好发挥黄梅戏的特长哩！”编剧采纳了这样的想法组织了一段新戏，作曲者编出了新的曲调。在舞台呈现上，严凤英“运用了戏曲舞蹈身段，运用了优美的唱腔，把冯素珍的年幼无知、天真烂漫的性格表现得细致入微。她体态轻盈欢天喜地地舞了一阵，当春红叫她小姐的时候，她又意识到自己状元公的身份，仍然装出‘状元公’的架势，踱着方步，摇头摆脑，但又对春红扑哧一笑，充分显露了这个女孩子的可爱性格”。

如果说严凤英起初扮演七仙女，对中国戏曲中那种特有的表现与体验相结合的表演艺术还是开始摸索，那么，到她主演的《女驸马》从舞台搬上银幕时就成熟很多了。她知道“行成于思”，人物的一举一动、一颦一笑都是受思想支配的，必须首先挖掘角色的思想活动。她挖得真深、真细。剧本里简简单单的几句台词，经她一解释，竟是那样有血有肉，那样感人。

《女驸马》是严凤英艺术生涯中的巅峰之作，是黄梅戏艺术宝库中的无上珍品。

《党的女儿》剧照

二十、《党的女儿》

《党的女儿》是革命现代戏，初排于1958年，剧中女主角李玉梅由严凤英饰演。

严凤英对待角色造型很重视，尤其是她真心崇敬的革命先烈、共产党员。为了演好这个角色，她首先给自己造型，到理发店将刚烫过的卷发剪掉。演出后，她四处征求意见，得到的反馈是头发剪得太短，不像当年农村里的女共产党员，严凤英为此懊恼了好久。

1964年复排《党的女儿》，由于剧本做了较大的修改，严凤英在排练中、演出中更加努力、刻苦，造型也更认真、讲究，收到了非常好的效果，在广州巡演时，《南方日报》1964年11月20日发表题为《光芒四射的红色种子》的评论："……和电影剧本相比较，黄梅戏经过不断锤炼、提高，大胆突出了党的儿女们敢于斗争、敢于胜利的革命精神，具有浓烈的时代气息。……在写人之处笔酣墨饱（如《狱中》《上山》两场）。"评论中还写道："另一些场面，如抒发她们怀念党的心情，则用不言、不动、凝神远视的静场表现，这种既保留剧种特色，又大胆吸收各样艺术手法的尝试是值得重视的。严凤英、王少舫演出的《天仙配》等剧目给人留下好印象，此番饰演革命人物形象，严凤英唱来有气魄、有韵味，以朴实的感情，灌注到表演中，更焕发出照人光彩。"

《武汉时报》1964年12月4日题为《不能一天没有党》评论道："……就黄梅戏本身来说，原来似乎只适宜演那种风趣的、抒情的生活小戏和神话戏，从七仙女到李玉梅，这距离实在是不短。……但我终于不能不承认，严凤英同志相当成功地塑造了这个在大风大浪里顶得住，两上刑场面不改色，一刻也不忘党的工作的英雄人物。"

严凤英——党的女儿！

二十一、《闹金阶》

《闹金阶》为黄梅戏移植剧目。这是一出几十分钟的小戏，写一个天真的小姑娘闹到金殿上，把一个老迈昏庸的皇帝讽刺嘲笑了一番。严凤英扮演的小姑娘和王少舫扮演的老皇帝配合默契，满台是戏。

1959年11月18日，《闹金阶》在江淮大戏院彩排，剧场效果甚好，喜剧色彩极浓，观众时时捧腹大笑。时年29岁的严凤英饰演了一个十几岁的小姑娘，自然纯真，毫不费力，表现了她艺术上的技艺高超与多彩多姿。

《闹金阶》剧照

二十二、《刘三姐》

《刘三姐》剧照

《刘三姐》是黄梅戏移植剧目，严凤英领衔主演剧中的刘三姐。

《刘三姐》剧中的黄梅戏音乐，是以民歌为主题，进行民歌与民歌、民歌与黄梅戏唱腔音乐的组合、穿插，同时强化了板式的作用。该剧的移植成功与音乐的创作与创新是关系极大的。

严凤英在该剧的音乐创作中，也倾注了大量心血与劳动，她与作曲者反复切磋、密切配合、精心雕琢，使黄梅戏《刘三姐》获得了完美的成功，演出近两百场，巡演全国各地，获得了广泛的好评与赞誉。

二十三、《香罗帕》

《香罗帕》剧照

《香罗帕》为黄梅戏移植剧目，剧中主要角色赵蕊芝由严凤英饰演。

《香罗帕》是一部优美的轻喜剧。香罗帕为定情之物，是重要道具。有一场戏，小姐赵蕊芝与丫鬟兰香在花园游玩，表现赏花、扑蝶的游戏，需要用戏曲身段、舞蹈来表现。导演对饰演丫鬟、严凤英的徒弟许自友说：“你刚从四川学习回来，是否把川剧的舞蹈身段做给我和你师傅看看，我们也可以从中挑选一些好看的动作，融入这段戏的表演中来。”许自友连续做了几组身段，严凤英立刻模仿练习起来，这又是一次严凤英向徒弟学习表演技艺的黄梅戏佳话。

1961 年，《香罗帕》公演后，效果很好。严凤英优美、精彩的演唱，使剧场始终充满了笑声、掌声和赞叹声。

二十四、《三里湾》

《三里湾》是黄梅戏的移植剧目，严凤英饰演剧中的一个普通的配角——“能不够”。

《三里湾》剧照

剧中的“能不够”是一位农村妇女，是思想较为落后、性格较泼辣、时时好逞能的一个艺术形象，以彩旦应工，就是俗称的女丑角。

1963 年，严凤英已是享誉海内外的著名演员，她主演的数十部大戏风靡全国。她美丽的正面形象早已深入人心。在《三里湾》中饰演这样一个小角色，严凤英同样严肃认真，全力以赴，充分调动她早年在农村的生活积累和喜剧艺术感觉，把“能不够”表现得真实到位，简朴准确，而夸张放大的表演喜剧感十足，在排演场上，常使同行忍俊不禁，在演出时，观众笑声掌声一片。装龙像龙，装凤像凤，既能当红花，又能做绿叶，《三里湾》充分展示了严凤英艺术、艺品的大家风范。

二十五、《牛郎织女》

黄梅戏电影《牛郎织女》是 1963 年由上海海燕电影厂和香港大鹏影片厂合作，在敬爱的周恩来总理和陈毅同志的关怀下，由外交部和文化部下达任务拍摄的。

《牛郎织女》剧照

电影实拍时是严谨而艰难的。严凤英的嗓音绝美，唱腔酣畅，在当时已是举国闻名，可在先期录音剧中“云房”那一大段唱腔时，连录了多遍都不能通过。

当时的电影厂录音设备还很落后，一次不行，连同乐队都要重新再来，几遍下来一般人都会疲惫而不耐烦。可严凤英坚持要一丝不苟，哪一个音符没唱对，哪一句唱腔没唱好，哪一处嗓音不够纯净，她都要坚持重新来过，直到导演做出十分肯定的满意手势，才算真正完成。

为了将织女扮成超凡脱俗的美丽仙女，拍摄中，近景时，化妆师要用七根带子，将严凤英脸上皮肤绷紧。七根带子分别粘贴在前额和耳后，往后向上同时拉紧、固定，再戴上发套。粘一两天都难忍受，而一部电影要拍几个月，严凤英遭受的痛苦折磨可想而知。到后来，每次卸妆时都能看到她脸上的皮肤都粘烂了，可拍摄不能停下，还须左移右挪地继续粘贴拉紧。摄影棚内，常看到严凤英因化妆、卸妆，疼痛得双眼充满泪水。

今天，当我们欣赏《牛郎织女》中那光彩照人的艺术画面，倾听那如泣如诉的优美声腔时，不能忘记大师们当年的艰辛劳动和无私奉献。

二十六、《红色宣传员》

《红色宣传员》为黄梅戏移植剧目，严凤英主演剧中的主要人物李善子。

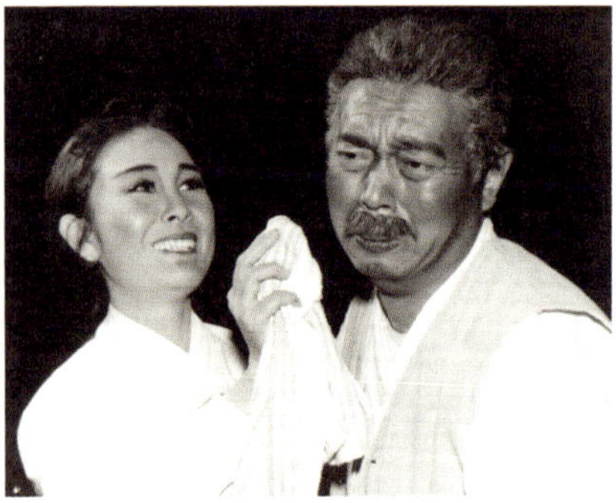

《红色宣传员》剧照

《红色宣传员》是严凤英主演继《春香传》之后的第二部朝鲜名剧，主人公李善子是现代的革命女青年。她通过对角色及时代背景的了解与理解，对角色的思想活动的细致揣摩，成功地完成了对朝鲜女英模的艺术创造。1963 年首演时，受到了广大观众的认同与欢迎，巡演全国，广受好评。

严凤英早就想把一些世界名剧移植上演，演过《春香传》《红色宣传员》后，还打算把莎士比亚的《罗密欧与朱丽叶》改编成黄梅戏上演。她常常与作家联络，想方设法让他们熟悉黄梅戏这个剧种的艺术形式，以便能够给这个剧种创作尽可能多的舞台剧本。

二十七、《丰收之后》

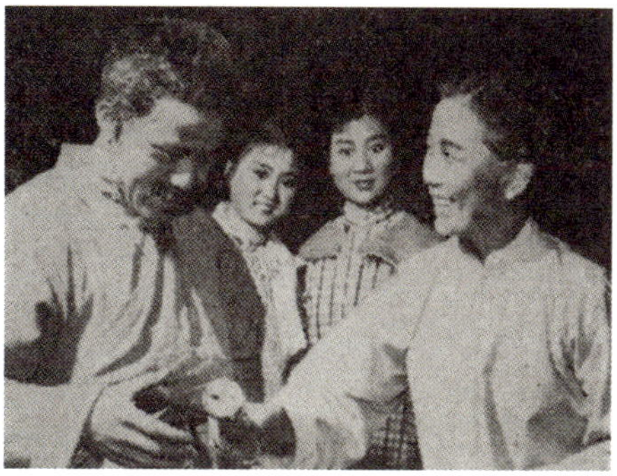

《丰收之后》剧照

《丰收之后》是现代方言话剧，是严凤英和安徽省黄梅戏剧团搬上舞台公演的唯一一台话剧，剧中的女主角赵五婶由严凤英饰演。

严凤英向来注意在生活中向群众学习，在扮演现代人物时，尤其强调这一点。她在刻画赵五婶这个角色时，就是到生活中去找依据。她撰文《演赵五婶，学赵五婶》发表于 1964 年 3 月 18 日的《安徽日报》，她写道："……如有一段戏，赵五婶去打通老战友王宝山的思想时，谈到他们在旧社会的痛苦经历。我每次读到这段台词，总要放声痛哭。这样哭可以不可以呢？也可以。一般中年妇女在提到自己的切身苦处时，总是会痛哭失声的。可是，我觉得这不足以表现赵五婶这个人物的心情。怎么办呢？仍然得向生活讨教。蒙城三义公社干部会上几位党员同志诉苦，对我启发非常大。有几位大队书记谈到在旧社会被地主逼得走投无路的时候，满腹心酸、满腔怒火，谈着谈着，声调不是渐高反而是低沉下去，他们总是深深地吸一口气，好像要把仇恨的眼泪渗进五脏六腑，把对阶级敌人的愤怒深深地刻在心坎上。在这个启发之下，我终于把'痛哭'那场戏改了过来。"

形象甜美、唱腔迷人，已是大艺术家的严凤英，饰演一位一句不唱、操着一口安庆土话的农村老太太，形象与角色的反差何止千万，黄梅戏剧团演话剧也是隔行如隔山，可在严凤英和她的团队的努力与创造中使所有困难化解。1964 年，《丰收之后》公演后，立即受到观众与同行们的热烈称赞。严凤英在当年的一次"跨界"演出，为黄梅戏艺术发展史上留下了一份珍贵的文化遗产。

二十八、《江姐》

《江姐》是黄梅戏移植剧目，严凤英主演江姐，首演于 1965 年。

严凤英怀着对革命先烈的无比敬仰之心，认真研读各种资料，细致地做好案头工作，每个场次、每段唱念、每处细节，她都精心设计，从严要求。可以说《江姐》这出戏，耗费了严凤英最多的心血，是她最好的现代舞台剧之一。

初排是在 1964 年的冬天，在紧张的巡演途中，利用白天休息的空隙时间，严

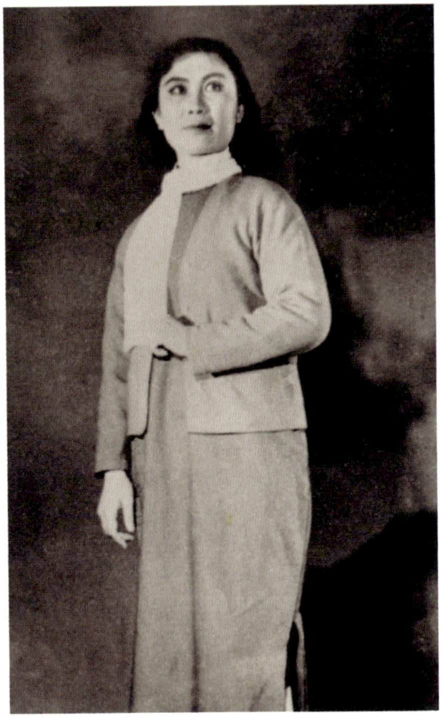
《江姐》剧照

凤英和同志们一起讨论、创作、设计、修改，紧张而有序，充满了创作的激情和兴奋。剧中的江姐，先后以贵妇人、小学教师、游击队长等面貌出现，这些场次身份的不同、环境的差异，表演上的把握是要认真而考究的。严凤英深入分析着先烈们的心境，体会着先烈们与敌人进行公开的、隐蔽的、艰苦卓绝殊死斗争的心路历程，成功地在黄梅戏的舞台上大气磅礴地展现了江姐这位革命女英雄的光辉形象。

在演唱上，黄梅戏《江姐》的声腔，严凤英可以说又达到了新的高峰。每段唱腔，她都与作曲者反复磨合，多次修改。如第二场中，江姐看到敌人杀害了丈夫彭松涛烈士后，有一段剧烈撞击的悲情的大段咏唱，最初的唱腔试唱后，严凤英总觉得人物感情的分量不够，深度也不够，于是就引入了她在移植剧《红霞》中的一段唱腔的几个乐句，经曲作家时白林认可采纳后，她在演唱中又做了较细致的润腔处理，使这段唱腔收到了良好的效果。

黄梅戏《江姐》公演后，立刻引起轰动，“看长江”“绣红旗”“春蚕到死丝不断”“红梅赞”等唱段到处传唱，至今仍是黄梅戏音乐唱腔中的经典名段。

二十九、《碧玉簪》

严凤英主演的黄梅戏《碧玉簪》犹如一幅品味不尽的舞台工笔画，艺术蕴涵非常丰富。该剧上演于 1958 年。

在严凤英主演的近百部大、小剧目中，《碧玉簪》无疑是她情感投入最多、创作付出最大的一出戏。有人曾问严凤英最喜欢自己演的哪出戏，严凤英的回答就是《碧玉簪》。

“新房之中冷清清，为何不见我官人……”这是《碧玉簪》中一段清板唱，严凤英唱得极轻、极慢，情绪极真、极细，上千人的剧场，寂静得几乎能听到人呼吸的声音。后台也鸦雀无声，候场的演员们也在静静地听着严凤英的演唱。

严凤英指导青年演员演出《碧玉簪》

“三盖衣”是《碧玉簪》的重头戏。李秀英虽然受尽了王玉林的百般冷落，但是，她是受过家训的名门闺秀，为了善良的婆婆，三次欲为王玉林盖衣御寒，转而复止。这是个多段相连、跌宕起伏约有六十多句唱词的大唱段，用[平词][对板][彩腔][二行][八板]等转接糅合而成，风格浓郁，组合生动，韵味别致，华彩多出。严凤英情真意切、感人至深、抑扬顿挫的演唱，创造了感染力极强的听觉效果。

与严凤英长期合作的乐队指挥王文龙先生说：“排练时，每天面对熟悉的情节、唱段，不穿戏服，没有灯光，就是日常的那种‘干排’，不知怎么搞的，我每次都被她演哭了……”

《碧玉簪》虽是从越剧本移植而来，但严凤英等黄梅戏艺术家在风格黄梅戏化、形象典型化、艺术精湛化等方面所做的大量努力很具有原创性，取得了很大的成功。

三十、《桃花扇》

《桃花扇》剧照

1958 年，黄梅戏移植剧目《桃花扇》投排，于 1959 年灌制了一张唱片，就是今天人们听到的“阵阵寒风透罗绡”一段。1958 年，叶剑英元帅在合肥考察工作，他酷爱黄梅戏艺术，安徽省文化部门将《桃花扇》和其他一些戏予以配演，这次演出给叶元帅留下了深刻的印象，他被严凤英所演的李香君深深打动了，严凤英在剧本先天不足的情况下，以自己深厚的表演和演唱功底将李香君塑造得相当成功，弥补了剧本中许多的不足。在“阵阵寒风透罗绡”一段中，她更是将李香君的惆怅、失意和对侯方域的思念之情表现得淋漓尽致，她将李香君定位于一位有才华、有气节、重感情的女子，首先她是个人，而且是个女人，她不是一个神。她的这个远见卓识为今天的文艺界所认可推崇。

作者　秦　之

部分文论节引自：

《时白林自选文集》　安徽文艺出版社

《黄梅戏源流》　安徽文艺出版社

《严凤英、王少舫的艺术历程》　安徽省黄梅戏艺术发展基金会　编

《黄梅戏通论》　安徽人民出版社

《皖戏丛谈》　远方出版社

《安徽省黄梅戏剧院史志》内刊

纪念严凤英诗书画作品选

Jinian Yan Fengying Shishuhua Zuopinxuan

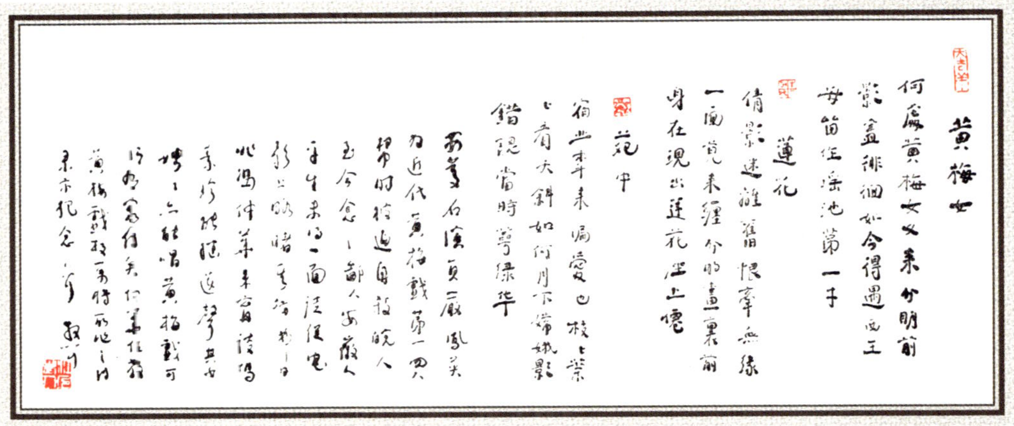

林散之　作并书

黄梅女

何处黄梅女又来，
分明前影尽徘徊。
如今得遇西王母，
留作瑶池第一才。

莲　花

倩影迷离旧恨牵，
无缘一面竟来缠。
分明画里前身在，
现出莲花座上仙。

苑　中

宿业年来偏爱他，
枝枝叶叶看天斜。
如何月下嫦娥影，
错认当时萼绿华。

安庆名演员严凤英，为近代黄梅戏第一。“四人帮”时，被逼自杀，皖人至今念之。鄙人安徽人，平生未得一面，徒从电影上略睹其仿佛。日昨，冯仲华来宁，谈冯素珍能继遗声。其女娉娉，亦能唱黄梅戏，可谓有家传矣。仲华任教黄梅戏校，属将所作之诗，录示纪念云耳。

【编者按】林散之老人，安徽和县乌江人，是我国当代著名的书法家、画家、诗人，有诗集《江上诗存》三十六卷及编外集十卷行世。他从电视中得见严凤英饰演《女驸马》，赞叹不已。惜因耳聋，空睹神貌，不闻其声。他人介绍，剧中人名“冯素珍”，老人误以为是继严凤英之后又一黄梅戏演员之名。

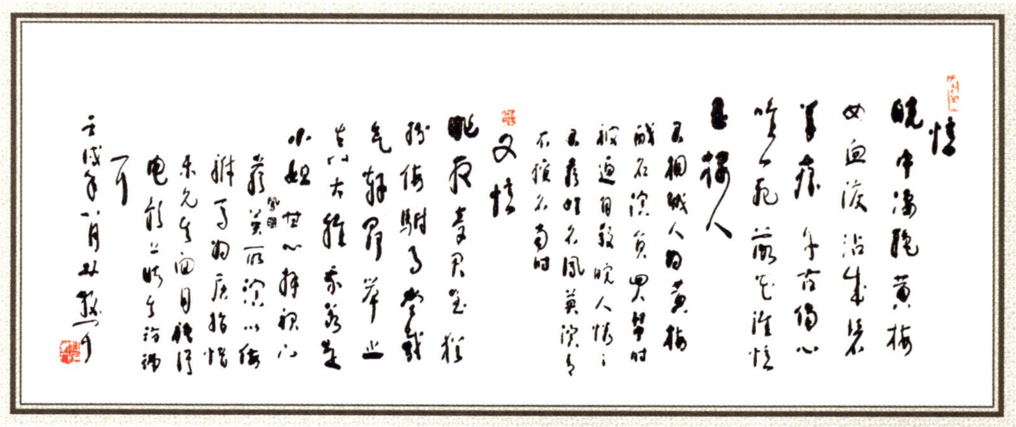

林散之 作并书

忆

皖中凄绝黄梅女，
血泪沾成碧草痕，
千古伤心唯一死，
落花谁忆玉楼人。

君桐城人，为黄梅戏名演员。“四人帮”时，被逼自杀，皖人怜之。君严姓，名凤英，演青衣擅名当时。

又 忆

昨夜梦君至，
犹扮假驸马。
堂哉气轩昂，
举止真大雅。
我若是小姐，
甘心拜裙下。

严凤英所演，以假驸马为屈指。惜未见其面，只从电影上睹其仿佛耳。

壬戌年八月
林散耳

【编者按】林散之老人咏叹黄梅戏著名表演艺术家严凤英的五首诗，凄绝哀惋，感念情深。幸获老人同意，求其手书，发表于本刊，以示对严凤英同志的深切悼念。（冯仲华）

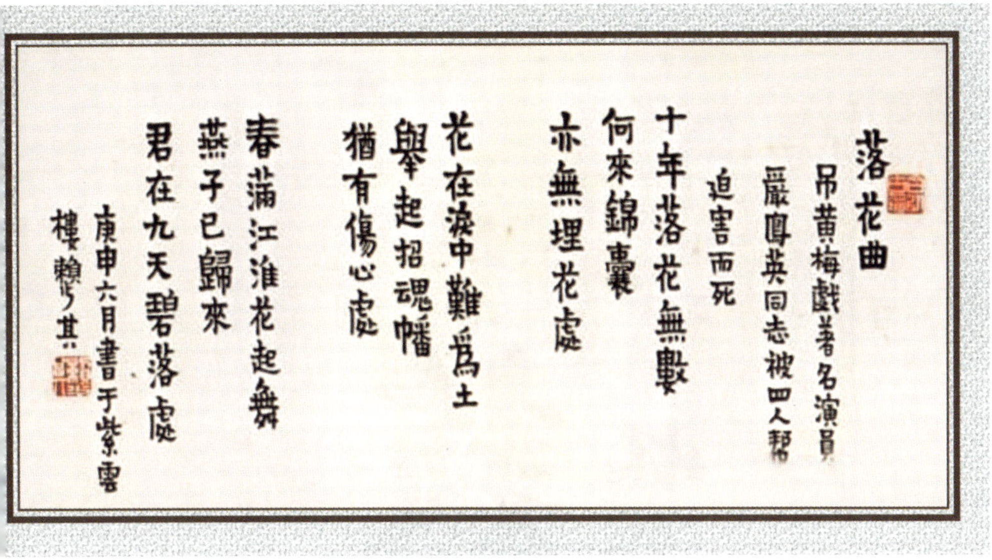

赖少其作并书《落花曲》

落花曲

——吊黄梅戏著名演员严凤英被“四人帮”迫害而死

十年落花无数，何来锦囊，亦无埋花处。
花在泪中难为土，举起招魂幡，犹有伤心处。
春满江淮花起舞，燕子已归来，君在九天碧落处。

庚申六月书于紫云楼　赖少其

艺之魂——怀念严凤英同志　魏心一　书

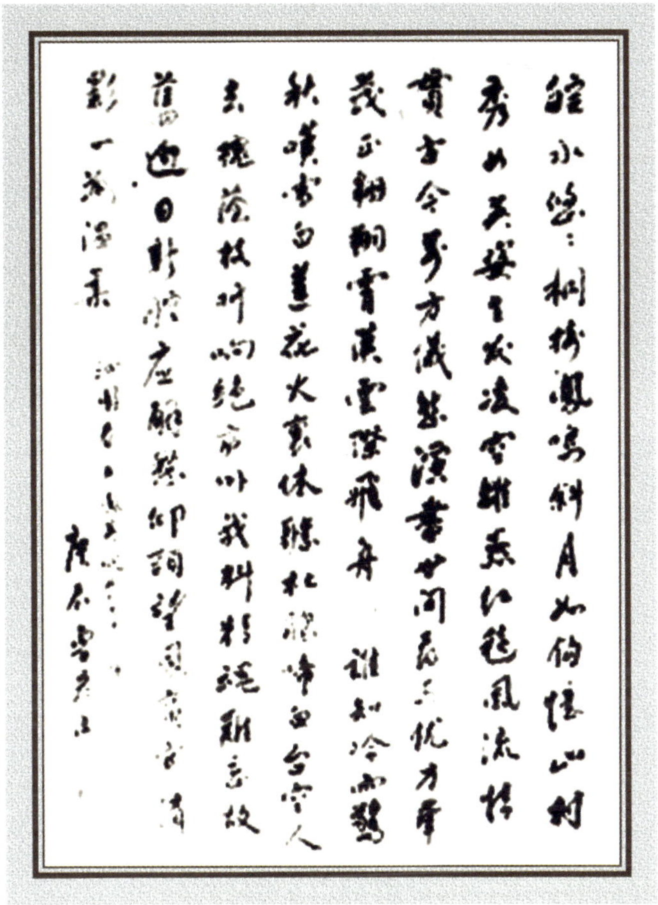

鲁彦周　作并书

沁园春

——严凤英诞辰七十周年

皖水悠悠，桐树凤鸣，斜月如钩。
忆山村秀女，英姿生发，凌空雏燕，红毯风流。
情贯古今，万方仪态，演尽世间喜与忧。
才华茂，正翱翔霄汉，云际飞舟。
谁知冷雨惊秋，叹雪白莲花火里休。
听杜鹃啼血，台空人去，槐荫枝折，响绝庐州。
我料精魂，难忘故旧，逾日新腔应解愁。
仰头望，见广寒倩影，一派温柔。

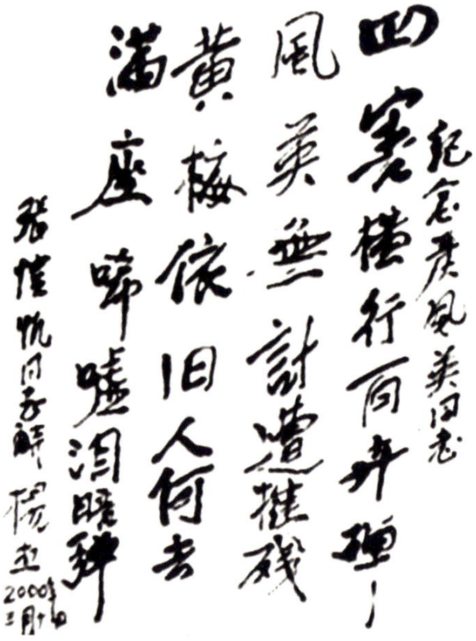

张恺帆　诗　杨杰　书

纪念严凤英同志

“四害”横行百卉殚，
凤英无计遭摧残。
黄梅依旧人何去？
满座唏嘘泪暗弹。

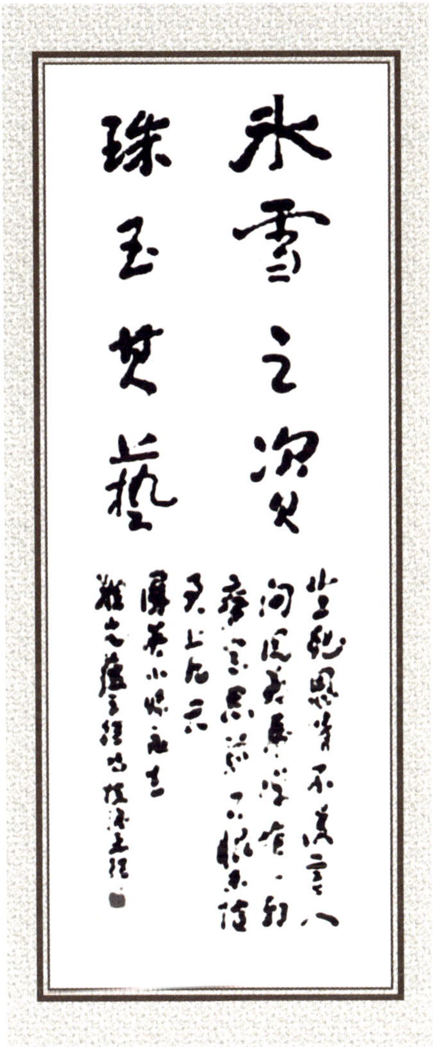

徐味　作并书

冰雪之资　珠玉其艺

生死恩情不复言，人间风义属婵娟。

一朝痛定思前事，恨未随君上九天。

凤英小妹永生　难兄蕴之徐味挥泪再拜

凤歌梅香——纪念凤英同志诞生七十周年　龙念　书

龙年念凤　柏龙驹　书

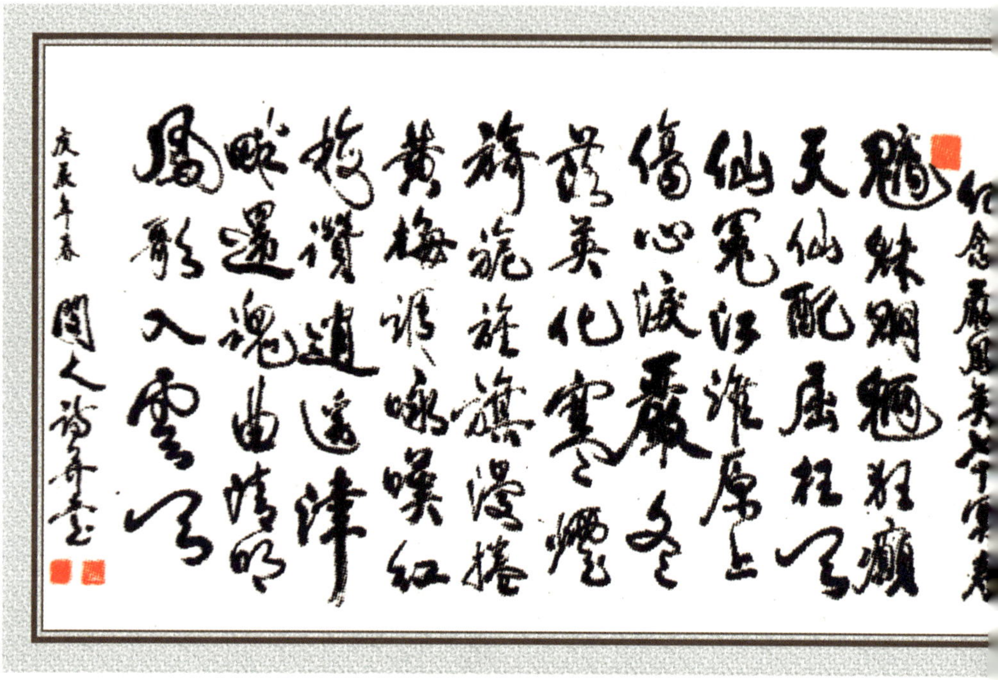

闵人　作并书

纪念严凤英七十冥寿

魑魅魍魉狂癫，天仙配屈枉天仙冤。
江淮原上伤心泪，严冬落英化寒烟。
旖旎旌旗漫卷，黄梅调咏叹红梅赞。
逍遥津畔还魂曲，清明凤歌入云天。

班友书　作并书

江亭怨

——为纪念严凤英七十周年寿诞而作

家在龙山深处，寒艳偏遭春妒。

少小许黄梅，误入九天云路。

蓦地吹来狂雨，扫落群花无数。

何处觅芳魂？已逐乱红飞去。

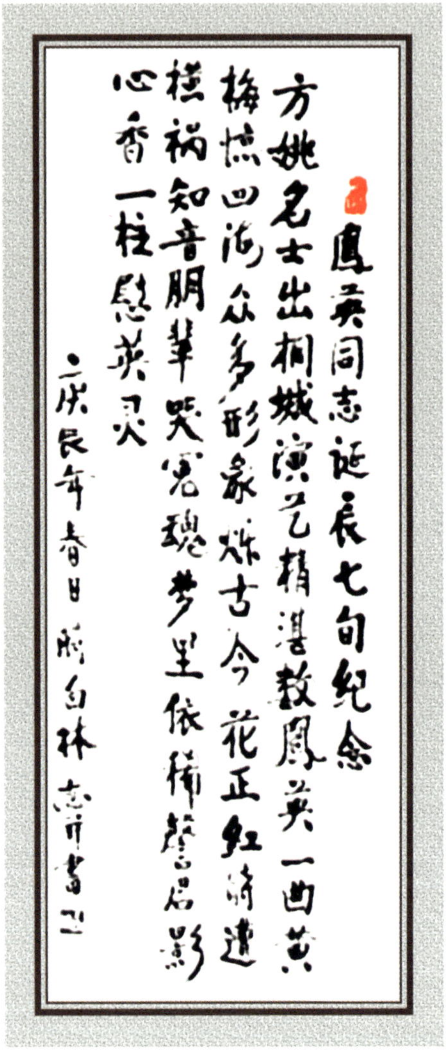

时白林　作并书

凤英同志诞辰七旬纪念

方姚名士出桐城，演艺精湛数凤英。
一曲黄梅惊四海，众多形象烁古今。
花正红时遭横祸，知音朋辈哭冤魂。
梦里依稀謦君影，心香一炷慰英灵。

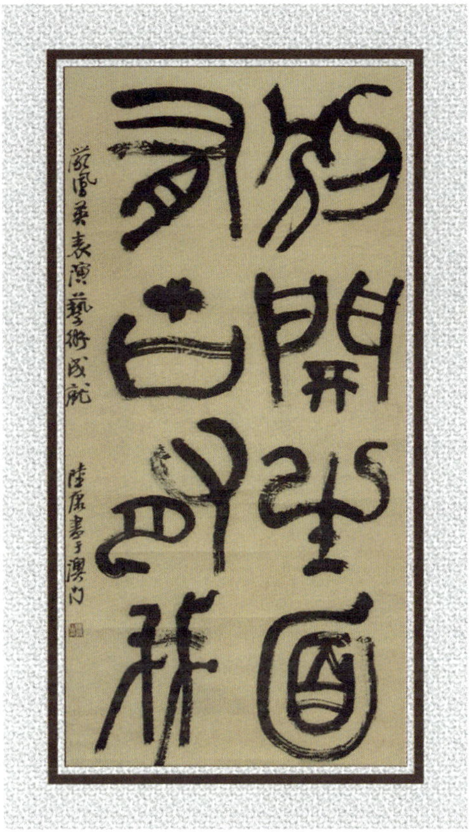

陆康篆书立轴(2011.5.27,刘春旺捐赠中国安徽黄梅戏博物馆)

别开生面,有古有我

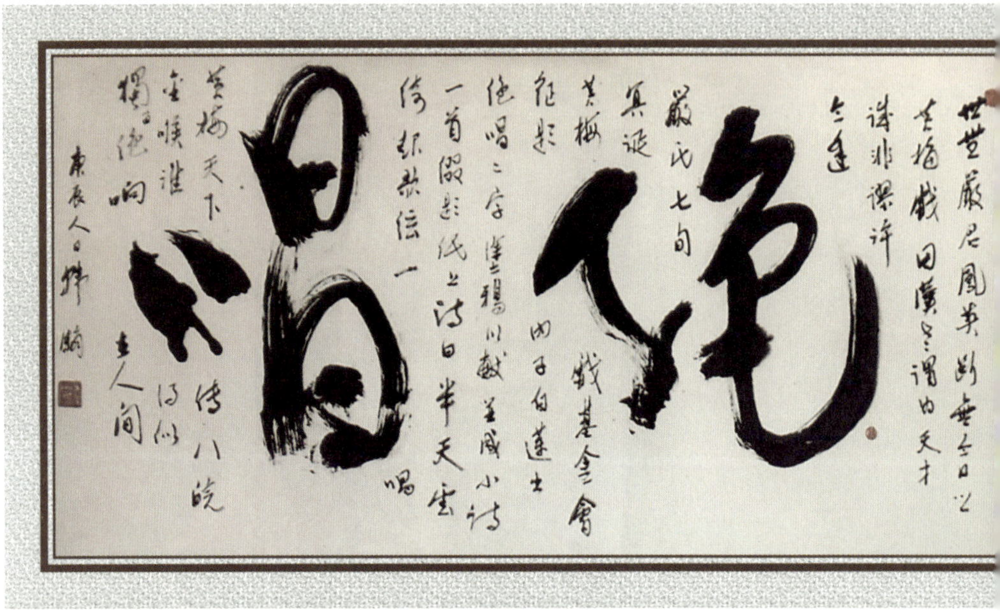

韩翰　作并书

绝　唱

世无严君凤英，断无今日之黄梅戏。田汉老谓为天才，诚非谬许。今逢严氏七旬冥诞，黄梅戏基金会征题，内子白莲出“绝唱”二字，涂鸦以献，并成小诗一首，缀题纸上。诗曰：

半天云绮起歌弦，一唱黄梅天下传。

八皖金喉谁得似？独留绝响在人间。

黄梅香自苦寒来——纪念严凤英同志诞辰七十周年　徐静斐　作

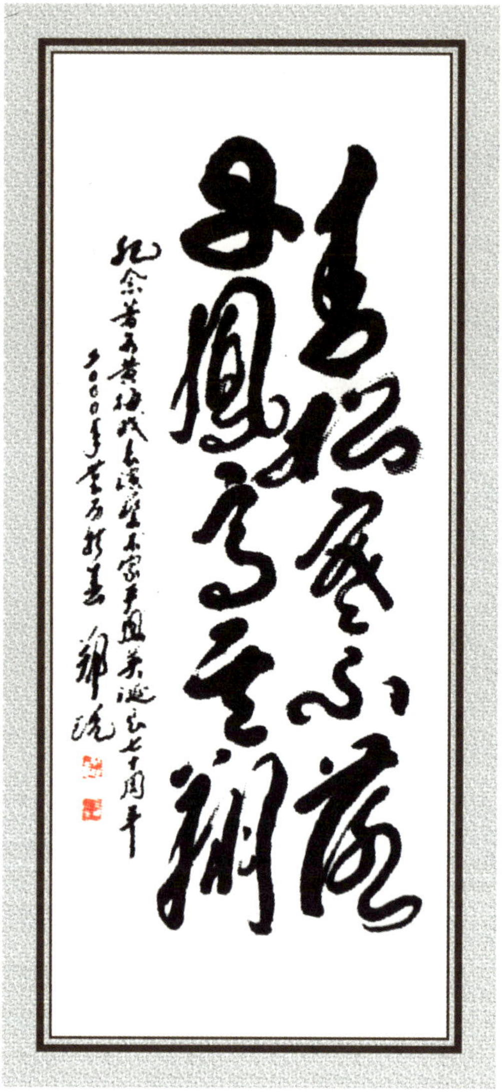

青松寒不落　丹凤高其翔

——纪念著名黄梅戏表演艺术家严凤英同志诞辰七十周年

郑锐　书

黄梅奇葩　巾帼英杰　吴雪　书

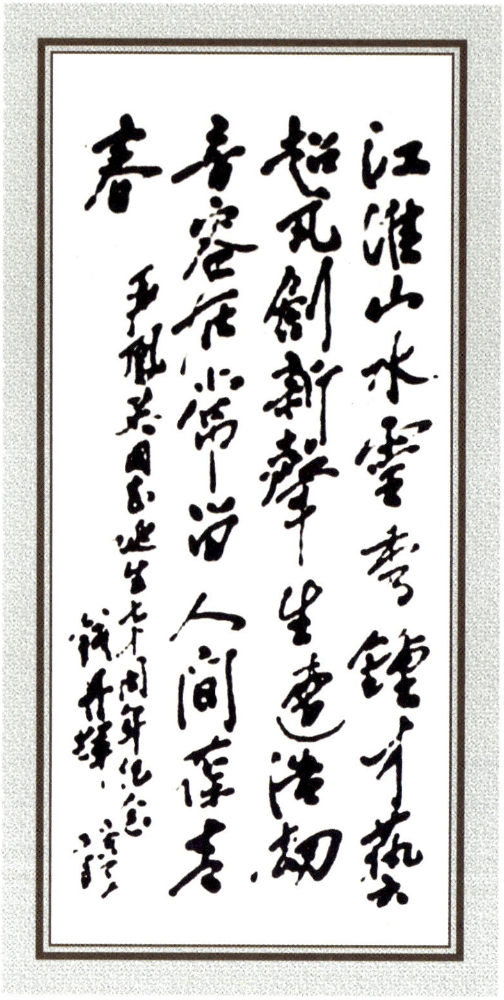

钱丹辉　作并书

江淮山水灵秀钟，
才艺超凡创新声。
生遭浩劫音容在，
常留人间葆青春。

——严凤英同志诞生七十周年纪念

天仙配·路遇　龙华　作

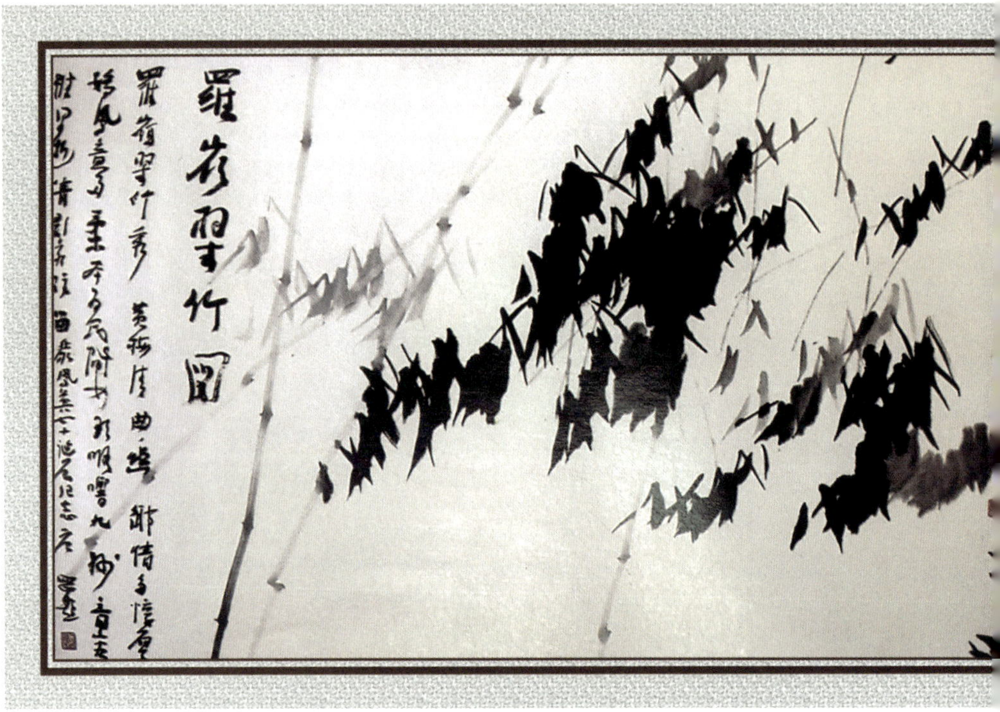

罗雀翠竹图(诗书画)　唐罡　作

罗雀翠竹秀,黄梅清曲幽。
乡情多淳厚,娇凤意多柔。
本为民间女,歌喉响九州。
音容虽早逝,倩影永驻留。

丝竹轻声　陈树爱　作

记爱莲说　王守志　作

水　仙(诗书画)　张嘉　作并书

冷翠萧弦月微茫,仙姿绰约素衣裳。
忽然一阵寒冰雨,敢问苍天何处香?

香飘云天外　沈承珩　作

长 青 郑若泉 作

万紫千红　殷励箴、李碧霞、邹渭萍、邓弟、胡礼惠　合作

怀君未忍去，惆怅意无穷　章麟　作

诚闲仙翁　作并书

严凤英同志七十华诞记

娇媚严凤英，剧坛一英才。开拓黄梅戏，名播海内外。
何故遇“文革”，人妖颠倒灾。惨遭冤屈死，香魂地难埋。
黄梅出我省，黄山在我境。此情两相知，此形两相称。
仙女伴仙山，永远到无尽。
——七十华诞作此记慰我霓裳仙子严凤英

冰清玉洁　德艺双馨　凌敬学　书

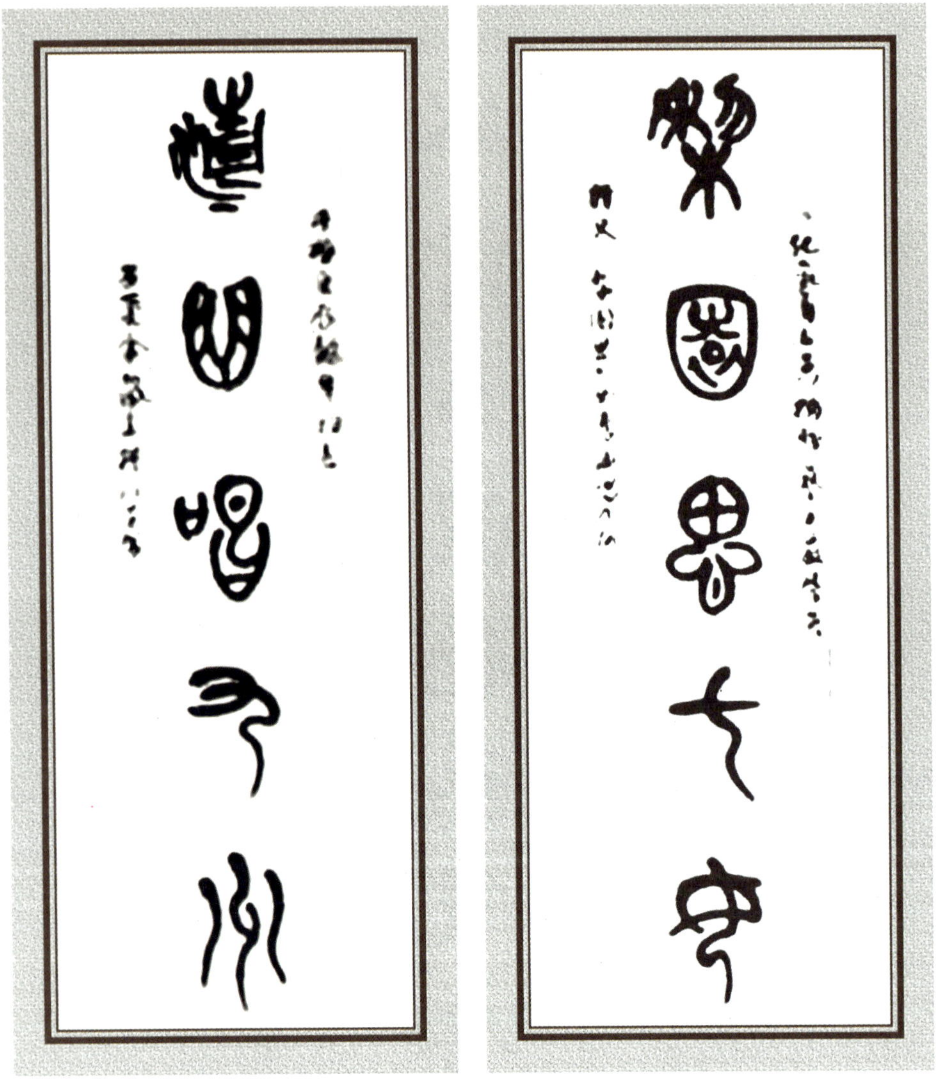

梨园思七女　清曲唱九州　余龙生　书

九天珠玉盈怀袖，万里仙音响佩环　卢安民　书

张维瑛　作并书

蹁跹惊鸿倾九州，绕梁余音足风流。

天上人间应笑慰，黄梅振兴宿愿酬。

——纪念严凤英诞辰七十周年

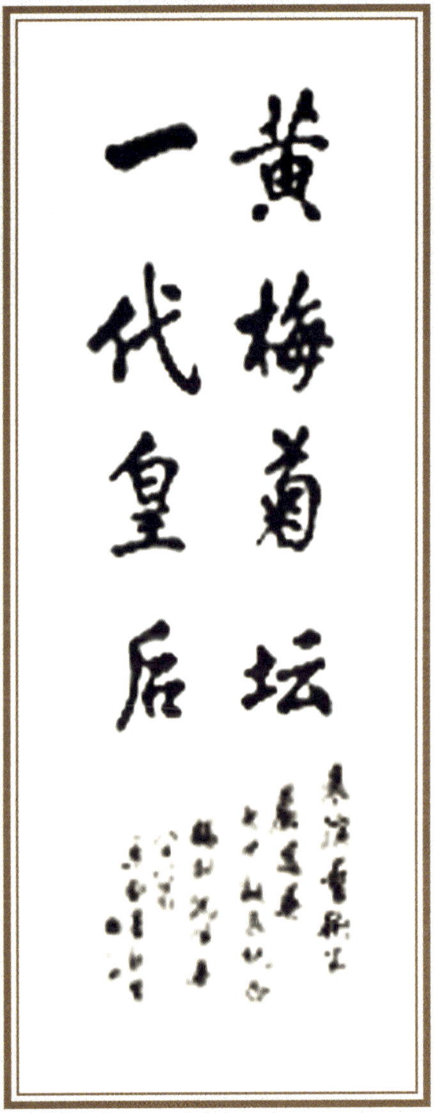

黄梅菊坛　一代皇后　（锡剧）沈佩华、（京剧）王琴生　书

龙吟天地新　凤鸣万家春　陶天月　书

一代宗师　德艺双馨　张怡清　书

剧坛奇才　黄梅首功　杜宏本　书

梨园巾帼　德艺双馨　方茂鸿　书

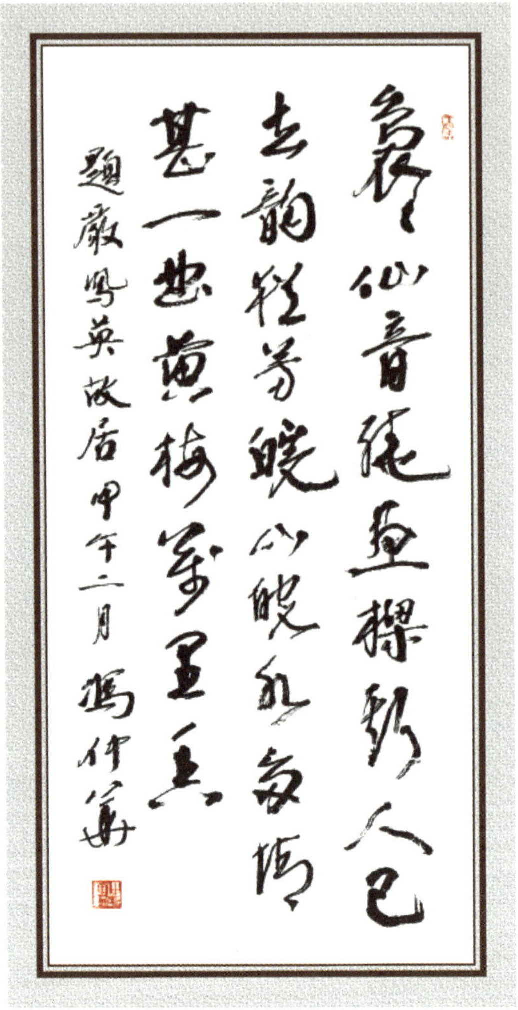

题严凤英故居　冯仲华　作并书

袅袅仙音绕画梁，斯人已去韵犹芳。
皖山皖水多情甚，一曲黄梅万里香。

后　记

中国戏曲在形成发展的各个历史时期，都涌现出杰出的代表人物。他们是各剧种领军前行的传承人和开拓者。严凤英作为黄梅戏的一代宗师，被公认为黄梅戏的旗帜与象征。

“黄梅群星灿，凤英第一人。”严凤英能为黄梅戏艺术发展做出如此重大贡献，是值得我们细致总结和认真学习的。她的人品艺德，她对事业的虔诚和求索，她对舞台的热爱与尊重，她对继承与创新的把握与追求，她对党和人民的热爱与忠诚，都有许多值得今天的人们去总结、学习和研究传承的优长与经验。编著旨在学习与研究严凤英艺术人生的学术专著，让我们更近地瞻仰大师，了解大师，继承大师创造的宝贵文化遗产，实为功在当代、利在千秋的好事与实事。

编撰严凤英艺术论著，在业内已呼吁和期盼多年了，但由于种种原因，一直未能出现有深度、有广度、有高度的文献专著。涵盖表演和唱腔的两大学术专题，近七十多出舞台剧目的分析和研究，绝非是一个单位和几位作者所能承担与完成的，因此，黄梅戏最应研究与传承的严凤英艺术专论一直未能出现。

1981 年创刊的《黄梅戏艺术》，是研究、探索黄梅戏的历史、现状及发展的社科学术理论期刊。迄今已发表黄梅戏艺术论文两千多万字。自创刊之日起，即重点组织、专门约请有关严凤英表演、声腔方面的学术论文，三十多年来，召开了各种规模的严凤英艺术研究专题会议二十五次。采访、约稿严凤英的领导、老师、专家、学者、亲友、同事、弟子、观众达数百人，抢救性挖掘、整理、撰写了这些人的亲历亲闻、亲身感受。这数百篇珍贵文稿的作者中许多已经作古，因此这些文稿是我们研究学习严凤英创新黄梅戏艺术的重要实证，是当之无愧的黄梅戏文化遗产。

在《严凤英的艺术人生》专著中，我们把三十多年搜集下来的有关严凤英艺术资料，分为六章编辑成书，全部为当事人或亲见亲闻者提供的第一手资料，涵盖面极广，从各个时段、各个剧目、各个视角较为详尽地阐述了严凤英如何在继承传统的基础上改革创新，如何在改革创新的过程中发扬传统，坚定地遵循艺术规律，一步一个脚印地把黄梅戏不断推向前进的卓越功绩。

由于我们水平所限，虽然努力求全，但仍难保无遗珠之憾，不妥之处，在所难免，恳请学界同人和广大读者予以批评指正。

安庆市黄梅戏剧院

二〇一七年十月